WESTEND

DANIEL BAX

ANGST UMS ABENDLAND

Warum wir uns nicht vor Muslimen, sondern vor den Islamfeinden fürchten sollten

WESTEND

Mehr über unsere Autoren und Bücher:
www.westendverlag.de

Die Deutsche Nationalbibliothek verzeichnet diese Publikation in der Deutschen Nationalbibliografie; detaillierte bibliografische Daten sind im Internet über http://dnb.d-nb.de abrufbar.

MIX
Papier aus verantwortungsvollen Quellen
FSC® C083411
FSC www.fsc.org

ISBN 978-3-86489-099-4

Satz: Publikations Atelier, Dreieich
Druck und Bindung: CPI – Clausen & Bosse, Leck
Printed in Germany

Inhalt

Vorwort

Haben Sie auch Angst vor dem Islam? Wenn ja, dann sind Sie nicht alleine. Mehr als jeder Zweite in Deutschland empfindet den Islam als bedrohlich. Auch ich fürchte mich manchmal vor dem Islam. Zumindest vor dem Islam, der mir im Fernsehen und anderen Medien begegnet – dem Islam der Fanatiker, die Attentate gegen Andersdenkende begehen, oder dem barbarischen Islam der sektiererischen Bürgerkriegsmilizen, die sich »Islamischer Staat« oder »Boko Haram« nennen. Ich kenne viele Menschen, die selbst oder deren Eltern aus muslimischen Ländern stammen, und weiß, dass sie sich – egal, ob gläubig oder nicht – vor diesem Islam genauso fürchten wie ich. Und ich fürchte mich wie sie auch vor anderen Extremisten: vor Rechtsradikalen, die alle hassen, die nicht so sind wie sie. Oder vor jenen, die die berechtigte Angst vor dem Islam der Fanatiker ausnutzen, um selbst Hass zu schüren. Ich sehe mit Sorge, wie gut es ihnen gelingt, das Misstrauen gegen die Mehrheit der Muslime zu schüren, wie rechtspopulistische Parteien davon profitieren und das Klima vergiften, wie die Rechte einer religiösen Minderheit beschnitten werden und wie auch dieser Hass in Gewalt umschlagen kann. Hier, in Europa, auch in Deutschland. Davon handelt dieses Buch.

Einleitung
Die Angst vor der Islamisierung

Als Oswald Spengler begann, an seinem Buch *Der Untergang des Abendlandes* zu arbeiten, war er in keiner allzu guten Verfassung. »Wenn ich mein Innenleben betrachte«, schrieb der damals 31-jährige Schriftsteller und Kulturphilosoph in sein Tagebuch, »ist es ein Gefühl, das alles, alles beherrscht hat: Angst. Angst vor der Zukunft, Angst vor Verwandten, Angst vor Menschen, vorm Schlaf, vor Behörden, vor Gewitter, vor Krieg, Angst, Angst.« In dieser Stimmungslage schrieb er seinen Abgesang auf die westliche Zivilisation, deren unvermeidlichen Niedergang er vorhersagte.[1]

Spengler war 1911 nach München-Schwabing gezogen, wo er von einem kleinen Erbe lebte, er fühlte sich allein und isoliert. Aber als kurz nach dem Ende des Ersten Weltkriegs der erste Teil seines zweibändigen Hauptwerks erschien, sollte er damit ein großes Echo auslösen und in konservativen Kreisen zum intellektuellen Idol aufsteigen. Mit seiner Mischung aus Hybris und Hass auf Demokratie und Moderne wurde Spengler von vielen, die genauso empfanden wie er, als Visionär und mutiger Denker gefeiert.

Es fällt nicht schwer, in Thilo Sarrazin und anderen, ebenso reaktionären Autoren wie Éric Zemmour, dem französischen Sarrazin, die geistigen Nachfolger von Oswald Spengler zu sehen. In ihrer romantischen Verklärung der Vergangenheit, ihrem kulturpessimistischen Blick in die Zukunft und ihrem verbissenen autoritären Charakter tut sich da manche Parallele auf – vor allem aber in der Resonanz, die sie gefunden haben. Denn auch wenn ihr Werk intellektuell deutlich weniger anspruchsvoll ist, haben Sarrazin in Deutschland und Zemmour in Frankreich eine vergleichbare Wirkung entfaltet wie einst Spengler in der Weimarer Republik. Ihr Erfolg spiegelt die Krisenstimmung einer Gesellschaft wider, in der viele den Glauben an die Zukunft verloren zu haben scheinen. Der einzige Unterschied: Oswald Spengler und seine Anhänger fürchteten die Demokratie, die liberale Gesellschaft, den Kommunismus. Thilo Sarrazin, Éric Zemmour und ihresgleichen fürchten heute den Islam – aber eben auch die gesellschaftliche Vielfalt, die liberalen und verweichlichten »Gutmenschen« und ihre angeblich »falsche Toleranz«.

Ein Gespenst geht um in Europa, das Gespenst der »Islamisierung«. Es regt die Fantasien von Schriftstellern wie Michel Houellebecq oder Leon de Winter an, die ihre Angstlust geradezu zelebrieren, es gießt Wasser auf die Mühlen rechtspopulistischer Parteien in Europa, von Italien über die Schweiz bis Skandinavien, und es treibt Fußballhooligans und besorgte Bürger von Mittelengland über die Niederlande bis Köln und Dresden auf die Straße. Ein Europa, das nicht mehr von seinen christlich-abendländischen Traditionen oder aufgeklärt-säkularen Idealen geprägt wird, sondern von den Regeln eines konservativen Islam: Diese Aussicht erscheint vielen angesichts des demografischen Wandels und der zunehmenden Einwanderung als gar nicht mehr so abwegig.

In seinem Roman *Unterwerfung*, der 2015 erschienen ist, zeichnet der französische Schriftsteller Michel Houellebecq das Szenario eines kulturell ermatteten Frankreichs, das vor seiner muslimischen Minderheit kapituliert.[2] Dank der Kollaboration der linksliberalen Eliten hat sich die ruhmreiche Sorbonne in Paris am Ende in eine »Islamische Universität« gewandelt, die von Saudi-Arabien finanziert wird, und wer dort lehrt, muss sich zum Islam bekennen. Schleichend haben sich die Polygamie und die Verschleierung durchgesetzt, die Frauen werden aus der Öffentlichkeit verdrängt und sind nur noch Heiratsmaterial. Houellebecq verbindet sein Eurabien-Szenario mit orientalistischen Haremsfantasien und pornografischen Einschüben, und man weiß nicht so genau, was daran ernst gemeint ist und was nicht.

Bei Thilo Sarrazin weiß man das leider schon. Auch er hat, am Ende seines Bestsellers *Deutschland schafft sich ab*, ein vergleichbares Niedergangsszenario entworfen.[3] Die Selbstabschaffung Deutschlands setzt bei ihm im Jahr 2017 mit der ersten schwarz-grünen Bundesregierung ein. Im Jahr 2045 haben nach Sarrazins Schätzung bereits rund 30 Prozent der Erstwähler in Deutschland einen muslimischen Hintergrund, weshalb auf wundersame Weise schon fünf Jahre später mehr als die Hälfte aller deutschen Oberbürgermeister einen türkischen, arabischen oder afrikanischen Hintergrund haben – selbst in einer Stadt wie Weimar! Dort weigert sich das tiefreligiöse arabischstämmige Stadtoberhaupt, die historische Herzogin-Anna-Amalia-Bibliothek nach einem neuerlichen Brand wieder aufzubauen, weil es das Geld lieber für eine Moschee und eine Koranschule aufwenden will. Ab 2095 werden dann der Kölner Dom und viele andere Kirchen an Muslime übergeben, und das Bundesverfassungsgericht, dem viele türkisch- und arabischstämmige Richter angehören, entscheidet, dass Deutsch nicht mehr Schulsprache sein muss. Der Untergang des deutschsprachigen Abendlandes, wie wir es kennen, ist damit besiegelt.

Wenn es hingegen nach Henryk M. Broder geht, dann hieße der Bundespräsident im Jahr 2067 Mahmoud Watan-Sadr, neue Kirchtürme dürften nicht mehr das nächste Minarett überragen, und Bikinis, Pornokinos, Strip-Bars und Spielhallen wären verboten. So hat er sich das mal in einer Kolumne ausgemalt.[4]

Die Zukunftsvisionen von Houellebecq, Sarrazin und Broder sind, wie alle Anti-Utopien, in Wirklichkeit ein Kommentar zur Gegenwart. Ihnen allen geht es dabei nicht nur um die Muslime, die sie sich alle als eine ultrakonservative, homogene und unwandelbare Gruppe vorstellen, als eine Art Staat im Staate und damit als potentielle Gefahr. Ihre eigentliche Kritik zielt auf die Mehrheit in ihren Gesellschaften, der sie Selbstvergessenheit, Bequemlichkeit und Toleranz bis hin zur Selbstaufgabe vorwerfen. Die Pointe bei Houellebecq ist, dass er der Islamisierung Frankreichs am Ende durchaus etwas abgewinnen kann, sie erscheint ihm besser als die öde Gegenwart. Sarrazin dagegen trotzt: »Ich möchte nicht, dass das Land meiner Enkel und Urenkel zu großen Teilen muslimisch ist, dass dort über weite Strecken Türkisch und Arabisch gesprochen wird, die Frauen ein Kopftuch tragen und der Tagesrhythmus vom Ruf der Muezzine bestimmt wird. Wenn ich das erleben will, kann ich eine Urlaubsreise ins Morgenland buchen.«[5]

Sarrazin steht mit seinen Befürchtungen bekanntlich nicht alleine. Dass Europa durch eine angeblich massenhafte Einwanderung von

Muslimen Gefahr laufe, sein Gesicht zu verändern, diese These haben selbst angesehene konservative Historiker wie Walter Laqueur und Bernard Lewis aufgestellt.[6] Und warnt nicht auch der Ex-Bürgermeister von Berlin-Neukölln, Heinz Buschkowsky, vor einer schleichenden muslimischen Landnahme – erst in seinem Bezirk, dann im Rest der Republik? Und redet die bekannteste Feministin des Landes, Alice Schwarzer, nicht immer wieder von einer Unterwanderung Deutschlands durch Islamisten? Ganz zu schweigen von Hetzblogs wie »Politically Incorrect«, die täglich aufs Neue die Paranoia vor Muslimen befeuern?

Diese Angstpropaganda zeigt Wirkung, sie mündet nicht zuletzt in Protestbewegungen auf der Straße und in eine neue Partei, die »Alternative für Deutschland«, die bereits in mehrere Parlamente eingezogen ist. Alarmiert durch die steigende Zahl von Flüchtlingen, von denen viele aus muslimischen Ländern stammen, gingen zur Jahreswende 2014/2015 mehrere Tausend Menschen in Dresden und anderswo auf die Straße. Als »Patriotische Europäer gegen die Islamisierung des Abendlandes«, kurz »Pegida«, demonstrierten sie auch gegen Politik und Medien, denen sie vorwarfen, nichts gegen diese Entwicklung zu unternehmen. Es wäre zu einfach, diese Demonstranten als Einfaltspinsel abzutun, die sich von schlichten Parolen verführen lassen. Denn wo haben sie ihre Islamangst denn her? Sicher nicht zuletzt von Bestsellerautoren wie Thilo Sarrazin und Heinz Buschkowsky, die nicht nur in der *Bild-Zeitung* als »mutige Tabubrecher« und Klartext-Sprecher gefeiert wurden, und von anderen Stichwortgebern wie Alice Schwarzer, Udo Ulfkotte oder Necla Kelek, die seit Jahren jeweils auf ihre Weise das Schreckensbild einer schleichenden Islamisierung Deutschlands an die Wand malen.

Mit der Realität haben solche Überfremdungsängste wenig zu tun, schon rein demografisch sind sie absurd. Muslime machen in Deutschland rund 5 Prozent der Bevölkerung aus, wenn man den Begriff ziemlich weit fasst. Denn von den über achtzig Millionen Einwohnern der Bundesrepublik stammen etwa vier Millionen zumindest in zweiter Generation aus muslimischen Ländern wie der Türkei, Bosnien oder Iran. Damit ist zwar noch lange nichts darüber ausgesagt, wie religiös diese Menschen sind. Doch seit dem 11. September 2001 ist es in Mode gekommen, von all diesen Menschen als Muslimen zu sprechen, auch wenn sie Atheisten, Agnostiker oder entschiedene Säkularisten sind. Dabei sind die wenigsten von ihnen in islamischen Verbänden und Gemeinden organisiert, nur eine Minderheit lebt streng religiös. Und nichts spricht dafür, dass sie heimlich einen Gottesstaat anstreben, wie es Houellebecq, Sarrazin oder Broder unterstellen. Die »Muslimisierung der Muslime« hat die Islamwissenschaftlerin Katajun Amirpur diese Tendenz einmal genannt, die auch zu einer Islamisierung der Integrationsdebatte geführt hat – als ob alle sozialen Probleme, von Jugendgewalt und Bildungsferne bis zu Langzeitarbeitslosigkeit, mit der Religion zu erklären wären. Nur so konnten die gewalttätigen Ausschreitungen in den Vorstädten von Frankreich und Großbritannien von manchen zu Vorboten eines ethnischen Bürgerkriegs stilisiert werden.

Deutschland liegt, was den Anteil von Einwanderern aus muslimischen Ländern und deren Nachkommen an seiner Bevölkerung betrifft, innerhalb der EU mit 5 Prozent im oberen Mittelfeld. In Nachbarländern wie Frankreich (7,5 Prozent), den Niederlanden (6,0 Prozent), Belgien (5,9 Prozent) und Österreich (5,4 Prozent) ist ihr Anteil an der Bevölkerung etwas höher, in Großbritannien (4,8 Prozent) und Schweden (4,6 Prozent) liegt er ein bisschen niedriger.[7]

Seriöse Prognosen gehen davon aus, dass sich die Zahl der Muslime in Europa von 44,1 Millionen im Jahr 2010 bis zum Jahr 2030 auf etwa 58 Millionen erhöhen dürfte – das hieße, innerhalb von zwanzig Jahren von 6 auf 8 Prozent der Bevölkerung.[8] Im Jahr 2050, so das Pew Research Center in Washington, könnten in ganz Europa die Muslime etwa 10 Prozent ausmachen. In diese Rechnung sind allerdings Russland mit seinen vielen Minderheiten und traditionell muslimisch geprägte europäische Staaten wie Albanien und Bosnien mit eingeschlossen.[9]

Nimmt man nur die Länder der Europäische Union, die Schweiz und Norwegen einmal mitgerechnet, dürfte die Zahl der Muslime hier von 18,2 Millionen im Jahr 2010 auf 29,8 Millionen im Jahr 2030 steigen – und damit von 4,5 Prozent auf 7,1 Prozent der Gesamtbevölkerung. Denn die Geburtenrate der muslimischen Einwanderer in Westeuropa nähert sich immer mehr dem Durchschnitt der Mehrheitsbevölkerung an – so, wie in muslimisch geprägten Schwellenländern wie der Türkei und Iran die Geburtenrate mit wachsendem

Wohlstand stark eingebrochen ist. Wie man es auch dreht und wendet: Die Einwanderer, die meist seit den 1960er Jahren als Arbeitsmigranten nach Westeuropa gekommen sind, sind eine Minderheit, und sie werden das auch in Zukunft bleiben.

Durch die Muslime hat ihre Religion, der Islam, in Europa zweifellos an Gewicht gewonnen. Auch wenn sie eine Minderheit sind, stellen sie mancherorts schon die zweit- oder drittgrößte Religionsgemeinschaft. Das macht es nötig, das Verhältnis von Staat und Religion, das in Westeuropa nach Jahrhunderten oft blutiger Auseinandersetzungen zu seiner jetzigen Form gefunden hat, neu zu überdenken. Länder wie England und Dänemark besitzen noch immer eine Staatskirche, und in Norwegen und Schweden wurde sie zumindest formal erst vor kurzem abgeschafft.[10] Dänemark ist eines der kulturell einheitlichsten Länder Europas, vier von fünf Dänen gehören bis heute ihrer Staatskirche an – vermutlich mit ein Grund, warum die Debatte um Einwanderung und den Islam dort besonders scharf geführt wird. Auch anderswo besitzen die Kirchen noch immer viel Einfluss und viele Privilegien. Italien hat den Katholizismus als Staatsreligion erst 1984 abgeschafft, und in Spanien und Belgien besitzt die katholische Kirche ebenfalls noch eine Vormachtstellung. In Frankreich dagegen gilt seit 1904 das Gebot einer strikten Trennung von Staat und Religion, das aber die einzelnen Religionsgruppen ganz unterschiedlich trifft, denn das katholisch geprägte Bürgertum hat seine eigenen Strukturen etabliert. Nur in Österreich ist der Islam bereits seit 1912 als Religion anerkannt – ein Erbe aus jener Zeit, als Bosnien noch zum Reich der Habsburger gehörte und neben Militärpfarrern und -rabbinern auch Militärimame in seiner Armee dienten.

Nun müssen sich all diese Länder auf eine größere religiöse Vielfalt einstellen. Und während die christlichen Kirchen überall an Auszehrung und Mitgliederschwund leiden, nehmen Moscheen im Stadtbild zu. Das kann Christen zu der irrigen Annahme verleiten, die Kräfteverhältnisse könnten sich irgendwann umdrehen, während es Atheisten irritiert, dass der Trend der Säkularisierung offenbar nicht zwangsläufig ist, wie viele in ihrem Fortschrittsoptimismus einmal geglaubt haben. Weil die Mehrheit der Muslime in Europa in Städten und Metropolen lebt, ist der Islam dort besonders sichtbar. In den

Großstädten und Ballungsgebieten zeigen sich auch andere gesellschaftliche Veränderungen am deutlichsten: Einwanderung, Globalisierung, Wertewandel, räumliche und soziale Segregation. Muslime sind zu einem Symbol dieser Veränderungen geworden – und für manche zum Sündenbock. Das ist Ausdruck einer tiefen Verunsicherung und eines Unbehagens an der Gegenwart, für die der Islamhass ein Ventil geworden ist.

Egal, wie man dieses Phänomen nun nennt, ob Islamophobie, Islamfeindlichkeit, Muslimfeindlichkeit oder antimuslimischen Rassismus: Es ist längst mehr als nur ein dumpfes Vorurteil oder reines Ressentiment. Spätestens seit dem 11. September 2001 ist daraus eine richtiggehende Ideologie der Ungleichwertigkeit geworden – ein Gedankengebäude, mit dem sich argumentativ schlüssig begründen lässt, warum Muslimen nicht die gleichen Rechte wie anderen gewährt werden sollten. Es ist eine Ideologie, die ihre Vordenker, Spindoktoren und Propagandisten hat und die ihre speziellen Schlagworte und ihr eigenes Vokabular besitzt. Es ist eine Ideologie, die verschiedene Denkschulen kennt und Parteien, die unterschiedliche Ziele verfolgen. Damit weist sie Parallelen zu anderen Ideologien aus der Vergangenheit auf, mit denen früher anderen Gruppen die Gleichberechtigung verwehrt wurde.

Die Angst vor der Islamisierung des Abendlandes ist nicht der erste Fieberschub, der westliche Gesellschaften erfasst hat. Nach den rassistisch konnotierten Warnungen vor einer »gelben Gefahr«, mit der die europäischen Kolonialmächte an der Schwelle zum 20. Jahrhundert die Furcht vor Aufständen der Völker Ostasiens schürten, und nach der »roten Gefahr«, mit der konservative Kreise in den Staaten des Westens in schrillen Tönen vor einer Eroberung, Unterwanderung oder Zersetzung ihrer Gesellschaften durch den kommunistischen Ostblock warnten, nun also die »grüne Gefahr« – die Panik vor einer islamischen Unterwanderung oder gar Machtübernahme.

Im ersten Teil dieses Buchs wird nachgezeichnet, auf welchen Geschichtsbildern die Bedrohungsängste von heute aufbauen und in welchen teils jahrhundertealten Vorurteilen sie wurzeln: eine kurze Ideengeschichte der Islamfeindlichkeit. Warum muss man dafür so weit ausholen? Weil es die Tendenz gibt, die Geschichte so umzuschreiben, dass sie sich in einen simplen »Clash der Kulturen«-Rahmen fügt. Das Wissen um den jahrhundertelangen Austausch und das friedliche Zusammenleben von Muslimen und Christen sowie Muslimen und Juden wird von aktuellen Feindbildern überlagert. Und mancher moderne »Islamkritiker« bedient sich, wenn er gegen den Islam und dessen Propheten Mohammed polemisiert, der gleichen Bilder und Begriffe wie ein katholischer Theologe aus dem Mittelalter.

Die Islamfurcht hat in den Gesellschaften Europas in den letzten Jahren deutliche Spuren hinterlassen. Rechtspopulistische Parteien in ganz Europa schüren die Furcht vor dem Islam für ihre Zwecke. Mit ihren Forderungen bestimmen sie die Agenda, und einige haben sie bereits durchgesetzt. Die deutsche Debatte um Integration und Islam steht nicht für sich alleine, sie ist kein Ausdruck einer spezifischen »German Angst«, sondern hängt eng mit den Debatten in anderen westlichen Ländern zusammen. Denn die Szene der Islamgegner ist gut vernetzt, und zwischen manchen Protagonisten bestehen zum Teil enge Verbindungen.

Im zweiten Teil geht es um die Klischees und stereotypen Behauptungen, welche die Debatte um den Islam in Europa prägen. Ist der Koran ein Buch der Gewalt? Braucht der Islam eine Reformation, einen Martin Luther? Sind Moscheen ein Zeichen aggressiver Landnahme? Ist das Kopftuch ein Zeichen für die Unterdrückung der Frau? Und ist es wirklich die Meinungsfreiheit, die verteidigt wird, wenn es um das Recht geht, Mohammed-Karikaturen zu zeichnen? Worum geht es in den Konflikten, die sich an solchen Fragen entzünden? Dabei geht es nicht darum, den Islam zu verteidigen, sondern darum, die Dinge in eine andere Perspektive zu rücken.

Der dritte Teil beschäftigt sich mit der Frage, wohin der Kulturkampf um den Islam in Europa führt. Denn die Angst vor dem Islam hat seltsame Bündnisse entstehen lassen. Sie hat Säkularisten, die sich eine stärkere Trennung zwischen Staat und Religion wünschen, mit konservativen bis fundamentalistischen Christen zusammengeführt, die um die Vormachtstellung des Christentums fürchten, und einen Schulterschluss von altgedienten Feministinnen mit neuen Rechten, die eine Rückkehr zur traditionellen und patriarchalen Familie propagieren, mit sich gebracht. Während die einen um die Errungenschaften von 1968 fürchten, arbeiten andere an der Restauration eines imaginären Abendlandes. Zusammen passt das zwar nicht, aber das wird vom gemeinsamen Feindbild Islam überdeckt. Deshalb geht es in dieser Debatte nicht nur um Muslime und den Islam. Es geht auch um die Frage, in was für einer Gesellschaft wir alle in Zukunft leben wollen.

Um darauf eine Antwort zu finden, beginnt dieses Buch mit einem Ausflug in den Stadtteil, der wie kein anderer zum Symbol für eine angeblich gescheiterte Integration in Deutschland geworden ist: in den Berliner Bezirk Neukölln.

1 Der Albtraum der Republik? Ein Spaziergang durch Neukölln

Der kleine Kreis, der sich im Kulturhaus der Neuköllner Şehitlik-Moschee versammelt hat, besteht aus jungen Juden, Christen, Muslimen und Atheisten. Jeder hält einen Becher mit Traubensaft in der Hand, der angehende Rabbiner Armin Langer rezitiert das obligatorische Gebet, ein Gefäß mit Gewürzen wird herumgereicht und eine Hawdala-Kerze mit zwei Dochten entzündet, so dass sich deren Flammen vereinigen. Mit dieser Zeremonie begehen religiöse Juden jeden Samstag bei Einbruch der Dunkelheit das Ende des Sabbats. Die Mädchen mit den Kopftüchern kichern, im Hintergrund ertönt der Ruf des Muezzins. Es ist der muslimische Fastenmonat Ramadan, und die Moschee füllt sich mit Besuchern. Zugleich findet an diesem Wochenende das Kunstfestival »48 Stunden Neukölln« statt, und die Salaam-Schalom-Initiative hat dazu in die Neuköllner Şehitlik-Moschee eingeladen: zum gemeinsamen Ramadan-Fastenbrechen und dem jüdischen Sabbat-Ritual.

Die Şehitlik-Moschee ist die größte und schönste Moschee Berlins. Im osmanischen Stil erbaut sind ihre Minarette schon von weit her zu sehen. Sie grenzt an den größten Park der Hauptstadt, das ehemalige Rollfeld des Flughafens Tempelhof. Im Frühjahr hat die Moschee ein neues Begegnungszentrum eröffnet, mit orientalischem Diwan und Springbrunnen im Innenraum. Er dient der Salaam-Schalom-Initiative gelegentlich als Treffpunkt. »Wir verstehen uns nicht als interreligiöse Gruppe, sondern als politisches Bündnis«, stellt Hannah Tzuberi klar: »Wir wollen dem Bild entgegenwirken, dass Juden und Muslime sich gegenseitig hassen und dass Neukölln für Juden ein besonders gefährliches Pflaster wäre.«

Berlin-Neukölln? Ist das nicht dieser Stadtteil, der von arabischen und türkischen Familienclans beherrscht wird? In dem angeblich voll verschleierte Gestalten durch die Straßen huschen und Jungmachos den Kiez beherrschen? Wo christliche Schüler auf den Schulhöfen als »Schweinefleischfresser« beschimpft und angespuckt werden und die Polizei schon ganze Reviere aufgeben musste, weil eine islamische Paralleljustiz das Ruder übernommen hat, wie es nicht nur manche Boulevardzeitungen in Großbuchstaben behaupten? Wo Juden mit Kippa nicht vor Übergriffen sicher sind, wie manche jüdische Verbandsvertreter beklagen?

Armin Langer kann diese Vorurteile nicht mehr hören. »Ich laufe nicht die ganze Zeit mit einer Kippa herum«, sagt er. »Aber es gibt ein paar orthodoxe Familien und mittlerweile immer mehr Israelis, die in Neukölln leben, und ich habe noch nie von größeren Problemen gehört.« Hannah Tzuberi stimmt ihm zu: »Ich spreche mit meinem Mann auf der Straße laut Hebräisch und habe noch nie negative Reaktionen erlebt. Im Gegenteil: Als ich für mein Kind eine Kita gesucht habe, bin ich überall in Neukölln mit offenen Armen empfangen worden.« Armin Langer gibt zu bedenken, die überwiegende Mehrheit aller antisemitischen Straftaten in Deutschland werde von deutschen Rechtsextremisten begangen. »Trotzdem wird vor allem über Antisemitismus unter Muslimen gesprochen. Das ist absurd.« Seine Mitstreiterin Rebecca de Vries stimmt ihm zu: »Mit Antisemitismus kann man überall konfrontiert werden. Auch in einer deutschen Kleinstadt.« Und Hannah Tzuberi ergänzt: »Ich habe viel mehr Diskussionen mit Leuten, die sich für aufgeklärt halten.«

Jung und religiös sind sie alle drei, und alle drei leben sie in Neukölln: Armin Langer studiert jüdische Theologie im nahen Potsdam und stammt ursprünglich aus Ungarn, Hannah Tzuberi arbeitet am Institut für Judaistik an der Freien Universität Berlin, Rebecca de Vries stammt aus Osnabrück und hat in Israel Politikwissenschaften studiert. Einige Wochen später, Mitte Juli 2015, versammeln sie sich mit ein paar anderen Mitstreitern vor dem Rathaus Neukölln, um dagegen zu protestieren, dass weibliche Beamte hier im Dienst kein Kopftuch tragen dürfen – das verbietet bislang das Berliner Neutralitätsgesetz, und der ehemalige Bürgermeister des Bezirks, Heinz Buschkowsky, war immer sehr stolz darauf, diese Linie auch strikt durchzuhalten. Es ist eine ungewöhnlich bunte Mischung, die sich an diesem Tag vor dem Rathaus eingefunden hat, selbst für Neuköllner

Verhältnisse: Man sieht Kopftücher, Strickmützen und Kapuzenshirts, Comic-Plakate mit dem Slogan #myhead-mychoice, Regenschirme und eine Regenbogenfahne. »Es geht nicht nur um Juden und Muslime«, betont Armin Langer, der selbst schwul ist. »Wir müssen alle Minderheiten einbeziehen, wenn wir eine echte Demokratie sein wollen.«

Nach der Demonstration erklärt Hannah Tzuberi ihre Beweggründe: »Mir fehlt die selbstverständliche Akzeptanz von alltäglicher Religiosität. Und als moderne orthodoxe Jüdin bin ich davon genauso betroffen«, betont die junge Frau, die ein Tuch um die Haare gebunden trägt. »Ich frage mich auch manchmal: Nehme ich lieber das Kopftuch ab? Und wenn jemand wichtige Termine auf einen Freitag legt, sage ich dann die Wahrheit? Dass mir das wegen dem Sabbat nicht so gut passt?« Nach der Beschneidungsdebatte müsste eigentlich allen klar sein, dass Juden und Muslime im selben Boot säßen, findet sie. »Wir brauchen Verbündete.« Doch viele säkulare Juden stellten sich lieber auf die Seite der Mehrheitsgesellschaft, ist ihr Eindruck.

Die Salaam-Schalom-Initiative hat sich im Dezember 2013 gegründet. Aus einem kleinen Kreis von muslimischen und jüdischen Freunden ist heute ein Netzwerk von über hundert Menschen entstanden, das regelmäßig Veranstaltungen organisiert – in Cafés, der Şehitlik-Moschee oder in einer kleinen Synagoge in Kreuzberg. Sie haben einen Film über Alltagsrassismus gedreht, der auf ihrer Webseite steht, und Armin Langer stellt sich Debatten zu Fragen wie »Der gemeinsame Gott?« oder »Wie koscher sind Muslime?«. Sie wurden schon vom Bundespräsidenten und vom Bundestag eingeladen, Lokalzeitungen und Fernsehsender haben über sie berichtet. Aber sie misstrauen dem eigenen Erfolg, denn spontanen Philosemitismus betrachten sie mit Argwohn. Und alle leben gerne in Neukölln. »Es ist günstig, es ist sicher, es fühlt sich wie zu Hause an«, sagt die eine. »Es ist eine No-go-Area für Rassisten«, sagt die andere. Und Armin Langer fühlt sich durch die multikulturelle Vielfalt im Kiez an seine Kindheit in Wien erinnert.

Das sind Aspekte, die in der medialen Darstellung des Bezirks eher keine Rolle spielen. Es ist ein Zerrbild, das durch Dutzende Bücher, Presseartikel und TV-Filme entstanden ist – durch Bestseller wie *Das*

Ende der Geduld der ehemaligen Jugendrichterin Kristen Heisig, die damit für eine Null-Toleranz-Politik plädierte, oder die halbdokumentarischen Romane *Arabboy* und *ArabQueen* der Autorin Güner Balci, durch Fernsehfilme wie »Wut« von Züli Aladağ oder »Zivilcourage« von Dror Zahavi sowie Kinofilme wie »Knallhart« von Detlev Buck. Sie alle haben den Mythos von Neukölln als härtestem Pflaster der Republik bedient und sich von ihm genährt. Dabei spiegeln diese Werke oft weniger die Realität als die Ängste einer verunsicherten Mittelschicht wider.

In »Wut« wird ein angehender Literaturprofessor vom Anführer einer Straßenbande terrorisiert. Als Zuschauer ist man geradezu erleichtert, als die brutale Konfrontation mit dem Tod des türkischstämmigen Jugendlichen endet, weil das Monster damit aus der Welt ist. Dass der Film, der 2006 als »Beitrag zur Integration« in der ARD ausgestrahlt werden sollte, kurzfristig aber ins Spätprogramm verlegt wurde, sorgte damals für Kritik.[1] Der umstrittene Film erhielt 2007 den Grimme-Preis und wird, mit begleitenden Lehrmaterialien, im Schulunterricht eingesetzt.

Im Kinofilm »Knallhart« landet ein zarter Junge aus behüteten Verhältnissen nach der Scheidung seiner Eltern mit seiner alleinerziehenden Mutter in Neukölln, wo er schnell in die Fänge einer kriminellen Bande gerät. Am Ende wird er vor die Wahl gestellt, einen türkischstämmigen Bandenchef, der ihn lange malträtiert hat, oder sich selbst zu erschießen. Auch in diesem Film erscheint Neukölln wie die Vorhölle der Republik.

Und in dem TV-Film »Zivilcourage« des deutsch-israelischen Regisseurs Dror Zahavi, der 2010 in der ARD ausgestrahlt wurde, spielt Götz George einen Buchhändler, der sich in seinem Viertel von einer Gang aggressiver Jungmachos bedroht sieht.[2] Weil sich Justiz und Polizei als zahnlose Tiger erweisen, verliert er das Vertrauen in den Rechtsstaat und besorgt sich eine Pistole, um sich vor dem Dschungel da draußen zu schützen. Die Geschichte vom braven Mittelschichtsmann, der angesichts der Gewalt, die ihn umgibt, am Ende zur Selbstjustiz greift, erinnert ein wenig an den Hollywood-Film »Falling Down« mit Michael Douglas. Nur, dass es bei Götz George ein pazifistischer Alt-68er und kein kleinbürgerlicher Angestellter ist, der angesichts des Bürgerkriegs vor seiner Haustür zur Waffe greift. »Du kannst diese Leute nicht durch deine Brille sehen. Die denken anders als wir, die fühlen anders als wir, die haben ganz andere Wertvorstellungen«, sagt seine Tochter in einer Szene zu Götz George und rät ihm, den Stadtteil zu verlassen. »Aber die leben in unserem Land. Hier gibt es Gesetze und die Polizei. Wir leben nicht in irgendeinem Kriegsgebiet«, erwidert ihr Vater. »Wenn wir jetzt schon kapitulieren, wo soll uns das noch hinführen?«[3]

Wir oder die? Kapitulation oder Gegenwehr? Darauf läuft die Gewissensentscheidung in all diesen »Kampf der Kulturen«-Streifen hinaus. Alle drei Filme zeigen den brutalen Zusammenprall zwischen einer behüteten deutschen Mittelschichtsidylle und einer gewalttätigen Gegenwelt, die von mitleidlosen Einwandererkindern geprägt ist. Liberalität und Toleranz erweisen sich dabei als reine Illusion. Unnötig zu sagen, dass die Ausgrenzung von Einwandererkindern durch deutsche Lehrer, Polizisten und Behörden bislang keine annähernd so dramatische Umsetzung im Film gefunden hat, obwohl – oder gerade weil – sie die viel alltäglichere Erfahrung in solchen Vierteln wie Neukölln sein dürfte.

Einer, der sich mit den Neuköllner Realitäten auskennt, ist Kazım Erdoğan. Er empfängt den Besucher mit türkischem Tee in seinem Büro. Als Student kam er in den siebziger Jahren nach Berlin, seit 2003 arbeitet er als Psychologe in den Diensten des Bezirksamtes Neukölln. Nebenbei hat er viele ehrenamtliche Projekte wie die »Woche der Sprache und des Lesens« mit vielen, über den ganzen Bezirk verteilten Lesungen sowie Vereine wie »Aufbruch Neukölln« und »Initiative für ein noch besseres Neukölln« ins Leben gerufen. Am bekanntesten ist aber seine Vätergruppe, die sich jeden Montag trifft, um über aktuelle Themen zu sprechen, auch über persönliche Probleme und ihre Vorstellungen von Männlichkeit. Die Vätergruppe ist berühmt, es gibt sogar ein Buch »Halbmondwahrheiten«[4] über sie und einen gleichnamigen, berührenden Dokumentarfilm der Regisseurin Bettina Blümner (bekannt unter anderem durch »Prinzessinnenbad«). Die Männer, die zu ihm kommen, fühlen sich oft als Versager. Nach Scheidungen oder vielen Jahren Arbeitslosigkeit fühlen sie sich minderwertig und in ihrer Männlichkeit verletzt, viele haben Probleme mit der Partnerin oder ihren Kindern, haben Schulden oder sind dem Glücksspiel verfallen. Hier können sie darüber reden.

Wenn Kazım Erdoğan über seinen Bezirk spricht, dann fällt ihm vor allem der Wandel auf, der sich in den letzten Jahren vollzogen hat. »Als ich 2003 nach Neukölln kam, wirkten die Straßen so leer und die Häuser wie Ruinen aus dem Zweiten Weltkrieg. Aber sogar diese Bruchbuden der Nation wurden saniert und modernisiert«, stellt er fest. »Mit Freude« sehe er, dass Tausende junger Leute und Akademiker in den Bezirk gezogen seien. »Auch in Nord-Neukölln, wo früher tote Hose war, haben jetzt mehrere Studentenkneipen und Cafés eröffnet.« Und er ergänzt: »Ich wünsche mir, dass diese gesunde und gute Mischung erhalten bleibt und dass wir in manchen Bereichen ein Problembezirk bleiben.« Warum das denn? »Solange es Menschen gibt, wird es Probleme geben«, antwortet Kazım Erdoğan philosophisch. »Eine Gesellschaft ohne Probleme, wie langweilig wäre das denn? Probleme sind dazu da, um gelöst zu werden.«

Kazım Erdoğan ist ein Macher – und ein Mutmacher. »Ich setze auf Überzeugung und Motivation, auf Empathie und Begegnung auf Augenhöhe«, sagt er von sich. Immer nur auflisten, was alles nicht klappt, das bringe doch nichts. Ein Teil der Politiker habe den Bezirk unter Wert verkauft, sagt Kazım Erdoğan, ohne konkrete Namen zu nennen, und findet: »Dieses defizitorientierte Denken hilft uns nicht weiter.« Die Stunden, die man in Talkshows verbringe, könne man besser nutzen. Spielt er damit auf den Ex-Bürgermeister Buschkowsky an? »Mit seinen Äußerungen hat er nicht das Miteinander propagiert, sondern die Unterschiede und das Trennende betont. Ob ihm das immer bewusst war, weiß ich nicht«, sagt Erdoğan.

Die Probleme in Neukölln rührten »zu 90 Prozent« aus Kommunikations- und Sprachlosigkeit, meint Erdoğan. Und aus einem Mangel an Perspektiven. »Nach der Wiedervereinigung wurden fast eine halbe Million Arbeitsplätze abgebaut«, rechnet er vor. Vor allem ungelernte Arbeitskräfte, die einst als Gastarbeiter nach Berlin geholt worden waren, traf das hart. »Früher gab es hier die Zementfirma Eternit und drei Schokoladenfabriken«, zählt der Psychologe auf. Heute seien das Bezirksamt und die Schulen die größten Arbeitgeber. Viele Einwanderer hätten nach der Wende das Gefühl gehabt, von Menschen zweiter Klasse zu Menschen dritter Klasse degradiert worden zu sein. »Sie haben sich abgelehnt, diskriminiert und ausgegrenzt gefühlt«. Neu hinzu komme jetzt die Angst vor Verdrängung, denn die Mieten im Bezirk steigen rapide. »Die meisten zittern und hoffen, dass es sie nicht erwischt«, sagt Erdoğan. »Sie nehmen es stillschweigend hin oder vertrauen darauf, dass die Politik die richtigen Maßnahmen trifft.« Und wenn sie anderswo eine günstige Wohnung finden, dann ziehen sie weg. »Viele haben auch die Schnauze voll von diesem Negativimage des Bezirks«, weiß Kazım Erdoğan. »Anderswo schlagen die Leute ja oft die Hände über dem Kopf zusammen, wenn sie hören: Was, Sie wohnen in Nord-Neukölln?«

Manche Jugendliche liefen tatsächlich auch Gefahr, zur Beute salafistischer Hetzprediger zu werden, fürchtet Erdoğan. Wie jene jungen Männer, die zu Intensivtätern würden, hätten auch die, die zu Salafisten werden, meist eine schwierige Familiengeschichte, meint er: »Sie waren in der Schule erfolglos, wurden ausgegrenzt und haben häusliche Gewalt erfahren.« Oft seien sie alleine von ihren Müttern aufgezogen worden, die Väter hätten als Autorität und Vorbild gefehlt. Deshalb hätten die Radikalen, die sich als nette ältere Brüder oder Onkel anböten, ein leichtes Spiel. »Die Salafisten werden dann zu besseren Sozialarbeitern«, sagt Kazım Erdoğan. »Wir alle müssen da Hand in Hand zusammenarbeiten, um dagegenzuhalten.« Berlin bräuchte mehr Mitarbeiter mit Zuwanderungsgeschichte, die sich diesen gefährdeten Jugendlichen mit Einfühlungsvermögen nähern könnten. Und die Gesellschaft müsse aufpassen, wie sie über diese Menschen rede. »Wenn wir mit Begriffen wie ›Brennpunktschule‹ operieren, dann frage ich mich: Was brennt denn dort? Und was sollen denn die Eltern denken, die ihre Kinder dort hinschicken?« Erdoğan selbst sagt deshalb »Wir Neuköllner« oder »Wir in Deutschland lebende Menschen«, statt die Unterschiede in den Vordergrund zu stellen.

Ab 2017 endet Kazım Erdoğans Arbeit für das Bezirksamt Neukölln offiziell, er kann dann in Rente gehen. Eventuell geht er dann als Lehrbeauftragter in die Türkei, nach Izmir. Er hat dort an der Uni »seinen« Film »Halbmondwahrheiten« gezeigt – die Reaktionen waren überwältigend. Die Menschen hätten Schlange gestanden, berichtet Erdoğan, »die Lehrkräfte haben geweint«. Sie hätten sich vorher nicht vorstellen können, dass Männer so offen über ihre Gefühle sprechen, sagt der Psychologe, der seine Erfahrungen gerne weitergeben möchte. Vorbild Neukölln.

Ein anderes Projekt, das inzwischen weit über die Grenzen des Berliner Bezirks hinaus ausstrahlt, sind Neuköllns »Stadtteilmütter«. Sie haben bundesweit Nachahmer gefunden, in Essen, Bochum und Dortmund, sogar in Paris interessiert man sich neuerdings für sie. Muna Naddaf arbeitet im Büro der Stadtteilmütter, das im Rathaus Neukölln angesiedelt ist. An einer Tür hängen Fotos von einer Fortbildungsreise nach Istanbul, an einer anderen ein Gruppenfoto mit Heinz Buschkowsky. Die Grundidee ist simpel: Frauen aus Einwandererfamilien helfen ihresgleichen, machen Hausbesuche und stehen in Fragen der Erziehung, der Schulbildung, der Sprachförderung und der Gesundheitsvorsorge mit Rat und Tat zur Seite. Rund 250 Frauen arbeiten als Stadtteilmütter, die meisten sind arabischer und türkischer Herkunft.

»Wir haben aber auch zwei Stadtteilmütter, die Romanes sprechen«, erzählt Muna Naddaf bei Kaffee und Keksen. »Die haben besonders viel zu tun.« Denn der Zuzug aus Südosteuropa stellt den Bezirk vor ganz neue Herausforderungen. Neukölln hat zwar rechtzeitig Willkommensklassen für diese Kinder eingerichtet, aber viele der Familien aus Bulgarien bleiben nicht, sondern ziehen weiter. Im Vergleich dazu zählen die arabischen und türkischen Einwanderer in Neukölln längst zu den Alteingesessenen, die sich an den Schulen engagieren und im Bezirk etabliert sind.

»Alle Eltern wollen das Beste für ihre Kinder«, meint Muna Naddaf, »aber manche wissen nicht wie.« Armut und Aufenthaltsprobleme seien häufig ein Hemmschuh für die Integration. Aber von falscher Rücksichtnahme hält sie nichts: »Auch in arabischen Ländern muss man in der Schule pünktlich sein. Und wenn Lehrern kein Respekt entgegengebracht wird, dann muss man Grenzen ziehen.« Da sind dann manchmal die Stadtteilmütter gefragt, die auch mal ins arabische Männercafé gehen, um dort das Elterngespräch zu suchen.

Ein Thema, das Muna Naddaf gegenwärtig stark bewegt, ist der Umgang mit Medien: »Wie viel Fernsehen und wie viel Nachrichtenbilder kann man den Kindern zumuten? Wir sprechen mit diesen Familien darüber, dass die Kinder nicht diese schrecklichen Kriegsbilder sehen sollen.« Sie weiß, wovon sie spricht: Ihre Familie stammt aus Syrien, einige Verwandte leben immer noch dort, trotz Bürgerkrieg.

Außerhalb von Berlin steht der Stadtteil Neukölln wie kein anderer für das angebliche Scheitern der deutschen Integrationspolitik. Vor Ort selbst sieht das völlig anders aus. Denn bei näherer Betrachtung zeigt sich hier eine vielfältige und engagierte Bürgergesellschaft, die beispielhaft ist. Darauf ist man in Neukölln zu Recht stolz: Im Frühjahr 2015 ist im Rathaus ein neuer Laden eingezogen, der selbst entworfene T-Shirts mit Slogans wie »Neukölln macht glücklich« verkauft. Es gibt einen starken Lokalpatriotismus in Neukölln. »Der Blick von außen auf Neukölln ist wie ein Stempel«, räumt Muna Naddaf jedoch ein. »Wenn ich mich außerhalb des Bezirks bewege, unter deutschen Akademikern oder im Bürgertum, da muss ich alles von vorne erklären: das Kopftuch an sich, die Migranten an sich. Hier ist das kein Thema.« Auf Neuköllns obersten Lautsprecher Heinz Buschkowsky mag Muna Naddaf trotzdem nichts kommen lassen. »Er ist uns immer mit sehr viel Respekt begegnet«, sagt sie, die Stadtteilmütter hätten sich von ihm geschätzt und geehrt gefühlt. »Diese Wertschätzung ist wichtig, und die wünscht man sich an anderen Stellen manchmal auch«, sagt sie mit Blick auf Behörden und Schulen.

Das heutige Neukölln war schon immer ein Einwandererbezirk. Seine ersten Bewohner waren protestantische Flüchtlinge, die es wegen katholischer Verfolgung aus Böhmen nach Berlin verschlug. In manchen Kirchengemeinden wurde noch bis Anfang des 20. Jahrhunderts auf Tschechisch gebetet, der Bezirk galt damals als Hochburg von Kriminalität und »schlechten Sitten«. Um den schlechten Ruf loszuwerden, wurde er deshalb 1912 von Rixdorf in Neukölln umbenannt und 1920 in Groß-Berlin eingemeindet. Heute ist er ein Innenstadtbezirk mit über 300 000 Einwohnern. Während der Norden Neuköllns von typischen Berliner Mietskasernen mit Hinterhöfen und Gründerzeitgebäuden geprägt ist, dominieren im Süden, außerhalb der Ringbahn, die Einfamilienhäuser und Hochhaussiedlungen. Dort sind die Hecken gestutzt und die Rasen kurz gemäht, hier ist Heinz Buschkowsky zu Hause. Vor allem der Norden aber gilt als problematisch: Er weist die höchste Arbeitslosenquote Berlins auf und eine höhere Kriminalitätsrate als andere Teile der Stadt, was Einbrüche, Drogendelikte und Gewalt angeht. Hier befindet sich auch die Rütli-Schule, die einst bundesweit Negativschlagzeilen machte.

Rund 40 Prozent aller Neuköllner haben einen Migrationshintergrund, und die Hälfte davon besitzen keinen deutschen Pass. Aber nicht der hohe Migrantenanteil, sondern die sozialen Probleme machen den Stadtteil zum Sorgenkind. In den letzten Jahren ist Neukölln jedoch eine zunehmend gefragte Wohngegend bei Studenten und ein Magnet für Touristen aus aller Welt geworden. Ständig eröffnen hier neue Galerien und Cafés, und beim Kulturfestival »48 Stunden Neukölln« sieht man überall junge Hipster mit dem Veranstaltungsprogramm durch die Straßen laufen.

Der Soziologe Aladin El-Mafaalani findet, dass sich der Begriff der »Parallelgesellschaft« noch nie auf Neukölln übertragen ließ. Verhältnisse wie in Little Italy oder Chinatown in Toronto, wo die Mehrheit der Bewohner eines Viertels der gleichen Herkunft sei – so eine Form der ethnischen Absonderung gebe es in Deutschland nirgendwo. Auch in Berlin-Neukölln nicht, wo sich Menschen aus über 160 Nationen begegnen: »Ich sehe da nur Hipster«, kommentiert El-Mafaalani spöttisch. Berlin sei ohnehin ein Sonderfall, weil hier der soziale Wohnungsbau nach dem Zweitem Weltkrieg in den Innenstädten stattgefunden habe. Im Vergleich zu anderen Großstädten gebe es in Berlin eine geringe räumliche Segregation und eine ausgeglichenere Verteilung von Wohlstand, Arbeit und Chancen. »Vieles funktioniert gut, obwohl man es schlechtredet«, findet El-Mafaalani. Natürlich gebe es Arbeitslosigkeit, Armut und Desintegration. Aber im Vergleich zu anderen Großstädten in Europa stehe Berlin noch gut da, was Kriminalität oder Gewalt angehe. Und noch einen Aspekt betont er: »Man spricht über Integration nur da, wo sie problematisch ist.« Städte wie München oder Stuttgart hätten einen viel höheren Einwandereranteil als die Hauptstadt, aber keine vergleichbaren sozialen Probleme, weswegen dort nicht so viel über Integration geredet werde. Dabei passe der Ausdruck Parallelgesellschaft viel besser auf reiche Viertel. »Nur Menschen mit Geld können es sich leisten, ihre Kinder auf Privatschulen zu schicken und komplett unter sich zu bleiben«, sagt El-Mafaalani. Aber warum wird ein Bezirk wie Berlin-Neukölln denn selbst von seinem Ex-Bürgermeister als so katastrophal empfunden? Da hat der Stadtforscher El-Mafaalani eine überraschende Antwort: Das Problem sei nicht die objektive Wirklichkeit, sondern der hohe Anspruch. Buschkowskys Maßstab sei vermutlich ein ruhiger Vorort wie der Süden Neuköllns oder eine Stadt wie Münster. »Sein Maßstab ist weltfremd«, meint El-Mafaalani.

Keiner hat Neuköllns schlechten Ruf so bestärkt wie Heinz Buschkowsky. So, wie Berlins ehemaliger Bürgermeister Klaus Wowereit mit seinem Spruch »arm, aber sexy« ein positives Bild seiner Stadt prägte, so hat Neuköllns ehemaliger Bezirksbürgermeister mit seinem Diktum »Multikulti ist gescheitert« das Image seines Bezirks zementiert. Buschkowskys Dauerklage über verlotterte Verhältnisse hat ihn bundesweit populär gemacht. Denn Buschkowsky ist am besten, worin Berliner ohnehin gut sind – im Meckern, Nörgeln und krasse Sprüche klopfen. Vom Boulevard wurde er dafür als »Klartext«-Politiker« und »Kult-Bürgermeister« gefeiert und mit einer *Bild*-Kolumne belohnt. Dort vertrat er klassische CDU-Positionen, wenn er zum Beispiel gegen die doppelte Staatsbürgerschaft wetterte, oder er brachte aussichtslos autoritäre Forderungen ins Gespräch – von einer »Kita-Pflicht« bis zur Idee, Eltern von Schulschwänzern das Kindergeld zu kürzen.

Hauptsächlich aber pflegte Buschkowsky die Kunst der blumigen Übertreibung. In seinen Büchern *Neukölln ist überall* (2012) und dem Nachfolger *Die andere Gesellschaft* (2014) reihte er Anekdote an Anekdote – von Autofahrern, die auf dicke Hose machen, bis zu angeblichen Familiengerichten im Wohnzimmer. Welches Ausmaß diese Phänomene in Neukölln haben, ließ er absichtsvoll offen. In *Die andere Gesellschaft* stellte er den Islam als das größte Integrationshindernis dar und suggerierte einen Zusammenhang zwischen Religiosität, Delinquenz und Gewalt, ohne ihn auch nur an einer Stelle belegen zu können. So konnte am Ende der Eindruck entstehen, in Neukölln würde Dieben auf offener Straße die Hand abgehackt, und jeden Freitag würden dort Ehebrecherinnen gesteinigt. Mit Milde und Verständnis können bei Buschkowsky dagegen ethnisch deutsche Hartz-IV-Empfänger rechnen, denn die kommen in seinen Büchern nicht vor. Und die Demonstranten von Pegida nahm Buschkowsky in Schutz und warnte, die dürfe man nicht alle zu Nazis stempeln, sondern lieber ihre Ängste ernst nehmen, statt gegen sie zu demonstrieren.

Der Phrasendrescher Buschkowsky rühmt sich selbst gerne, ein »Unfallforscher der Integrationspolitik« zu sein. Geisterfahrer wäre wohl treffender. Kein anderer Bürgermeister in Deutschland hätte so über seinen Wahlkreis vom Leder ziehen können, wie es Buschkowsky über Neukölln getan hat. Er konnte das aber nur, weil er über Einwanderer herzog, die sich kaum wehren konnten. Denn ein gutes Drittel aller Neuköllner besitzt keine EU-Staatsbürgerschaft und ist deshalb selbst von den Kommunalwahlen ausgeschlossen – hat also keinen Einfluss darauf, wer sie im Neuköllner Rathaus vertritt. Am 1. April 2015 gab Buschkowsky sein Amt an seine designierte Nachfolgerin ab, die ehemalige Schulstadträtin Franziska Giffey. Sie kann es besser machen.

Denn nicht zuletzt dank Buschkowsky ist Neukölln zu einem Symbol für das angebliche »Scheitern von Multikulti« und drohender Islamisierung geworden – zu einem Albtraum der Republik. Glaubt man Buschkowsky und anderen Kassandras, dann bietet Neukölln mit anderen Einwanderervierteln wie Duisburg-Marxloh oder Hamburg-Harburg nur einen Vorgeschmack auf das, was dem Rest der Republik bevorsteht: ein hoher Anteil an Hartz-IV-Empfängern, an Intensivtätern und eine große Zahl von integrationsunwilligen Migranten. Neukölln ist dafür ein Synonym geworden. Selbst bei Pegida in Dresden wusste man, dass man keine »Zustände wie in Neukölln« will, wie Lutz Bachmann bei einer Pressekonferenz im Januar 2015 erklärte. Dabei ist Neukölln keineswegs repräsentativ für muslimisches Leben in Deutschland.[5] Und es wäre falsch, alle sozialen Probleme – von Schulversagen bis Jugendgewalt – auf den Islam zurückzuführen, wie es Buschkowsky und Sarrazin tun. Der etablierte Islam kann sogar zur Lösung dieser Probleme beitragen, wie man in Neukölln sieht.

Ender Çetin ist der Vorsitzende der Şehitlik-Moschee, seit 2011 leitet er die Gemeinde. Er ist als Kind in Neukölln aufgewachsen, heute lebt er in Spandau, einem Außenbezirk, und betrachtet die Veränderung seines Viertels mit gemischten Gefühlen. »Der Kiez ist bunter geworden. Immer mehr Künstler und interessante Leute wohnen hier. Aber viele wandern ab, wegen der Mieten«, sagt er. Und in manchen Gegenden habe sich die Lage verschlimmert. Von den arabischstämmigen Flüchtlingsfamilien besäßen viele keine dauerhafte Aufenthaltsgenehmigung. Und viele dieser Schüler ohne Aufenthaltsperspektive drifteten in Kriminalität oder Drogen ab. Sie machen den Großteil jener Intensivtäter aus, die immer wieder für Schlagzeilen sorgen.

Die Şehitlik-Moschee liegt am Rande von Neukölln, an der Grenze zu anderen Bezirken. »Aus der ganzen Stadt kommen die Menschen zu uns«, sagt Ender Çetin. »Zum Freitagsgebet sind das oft über tausend Leute.« Die Moschee steht fünfmal am Tag zum Gebet offen, und fast jeden Tag wird hier für einen Verstorbenen das Totengebet verrichtet. Die Şehitlik-Moschee gehört zum Ditib-Verband, der der türkischen Regierung untersteht. Doch nur ihr Imam wird aus der Türkei entsandt und von dort bezahlt, er hält die Freitagspredigten. Alle anderen Aktivitäten entfaltet die Gemeinde aus eigenem Antrieb – »alles ehrenamtlich«, wie Ender Çetin betont. Sie bietet Korankurse, Sprachunterricht und andere Angebote für Kinder und Erwachsene an, vom Gebärdensprachkurs bis zum Freizeittreff. Eine Gruppe von Studenten engagiert sich für Flüchtlinge, für Naturschutz und Gewaltprävention. Neu hinzugekommen sind ein Projekt gegen Radikalisierung und eine Anlaufstelle für besorgte Eltern, die mit öffentlichen Mitteln gefördert werden. »Die Radikalen selbst kommen nicht in unsere Moschee«, sagt Ender Çetin. »Aber wir können unsere Jugendlichen argumentativ fit machen, um Extremisten theologisch zu kontern.«

An manchen Tagen besuchen bis zu hundert Jugendliche die Moschee, mit vielen Fragen und manchmal mit falschen Vorstellungen. Und manchmal besucht Ender Çetin auch Schulklassen in Neukölln. »Ab und zu hört man da auch radikale Meinungen«, hat er festgestellt. Um sich abzugrenzen, suchen manche Jugendliche Zuflucht in einer muslimischen »Frustidentität«, wie Ender Çetin das nennt. »Echte Religiosität ist das nicht.« Stattdessen würden sie sich mit *YouTube*-Filmen gegenseitig hochschaukeln, und es herrsche Gruppendruck. Gründe seien mangelnde Wertschätzung, Perspektivlosigkeit und überforderte Lehrer. »Da fällt man am ehesten auf, wenn man seine islamische Identität betont – egal, ob positiv oder negativ«, meint Çetin.

Er kennt aber auch den Extremismus der anderen Seite. 2012 gab es eine Serie von Brandanschlägen auf seine Moschee, und die Gemeinde erhält immer wieder Hassmails und Drohbriefe – während der Sarrazin-Debatte und zur Zeit der Pegida-Demos waren es etwas mehr als sonst. Das wichtigste Mittel, um Vorurteilen entgegenzuwirken, stellen für ihn die Moscheeführungen dar, die mehrmals am Tag stattfinden. Rund 30 000 Menschen hätten alleine im Jahr 2014 daran teilgenommen, sagt Çetin, von Schulklassen und Kitakindern bis zu Seniorengruppen und Delegationen der Bundeswehr. Die Fragen seien seit 2004 aber immer dieselben geblieben: Sie drehten sich um Terror, Gewalt, die Stellung der Frauen im Islam und um Ehrenmorde. Ender Çetin bemüht sich auch außerhalb der Moschee um den Dialog. Aufsehen erregte er, als er eine Gruppe von Schwulen und Lesben zum Gespräch in die Moschee lud. »Unsere älteren Gemeindemitglieder hatten damit ein Problem«, gibt der Moschee-Vorstand zu. Aber es gebe einen Generationenwechsel, die meisten Jugendlichen seien da offener.

Am oberen Ende der Sonnenallee, weit weg von der Şehitlik-Moschee, findet sich zwischen Shisha-Bars und arabischen Imbissen der »Bassal Shop«. Der unauffällige Handyladen war während der Fußball-WM im Sommer 2010 für zwei Monate lang das berühmteste Geschäft Berlins. Von New York bis Südkorea kamen Journalisten, um von hier zu berichten. Der Grund: eine riesige Deutschland-Fahne, die über die ganze Fassade hinweg das Haus verhüllte. Kurios war aber auch, dass linke Autonome sich an der Fahne störten und sie zwei Mal kaputtmachten. Moussa Bassals Bruder Youssef hatte sie angebracht, er hatte sie für fünfhundert Euro maßschneidern lassen und auf dem Bürgersteig Public-Viewing-Partys gefeiert, mit arabischer Musik, um die deutsche Mannschaft anzufeuern. »Mein Bruder hat das nicht aus Profitgründen gemacht«; sagt Moussa Bassal. »Aber wir haben in dieser Zeit wegen des Medienrummels kaum Geld verdient, deswegen haben wir das mit der Fahne bei der letzten WM gelassen.«

Die Familie Bassal floh in den 1980er Jahren vor dem Bürgerkrieg im Libanon nach Deutschland. Seit 2002 betreibt Moussa Bassal den Laden in der Neuköllner Sonnenallee, die als »arabischer Boulevard« der Stadt gilt, weil viele Geschäfte hier arabischen Inhabern gehören und sogar auf Arabisch für sich werben. »Hier ist mehr los als auf dem Ku'damm«, betont Moussa Bassal, der gemütlich hinter der Theke seines Ladens steht und auf Kundschaft wartet. »Vor allem abends. Für mich ist das wunderbar, ich lerne dadurch viele Sprachen: Türkisch, Italienisch, Spanisch«, freut er sich. Während des Gesprächs kommen ständig Kunden herein – einer will eine iPhone-Tasche kaufen, ein anderer einen DVD-Player verkaufen. »Und jeden Tag kommen zwei bis drei Leute, die eine Wohnung suchen. Aber denen kann ich nicht helfen«, sagt Moussa Bassal.

Aber ist Neukölln nicht noch immer ein Problembezirk? Moussa Bassal holt kurz Luft. »Wer so etwas sagt, der ist selbst das Problem«, stößt er nur heraus. Und erzählt von seinem anderen Laden, den er im bürgerlichen Bezirk Charlottenburg führt. »Da gibt es viel mehr Ärger als hier.« Einmal sei sogar ein Dealer direkt vor seiner Tür abgestochen worden. »Hier in Neukölln ist mir so etwas in all den Jahren noch nie passiert.« Er zeigt auf die belebte Straße: »Wenn hier eine Frau auf der Straße schreit, dann sind doch sofort tausend Menschen da, um ihr zu helfen!«

Trotzdem gibt es Leute, die Angst hätten, nach Neukölln zu kommen, das hat Moussa Bassal selbst erlebt. »In Charlottenburg hat mir ein Kunde mal 30 Euro mehr bezahlt, nur weil er partout nicht nach Neukölln kommen wollte, um sein Gerät abzuholen«, erzählt er kopfschüttelnd. Wer ist denn schuld am schlechten Leumund des Bezirks? Buschkowsky? »Das ist der Allerschlimmste.« Als sie damals die Fahne aufgehängt hätten, wären alle gekommen, aus aller Welt, erzählt Moussa Bassal. Nur einer nicht: der damalige Bezirksbürgermeister Heinz Buschkowsky. »Null Anerkennung«, ärgert er sich. Gute Nachrichten aus Neukölln mochte Buschkowsky offenbar nicht.

Teil 1

Eine kurze Geschichte der Islamophobie

2 Die Erfindung des Abendlandes
Ein vielseitiger Kampfbegriff

Der Untergang des Abendlandes wurde schon oft vorhergesagt. Mal wurden für ihn Schundromane, Comics oder das Privatfernsehen verantwortlich gemacht, mal Kommunismus und mal Kapitalismus, mal sexuelle Befreiung, Ballerspiele am Computer oder das Internet. Und jetzt eben der Islam. Nicht erst seit die »Patriotischen Europäer gegen die Islamisierung des Abendlandes«, kurz Pegida genannt, zum Jahreswechsel 2014/2015 in Dresden auf die Straße gingen, ist die Rede vom Abendland auf die politische Agenda zurückgekehrt. Aber woher stammt dieses Wort, das es so nur im Deutschen gibt? Und wofür steht es?

Wie so viele Wörter und Redewendungen im Deutschen geht auch der Ausdruck »Abendland« auf Martin Luther zurück – zumindest indirekt. Als der Reformator 1521 in seiner Schreibstube auf der Wartburg bei Eisenach die Bibel aus dem Lateinischen ins Deutsche übersetzte, ersann er für die »Heiligen Drei Könige«, die aus dem Osten kommend dem Stern von Bethlehem gefolgt sein sollen, die Wendung von den drei »Weisen aus dem Morgenland«. Später wurde aus seiner Neuschöpfung Morgenland das Wort Abendland abgeleitet.[1]

Zunächst war »Abendland« damit nur eine Übersetzung des lateinischen Begriffs »Okzident«, der auf die antike Vorstellung zurückgeht, dass die Sonne im Osten aufgeht und, von Rom aus gesehen, in Westeuropa untergeht. Gemeint waren damit die westlichen Länder des Römischen Reiches, als westlichstem Teil der damals bekannten Erde. Doch der Begriff wurde schon früh ideologisch aufgeladen. Luther selbst sprach zwar noch nicht von einem Kampf zwischen Abendland und Islam – diese Formel bürgerte sich erst sehr viel später ein –, aber das Abendland war von Anfang an ein politischer Kampfbegriff, der zur Abgrenzung nach innen und nach außen diente.

Heute erscheint es zwangsläufig, das Morgenland als logischen Gegenspieler und Rivalen des Abendlandes zu betrachten, bildet es doch schon den geografischen Gegenpol. Und in der Tat haben Abendland-Apologeten häufig eine »Gefahr aus dem Osten« beschworen. Doch dieses Abendland war schon immer mehr eine Idee als ein geografisch fest umrissener Ort: eine Fiktion, eine Projektion, entstanden aus dem Wunsch, eine gemeinsame westeuropäische Identität zu zimmern, die das christlich geprägte Deutschland und Frankreich, aber auch Italien, England und Spanien umfassen und gegen einen imaginierten Feind abschotten sollte. So wandten sich die Verteidiger des Abendlandes in der Vergangenheit nicht zwangsläufig immer gegen den Islam, sondern mal gegen Demokratie und Liberalismus, mal gegen den Kommunismus oder die Juden.

Die Wurzeln des deutschen Abendland-Gedankens liegen in der Romantik. Der Dichter und Philosoph Novalis verklärte 1799 in seinem Essay *Die Christenheit oder Europa* das noch von der römisch-katholischen Kirche geprägte Mittelalter zu einer glücklichen »Urzeit« und träumte von der Wiedererrichtung des Kontinents auf den Grundfesten eines »poetischen Christentums«. Mit seiner Idee einer Wiederauferstehung Europas im Geist der Religion wandte sich Novalis gegen die Werte der Reformation, der französischen Revolution und der bürgerlichen Aufklärung. Von Anfang an gingen in der Beschwörung des »abendländischen Geists« eine nostalgische Verklärung der Vergangenheit und eine konservative bis reaktionäre Gesinnung Hand in Hand.

Erst 1826 wurde Novalis' Essay posthum veröffentlicht. Doch seine Idee sollte im aufkeimenden deutschen Nationalismus des 19. Jahrhunderts auf fruchtbaren Boden fallen und für reaktionäre politische Zwecke missbraucht werden. Vor allem das katholisch-konservative Bürgertum zeigte sich für die romantische Rede vom Abendland empfänglich. Aus griechischer Antike, altem Rom und christlicher Kirche, so das Idealbild, gründe sich eine westeuropäische Identität, die in ihrem Wesenskern bedroht sei: durch Rationalismus und Moderne sowie durch innere und äußere Gegner. Dass diese europäische Identität auf einer imaginierten und romantisch verklärten Vergangenheit fußte, die es so in Wirklichkeit nie gegeben hat, macht sie zu einer »erfundenen« Schicksalsgemeinschaft – vergleichbar mit den erfundenen Gemeinschaften der im 19. und 20. Jahrhundert entstehenden Nationalstaaten, die von Intellektuellen und nationalistischen Ideologen konstruiert und zum verbindlichen Narrativ erhoben wurden.[2]

Populär wurde die Rede vom – implizit stets christlich – gedachten »Abendland« in der Weimarer Republik vor allem durch Oswald Spenglers kulturphilosophisches Hauptwerk Der *Untergang des Abendlandes*, dessen Titel zu einem geflügelten Wort wurde. Spengler reihte sich mit seinem zweibändigen Wälzer unter die Vordenker der sogenannten »Konservativen Revolution«, von denen Ernst Jünger und Carl Schmitt die bis heute bekanntesten sind. In seinem sukzessive 1918 und 1922 veröffentlichten Klassiker konservativer Kulturkritik, der zu den meistgelesenen geschichtsphilosophischen Werken des 20. Jahrhunderts avancieren sollte, behauptete Spengler, Aufstieg und Fall von Zivilisationen vollziehe sich in festen Zyklen und nach quasi naturwissenschaftlichen Gesetzen: Wie Pflanzen keimten sie auf und entstünden, erblühten und vergingen. Im kühlen, apodiktischen Ton einer modernen Kassandra gleich orakelte er, die abendländische Zivilisation sei im Niedergang begriffen. Als aufkommende Großmacht betrachtete er Russland, mit dem er sich ein Bündnis erhoffte, und gegen die allgemeine Dekadenz und Entartung empfahl er die Rückkehr zu preußischen Tugenden wie Pflichtgefühl, Opferbereitschaft und Disziplin.

Nach der deutschen Niederlage im Ersten Weltkrieg traf Spengler im verunsicherten Bürgertum auf offene Ohren, gerade auch mit seiner Ablehnung von republikanischen Werten und liberaler Demokratie. Auch wenn Spengler später Distanz zu Hitler halten sollte, weil er die Rassenideologie der Nationalsozialisten ablehnte und eher Mussolini als »neuen Cäsar« favorisierte, konnte er nicht verhindern, dass die Nazis seine Ideen für sich vereinnahmten. Schon Novalis' Voraussage einer »Wiederauferstehung Europas« wollten die Nazis als Ankündigung ihrer Machtübernahme von 1933 verstehen. Ihren Führer Adolf Hitler stilisierten sie zum »Retter des Abendlandes« und zum »Bollwerk« gegen die »bolschewistischen Horden« sowie die russisch-asiatische, die slawische und die jüdische Kultur. Auch Hitler selbst gefiel sich offenbar in dieser Rolle. Nicht ganz zufällig wählte er für den Überfall auf die Sowjetunion den Decknamen »Unternehmen Barbarossa« – in Erinnerung an den Staufer-Kaiser, der zum Kreuzzug aufgebrochen und dabei gestorben war. Und am 24. Januar 1943 schrieb der Diktator in seinem Telegramm an Generaloberst Friedrich Paulus, der in Stalingrad die Stellung hielt, seine Armee dort leiste »durch ihr heldenhaftes Ausharren einen unvergesslichen Beitrag zum Aufbau der Abwehrfront und der Rettung des Abendlandes«[3].

Als das Dritte Reich zusammengebrochen war, suchten Konservative und Katholiken nach neuer Orientierung – und fanden Trost im Topos vom Abendland. Die Reichsidee war durch die Nazis desavouiert, aber das Leitbild »Abendland« bot sich gerade aufgrund seiner Unschärfe an, mit neuem Leben gefüllt zu werden. Dabei konnte man sich auf katholische Schriftsteller der Zwischenkriegszeit wie Werner Bergengruen, Gertrud von Le Fort, Reinhold Schneider und Theodor Haecker beziehen, welche die Nazizeit in der inneren Emigration überdauert hatten und sich nun um die »Heimkehr des deutschen Geistes« bemühten (so ein Werk von Reinhold Schneider). Sie glorifizierten die Herrscherhäuser der Karolinger, Ottonen, Staufer und Habsburger, die sich an den Kreuzzügen beteiligt hatten, oder erklärten, wie Theodor Haecker, den römischen Dichter Vergil zum Vater des Abendlandes. Um die Monatszeitschrift *Neues Abendland*, 1946 gegründet, die *Abendländische Aktion*, 1952 gegründet, und die *Abendländische Akademie*, die 1952 ins Leben gerufen wurde, bildete sich in den fünfziger Jahren zudem eine politische Bewegung, die sich konservativen Ideen verpflichtet fühlte. So viel Abendland wie in der Bundesrepublik der frühen Fünfziger war nie.

Hochrangige Politiker der Union waren Mitglieder dieser »abendländischen« Bewegung oder sympathisierten zumindest mit ihr. »Rettet die abendländische Kultur«, plakatierte die CDU im ersten Bundestagswahlkampf nach dem Krieg. Und als Konrad Adenauer, fünf Tage nach seiner Wahl zum Bundeskanzler, am 20. September 1949 in Bonn vor den Bundestag trat, erläuterte er am Schluss seiner Rede nicht ohne Pathos: »Unsere ganze Arbeit wird getragen sein von dem Geist christlich-abendländischer Kultur und von der Achtung vor dem Recht und vor der Würde des Menschen.« Sein Biograf Arnulf Baring meint, Adenauer sei in seiner »rheinischen Weltsicht« tatsächlich davon überzeugt gewesen, »dass Köln in der Mitte des Abendlandes« liege. Dazu passt die beliebte Anekdote, Adenauer habe im Zug hinter der Elbe auf dem Weg nach Berlin immer die Vorhänge zugezogen, weil für ihn hinter Braunschweig schon »die asiatische Steppe« begonnen habe.

Auch der FDP-Politiker Theodor Heuss, der erste Bundespräsident der Republik, beschwor die Einheit von Antike, Christentum und Abendland. Bei einer Schulfeier in Heilbronn erklärte er am 16. September 1950: »Es gibt drei Hügel, von denen das Abendland seinen Ausgang genommen hat: Golgatha, die Akropolis in Athen, das Kapitol in Rom. Aus allen ist das Abendland geistig gewirkt, und man darf alle drei, man muss sie sogar als Einheit sehen.«

Bei Heinrich von Brentano, der Mitglied im Kuratorium der *Abendländischen Akademie* war, wurde daraus ein ausformuliertes antikommunistisches Programm. Bei seinem ersten öffentlichen Auftritt als neuer Außenminister im Rosenau-Stadion zu Augsburg hielt Brentano am 10. Juli 1955 eine vielbeachtete Rede. Eintausend Jahre zuvor hatte Otto der Große dort in der »Schlacht auf dem Lechberg« im Jahre 955 die ungarischen Reiterheere besiegt, die damals den Osten unsicher machten. Mit dem Segen des Bischofs von Augsburg, des »heiligen Ulrich«, war dieser »Retter der Christenheit« in den Kampf gezogen. In seiner Rede zur Jahrtausendfeier dieser Schlacht schlug Brentano einen gewagten Bogen in die Gegenwart des Jahres 1955. »Damals standen vor den Toren des Abendlandes, vor den Toren dieser Stadt, in der wir weilen, die heidnischen Nomadenscharen des Ostens; Verderben und Untergang drohten«, schwadronierte der CDU-Politiker in seiner Rede vor 60 000 Protestanten und Katholiken. Und nun stünden wieder, ermahnte er seine Zuhörer in Augsburg, nicht viel weiter entfernt »die Massen des Ostens«. Doch »in gewisser Beziehung« sei die Bedrohung durch den kommunistischen Ostblock »noch gewaltiger als damals«, orakelte Brentano, denn: »Nicht vereinzelte Nomadenhorden sind es jetzt, mit denen wir es zu tun haben, nicht wie damals steht uns das bloße Heidentum wilder Völkerschaften gegenüber. Sondern das neue Heidentum, mit dem wir jetzt zu rechnen haben, ist ein Heidentum des weltlichen Fanatismus.«[4]

Die SPD schäumte, als ihr das zu Ohren kam, und nannte die Rede eine »mystifizierende Geschichtsklitterung«, und der *Spiegel* nutzte den Anlass, um das Weltbild der Abendländer mal genauer zu beleuchten. In den »abendländischen« Verbänden waren auffällig viele Adlige anzutreffen, aber auch prominente Vertreter aus Politik und katholischem Klerus.[5] Sie waren für die Todesstrafe, wetterten gegen moderne Komponisten wie Strawinsky und Schönberg und andere »Zersetzungserscheinungen« und liebäugelten mit einer ständischen Demokratie, wenn nicht gar einer Monarchie. Nicht wenige hegten offene Sympathien für die katholischen Diktaturen in Spanien und Portugal. Dass sich Mitglieder einer Regierungspartei wie Brentano durch ihre Mitgliedschaft in solchen Verbänden mit deren Ansichten gemein machten, war nicht ohne Brisanz.

Die »Abendländer« aber nahmen für sich in Anspruch, keineswegs vom »Ungeist« der Nazis angekränkelt gewesen zu sein. Sie beharrten auf dem humanistischen Gymnasium als Ort bester deutscher Tradition und agitierten gegen die sechsjährige Grundschule, wie sie die Alliierten, allen voran die Amerikaner, bevorzugt hätten. Ihr rigider Antikommunismus, der Russland als Erzfeind und Hauptgefahr ausmachte, erleichterte es Adenauer außerdem, bei aller kulturellen Skepsis gegenüber den USA, die Westbindung und die europäische Integration Westdeutschlands voranzutreiben – auch wenn diese auf Kosten einer Wiedervereinigung beider deutschen Staaten ging, deren Aussicht in immer weitere Ferne rückte.

Ab Mitte der fünfziger Jahre geriet die Abendland-Rhetorik in der Union immer mehr ins Abseits, sie wirkte zu unmodern. Erst in den letzten Jahren wird sie wieder verstärkt aus der Mottenkiste hervorgekramt. Nur dass an die Stelle eines rigiden Antikommunismus heute die Abgrenzung zum Islam getreten ist.

Die Demonstranten in Dresden, die im Herbst 2014 gegen eine angebliche »Islamisierung« auf die Straße gingen, waren nicht die ersten, die sich der Rettung des Abendlandes verschrieben haben. Vor allem in der CSU hält man schon seit Jahren wieder verstärkt die Fahne des Abendlandes hoch. »Unsere Gesellschaft ist geprägt vom christlich-abendländischen Kulturerbe«, definierte die CSU-Landtagsfraktion im Januar 2001 auf ihrer Klausurtagung in Wildbad Kreuth ihren Begriff von »Leitkultur«. Doch der Inhalt dieser »Leitkultur« hat sich stark gewandelt. Wenn man ihn mit den Vorstellungen vergleicht, die in den fünfziger Jahren damit verbunden wurden, ist das Abendland schlichtweg nicht wiederzuerkennen. Das christlich-abendländische Kulturerbe beruhe »auf der freiheitlichen Demokratie, rechtsstaatlichem Denken, dem Geist der Toleranz und dem Schutz der Menschen und der Minderheitenrechte«, behauptet die CSU. Von einem Kampfbegriff gegen die Werte der Aufklärung zu einem für Demokratie, Gleichheit und Liberalität: Novalis würde sich vermutlich im Grabe umdrehen, wenn er das hörte.

Zu viele Minderheitenrechte dürfen es aber auch nicht sein. Die CSU-Politikerin Christine Haderthauer erklärte 2008, als sie noch Generalsekretärin ihrer Partei war, muslimische Schüler bräuchten ihrer Meinung nach keinen Islamunterricht, sondern vor allem eine Unterweisung in christlich-abendländischer Tradition und Kultur – damit sie »lernen und wissen, warum wir etwa Weihnachten oder Ostern feiern« – aber auch, weil an der Türkei und anderen Staaten der islamischen Welt »das Zeitalter der Aufklärung spurlos vorübergegangen« sei, so Haderthauer. Und im November 2012 führte ihr Nachfolger Alexander Dobrindt als Argument gegen eine mögliche Koalition der Union mit den Grünen ins Feld: »Sie sind gegen unsere abendländische Identität, weil sie Christenverfolgung verharmlosen und islamische Feiertage einführen wollen.«

Die CSU dagegen besteht darauf, dass das Kruzifix in bayerischen Klassenzimmern hängen bleibt, solange sich niemand darüber beschwert – eine Minimalkonzession an das Kruzifix-Urteil des Bundesverfassungsgerichts, das an die Neutralitätspflicht des Staates erinnert hatte. Und als der Kurzzeit-Bundespräsident Christian Wulff 2010 erklärte, auch der Islam gehöre inzwischen zu Deutschland, gingen vor allem die Bayern auf die Barrikaden: »Wir wollen, dass das christliche Abendland christlich weiterbesteht«, polterte der CSU-Hardliner Norbert Geis, und sein Parteikollege Hans-Peter Friedrich sekundierte: »Um das klar zu sagen: Die Leitkultur in Deutschland ist die christlich-jüdisch-abendländische Kultur. Sie ist nicht die islamische und wird das auch niemals sein.«

Säkulare Positionen haben es in der Union deswegen schwer. Das musste die CDU-Politikerin Aygül Özkan erfahren, als sie im April 2010 ihr Amt als niedersächsische Sozialministerin antrat. In einem

Interview hatte sie zuvor den Fehler begangen, neben dem muslimischen Kopftuch auch christliche Symbole wie das Kreuz in deutschen Klassenzimmern zu kritisieren.[6] Vor dem Landtag in Hannover musste sie deshalb öffentliche Abbitte leisten. Sie wisse um die Bedeutung der »christlich-abendländischen Kultur«, kroch sie vor der CDU-Landtagsfraktion zu Kreuze.[7]

Die Formel von der »christlich-abendländischen Kultur« hat Eingang in diverse Kopftuchgesetze gefunden, bei denen die Union federführend war. Mit diesem Verweis versuchte sie zu begründen, warum das Kopftuch bei Lehrerinnen verboten, christliche Symbole wie Kreuze und Nonnenhabit jedoch ausdrücklich von einem Verbot ausgenommen werden sollten. Zeichen der »christlich-abendländischen Kultur« würden die staatliche Neutralität und den Erziehungsauftrag keineswegs verletzen, heißt es im Schulgesetz Baden-Württembergs seit 2004, das Kopftuch aber schon. In Nordrhein-Westfalen und Bayern ist von »christlich-abendländischen Bildungs- und Kulturwerten« die Rede, im Saarland nur von »christlichen Werten«, und in Hessen wird die »christlich und humanistisch« geprägte »abendländische Tradition« betont. Nach dem neuen Kopftuchurteil des Bundesverfassungsgerichts von 2015 werden diese Gesetze aber umgeschrieben werden müssen.

Die Rede vom christlich-jüdischen Abendland, die in den letzten Jahren populär geworden ist, zeigt, wie dehnbar der Begriff des Abendlandes geworden ist. Führende Politiker wie Angela Merkel und Guido Westerwelle haben in der Integrationsdebatte die »jüdisch-christliche Tradition« als »prägende Kraft« beschworen, in Abgrenzung zum Islam. Eine Floskel, die manchem aufstößt, der sich daran erinnert, dass diese Tradition vor allem eine Geschichte der Pogrome, des Antisemitismus und der Gewalt war, die in einem industriellen Völkermord gipfelte. »Nein, es gab keine jüdisch-christliche Tradition, sie ist eine Erfindung der europäischen Moderne und ein Lieblingskind der traumatisierten Deutschen«, kommentierte sarkastisch die Professorin für jüdische Philosophie Almut Shulamit Bruckstein Çoruh: »Es stockt einem der Atem bei so viel Geschichtsvergessenheit.«[8] Auch der Berliner Rabbiner Walter Homolka weist die Vorstellung einer »exklusiven Wertegemeinschaft mit jüdisch-christlichen Wurzeln« zurück und betont die Unterschiede zu den christlichen Kirchen in wichtigen Fragen, von Empfängnisverhütung bis Ehescheidung. In Wirklichkeit sei »das Judentum dem Islam oft genau so nah wie dem Christentum«[9], findet Homolka.

Auch die »Alternative für Deutschland« (AfD) hat das Abendland für sich entdeckt. Schon in der Präambel ihrer Parteisatzung, die seit Januar 2015 gilt, heißt es, man bejahe uneingeschränkt »unsere abendländische Kultur«. Was genau damit gemeint ist, darüber war man sich aber noch nicht ganz einig. Partei-Vize Alexander Gauland warnte einmal vage, mit der Aufnahme der Türkei in die EU verlöre Europa seine abendländische Identität, und für die Abtreibungsgegnerin Beatrix von Storch, die zum konservativen und christlich-fundamentalistischen Flügel der Partei gehört, zählen »Eigenverantwortung, Familiensinn, Heimatliebe, gelebter Patriotismus und bürgerschaftliches Engagement« unverzichtbar dazu.[10] Dagegen mahnte der im Juli 2105 abgewählte Ex-Parteichef Bernd Lucke an, auch Religionsfreiheit und Toleranz seien »abendländische Werte«.

Anderswo werfen sich Rechtspopulisten schon lange in die Pose der Retter des Abendlandes. Schon der 2008 bei einem Autounfall tödlich verunglückte Rechtspopulist Jörg Haider berief sich gerne auf abendländische Traditionen. Sein Nachfolger an der Spitze der Freiheitlichen Partei Österreichs (FPÖ) und inoffizieller Erbe, Heinz-Christian Strache, trat bei seinen Auftritten zur Europawahl 2009 unter einem großen Kruzifix auf, und seine Partei plakatierte den Slogan »Abendland in Christenhand«. Damit brachte er allerdings nicht nur die Kirchen gegen sich auf, sondern irritierte auch Teile seiner eigenen Partei, die eigentlich eine eher antiklerikale Tradition besitzt.[11]

Auch die rechtspopulistische Schweizerische Volkspartei (SVP) um den Milliardär Christoph Blocher »bekennt sich zur christlich-abendländischen Kultur der Schweiz«, wie es in ihrem Parteiprogramm heißt: »Nicht ohne Grund trägt unser Land ein Kreuz im Wappen.« Ihr Nationalratskandidat Andreas Glarner warb einmal auf Plaketten mit dem Spruch »Maria statt Scharia« für sich. Und die 36-jährige SVP-Politikerin Nicole Müller-Boder bekundete im Januar 2015 ihre Sympathien für die »Patriotischen Europäer gegen eine Islamisierung des Abendlandes« in Dresden. Die Forderungen der deutschen Pegida-Bewegung deckten sich mit denjenigen ihrer Partei, sprach sie sich für eine Allianz der Abendländer aus.[12]

Das christliche Abendland scheint sein Zentrum heute vorwiegend im Alpenländischen und im Voralpenland zu haben. Nirgendwo wird die Rhetorik vom Abendland so hoch gehalten wie in Bayern, Österreich und der Schweiz. Anderswo spricht man dagegen meist lieber von westlicher Zivilisation, europäischen Werten oder schlicht dem »Westen«, wenn es um Werte wie Demokratie und Menschenrechte, die Gleichberechtigung der Geschlechter oder Gewaltverzicht geht, die gegen den Islam ins Feld geführt werden.

In anderen Sprachen gibt es keine Entsprechung für das Wort »Abendland«. Ins Französische wurde Spenglers *Untergang des Abendlandes* mit *Le Déclin de l'Occident* übersetzt. Und im Englischen heißt sein Titel schlicht *The Decline of the West*.

3 Die Wurzeln der Islamfeindlichkeit (1)
Das christliche Erbe: Luther und andere Hassprediger

Was seine Wahrnehmung des Islam betrifft, war Martin Luther ganz ein Kind seiner Zeit. Von einem Kampf zwischen Abendland und Islam war zwar noch nicht die Rede, als sich der Reformator mit der Religion auseinandersetzte, die im 7. Jahrhundert auf der arabischen Halbinsel entstanden war. Doch die Bilder und Begriffe, mit denen diese Auseinandersetzung geführt wurde, waren nicht weniger aufgeladen, denn der Islam wurde von vielen Christen schon früh als Erzfeind ihres eigenen Glaubens angesehen.

In der militärischen Expansion des Osmanischen Reiches, dessen Truppen im Mai 1529 das erste Mal vor Wien standen, sah Luther nichts weniger als ein Vorzeichen der nahenden Apokalypse. Gleich in mehreren Traktaten – *Vom Kriege wider die Türken* (1528), *Heerpredigt wider die Türken* (1530) und *Vermahnung zum Gebet wider die Türken* (1541) – wetterte er gegen diese mutmaßlichen Feinde des Christentums und Europas, die er als »Zuchtrute und Geißel Gottes« bezeichnete und deren militärische Erfolge er als göttliche Strafe für die Abkehr vom rechten Glauben ansah. Für diese Abkehr machte Luther allerdings den Papst verantwortlich, den er polemisch zu einer noch größeren Gefahr für das Christentum als »den Türken« erklärte. Folgerichtig sprach er dem Papst jede Autorität ab, zu einem Kreuzzug wider die Türken aufzurufen, und predigte stattdessen zunächst Buße, Gebet und innere Umkehr, um das Unheil abzuwenden. Erst später sprach er sich für militärische Mittel aus.

Weil er sich selbst ein Bild vom Koran machen wollte, um ihn theologisch zu widerlegen, setzte sich Luther dafür ein, eine in Basel entstandene lateinische Übersetzung freizugeben, und regte auch eine Übersetzung des Korans ins Deutsche an.[1] Er selbst hatte da schon eine populäre Koranwiderlegung des Florentiner Dominikanermönchs Ricoldo da Monte di Croce ins Deutsche übersetzt und Predigern zur Lektüre empfohlen, damit diese ihre Gemeinden besser vor der »Versuchung« des Islam warnen könnten. In seiner grundsätzlichen Sicht auf den muslimischen Propheten Mohammed als irregeleiteten und satanischen Gegenspieler Gottes, der den wahren christlichen Glauben durch Hinterlist und Heuchelei in sein Gegenteil verkehrte, unterschied sich Luther kaum von den Auffassungen seiner katholischen Zeitgenossen. Auch die sahen im Koran nur ein Buch voller Lügen und Verdrehungen und den muslimischen Propheten Mohammed lediglich als einen gewieften Betrüger, der gekommen sei, um das Christentum herauszufordern. In ihrer grundsätzlichen Verdammung machten Luther und seine katholischen Zeitgenossen keine großen Unterschiede zwischen »den Türken« als den Bewohnern des Osmanischen Reiches und den Muslimen als Anhänger einer anderen Religion – so wenig, wie sie zwischen den kulturellen Sitten und den religiösen Traditionen von Arabern, Türken und Muslimen differenzierten. Im Unterschied zu heutigen »Islamkritikern« wie Thilo Sarrazin, denen das auch heute noch nicht gelingt, kann man Luther und seinen Zeitgenossen aber immerhin zugutehalten, dass ihnen damals schlicht die Anschauung und der persönliche Kontakt fehlten.

Dass der Islam zum radikalen Antipoden und Gegenspieler des Christentums stilisiert wurde, machte sich schon kurz nach Entstehung dieser jüngsten Weltreligion bemerkbar. Weil beide Religionen denselben universalen Wahrheitsanspruch für sich reklamierten, waren sie von Anfang an Konkurrenten. Doch während Jesus im Islam als Prophet anerkannt wird, musste sich das Christentum mit einer vergleichbaren Anerkennung Mohammeds naturgemäß schwertun, gilt ihm Jesus doch als letztgültiger Prophet und Sohn Gottes. Schon früh wurde der Islam deshalb von christlichen Theologen als teuflische Irrlehre abgetan und sein Prophet Mohammed als »Antichrist«, »Teufel«, »Lügner«, »Heuchler«, »Ketzer«, »Epileptiker« und falscher Prophet dämonisiert, der in epileptischen Anfällen irgendwelche Stimmen gehört habe.[2] Der Prophet des Islams sei zur Zielscheibe einer »in der Religionsgeschichte vermutlich beispiellosen Gräuelpropaganda zur Diffamierung des ideologischen und politischen Gegners« geworden, meint der evangelische Theologe Thomas Naumann. »Keine Sünde, keine moralische Verfehlung, keine sexuelle Abartigkeit, die man ihm nicht zugeschrieben hätte.«[3]

Etwas von diesem Furor findet sich noch heute in der Verbissenheit moderner Islamfeinde, die dem Islam absprechen, überhaupt eine echte Religion zu sein, und ihn stattdessen als eine Art »faschistische Ideologie« bezeichnen. Ganz in der Tradition mittelalterlicher Mohammed-Polemik stand jedenfalls die österreichische FPÖ-Politikerin Susanne Winter, die 2008 für Aufsehen sorgte, als sie Mohammed als »Feldherrn, der den Koran in epileptischen Anfällen« verfasst habe, und als »Kinderschänder« schmähte.[4] Der Vorwurf der Pädophile gehört heute zum festen Arsenal der Islamfeinde, weil der Prophet der Überlieferung nach unter anderem ein minderjähriges Mädchen geheiratet haben soll.

Auch manche Mohammed-Karikatur der Gegenwart erinnert an die Art und Weise, wie der Religionsgründer schon im Mittelalter dämonisiert wurde: als gewalttätig, lüstern, hinterlistig und krank. Die berühmte Karikatur des dänischen Zeichners Kurt Westergaard, die Mohammed mit einer Bombe im Turban zeigt, knüpft an diese Vorstellungen an. Vor dieser Folie kann jedes terroristische Attentat und jeder islamistische Fanatiker als Bestätigung dieses alten Angstbilds gesehen werden – quasi als Bestätigung eines »tieferen Wissens« über den Islam, dessen Herkunft sich viele gar nicht mehr bewusst sind.

Es ist bekannt, wie stark Martin Luther von den antijüdischen Vorurteilen seiner Epoche geprägt war. Manchen gilt er deshalb sogar als ein Wegbereiter des deutschen Antisemitismus. Zwar verwarf er die Legende, nach der Juden Hostienfrevel und Ritualmorde begingen, und sprach sich anfangs dagegen aus, Juden mit Gewalt zum christlichen Glauben zu »bekehren«. Er hielt aber grundsätzlich an der Idee der Judenmission fest, und 1543, als er sich in seiner Auseinandersetzung mit der katholischen Kirche radikalisiert hatte, forderte er evangelische Fürsten sogar dazu auf, alle Juden aus ihren Gebieten zu vertreiben, wenn sie sich der Taufe verweigerten, und ihre Synagogen und Häuser zu zerstören, um ihnen die Ausübung ihrer Religion unmöglich zu machen. Heute würde man ihn für solche Aussagen wohl einen Hassprediger nennen. In der Nazizeit wurden Luthers judenfeindliche Aussagen benutzt, um die Ausgrenzung und Verfolgung von Juden durch das Hitler-Regime zu rechtfertigen. Auch wenn sich die evangelische Kirche von heute längst von diesen Passagen distanziert hat und sie historisch einordnet und relativiert, so stellen Luthers gehässige Ausfälle doch bis heute eine theologische Herausforderung dar.

Ähnliches gilt für Luthers Aussagen über den Islam. »Durch die Schriften des mittleren und des alten Luther zieht sich das wie ein roter Faden: Papst, Jude und Türke werden zu den Feinden der Christen-Botschaft schlechthin, ja, zum Werkzeug des Teufels und zum Antichrist stilisiert«[5], schreibt die Gießener Theologin Athina Lexutt über das Werk des Reformators. Es kann deshalb kaum überraschen, dass sich zwischen dem religiös und kulturell begründeten Antisemitismus des 19. Jahrhunderts, dem rabiaten Antikatholizismus, der in Bismarcks »Kulturkampf« gegen die katholische Kirche gipfelte, und den heutigen Vorbehalten gegen Muslime manche Parallelen ziehen lassen. Die evangelische Kirche ordnet Luthers Ansichten heute in ihrer großen Mehrheit historisch ein und schreibt den Gedanken der Toleranz groß.[6] Doch seine türken- und muslimfeindlichen Aussagen werden heute wieder von interessierter Seite für eigene Zwecke instrumentalisiert, etwa von der Neuen Rechten.[7] Darum ist es notwendig, sich mit diesem Erbe kritisch auseinanderzusetzen.

Entstanden sind diese Vorurteile unter völlig unterschiedlichen Voraussetzungen. Während die Juden eine schwache und diskriminierte Minderheit waren, waren »die Türken« eine muslimische Großmacht, die sich anschickte, christlich geprägte Gebiete zu erobern und zu unterwerfen, und damit eine ernsthafte Konkurrenz. Die rapide Ausbreitung des Islam seit dem 8. Jahrhundert hatte die Rivalität zwischen den beiden Religionen gefördert. Über mehrere Jahrhunderte hinweg hatte sich das Christentum im Nahen Osten und Kleinasien ausgebreitet und in Europa etabliert. Doch nur hundert Jahre nachdem in Mekka die erste muslimische Gemeinschaft entstanden war, verfügten muslimische Herrscherhäuser bereits über ein Weltreich, das sich vom Indus bis nach Andalusien erstreckte. Und nachdem arabische Eroberer aus Nordafrika zuerst Spanien und Sizilien erobert hatten, drang das Osmanische Reich später über den Balkan zudem fast bis in die Mitte Europas vor. Für die christlichen Herrscher in Byzanz und Rom war das »eine unvorstellbare Bedrohung – in machtpolitischer wie in theologischer Hinsicht«[8].

In dieser Zeit gründet das alte Angstbild von einem »Islam auf dem Vormarsch«, das immer wieder neue Blüten treibt. Und aus dieser Zeit stammt auch das Stereotyp eines »aggressiven Islam«, der seinen Glauben »mit Feuer und Schwert« verbreite – ein Klischee, das bis ins 20. Jahrhundert hinein in der europäischen Geschichtsschreibung fortgeschrieben wurde. Dabei wird übersehen, dass die militärische Expansion arabischer und späterer muslimischer Großreiche nicht der einziger Weg war, auf dem sich diese Religion ausgebreitet hat – in Südostasien und Westafrika etwa hat sich der Islam ganz ohne Eroberungszüge, vor allem durch Händler, Prediger und Bruderschaften verbreitet. Und diese Lesart ignoriert, dass muslimische Eroberer in Andalusien oder später auf dem Balkan darauf verzichtet haben, die einheimische Bevölkerung mit Gewalt zu ihrem Glauben zu »bekehren« – ganz anders als später die christlichen Eroberer und Missionare bei der Unterwerfung Lateinamerikas zum Beispiel.

Das heißt nicht, dass es dabei nicht auch Grausamkeiten gab: Die Zwangsrekrutierung von meist christlichen jungen Männern für das osmanische Heer, die als »Knabenlese« in die Annalen einging, hat auf dem Balkan tiefe Spuren im kollektiven Gedächtnis hinterlassen. Dass in Bosnien große Teile der Bevölkerung und des Adels nach der Eroberung der Region durch die Osmanen rasch zum Islam übertraten, ist hingegen nicht auf Zwang zurückzuführen. Es lag vielmehr daran, dass diese mit ihrer bosnischen Staatskirche zuvor im Dauerclinch mit dem Papst und dessen Stellvertretern in Ungarn gelegen hatten, so dass ihnen die Konversion als kleineres Übel erschien. Außerdem konnte der bosnische Adel so seine Privilegien behaupten und bald schon am Sultanshof in Istanbul großen Einfluss gewinnen.

Religiöse Minderheiten wie Christen und Juden waren unter muslimischer Herrschaft zwar nicht gleichberechtigt, sondern nach heutigen Maßstäben nur Staatsbürger zweiter Klasse, wie von Islamkritikern heute gerne hervorgehoben wird. Sie genossen aber ein vertraglich geregeltes Maß an religiösen Freiheiten und Aufstiegsmöglichkeiten, von denen sie unter christlicher Herrschaft oft nur träumen konnten. Ein aus Westeuropa stammender Rabbiner im osmanischen Edirne, Isaac Zarfati, schrieb um 1454 an seine Glaubensbrüder, die unter christlicher Herrschaft lebten, »dass die Türkei ein Land ist, in dem es an Nichts fehlt.« Hier könne jeder unter seinem Feigenbaum oder Weinstock sitzen und ruhig leben[9]. Er empfahl ihnen, der »großen Folterkammer« ihrer Länder zu entfliehen und wie er ins Osmanische Reich zu ziehen. Und als die christlichen Könige nach der Rückeroberung Spaniens 1492 die Juden auf der Iberischen Halbinsel vor die Wahl stellten, entweder zum Christentum überzutreten oder auszuwandern, siedelten viele von ihnen nach Nordafrika, Ägypten oder in die Levante über. Der osmanische Sultan Bayezid II. gewährte ihnen in seinem Reich Asyl, und Thessaloniki, Istanbul und Alexandria entwickelten sich bis ins 20. Jahrhundert zu Metropolen jüdischen Lebens. Natürlich gab es auch unter muslimischer Herrschaft Diskriminierung und Verfolgung von Minderheiten – aber von solchen Exzessen wie Zwangstaufen oder der Inquisition mit ihren Hexenverbrennungen ist nichts bekannt. Nicht zuletzt darauf gründet der Mythos religiöser Toleranz im arabisch beherrschten Andalusien, den viel gelesene Schriftsteller wie Washington Irving oder Lion Feuchtwanger später in ihren Kurzgeschichten und Romanen beschworen und der bis heute kaum an Glanz verloren hat.

Die »Rückeroberung« der Iberischen Halbinsel durch katholische Monarchen hatte bereits im 9. Jahrhundert eingesetzt, erst viel später sollte sie zu einem Kreuzzug stilisiert und »Reconquista« genannt werden. Ob die Schlacht von Tours und Poitiers, bei der der fränkische Herrscher Karl Martell im Jahr 732 den Vormarsch der Mauren und Sarazenen gestoppt haben soll, überhaupt wirklich stattgefunden hat und welche Bedeutung ihr zur damaligen Zeit wirklich zukam, ist unklar. Ungeachtet dessen wurde sie später von europäischen Geschichtsschreibern zur Schicksalsschlacht zwischen Christen und Muslimen erklärt und mythologisch überhöht.

Mit den Kreuzzügen, zu denen ab dem 11. Jahrhundert wechselnde Päpste aufriefen, kam es zu einer weiteren militärischen Konfrontation, die vor allem von christlicher Seite zum Entscheidungskampf zwischen beiden Religionen stilisiert wurde. Am 27. November 1095 rief Papst Urban II. auf der Synode seiner Kirche in der französischen Bischofsstadt Clermont zum ersten Feldzug ins »Heilige Land«

auf. Das erklärte Ziel war die »Befreiung Jerusalems« aus den Händen der Muslime, die es über vierhundert Jahre zuvor erobert hatten. Wer sich dieser »bewaffneten Pilgerreise« anschließe, dem sollten alle Sünden vergeben werden, versprach der Papst und rief damit zum »Heiligen Krieg« auf. Mit dem Ruf »Deus lo vult« – »Gott will es« – soll seine Rede begeistert aufgenommen worden sein, und schon bald schlossen sich Ritter und einfaches Volk aus ganz Westeuropa diesem Schlachtruf an. Bevor sich die Kämpfer in Richtung Palästina aufmachten, kam es aber, als Nebeneffekt, in ganz Westeuropa zu Übergriffen gegen die dort lebenden Juden.

Keine vier Jahre später, im Juli 1099, gelang es dem vereinigten Heer der Kreuzritter unter Führung von Gottfried von Bouillon, Jerusalem einzunehmen. Dessen Kämpfer richteten unter den Bewohnern der Stadt ein Blutbad an, das selbst mitgereiste fränkische Chronisten wie Albert von Aachen und Radulf von Caen entsetzte, so brutal wurde die muslimische und jüdische Bevölkerung dort niedergemetzelt. Schon bei der Belagerung der Stadt Antiochia (dem heutigen Antakya in der Türkei) hatten sich die Kreuzritter keinen besonders guten Ruf erworben: Weil sie aufgrund einer Dürre an Hungersnot litten, kam es dort zu kannibalischen Exzessen. Berichte über die »Menschenfresser« aus Europa machten in der Region noch viel später die Runde.

Ob die Kreuzzüge in der arabischen Erinnerung nun ein Trauma oder in Wirklichkeit gar keinen bleibenden Eindruck hinterließen und die Rede vom Trauma erst viel später aufkam, ist unter Experten umstritten.[10] Eine existenzielle Bedrohung für die muslimischen Herrscher der Region stellten sie jedenfalls nicht dar, und einen Aufruf zum gemeinsamen Dschihad aller Muslime, der mit dem päpstlichen Aufruf zum »Heiligen Krieg« vergleichbar gewesen wäre, gab es damals nicht. Zwar gelang es den christlichen Europäern, an der östlichen Küste des Mittelmeers mehrere Kreuzfahrerstaaten zu gründen, doch diese waren nur von kurzer Dauer.[11] Nach der Rückeroberung Jerusalems durch Sultan Saladin im Jahre 1187 fiel rund hundert Jahre später, im Jahr 1291, die letzte Kreuzfahrerfestung in Akkon, dem heutigen Akko in Israel.

Auch wenn die Kreuzzüge nur eine Episode blieben, so prägen sie die gegenseitige Wahrnehmung und das Selbstbild von Christen und

Muslimen doch bis heute, weil sie von Extremisten auf beiden Seiten instrumentalisiert werden. Radikale Islamisten wie die Propagandisten von al-Qaida setzen jede westliche Einmischung mit den Kreuzzügen gleich. Im Westen werden die Kreuzzüge heute meist als ein peinliches Kapitel der eigenen Geschichte angesehen, als Synonym für Fanatismus und die Instrumentalisierung der Religion zu kriegerischen Zwecken. Doch in evangelikalen Kreisen in den USA zeigt man sich davon unberührt. So bezeichnete der evangelikal inspirierte US-Präsident George W. Bush den von seiner Regierung geführten »Krieg gegen den Terror« mehr als einmal als einen »Kreuzzug« – und meinte das offenkundig positiv. Auch mehren sich seit den Terroranschlägen vom 11. September 2001 die Versuche, die Kreuzzüge apologetisch zu einer Art »Notwehr« umzudeuten. Der Autor Rodney Stark, ein Religionssoziologe aus den USA, sieht die blutigen Feldzüge als letztlich unvermeidliche Reaktion auf muslimische »Provokationen« und Untaten.[12] Applaus für seine Thesen erhielt er in den USA vorwiegend von christlich-fundamentalistischen Bloggern und dem rechten Rand – dass sein Buch in deutscher Übersetzung erschienen ist und positiv besprochen wurde, zeigt aber, dass es auch hierzulande eine Nachfrage nach solcher Geschichtsklitterung gibt.[13]

Dabei war der Glorienschein dieser Feldzüge in den Nahen Osten schon 1204 dahin, als der vierte Kreuzzug in einem Desaster endete, weil die christlichen Gotteskrieger unter venezianischer Führung lieber die byzantinische Metropole Konstantinopel eroberten und plünderten, anstatt Jerusalem als Ziel anzusteuern. Spätere Kreuzzüge, zu denen die nachfolgenden Päpste aufriefen, richteten sich eher gegen »Heiden«, »Ketzer« und politische Gegner, und Roms Konflikt mit Byzanz überlagerte für eine ganze Weile die Auseinandersetzung mit dem Islam. Doch als die byzantinische Herrschaft Konstantinopels immer mehr zu bröckeln begann und das Osmanische Reich sich in Anatolien und auf dem Balkan immer weiter ausbreitete, schlug die Stimmung wieder um. Der Fall Konstantinopels und die Eroberung durch die Osmanen im Mai 1453 sandten Schockwellen durch das christliche Europa – vor allem durch die Fürstentümer in Italien, die sich am stärksten bedroht sahen. Bald setzte damit auch eine Neubewertung der Kreuzzüge ein. War zumindest der Erste Kreuzzug noch ein rein fränkisches Unternehmen gewesen, so wurde er von der Kirche nun zu einer angeblich gesamteuropäischen Verteidigung der Christenheit umgedichtet, und in den Berichten über angebliche Gräueltaten der muslimischen Eroberer von Konstantinopel lebte das alte Bild vom barbarischen Feind aus der Zeit der Kreuzzüge wieder auf.

Diese Panikmache diente propagandistischen Zwecken. Ab Mitte des 15. Jahrhunderts wurden in ganz Westeuropa, bis hinauf nach Skandinavien, sogenannte »Missa Contra Turcos« abgehalten. In diesen »Türkenpredigten« wurde die Gefährlichkeit und Niedertracht des Gegners in den schillerndsten Farben gemalt. Die eindringliche Schilderung dieser »Türkengräuel« diente dazu, die Bevölkerung zum »Türkenkrieg« zu mobilisieren. Aus dieser Zeit stammt auch die Tradition, zur Mittagszeit die Kirchenglocken zu läuten. Das ordnete der damalige Papst Kalixt III. 1456 an, um die Gläubigen zu ermahnen, für einen Sieg der Ungarn über die Osmanen zu beten. Als sich der gewünschte Erfolg einstellte, wurde das Mittagsläuten aus Freude darüber beibehalten, und für das Mittagsläuten bürgerte sich mancherorts das Wort von der »Türkenglocke« ein.

Doch die Osmanen rückten unaufhaltsam näher. Mit Belgrad, damals ein Vorposten Ungarns, fiel 1521 eine weitere christliche Bastion, und nach der Schlacht von Mohács brachten die Osmanen 1526 weite Teile Ungarns und Kroatiens unter ihre Kontrolle. Im östlichen Mittelmeer siegten sie 1522 über den Johanniterorden auf Rhodos und drängten von da an die Vorherrschaft der Republik Venedig immer weiter zurück. Als die Heere des Sultans Süleyman I., auch »der Prächtige« genannt, 1529 dann vor den Toren von Wien lagerten und damit quasi im Herzen Europas, herrschte dort bereits eine regelrechte Hysterie und Endzeitstimmung vor. So verständlich die Furcht vor einer Eroberung durch die »Türken« war – in den Chroniken jener Zeit erhielt sie eine apokalyptische Dimension. Geschürt wurde die »Türkenfurcht« von weltlichen und kirchlichen Autoritäten nicht nur, um zum Kampf aufzurufen, sondern auch, um Gehorsam und Frömmigkeit zu erzwingen oder Steuererhebungen zu rechtfertigen. Die sprichwörtliche Grausamkeit »des Türken« wurde zum Stereotyp einer Gräuelpropaganda, die im aufkommenden Zeitalter der Massenkommunikation bald auf Tausenden von Flugschriften Verbreitung fand. Bezeichnenderweise war das erste vollständige Werk, das noch vor der Luther-Bibel auf Johannes Gutenbergs Druckerpresse in Mainz entstand, ein sogenannter Türkenkalender – ein Flugblatt, das zum Kampf gegen die Türken aufrief.

Dass die muslimische Expansion zur »Mutter aller Gefahren« stilisiert wurde, war allerdings ein Zerrbild, denn die Wirklichkeit war schon immer komplizierter. Zum einen betraf die osmanische Expansion ja nicht ganz Europa, sondern nur dessen südöstlichen Teil. Zum anderen wurde der osmanische Vormarsch auf dem Balkan von Konflikten zwischen den christlichen Königen und Fürsten und innerhalb der Bevölkerung begünstigt, denn so mancher schlug sich aus politischen Gründen oder reinem Opportunismus auf die Seite der Osmanen. Religiöse Minderheiten wie Juden und sogar Protestanten genossen außerdem unter türkisch-osmanischer Herrschaft eine Glaubensfreiheit, »wie sie im unduldsamen christlichen Europa so gar nicht vorstellbar war«[14], was das »türkische Joch« für manche durchaus attraktiv erscheinen ließ. Auch Luther hielt es deshalb für nötig, vor Überläufern zu warnen, von denen es offenbar Tausende gab. »Dazu, wie unser deutsch Volk ein wüst wild Volk ist, ja schier halb Teufel, halb Menschen sind, begehren etliche die Ankunft und das Regiment der Türken«[15], schreibt er gleich zu Beginn seiner ersten Türkenschrift. Tatsächlich sollte die »Türkengefahr« der Reformation in Europa sogar nützen und zum Durchbruch verhelfen, weil sie die Herrschenden zu Kompromissen mit den protestantischen Bewegungen zwang, um die Entstehung einer zweiten Front und eine Schwächung gegenüber den Osmanen zu vermeiden.

Muslimische und christliche Staaten haben in der Geschichte nie einen einheitlichen Block gebildet, wie es im Nachhinein gerne propagandistisch dargestellt wurde, sondern gingen oft wechselnde Allianzen ein. Schon die arabische Eroberung der Iberischen Halbinsel war durch regionale Rivalitäten unter den christlichen Herrschern begünstigt und von Teilen der Bevölkerung begrüßt worden. Umgekehrt war es auch den Kreuzfahrern zu ihrer Zeit gelungen, die muslimischen Reiche in Ägypten und Syrien, die miteinander verfeindet waren, gegeneinander auszuspielen. Die Osmanen, die 1529 Wien belagerten, hatten zuvor mit Frankreich ein Bündnis gegen die Habsburger geschlossen, das mehrmals erneuert werden sollte. Auf

Wunsch des schwedischen Königs Karl XII. trat das Osmanische Reich 1711 in den Großen Nordischen Krieg ein, der den Niedergang Schwedens und den Aufstieg Russlands zur europäischen Großmacht markierte. Und im Ersten Weltkrieg sollte das Osmanische Reich mit den beiden »Mittelmächten«, dem deutschen Kaiserreich und dem Habsburgerreich Österreich-Ungarn, eine gemeinsame Front gegen Frankreich, England und Russland bilden. Man konnte eben pragmatisch sein.

Zum anderen aber war das Verhältnis zwischen islamischen und christlichen Ländern nicht nur von Kriegen geprägt, sondern auch von Handel und kulturellem Austausch. Zur Zeit der Kreuzzüge erlebte der Orienthandel einen gewaltigen Aufschwung, wovon italienische Hafenstädte wie Venedig und Genua profitierten. Und ohne den Einfluss arabischer Philosophen, Wissenschaftler und Ärzte, die das Wissen der Antike bewahrt und weiterentwickelt hatten, wäre der kulturelle Aufbruch der Renaissance in Europa wohl nicht möglich gewesen. Die einstige Führungsrolle der Muslime in den Wissenschaften lässt sich heute noch an Fachbegriffen wie Algebra, Alchemie, Alkohol und Algorithmus ablesen, in denen die arabische Vorsilbe al enthalten ist. Doch Furcht und Vorurteile[16] haben das christlich-europäische Bild vom Islam nachhaltig geprägt.

4 Die Wurzeln der Islamfeindlichkeit (2)
Voltaire und die unvollendete Aufklärung

Die Zweite Türkenbelagerung von Wien 1683 war ein Wendepunkt in der Geschichte, denn sie läutete den Anfang vom Ende der osmanischen Vorherrschaft in Südosteuropa ein. Die Schlacht um Wien war die letzte große Konfrontation zwischen einer christlich-europäischen Allianz und einer muslimischen Großmacht. Sie resultierte aber aus der Rivalität zweier Imperien, die auf Expansion aus waren, und war kein Religionskrieg – was sich schon daran erkennen lässt, dass sich Frankreich mit der Hohen Pforte in Istanbul gegen das Habsburgerreich verbündet hatte. Ein Religionskrieg war vielmehr der Dreißigjährige Krieg (1618–1648) gewesen, von dessen Nachwirkungen das Habsburgerreich zum Ende des 17. Jahrhunderts noch immer geschwächt war. Die Osmanen glaubten deshalb, leichtes Spiel zu haben, und belagerten vom 14. Juli 1683 an zwei Monate lang die Stadt Wien. Doch der Habsburger Kaiser Leopold I., später »Türkenpoldi« genannt, schloss sich mit päpstlicher Hilfe in letzter Minute mit Polens König Jan III. Sobieski und der Republik Venedig zusammen, und gemeinsam konnten sie in der »Schlacht am Kahlenberg« doch noch die osmanische Übermacht besiegen.

Eine Erbfeindschaft ist daraus jedoch nicht entstanden – im Ersten Weltkrieg sollte es sogar zum Schulterschluss zwischen dem Osmanischen Reich und der K.-u.-k.-Monarchie Österreich-Ungarn kommen. Doch vor allem die katholische Kirche hat den Mythos der »Türkenbelagerung« lange Zeit gepflegt und zu einem Sieg im Glaubenskampf stilisiert. Zur Erinnerung an den Sieg über die Osmanen nahm Papst Innozenz XI. sogar den Gedenktag »Mariä Namen« in den offiziellen katholischen Festtagskalender auf, um alljährlich am 12. September an den Jahrestag der Schlacht am Kahlenberg zu erinnern.

Im Laufe der Jahrhunderte hat sich die Bedeutung dieses Datums mehrfach gewandelt, und in diesem Wandel spiegelt sich der wandelnde Zeitgeist wider. So wurde der »Türkenbelagerung« zum zweihundertjährigen Jubiläum im Jahre 1883 weit stärker gedacht als hundert Jahre zuvor, als das Osmanische Reich noch ein echter Gegner war, und das hatte aktuelle Gründe. Am 12. September 1883 wurde das neue Wiener Rathaus eingeweiht, und die katholische Kirche nutzte den Anlass, um vor einer neuen Gefahr für das Abendland zu warnen, die sie in Gestalt des Liberalismus aufkommen sah. Zwölf Jahre später nutzte Wiens späterer legendärer Bürgermeister Karl Lueger den Gedenktag, um seiner antisemitischen Überzeugung Ausdruck zu verleihen: »Heute ist der denkwürdige Tag der Befreiung Wiens von den Türken, und hoffen wir, dass wir eine größere Noth von uns abwälzen als die Türkennoth, nämlich die Judennoth«, sagte er in einer Rede vor den anstehenden Bürgermeisterwahlen.

Zum 250-jährigen Jubiläum der Türkenbelagerung im Jahr 1933 wiederum nahm der konservativ-katholische Bundeskanzler Engelbert Dollfuß den Gedenktag zum Anlass, um seine autoritäre Politik und die Errichtung einer Quasi-Diktatur zu begründen. Der »Deutsche Katholikentag«, der in jenen Tagen in Wien begangen wurde, bot ihm dafür eine willkommene Bühne. In seiner Rede an der Wiener Trabrennbahn wies er auf die »Türkengefahr« vergangener Tage hin, um ausgiebig gegen Sozialdemokraten und Marxisten zu hetzen und die Notwendigkeit seines austrofaschistischen Ständestaats darzulegen. »Ein Hinweis darauf, dass Jubiläumsfeiern mehr über die jeweilige Gegenwart aussagen als über die Vergangenheit«, kommentiert die Wiener Journalistin Duygu Özkan den Wandel in der Erinnerungskultur.[1]

Heute wird die Schlacht um Wien von interessierter Seite rückblickend zu einem Schicksalsdatum im »Clash of Civilizations« umgedeutet. Vor allem die rechtspopulistische Freiheitliche Partei Österreichs (FPÖ) wird nicht müde, sich in diese Tradition zu stellen. Zur Nationalratswahl 2013 hielt ihr Wiener Parteichef Johann Gudenus eine Rede zu den »330 Jahren Befreiung von der Türkenbelagerung«, in der er zum Rundumschlag gegen kriminelle und »integrationsresistente« Türken ausholte und gegen Sozialdemokraten und Grüne, die sich mit ihnen verschworen hätten. Die FPÖ veröffentlichte auch schon mal einen Comic, der ihren Parteichef Heinz-Christian Strache Arm in Arm mit dem legendären Prinz Eugen zeigte, dem einstigen Oberbefehlshaber im Großen Türkenkrieg. Dass Strache in dem Comic mit dem Titel »Sagen aus Wien«, der in einer Auflage von einer halben Million gedruckt und an alle Haushalte in Wien verteilt wurde, einen kleinen Jungen auffordert, einem »Mustafa« mit der Steinschleuder eine »aufzubrennen«, fanden nicht alle lustig: Die sozialdemokratische SPÖ sprach von einem »Hassblatt«, und Österreichs Grüne erstatteten Strafanzeige – allerdings ohne Erfolg.[2]

Rückendeckung erhielt die FPÖ dafür vom niederländischen Islamgegner Geert Wilders, den sie Ende März 2015 zu sich nach Wien einlud. In seiner Rede in der Wiener Hofburg warnte der niederländische Rechtspopulist, der Islam »zerfresse« die westliche Kultur, »um sie mit Intoleranz, Hass und Gewalt zu ersetzen«. Er beschwor Wien als »Symbol des Widerstands gegen den Islam« und tönte großspurig: »Wir werden den Islam besiegen.« Auch ein antimuslimischer Hetzblog, der nach 9/11 entstand, nennt sich »The Gates of Vienna«. Und der norwegische Massenmörder Anders Behring Breivik überschrieb sein 1 500-Seiten-Manifest, das er »eine europäische Unabhängigkeitserklärung« nannte, mit der Jahreszahl 2083 – zum vierhundertsten Jubiläum der Schlacht am Kahlenberg, so stellte er es in Aussicht, sollte Europa von Muslimen »befreit« sein.

Dabei hatte sich das Bild des Islam in Europa nach der Zweiten Wiener Türkenbelagerung eigentlich zum Besseren verändert. Denn an die Stelle der jahrhundertelangen Türkenfurcht traten damals Erleichterung und Spott, und die Oberschicht entwickelte sogar eine ästhetische Faszination und ein Faible für den Orient. Als der osmanische Gesandte Resmi el-Hadsch Ahmet Effendi im November 1763 als erster Botschafter seines Landes nach Berlin kam, wurde er dort nicht nur vom preußischen König Friedrich dem Großen mit Gepränge empfangen, sondern auch von Teilen der Berliner Bevölkerung gefeiert. »Datteln essen gehört jetzt zum guten Ton in Berlin, und die Gecken pflanzen sich einen Turban aufs Haupt«, spottete der Alte Fritz über die Türkenmode an seinem Hof.[3] Ausgehend von den »Turquerien« am französischen Hof, kamen bald in ganz Europa ein lustvoller Exotismus und eine Orientmode auf, die sich in Musik,

Kunst und Architektur äußerten – in Mozarts »Türkenopern« wie der »Entführung aus dem Serail«, in romantisierenden Szenen aus dem Orient in der Malerei oder in Pseudo-Moscheen in europäischen Schlossgärten von Schwetzingen bis Sanssouci, mit denen der tolerante Geist der Aufklärung beschworen wurde.

Europäische Orientreisende trugen mit ihren Reiseberichten dazu bei, ein differenziertes Bild der Verhältnisse im Osmanischen Reich zu zeichnen, und ihre Schilderungen stießen in Westeuropa auf großes Interesse. Einer dieser Orientkenner war der Gelehrte Antoine Galland, der im diplomatischen Dienst an der Hohen Pforte in Istanbul diverse Sprachen des Nahen Ostens gelernt hatte. Seine erstmals 1704 erschienene Übersetzung der Märchen aus Tausendundeiner Nacht löste in Europa einen regelrechten Orienttaumel aus. »Nachdem die Gefahr aus dem Orient gebannt schien, begann die Verklärung des Orients zu einer romantischen Traumwelt«, fasst die Kuratorin am Pariser Musée d'Orsay, Geneviève Lacambre, den Geist dieser Epoche zusammen.[4]

Aufklärer wie Montesquieu oder Gotthold Ephraim Lessing nutzten den Islam nun als Kontrastfolie, um ihre eigenen Gesellschaften einer scharfen Kritik zu unterziehen. Montesquieu schilderte in seinen *Persischen Briefen* einen fiktiven Briefverkehr zwischen zwei persischen Romanfiguren, Usbek und Rica, die sich mit ihren Briefpartnern in der Heimat über die Verhältnisse in Paris austauschten, und Lessing machte in seinem Theaterstück *Nathan der Weise* den Gedanken der Toleranz gegenüber anderen Weltreligionen stark. Johann Wolfgang von Goethe verstieg sich in seinem *West-östlichen Divan*, vom persischen Dichter Hafis inspiriert, sogar zu dem Ausruf: »Gesteht's! Die Dichter des Orients sind größer als wir des Okzidents.« So wurde der Orient wieder zu einem Gegenbild des Okzidents, nur diesmal zu einem eher freundlichen.

Einige Intellektuelle der Aufklärungszeit strichen die Rationalität, Toleranz und Einfachheit des Islam heraus, um sie in Kontrast zu katholischen Dogmen zu setzen. Aber nicht alle Aufklärer lösten sich von den althergebrachten Negativ-Stereotypen. Voltaire etwa benutzte in seiner Tragödie *Le Fanatisme ou Mahomet le Prophète (Der Fanatismus oder Mahomet der Prophet*) den muslimischen Propheten dazu, eine vernichtende Kritik an religiösen Autoritäten und deren

Lehren zu üben, und griff dabei auch auf althergebrachte Klischees zurück, indem er Mohammed (Mahomet) als machtgierigen und gewalttätigen Betrüger hinstellte. Auch Denis Diderot stellte eine Verbindung zwischen Islam und Fanatismus her und warf dieser Religion insbesondere vor, für Wissenschaftsfeindlichkeit und Despotie verantwortlich zu sein.

»Der Koran lehrt Angst, Hass, Verachtung für Andere, Mord als legitimes Mittel zur Verbreitung und zum Erhalt dieser Satanslehre, er redet die Frauen schlecht, stuft Menschen in Klassen ein, fordert Blut und immer wieder Blut. Doch dass ein Kamelhändler in seinem Nest Aufruhr entfacht, dass er seine Mitbürger glauben machen will, dass er sich mit dem Erzengel Gabriel unterhielte; dass er sich damit brüstet, in den Himmel entrückt worden zu sein und dort einen Teil jenes unverdaulichen Buches empfangen zu haben, das bei jeder Seite den gesunden Menschenverstand erbeben lässt, dass er, um diesem Werke Respekt zu verschaffen, sein Vaterland mit Feuer und Eisen überzieht, dass er Väter erwürgt, Töchter fortschleift, dass er den Geschlagenen die freie Wahl zwischen Tod und seinem Glauben lässt: Das ist nun mit Sicherheit etwas, das kein Mensch entschuldigen kann, es sei denn, er ist als Türke auf die Welt gekommen, es sei denn, der Aberglaube hat ihm jedes natürliche Licht des Verstandes erstickt«, so schäumte Voltaire in einem Brief an Friedrich den Großen. Später sollte Voltaire von dieser Brachialkritik abrücken. Aber manche Islamkritiker von heute, die sich für aufgeklärt halten, beziehen sich gerne auf dieses Voltaire-Zitat.[5]

Doch wer diese Tirade für eine rationale und aufgeklärte Kritik hält, von einem Helden der Aufklärung vorgetragen, der muss auch erklären, wie er dann zu Voltaires antijüdischen Aussagen steht. »Ihr übertrefft sämtliche Nationen mit euren unverschämten Märchen, eurem schlechten Benehmen und eurer Barbarei. Ihr habt es verdient, bestraft zu werden, denn das ist euer Schicksal«, schrieb Voltaire einmal an die Adresse der Juden gewandt. »Mich würde nicht im mindesten wundern, wenn diese Leute eines Tages gefährlich würden für das Menschengeschlecht«, heißt es an anderer Stelle. Kein Zufall auch, dass einer der längsten Einträge in der von Denis Diderot herausgegebenen *Encyclopédie*, einem der zentralen Werke der Aufklärung, von Juden handelt: »Eine Zusammenstellung der dümmsten und schlimmsten antisemitischen Klischees, die damals in Europa kursierten«, nennt sie der Journalist Hannes Stein.[6]

Seine Haltung zum Judentum hat Voltaire überdacht. Aber daran zeigt sich, dass auch die großen Aufklärer nicht frei waren von den Vorurteilen ihrer Zeit. Genau wie Rassismus und Antijudaismus gehört auch die Feindseligkeit gegen den Islam zum kulturellen Erbe Europas. Das sollte man immer im Auge behalten und die Aufklärer der Vergangenheit deshalb nicht unkritisch feiern, denn auch sie waren nicht unfehlbar.

Mit Napoleons überraschendem Feldzug nach Ägypten begann im 18. Jahrhundert eine neue Epoche: die des europäischen Imperialismus. Als der französische General Napoleon Bonaparte im Sommer 1798 pompös in Kairo Einzug hielt, brachte er in seinem Gefolge ein Heer von Wissenschaftlern und Gelehrten mit. Deren Ziel sollte die wissenschaftliche Erforschung und Durchdringung jenes Landes sein, das man in Europa bis dahin nur noch aus antiken Überlieferungen kannte. Napoleons Ägypten-Expedition dauerte kaum ein Jahr. Aber sie bildete den Auftakt eines europäischen Großmachtstrebens, in dessen Folge nach und nach fast die gesamte arabische Welt, die Konkursmasse des Osmanischen Reiches in Nordafrika und im Nahen Osten, unterworfen werden sollte. Dass diese muslimischen Länder erst mit ihrer Kolonisierung durch europäische Mächte in den Genuss der Früchte der Aufklärung gelangten, sollte sich dabei als eine gewaltige Hypothek erweisen. Noch heute erntet der Westen Misstrauen, wenn er scheinbar selbstlos die Werte der Aufklärung vertritt, weil dahinter nicht selten handfeste Interessen vermutet werden.

In seinem einflussreichen Buch *Orientalismus* hat der Literaturwissenschaftler Edward Said gezeigt, wie die westliche Aneignung des Orients durch Wissenschaft und Künste mit der militärischen Eroberung und politischen Unterwerfung der Region einherging und wie der Westen sich seinen Orient quasi erfand, um damit seinen Anspruch auf Dominanz sowie die eigene Rationalität und Fortschrittlichkeit zu unterstreichen. Der Kolonialismus wurde mit einer Art Erziehungsauftrag begründet: der »mission civilisatrice« oder der »Bürde des weißen Mannes«.

Ab 1830 begann die französische Kolonisierung Algeriens, und Großbritannien sicherte sich am Suezkanal und in Ägypten seinen Einfluss.

Nach dem Ersten Weltkrieg teilten die Siegermächte die arabischen Provinzen des Osmanischen Reiches unter sich auf: Großbritannien übernahm die Herrschaft über den Irak, Palästina und Transjordanien, Frankreich über Syrien und den Libanon. Während die europäischen Großmächte auf der anderen Seite des Mittelmeers ihr Kolonialreich ausbauten, entwarfen europäische Maler des 19. Jahrhunderts das Bild eines fantastischen, faszinierenden Orients. Schwülstige Haremsfantasien mit entblößten Odalisken und schwüle Szenen aus dem Hamam, dem Türkischen Bad, waren schwer in Mode. »Ende des 19. Jahrhunderts wurde der Begriff Orientalismus immer mehr zum Synonym für erotische Malerei«, fasst der Kunsthistoriker und -kritiker Gérard-Georges Lemaire den Geist jener Zeit zusammen. Dieser lüsterne Voyeurismus stand in seltsamem Kontrast zu der schon damals gerne geäußerten Klage über die Unterdrückung der Frauen im Orient und der Forderung nach einer Adaption europäischer Sitten und Normen, nach einer kulturellen Verwestlichung als Voraussetzung für gesellschaftlichen Fortschritt. Aber so ließ sich die in der Kunst eifrig fantasierte Zwangsentschleierung als zivilisatorische Mission und Wohltat darstellen.

Die tonangebenden Intellektuellen arbeiteten währenddessen daran, in Abgrenzung zu diesem exotischen Orient eine eigene nationale oder abendländische Identität zu entwerfen. In seinen Vorlesungen über die Philosophie der Weltgeschichte beschrieb Georg Friedrich Hegel die Weltgeschichte als eine Geschichte der Vernunft, die zu sich selbst findet und deren Lauf von Ost nach West führe; den Orient verband er dabei mit Stagnation und Stumpfsinn. Auch der französische Schriftsteller und Historiker Ernest Renan und der britische Diplomat und Orientalist Evelyn Baring, 1. Earl of Cromer, der von 1883 bis 1907 Generalkonsul in Ägypten war, gingen von einem strikten Gegensatz zwischen Orient und Okzident aus, wobei der Okzident bei ihnen durchweg für positive Eigenschaften wie Ordnung, Rationalität, Aufklärung, Fortschritt und Humanismus stand, wohingegen der Orient mit Chaos, Aberglaube, Ignoranz, Stillstand und Despotie gleichgesetzt wurde. Während also orientalische Sinnlichkeit die europäischen Künste stimulierte, wurden ihre Länder und deren Bevölkerung mit Herablassung und Verachtung gestraft.

Diese Ambivalenz zeigte sich auch in der Populärkultur: Auf der einen Seite erfreuten sich Kaffee, Tabak, Gewürze und andere Kolonialwaren aus dem Orient einer wachsenden Beliebtheit, und Orientteppiche, orientalische Stoffe und orientalischer Schmuck zogen in die Wohnzimmer des europäischen Bürgertums ein. Auf der anderen Seite begegnete man dem Orient mit einer selbstverständlichen Überheblichkeit, wie sie sich etwa in den beliebten Orientromanen von Karl May finden lässt. Dessen Held Kara Ben Nemsi ist seinen muslimischen Gegenspielern, die meist als brutal, rückständig, lasterhaft und als geborene Verlierer gezeichnet werden, in jeder Hinsicht haushoch überlegen – ein Motiv, dass sich noch in den Hollywoodfilmen der Gegenwart findet. Zugleich wurde in der romantischen Literatur des 19. Jahrhunderts die eigene Vergangenheit verklärt und idealisiert. Über den Stauferkaiser Friedrich I., genannt Barbarossa, der beim Dritten Kreuzzug in einem Fluss ertrank, dichtete Ludwig Uhland 1814 in einer seiner bekanntesten Balladen, der *Schwäbischen Kunde*: »Zur Rechten sieht man, wie zur Linken / Einen halben Türken heruntersinken.« Dabei hatten die Kreuzritter zu ihrer Zeit gar nicht gegen »die Türken« gekämpft, sondern gegen Heere der Seldschuken und Ayyubiden. Ludwig Uhlands Werke standen in vielen gutbürgerlichen Bücherschränken, und sein Gedicht über »Kaiser Rotbart lobesang« fand sich bis zum Zweiten Weltkrieg in fast jedem Schulbuch und prägte das Orientbild jener Epoche.

Angesichts der Aufstände, mit denen sich die Völker des Balkans im 19. Jahrhundert von osmanischer Vorherrschaft befreiten, waren die Sympathien der europäischen Öffentlichkeit klar verteilt. Der griechische Unabhängigkeitskrieg (1821–1830) löste eine Welle der Begeisterung aus, die »philhellenische« Kreise in Westeuropa und sogar in den USA erfasste und Dichter wie Aristokraten dazu motivierte, sich an der Seite der Griechen am »Befreiungskampf« gegen das Osmanische Reich zu beteiligen. Auch die »Rückeroberung« des Kosovo von den Osmanen im Ersten Balkankrieg von 1912 bis 1913 wurde in Frankreich und Großbritannien in der Presse gefeiert. In der antiosmanischen Propaganda wurden die »Türken« nach altbekanntem Muster zu uneuropäischen Barbaren herabgewürdigt. Man ergriff Partei für die christlichen Minderheiten und nahm fast ausschließlich die Kriegsgräuel der muslimischen Seite wahr.

Zugleich etablierten sich in den neuen Nationalstaaten des Balkans nationale Erzählungen, die sich aus alten Mythen speisten. Die

Niederlage serbischer Fürsten gegen die Osmanen 1389 auf dem Amselfeld im heutigen Kosovo war von der serbisch-orthodoxen Kirche und in der lokalen Folklore in Sagen und Legenden verklärt worden. Dieses Erbe wirkte lange nach. Zum sechshundertsten Jahrestag der Schlacht auf dem Amselfeld im heutigen Kosovo hielt der kommunistische Funktionär und spätere serbische Präsident Slobodan Milošević dort eine flammende Rede. Dieses Ereignis sollte zu einem Schlüsselmoment werden und den Auftakt zum Zerfall Jugoslawiens bilden.

Doch im übrigen Europa verblasste das Osmanische Reich als Feindbild, je mehr es an Größe und Einfluss verlor. »Der kranke Mann am Bosporus« stellte für Europas Großmächte keine Gefahr mehr dar, sondern wurde zu ihrem Spielball. »Es ist lange die Aufgabe der abendländischen Heere gewesen, der osmanischen Macht Schranken zu setzen. Heute scheint es die Sorge der europäischen Politik zu sein, ihr das Dasein zu fristen«, schrieb der deutsche General Helmuth von Moltke, der sich von 1836 bis 1839 als Militärberater am Bosporus aufhielt, in sein Tagebuch.[7] Mit militärischen Beratungsmissionen und wirtschaftlichen Projekten wie der geplanten Bahnverbindung nach Bagdad versuchte das deutsche Kaiserreich, im Osmanischen Reich an Einfluss zu gewinnen. Die gemeinsamen Beziehungen wurden propagandistisch begleitet und im Ersten Weltkrieg sogar zur »Waffenbruderschaft« verklärt. Einen grundsätzlichen Wandel des deutschen Blicks auf den Islam und den Orient hat das aber nicht bewirkt. Das alte Feindbild Islam wurde nur für sehr lange Zeit von anderen Feindbildern überlagert, welche die konservativ-abendländischen Schlachtlinien des 20. Jahrhunderts prägten: dem Liberalismus, der Sozialdemokratie, dem Kommunismus und den Juden.

5 Der »Kampf der Kulturen« beginnt

Von Betty Mahmoody bis Samuel Huntington: Ein neues Feindbild nimmt Form an

Als die Berliner Mauer fiel, mischten sich in die allgemeine Freude über das Ende des Ost-West-Konflikts auch skeptische Stimmen. Manche fürchteten, nach dem Ende des Kalten Krieges könnte an die Stelle des kommunistischen Gottseibeiuns der Islam als neues Feindbild treten. Die beiden Politologen Jochen Hippler und Andrea Lueg schrieben schon 1993 ein Buch mit dem Titel *Feindbild Islam* und beklagten darin die »gegenwärtige Konjunktur populärer Literatur über die islamische Gefahr«. Die gängigsten Bedrohungsszenarien fassten sie so zusammen: »Entweder soll uns bald der Ölhahn zugedreht werden, oder es droht eine ›Überfremdung‹ durch türkische oder maghrebinische Einwanderer. Die islamische Atombombe, womöglich in der Hand fundamentalistischer Terroristen, kann uns alle vernichten. Die westliche Zivilisation ist von einer fundamentalistischen Weltrevolution iranischer Prägung bedroht.«[1] Diese Schreckensszenarien sind über zwanzig Jahre alt, aber sie klingen fast wie von heute.

Mit der Iranischen Revolution von 1979 war der islamische Fundamentalismus erstmals machtvoll auf die Bühne der Weltpolitik getreten, und der Fanatismus der Khomeini-Anhänger machte Angst. Zwar waren die allermeisten Muslime in Europa weder iranische Schiiten noch Anhänger des Ayatollah Khomeini, so dass seine Strahlkraft begrenzt blieb. Aber als der greise Ayatollah in Teheran den britisch-indischen Schriftsteller Salman Rushdie im Frühjahr 1989 wegen dessen Romans *Die satanischen Verse* mit einer Fatwa[2] quasi für vogelfrei erklärte und zum Abschuss durch seine Anhänger freigab, gingen auch in Indien, Pakistan und den muslimischen Gemeinden in Großbritannien viele Menschen gegen Rushdie auf die Straße. Das Buch wurde in vielen muslimisch geprägten Ländern verboten, bevor es überhaupt die Buchläden erreichte.

Die Rushdie-Affäre traf den Westen unvorbereitet. Rushdie wurde zum Spielball der Rivalität zwischen der nachrevolutionären »Islamischen Republik« Iran und anderen muslimischen Staaten, allen voran Saudi-Arabien, die miteinander um die Deutungshoheit über den Islam wetteiferten. Khomeini appellierte an die religiösen Gefühle und den Stolz aller Muslime, die Rushdie mit seinem Roman verletzt haben soll, und hoffte so, die Meinungsführerschaft über die »muslimische Straße« zu erringen und die arabischen Staatschefs in die Defensive zu drängen. Die Rushdie-Affäre sollte nicht nur die iranisch-westlichen Beziehungen für lange Zeit belasten, sondern auch Misstrauen unter den europäischen Gesellschaften und ihren muslimischen Minderheiten säen. Sie etablierte zudem ein Muster der Eskalation, das sich später wiederholen sollte.

Auch an einer anderen Front spitzten sich die Dinge zu. Nach der Revolution in Iran hatten die USA zunächst lange Zeit den irakischen Diktator Saddam Hussein unterstützt, der über viele Jahre einen blutigen Krieg gegen Iran führte, der Hunderttausende Menschen auf beiden Seiten das Leben kostete. Doch als Saddam Hussein 1991 das benachbarte Emirat Kuwait mit seinen reichen Ölreserven überfiel, wendeten sich die USA gegen ihn. Der damalige US-Präsident George Bush stellte Saddam Hussein auf eine Stufe mit Adolf Hitler und sprach zu Beginn des Ersten Golfkriegs von einer »Neuen Weltordnung«, die nun Gestalt annehmen solle. Auch deutsche Publizisten wie Hans Magnus Enzensberger und Wolf Biermann, die damals noch zur Linken gezählt wurden, verglichen Saddam Hussein mit Hitler und trommelten für den Krieg am Golf.

Auf beiden Seiten wurde dieser Krieg zum Kulturkampf stilisiert. Saddam Hussein versuchte wie Khomeini, die Religion für seine Zwecke zu instrumentalisieren, indem er den Krieg gegen die USA zu einem Glaubenskrieg gegen angebliche »Kreuzritter« erklärte. Er warf Saudi-Arabien und den Emiraten am Golf den Verrat muslimischer Prinzipien vor und gerierte sich selbst als Nachfahre des noblen Sultans Saladin. Arabische Intellektuelle wie der ägyptische Schriftsteller und Nobelpreisträger Nagib Mahfus erklärten zwar, dies sei »ein ganz gewöhnlicher Krieg« und »kein Kampf der Christen gegen die

Moslems«, wie es die »Heuchelpropaganda« von Saddam Hussein glauben machen wollte.[3] Dennoch fiel diese Kulturkampfrhetorik mancherorts auf fruchtbaren Boden, in arabischen Ländern wie im Westen. Denn im Westen herrschte Verwirrung angesichts der unübersichtlichen Lage im Nahen Osten, und diese Unübersichtlichkeit gab alten Vorurteilen neue Nahrung.

Populäre »Nahost-Experten« wie Gerhard Konzelmann und Peter Scholl-Latour taten wenig, um solchen Vorurteilen entgegenzuwirken, im Gegenteil. Gerhard Konzelmanns über zwanzig Bücher böten »geradezu einen Katalog für das gesamte Feindbildregister, das sich das christliche Abendland über die Jahrhunderte hinweg gegenüber der islamischen Welt zurechtgelegt hat: Brutalität, Unzuverlässigkeit, Geilheit, Irrationalität, Hysterie«, befand der Hamburger Orientalist Gernot Rotter, als er sich die Werke der angeblichen Nahost-Koryphäe Konzelmann einmal vornahm.[4] Rotter wies dem ehemaligen Nahost-Korrespondenten der ARD in Beirut und Autor von gut einem Dutzend Sachbuch-Bestsellern nach, von Wissenschaftlern wie ihm abzuschreiben und es dabei mit den Fakten nicht allzu genau zu nehmen. Konzelmann würde vor allem auf Klischees und Vorurteile setzen, kritisierte Rotter. Beim Lesen seiner Bücher bleibe am Ende nur der Eindruck: »Außer Sex und Gewalt hatten die Araber nichts im Knopf.«[5]

Auch Konzelmanns Kollege Peter Scholl-Latour wurde von Fachleuten kritisiert. Die Islamwissenschaftler Verena Klemm, Karin Hörner und Heinz Halm störten sich an seiner kulturpessimistischen, eurozentrischen und konservativen Weltsicht, mit der er den Islam und den Westen als unversöhnliche und unabänderliche Gegenpole beschrieb, und seinem Stil, der sie an alte Kolonialromane erinnerte. Bücher wie *Allah ist mit den Standhaften* (1987 über Iran), *Das Schwert des Islam* (1987), *Aufruhr in der Kasbah* (1992 über Algerien) oder *Allahs Schatten über Atatürk* (1999 über die Türkei) zeichneten schon im Titel ein Bedrohungsszenario. Die Geschichte stelle sich bei Scholl-Latour als »Kampf zwischen sauberer, verweichlichter Zivilisation und schmutziger, aggressiver Wildnis dar«, fand Katrin Hörner.[6] Und wenn Scholl-Latour die ganz großen historischen Vergleiche bemühte und einen Bogen von den Philippinen bis in die Straßen von Berlin schlug, war das nicht frei von rassistischen Untertönen.

»Ich fürchte nicht die Stärke des Islam, sondern die Schwäche des Abendlandes«, bekannte Peter Scholl-Latour einmal.[7]

Kein Autor aber sollte das Islambild im Westen so prägen wie Betty Mahmoody mit ihrem Bestseller *Nicht ohne meine Tochter*. Die Geschichte beruhte auf einer wahren Begebenheit: 1984 war Betty Mahmoody mit ihrem iranischstämmigen Ehemann und ihrer damals vierjährigen gemeinsamen Tochter aus den USA nach Iran gereist, um dessen Familie zu besuchen. In Teheran eröffnete ihr Bozorg Mahmoody jedoch, dass er nicht mehr in die USA zurückkehren wolle, und nahm damit Frau und Tochter in Geiselhaft. Doch Betty Mahmoody konnte und wollte sich damit nicht abfinden, und nach achtzehn Monaten gelang ihr, gemeinsam mit ihrer minderjährigen Tochter, über die Türkei die Flucht in die USA.[8] Was danach folgte, war der wohl größte publizistische Scheidungskrieg aller Zeiten.

In *Nicht ohne meine Tochter* beschrieb ihr Koautor William Hoffer Betty Mahmoodys dramatische Flucht aus Iran und schilderte ihre Sicht der Dinge. 1988 erschienen, wurden weltweit über acht Millionen Exemplare verkauft, davon alleine über zwei Millionen in Deutschland. 1991 folgte ein Spielfilm, in dem Sally Fields die Hauptrolle der Betty Mahmoody spielte und in dem Iran als finsteres »Reich des Bösen« porträtiert wurde. Die vielen negativen Kritiken konnten dem Erfolg der Geschichte nichts anhaben. Die *NZZ* etwa schrieb, hier werde eine »Ehekrise« zu einem »Schuldspruch gegen eine Kultur umgedeutet«, und dieser »rassistische Unterton« mache das Buch zu einem »fatalen Ärgernis«. Die *New York Times* warf dem Film vor, er beute die »Stereotypen des dämonischen Iraners« aus, und die *LA Times* nannte ihn »einseitig und verdreht«. Nur die *Emma* war ganz angetan, und widmete der Betty-Mahmoody-Story im September 1991 eine wohlwollende Titelgeschichte.

Die schärfste Kritik an dem Mahmoody-Machwerk kam von Exil-Iranerinnen und -Iranern, die selbst häufig vor dem Khomeini-Regime ins Ausland geflohen waren, sich aber an der verzerrten Darstellung ihres Landes durch die Amerikanerin störten. Auch wenn viele von ihnen das Buch zunächst nicht gelesen hatten, fanden sie sich im Alltag doch bald damit konfrontiert. »Jeder Nachbar, jede Arbeitskollegin, jede Mitreisende im Zug oder Arzthelferin im Krankenhaus fragten mich danach, sobald sie wussten, dass ich aus Iran komme«, schrieb die iranische Frauenrechtlerin Nasrin Bassiri. Und Sonia Seddighi klagte: »Ich hatte das Gefühl, vor einem Gericht zu stehen und meine Unschuld beweisen zu müssen.« In mehreren Büchern versuchte eine ganze Reihe von ihnen, wenigstens die gröbsten Halbwahrheiten und Zerrbilder geradezurücken.[9] Mit mäßigem Erfolg, denn die Wirkung von *Nicht ohne meine Tochter* war immens.

Der Erfolg des Buchs dürfte viele Gründe gehabt haben: Wie ein spannender Abenteuerroman geschrieben und vor exotischer Kulisse spielend, erzählt das Buch eine Emanzipationsgeschichte, mit der sich viele Leserinnen identifizieren konnten. Die Literaturwissenschaftlerin Christine Garbe vertritt die These, »dass dieses Buch bei mehreren Millionen Leserinnen deshalb eine so begeisterte Aufnahme fand, weil es eine spezifisch weibliche Größenphantasie gestaltet: eine machtvolle Mutter-Tochter-Beziehung, die selbst dem hartnäckigsten Patriarchat trotzt«.[10] Die typische Mahmoody-Leserin sei eine alleinerziehende Mutter gewesen, meist ohne akademischen Hintergrund, wie Betty Mahmoody selbst: ein klarer Fall von Identifikation. Als Nebeneffekt aber hat *Nicht ohne meine Tochter* zweifellos das westliche Negativbild von Muslimen als fanatisch und notorisch frauenverachtend geprägt. Personifiziert wird es im Buch durch den Ex-Ehemann von Betty Mahmoody, der von ihr schon auf den ersten Seiten so beschrieben wird: »In seinem Kopf saß brillante Intelligenz neben düsterer Verwirrung. Kulturell gesehen war er eine Mischung aus Ost und West; nicht einmal er selbst wusste, welcher der Einflüsse in seinem Leben vorherrschend war.« Dem Leser wird dafür schnell klar, welche Einflüsse für den Osten beziehungsweise Orient stehen.

So groß war der Erfolg von *Nicht ohne meine Tochter*, dass ihr Buch mehrere Fortsetzungen fand. *Aus Liebe zu meiner Tochter*, auf der Mutter und Tochter gemeinsam auf dem Cover posierten, erschien 1993. Zwanzig Jahre später, im Frühjahr 2015, gab ihre inzwischen erwachsene Tochter Mahtob Mahmoody sogar eine eigene Biografie heraus.[11] Darin berichtet die 35-Jährige, wie sie jahrelang Albträume plagten, weil sie fürchtete, ihr 2009 verstorbener Vater könnte ihr immer noch nachstellen. Mahtob Mahmoody ist heute eine bibeltreue Christin, die nicht an die Evolutionslehre glaubt und »Vorträge über ihre Erfahrungen« hält, wie es auf ihrer Verlagsseite heißt.

Dunkle Augen hinter einem Schleier blickten dem Betrachter schon auf dem Cover von *Nicht ohne meine Tochter* entgegen, und der gesetzliche Schleierzwang in Iran war auch ein zentrales Motiv des Buches: »Er wird geradezu zur Metapher für die Unfreiheit der Frauen in der islamischen Gesellschaft.«[12] Damit begründete Betty Mahmoody ein regelrechtes Genre, das Spötter gerne als »Schleierliteratur« bezeichnen, und prägte den Blick, mit dem viele Feministinnen bis heute das Kopftuch sehen: als Zeichen der Unterdrückung und der Unfreiheit. Die Rolle der muslimischen Frau ist inzwischen als Thema ein Dauerbrenner geworden, und in den Läden stapeln sich die Bücher mit autobiografischen Horrorgeschichten aus den angeblichen Parallelgesellschaften vor der eigenen Haustür.[13] Je »authentischer«, umso besser. Publizisten wie Necla Kelek und Hamed Abdel-Samad bauen auf dieser Grundlage heute ganze Kulturtheorien auf.

Den Bezugsrahmen für solche Kulturtheorien hat der US-Politologe Samuel Huntington gezimmert. Dieser Oswald Spengler für das 21. Jahrhundert behauptete Mitte der 1990er Jahre, die politischen Konflikte der Zukunft würden nicht mehr durch Ideologien und Interessen, sondern von kulturellen Differenzen bestimmt. Huntington teilte die Welt in mehrere Kulturräume und Zivilisationen auf, die seiner Meinung nach in einer historischen Gegnerschaft und einem grundsätzlichen Antagonismus zueinander stünden. Im Aufstieg Chinas und einem wiedererstarkten Islam sah er die größten Herausforderungen für die US-Außenpolitik. Bemerkenswert war an seinen Ausführungen, dass er einem Land wie der Türkei, das als Mitglied der Nato bis dahin fraglos zum »Westen« gezählt hatte, mit seiner Theorie implizit die gemeinsame Wertebasis absprach. Die Grenzen Europas markierte Huntington dort, »wo das westliche Christentum aufhört und der Islam beginnt«[14]. Auf dieser These bauten die Gegner eines EU-Beitritts der Türkei ihre Argumentation auf.

»Die Grenzen des Islam sind blutig«, fabulierte Huntington. Diese Bemerkung war insofern infam, als Muslime in den 1990er Jahren in den Konflikten, auf die Huntington sich bezog, mehrheitlich die Opfer waren – sei es im Bosnienkrieg, in den Kriegen in Tschetschenien oder in den Konflikten in Südasien. Doch Huntington stellte die Situation einfach auf den Kopf, indem er Muslimen die Schuld gab. Er ignorierte auch, dass sich die blutigsten Konflikte des Jahrzehnts innerhalb der von ihm beschriebenen Kulturräume abspielten, zum Beispiel der Genozid in Ruanda oder der Kurdenkonflikt in der Türkei. Und er unterschlug, dass Muslime selbst am meisten unter islamistischen Fanatikern zu leiden hatten, ob im Bürgerkrieg in Algerien oder unter den Taliban in Afghanistan.

Seine These veröffentlichte Samuel Huntington 1993 erstmals in *Foreign Affairs*, der renommierten US-Zeitschrift für Außen- und Sicherheitspolitik, wo sie viel Aufsehen erregte; in seinem 1996 erschienenen Buch *Clash of Civilizations and the Remaking of World Order* breitete er sie noch einmal ausführlich aus. Huntington wandte sich damit vor allem gegen die These seines Harvard-Kollegen Francis Fukuyama vom »Ende der Geschichte«, wonach sich mit ökonomischem Fortschritt zugleich automatisch auch Demokratie und Rechtsstaat einstellten (Originaltitel: *The End of History and the Last Man*). Huntington dagegen stellte letztlich die Universalität der Menschenrechte in Frage, vertrat einen Kulturrelativismus und Kulturpessimismus und plädierte für eine an Machtinteressen orientierte US-Außenpolitik, die von humanitären Interventionen, Kriegen und dem »Demokratie-Export« in andere Länder und Kulturräume besser absehen sollte. Zugleich sollte der Westen seine Identität stärker nach innen verteidigen, vertrat Huntington eine konservative Sicht auf Einwanderung und Kultur. Insbesondere in seinem Nachfolgewerk *Who we are: The Challenges to America's National Identity* (2004) malte er die hispanische Einwanderung aus Lateinamerika zur größten Bedrohung für die angloprotestantische Tradition der USA aus.

Trotz starker Kritik an Huntingtons Thesen[15] wurde die Formel vom »Kampf der Kulturen« in der Folge zu einem allgegenwärtigen Schlagwort, das auch auf die Einwanderungsthematik in Europa übertragen wurde und in die innen- und außenpolitischen Debatten in Deutschland Eingang fand. Von einer weit verbreiteten Feindseligkeit gegen den Islam konnte in den 1990er Jahren trotzdem noch keine Rede sei. Im Jugoslawienkrieg etwa lagen die Sympathien der westlichen Öffentlichkeit überwiegend auf Seiten der von Serben bedrohten muslimischen Bosnier und Albaner, denen die Nato zu Hilfe kam. Und auch das russische Vorgehen gegen die muslimische Minderheit in Tschetschenien wurde von westlichen Intellektuellen wie André Glucksmann und Bernard-Henri Lévy scharf verurteilt, die ihre antitotalitäre Verve erst später gegen den Islamismus richten sollten. Die Rechtfertigungen aus Moskau, man wolle lediglich den radikalen Islamismus bekämpfen, verfingen bei ihnen damals jedenfalls nicht. Und dass die meisten Flüchtlinge, die in den 1980er und 1990er Jahren in Europa Zuflucht suchten, aus muslimischen Ländern wie dem Libanon, Palästina, dem Irak, Iran, aus Bosnien und aus der Türkei stammten, wurde in Westeuropa damals noch nicht als Problem diskutiert.

Dabei hatten rechtspopulistische und rechtsextreme Parteien in Europa wie die FPÖ oder der Front National schon begonnen, ihre allgemeine Abneigung gegen Einwanderer auf bestimmte Gruppen zu fokussieren. Der Vorsitzende der rechtspopulistischen Republikaner, Franz Schönhuber, verfasste ein Buch über die Türken, in dem er vorsichtig anmerkte, dass viele von ihnen aus konservativ-muslimisch geprägten Gegenden stammen würden.[16] Und seine Parteifreunde schalteten im Frühjahr 1989 zu den Abgeordnetenhauswahlen in West-Berlin einen Werbespot, in dem sie Bilder von einem türkischen Gemüsemarkt im Stadtteil Kreuzberg mit der Titelmelodie aus dem Film »Spiel mir das Lied vom Tod« unterlegten – die Idee hätte von Thilo Sarrazin stammen können. Doch das antitürkische Ressentiment der Republikaner trug noch klassisch-rassistische Züge und richtete sich gegen ein anderes Volk, nicht gegen deren Religion. Mehr als Achtungserfolge konnten rechte Parteien damit in Deutschland nicht erringen. Rechtsradikale stellten zwar vielerorts eine echte Gefahr dar – insbesondere im Osten Deutschlands, wo es nach der Vereinigung zu einem Anstieg rechter Gewalt kam und rechtsradikale Parteien wie die NPD sogar in manchen Landtagen Einzug hielten. Aber dass rechtspopulistische Parteien auch ein bürgerliches Publikum erreichen und salonfähig werden könnten, war in den neunziger Jahren noch nicht abzusehen. Das sollte sich erst mit den Anschlägen vom 11. September 2001 ändern.

6 Vom Ressentiment zur Ideologie
Eurabien ist überall

Die Anschläge vom 11. September 2001 brachten nicht nur die Türme des World Trade Center in New York zum Einsturz, sondern erschütterten die westlichen Gesellschaften in ihren Grundfesten.

Das Klima gegenüber Muslimen verschlechterte sich danach tiefgreifend und für lange Zeit. US-Präsident George W. Bush beeilte sich zwar zu betonen, der von ihm angeführte »Krieg gegen den Terror« sei kein Krieg gegen den Islam, sondern nur gegen jene, die diese Religion gekapert hätten. Er und andere westliche Staatschefs betonten, der Islam sei im Grunde eine »Religion des Friedens«. Doch nicht jeder mochte das glauben, und unter eingefleischten Muslimhassern wurde der Satz zu einem Running Gag, den sie jedes Mal sarkastisch rezitierten, wenn irgendwo mal wieder ein islamistischer Anschlag begangen wurde.

Unmittelbar nach 9/11 war die Stimmung in den USA besonders aufgeheizt, es kam zu Übergriffen auf Muslime und Sikhs (die ihres Turbans wegen ebenfalls für Muslime gehalten wurden), und es gab einen unverhohlenen Rachedurst. Mit Aufrufen zur Besonnenheit und demonstrativen Auftritten mit amerikanischen Muslimen trug die US-Regierung ihren Teil dazu bei, Schlimmeres zu verhindern. Die konservative Krawallkolumnistin und Bestsellerautorin Ann Coulter – als »Medienstar der amerikanischen Rechten« (*FAZ*) der konservative Gegenpol zu Michael Moore – brachte aber die nationale Gefühlslage nicht nur am rechten Rand auf den Punkt, als sie zwei Tage nach den Anschlägen nur halb ironisch schrieb: »Wir sollten in ihre Länder einmarschieren, ihre Führer umbringen und sie zum Christentum konvertieren.«

Es war, als würden all die Ressentiments, die lange unter der Oberfläche geschwelt hatten, nun zum Ausbruch kommen. In den folgenden Jahren kam es zu einer regelrechten Explosion der Islamfeindlichkeit, und mit jedem islamistischen Anschlag wuchs das Misstrauen gegen Muslime ganz allgemein. Die Wut reichte dabei weit über die üblichen konservativen und rechten Kreise hinaus. Auch die ehemals linke italienische Journalistin Oriana Fallaci, die sich als unerschrockene Kriegsreporterin und Interviewerin einen Namen gemacht hatte, schrieb sich nach dem 11. September in Rage. Noch unter dem Eindruck der Anschläge, die sie in ihrem New Yorker Appartement miterlebt hatte, steigerte sie sich in eine Wutrede gegen alle Muslime, deren Länder und Kulturen.

Fallaci schrieb, dass sich muslimische Einwanderer in Europa »wie die Ratten« vermehrten und dass der Kontinent schon längst zu einer muslimischen Kolonie herabgesunken sei – zu einem »Eurabien«, wie sie es nannte. Ihr rassistischer Rundumschlag erschien zuerst im renommierten *Corriere della Sera*. Später breitete sie ihren Furor in ganzen Büchern wie *Die Wut und der Stolz* (2001, auf Deutsch 2002) und *Die Kraft der Vernunft* (2004) aus, die sich allein in Italien über eine Million Mal verkauften, in zahlreiche Sprachen übersetzt wurden und sie zur Galionsfigur einer neuen, konsequent islamfeindlichen Bewegung machen sollten.

Das Schlagwort »Eurabien« hatte Oriana Fallaci von der Publizistin Gisèle Littman entlehnt, die weitere Begriffe dieser Art prägte. Zunächst nur in Fachkreisen bekannt, stieg die kleine, grauhaarige Dame nach 9/11 zu einer der einflussreichsten Figuren der antiislamischen Publizistik auf, die nun eifrig gelesen, konsultiert und von einer bestimmten Szene hofiert wurde.

Littman, geborene Orebie, wurde 1933 als Tochter jüdischer Eltern in Kairo geboren. Ihre Familie floh 1957 nach der Suezkrise nach London und wurde vom Nasser-Regime ausgebürgert. 1960 zog sie nach Genf, wo sie mit ihrem britischen Ehemann David Littman eine Hilfsorganisation gründete, die Juden aus arabischen Ländern bei der Auswanderung nach Israel unterstützte. In einer spektakulären Aktion, der »Operation Mural«, schleuste das Ehepaar einmal 530 jüdische Kinder aus Marokko unter dem Vorwand, sie zu einem Erholungsurlaub in die Schweiz zu schicken, nach Israel. So weit ihre Vorgeschichte.

Als Autorin gab sich Littman das Pseudonym Bat Ye'or, hebräisch für »Tochter des Nils«. Sie widmete sich in mehreren Büchern zunächst der Geschichte religiöser Minderheiten unter muslimischer Herrschaft, wobei sie darauf einen sehr einseitigen, durchweg negativen Blick entwickelte. Juden und Christen galten in den muslimischen Reichen der Vergangenheit als Angehörige anderer »Buchreligionen« als »Dhimmis«, wie das arabische Wort für »Schutzbefohlene« lautete und womit nach traditionellem islamischem Recht sowohl Rechte wie Pflichten verbunden waren. Bat Ye'or sah das weniger positiv und prägte für eine angeblich tief verwurzelte Unterwürfigkeit dieser Minderheiten gegenüber der muslimischen Mehrheit den Begriff der »Dhimmitude«, den sie mit kultureller Selbstaufgabe und Kollaboration gleichsetzte.[1]

Die moderne Judenfeindlichkeit im Nahen Osten, die nach der Gründung Israels in den modernen, säkularisierten arabischen Nationalstaaten des Nahen Ostens Auftrieb erhielt und deren Opfer ihre eigene Familie in Ägypten geworden war, empfand Bat Ye'or als logische Konsequenz einer eliminatorischen Haltung, die ihrer Meinung nach schon immer im Islam angelegt war. Alle Phasen und Beispiele für eine friedliche und fruchtbare jüdisch-muslimische Koexistenz, die sich in der Geschichte finden lassen, sind in ihren Augen nur Ausnahmen, die nicht über das eigentlich genozidale Wesen des Islam hinwegtäuschen könnten. Seriöse Wissenschaftler, die sich mit der Geschichte von Juden und Christen im Nahen Osten beschäftigt haben, taten Bat Ye'ors Thesen zwar als »Mythen« ab.[2] Trotzdem wurden ihre Vorstellungen nach dem 11. September 2001 in islamfeindlichen Kreisen in den USA, Europa und Israel immens populär: etwa bei christlichen Evangelikalen und anderen radikalen Israel-Unterstützern, die den jüdischen Staat in einem steten Überlebenskampf mit seinem arabischen Nachbarn wähnen und – wie Bat Ye'or – jede Kritik an Israels Besatzungspolitik und Kriegen nur als Ausdruck einer alten, tief verwurzelten Judenfeindlichkeit begreifen und nicht an die Möglichkeit eines friedlichen und gleichberechtigten Zusammenlebens mit Muslimen glauben.

Die systematische Unterdrückung und Verdrängung von Juden und Christen aus Nordafrika, Kleinasien und dem Nahen Osten sei erst der Anfang gewesen, behauptete Bat Ye'or außerdem. Darauf baute ihre zweite These auf, die sie nach 9/11 entwickelte.[3] Demnach hätten EU-Bürokraten unter Führung Frankreichs ihren Kontinent an machthungrige Muslime ausverkauft. Im Gegenzug für Öl und Gas und aus Angst vor arabischem Terror hätte die EU einer Masseneinwanderung aus muslimischen Ländern nach Westeuropa zugestimmt, die den Kontinent für immer verändern sollte. Schon seit den siebziger Jahren würden Europas politische Eliten auf diese Weise konspirativ daran mitwirken, den Kontinent in eine islamische Kolonie umzuwandeln. Als ultimativer Beweis für den dämonischen Plan, dessen Ziel es gewesen sei, eine Kluft zwischen Europa und die USA zu treiben und Israel zu isolieren, diente Bat Ye'or ein Dialogforum, das 1973 nach dem Jom-Kippur-Krieg und der Ölkrise von der Europäischen Gemeinschaft und einigen arabischen Staaten gegründet wurde, der »Europäisch-Arabische Dialog«. Einer der Drahtzieher dieser Verschwörung müsste demnach der deutsche Außenminister Hans-Dietrich Genscher (FDP) gewesen sein, aus dessen Rede zur Eröffnung eines Symposiums in Hamburg aus dem Jahre 1983 Bat Ye'or triumphierend zitiert. Unnötig zu sagen, dass sich in dieser Rede kein Hinweis finden lässt, der ihren Verdacht bestätigt, und dass der offizielle »Europäisch-Arabische Dialog« kaum Früchte getragen hat, genauso wenig, wie späteren Initiativen wie der von Nicolas Sarkozy vorgeschlagenen »Mittelmeerunion« viel Erfolg beschieden war. Egal, Bat Ye'or ist felsenfest davon überzeugt: Hinter diesem kaum bekannten Gesprächskreis mit seinem harmlos-bürokratischen Namen verbarg sich in Wirklichkeit einer der wichtigsten Schritte eines Umwandlungsprozesses, der Europa in eine »Dhimmi-Zivilisation« verwandeln sollte. Die drögen EU-Dokumente, die sie als Beweis anführt, dürften demnach nichts weniger als die »Protokolle der Weisen von Brüssel«[4] sein, spottete die linksliberale israelische Zeitung *Haaretz*.

Bat Ye'ors Verschwörungstheorie verbindet eine tiefe EU-Skepsis mit unverhohlener Islamfeindlichkeit. So paranoid und absurd sie anmutet, so wirkmächtig sollte sie sich dennoch erweisen. Auf der anderen Seite des Atlantiks wurde ihre These einer europäisch-muslimischen Kollaboration jedenfalls spätestens nach 9/11 dankbar aufgenommen. Auf dem Höhepunkt der Entfremdung zwischen dem »alten Europa« und den USA, die mit dem Irakkrieg der Bush-Regierung eingesetzt hatte, veröffentlichten rechte und neokonservative Magazine wie *National Review* und *FrontPage* begierig ihre Artikel. Aber auch in Europa zeigten sich erstaunlich viele Menschen empfänglich für Bat Ye'ors düstere Prophezeiung, dass Europa aufgrund seiner muslimischen Einwanderer und seiner korrupten Eliten im Abstieg begriffen sei. Der konservative britische Historiker Niall Ferguson nannte Bat Ye'ors Eurabia-Buch »prophetisch«, und der mindestens ebenso konservative deutsche Althistoriker Egon Flaig zitierte sie zustimmend in einem Pamphlet mit dem Titel »Der Islam will die Welteroberung«, der im Feuilleton der *Frankfurter Allgemeinen Zeitung* erschien und viel Beachtung fand.[5] Auch der französische Schriftsteller Michel Houellebecq ließ sich von Bat Ye'or inspirieren und schaute sich das Szenario für seinen Roman *Unterwerfung* fast komplett bei ihr ab – bis hin zur Mittelmeerunion, die der Muslimbruder-Präsident Ben Abbès in seinem Roman in der Tradition von de Gaulles Arabienpolitik durch die Erweiterung der EU um einige arabische Länder anstrebt. Augenzwinkernd erweist Houellebecq ihr in seinem Roman Reverenz, indem er einen seiner Protagonisten sagen lässt: »In einem gewissen Sinn hat die alte Bat Ye'or mit ihrem Hirngespinst eines eurasischen Komplotts nicht ganz unrecht.«[6]

Dabei sind Bat Ye'ors eigene, pseudowissenschaftliche Werke eher sperrig und schwer verdaulich, konfus und teilweise unlesbar. Ihr wichtigstes Buch zur Eurabien-Theorie ist noch nicht einmal auf Deutsch erschienen und hierzulande deshalb so gut wie unbekannt. Doch auch wenn sicherlich nicht jeder von ihrer Idee einer gezielten Verschwörung überzeugt sein dürfte – zumindest manche ihrer Prämissen wurden weithin geteilt. Denn erstaunlich viele zeigten sich nach 9/11 davon überzeugt, dass der Islam grundsätzlich inkompatibel mit den europäischen Werten von Christentum, Aufklärung und Demokratie sei und dass diese Entwicklung zwangsläufig auf einen Bürgerkrieg oder die Unterordnung Europas unter die Muslime hinauslaufen müsse. Und viele kritisierten, dass die europäische Politik nichts oder zu wenig unternehme, um dem etwas entgegenzusetzen.

In den Jahren, die auf den 11. September 2001 folgten, stapelten sich in den Buchläden die Werke, die mit grellen Titeln vor der muslimischen Gefahr warnten, die Europa und dem Westen angeblich nicht nur von außen, sondern auch aus seinem Inneren drohe. In seinem Bestseller *When Europe slept: How radical Islam is destroying the West from within* schrieb der renommierte Essayist Bruce Bawer, die europäischen Regierungen würden die Gefahr verkennen, sie würden ihre muslimischen Einwanderer mit Wohltaten überschütten, aber sich gegenüber ihren »Stammessitten« und ihren Übergriffen auf Frauen, Juden und Schwule blind stellen und damit »Appeasement« betreiben. Bruce Bawer ist ein kanadischer Literatur- und Filmkritiker, der sich in den neunziger Jahren offen zu seiner Homosexualität bekannte und mit seiner christlichen Herkunft haderte, bevor er sich vom Homo-Aktivisten zum dogmatischen Anti-Islam-Ideologen wandelte. Ende der Neunziger zog er von New York nach Amsterdam, heute lebt er in Norwegen. Auch der kanadische Journalist Mark Steyn, der bis 2006 unter anderem für das konservative Magazin *The Spectator* und die konservative britische Zeitung *The Daily Telegraph* schrieb und dessen Artikel in vielen Ländern erschienen, entpuppte sich als überzeugter Anhänger der Eurabien-These. In seinem Bestseller *America Alone: The End of the World as We Know It* aus dem Jahr 2006 behauptete er etwa, das Bevölkerungswachstum der Muslime in Bosnien (das es nie gegeben hat) hätte zum Bürgerkrieg in Jugoslawien geführt, und prophezeite dem Rest von Europa eine vergleichbar mörderische Zukunft.

Auch in Deutschland fanden solche Thesen großen Widerhall. Lange bevor Thilo Sarrazin seinen Bestseller *Deutschland schafft sich ab* verfasste, nährten Publizisten wie Henryk M. Broder oder Udo Ulfkotte die Ängste vor einer schleichenden Islamisierung Europas. Während der ehemalige FAZ-Redakteur Ulfkotte als Drahtzieher hinter dieser Entwicklung die Bewegung der ägyptischen Muslimbrüder ausmachte, lastete Henryk M. Broder, bis 2010 Starautor bei *Spiegel* und *Spiegel Online*, in seinem Bestseller *Hurra, wir kapitulieren!* die Schuld vor allem den angeblich zu linken und liberalen Eliten an. »Wie die Appeasement-Politik gegenüber Hitler die expansive Haltung der Nazis nur befördert hat, so laufen die Europäer mit ihrer Politik der Beschwichtigung heute Gefahr, die Transformation Europas zu einem islamischen Kontinent zu beschleunigen«, behauptete er.

Auffällig viele dieser neuen Anti-Islam-Aktivisten hatten, wie Oriana Fallaci, Bruce Bawer und Henryk M. Broder, früher einmal zur Linken gezählt. Nach dem Schock des 11. September wandelten sie sich zu entschiedenen Vertretern eines »muskulösen Liberalismus«, um nicht zu sagen: zu neokonservativen Kulturkämpfern gegen den Islam. Dazu zählte in Großbritannien die ehemalige *Guardian*- und spätere *Daily-Mail*-Kolumnistin Melanie Phillips, die ein Buch über die angebliche Verwandlung der britischen Hauptstadt in *Londonistan* schrieb. Oder der britische Stand-up-Comedian und radikale Atheist Pat Condell, der nach 2007 mit polemischen Videomonologen für Kontroversen sorgte: Seine Videoclips wie »Welcome to Saudi Britain« wurden auf *YouTube* viele hunderttausend Male angeklickt, was ihn zu einem der größten Stars des Internetportals machte.

Je pauschaler man auf Muslime einschlug, desto besser kam das an: Für den Bestsellerautor Henryk M. Broder führte, wie er es formulierte, »eine direkte Linie von al-Qaida im Irak und der Intifada in Palästina zu den Jugendlichen mit Migrationshintergrund in Neukölln und Moabit«. Einen Mitstreiter fand Broder in seinem niederländischen Freund, dem Schriftsteller Leon de Winter, der in seinen Essays für eine harte Hand gegen Muslime plädierte, egal, ob nun gegen Einwandererkinder in Europa oder Aufständische im Irak. Dem US-Präsidenten George W. Bush empfahl de Winter einmal, gegen die Rebellen im Irak so vorzugehen wie Hafiz al-Assad in Syrien: Der Vater des aktuellen Diktators Baschar al-Assad hatte die Stadt Hama 1982 nach einem Aufstand der Muslimbrüder praktisch dem Erdboden gleichgemacht.[7] Und mit Blick auf aufsässige marokkanischstämmige Jugendliche in Holland empfahl de Winter, hungrige Schäferhunde auf sie loszulassen, um sie zu disziplinieren.[8] Solche hasserfüllten Äußerungen waren in der Dekade nach 9/11 so salonfähig, dass sie kaum Aufsehen erregten.

»Was als absurde Verschwörungstheorie begann, ist eine gefährliche islamophobe Fantasie geworden, die im Mainstream Anerkennung gefunden hat, weil konservative Historiker und Zeitungskolumnisten, rechte Zionisten und europäische Neofaschisten in der Gefahr durch muslimische Einwanderer mit angeblich inkompatiblen Werten ein gemeinsames Anliegen finden«, stellte der britische Journalist Matt Carr auf dem Höhepunkt der Hysterie fest.[9] Die Angst vor »Eurabien« war in jenen Jahren so allgegenwärtig, dass sich die internationalen Nachrichtenmagazine *Newsweek* und *The Economist* jeweils beide in Titelgeschichten dem Phänomen widmeten und die düsteren Prophezeiungen über den Islam in Europa einem Realitätscheck unterzogen. Der *Economist* illustrierte zwar sein Cover mit dem Eiffelturm, auf dessen Spitze ein Halbmond prangte, doch der Text fiel weniger plakativ aus: Es gibt Probleme, aber die Panikmache ist unbegründet, so das Fazit. Doch in den Weiten des Internets ließ man sich von solchen Entwarnungen nicht beeindrucken.

7 Vom Wort zur Tat
Von Bat Ye'or bis Breivik

Mit dem Internet wuchsen die Hassblogs. In den Post-9/11-Jahren schossen die Webseiten, die sich ganz oder fast ausschließlich der vermeintlichen islamischen Gefahr widmeten, wie Pilze aus dem Boden. Muslimfeindliche Internetportale wie »Politically Incorrect«, kurz »pi-news«, übernahmen Bat Ye'ors Wortschöpfungen wie »Eurabia« und »Dhimmitude« und feierten Oriana Fallaci und Henryk M. Broder als ihre »Klartext«-Ikonen. Von einem Sportlehrer aus Köln mit dem Allerweltsnamen Stefan Herre 2004 gegründet, entwickelte sich »pi-news« zu Deutschlands größtem antimuslimischen Hetzportal, auf dem fast täglich gegen »Hinternhochbeter«, »Musels« und »Kulturbereicherer« hergezogen wurde. »pi-news« bezeichnete sich selbst als strikt »pro-amerikanisch« und »pro-israelisch« – was damals vor allem bedeutete, die Kriegspolitik der Bush-Regierung zu unterstützen (gegenüber Obama war man später deutlich ungnädiger). Der immer gleiche Tenor lautete: Der Islam sei eine gewalttätige Religion, die nach der Weltherrschaft strebe. Die Gewalt sei schon im Koran angelegt, der die Pflicht zum Dschihad gegen Ungläubige predige. Und wenn Muslime anderes behaupten, dann sei das »Taqqiya« – Verstellung und Lüge, die Muslimen gegenüber Nicht-Muslimen angeblich erlaubt sei (um den Islam zu verbreiten). Jeder Terroranschlag, jeder Ehrenmord und jede sommerliche Schwimmbadprügelei diente »pi-news« als ein Indiz, dass der Krieg der Kulturen in seine entscheidende Phase getreten war.

Als 2011 die Skype-Kommunikation der Blogmacher geleakt und damit öffentlich wurde, kam heraus, dass die Rechnungen für den Webserver an ein Pfarrhaus im Kanton Bern gingen. Die Schweizer Theologin Christine Dietrich, die als pi-Autorin unter dem Pseudonym »Jeanne d'Arc« aktiv war, ist Pfarrerin in der reformierten Kirchengemeinde Siselen-Finsterhennen und zählte neben Herre offenbar zum engen Führungszirkel des Blogs.[1] Außerdem wurde publik, dass rechte Teile der FDP und Vertreter der Senioren-Union den Kontakt mit »pi-news« gesucht hatten, und dass Publizisten wie Henryk M. Broder sich am Telefon kollegial mit pi-Gründer Stefan Herre austauschten. Broder betreibt seit 2004 seinen eigenen Blog (achgut.com), auf dem er selbst regelmäßig das angebliche Appeasement von Muslimen anprangert, aber damit ein etwas gehobeneres Publikum anzusprechen versteht.

»Politically Incorrect« dagegen entwickelte sich zu einem populären Sammelbecken für Muslimfeinde jeglicher Couleur – für evangelikale Christen und radikale Israelfans, denen der Zentralrat der Juden zu lasch ist, für Rechtsradikale und Neorassisten. In der islamfeindlichen Szene spielt der Blog eine Schlüsselrolle und ist mit rechten Parteien in ganz Europa gut vernetzt: Stefan Herre pflegte nicht nur Kontakte zu rechten Kleinparteien wie »pro Deutschland« und der »Bürgerbewegung Pax-Europa«, er beteiligte sich 2010 sogar aktiv an der Gründung der Anti-Islam-Partei »Die Freiheit« des Berliner Ex-CDU-Politikers René Stadtkewitz. Verbindungen unterhält Herre auch zu etablierten Rechtsaußen-Parteien im Ausland, darunter zur Schweizerischen Volkspartei (SVP), dem Vlaams Belang in Belgien und zu den Schwedendemokraten. Vor allem aber ist Stefan Herre ein Bewunderer des niederländischen Rechtspopulisten Geert Wilders, den er einlud, der deutschen Anti-Islam-Partei »Die Freiheit« bei den Berliner Lokalwahlen 2011 zur Seite zu stehen, und auf den er 2013 bei einer Preisverleihung in Bonn eine Laudatio hielt.

In anderen Ländern sind vergleichbare Hetzblogs entstanden. 2003 ging in den USA der englischsprachige Blog »Gates of Vienna« ans Netz, dessen Name sich auf die Belagerung Wiens im Jahre 1683 bezieht. »Wir sind in einer neuen Phase eines sehr alten Kriegs«, prangt als Losung auf dessen Startseite. Im gleichen Jahr startete in Norwegen der antimuslimische Blog »Document.no« des Ex-Journalisten Hans Rustad, dem es mehr als einmal gelang, seine Themen auf die Agenda der norwegischen Mainstream-Medien zu heben. 2005 folgte »The Brussels Journal« des flämischen Journalisten Paul Beliën, der wiederum dem rechtspopulistischen Vlaams Belang nahesteht. Und seit

2005 ist auch der norwegische Blogger Peder Are Nøstvold Jensen im Netz aktiv. Unter dem Pseudonym »Fjordman« verfasste er Beiträge für »Document.no«, »Gates of Vienna« und »The Brussels Journal« und brachte 2008 im Selbstverlag ein Buch mit dem Titel *Defeating Eurabia* heraus. Als Anhänger der Thesen von Bat Ye'or glaubt er, dass Europa unweigerlich auf einen Bürgerkrieg hinsteuert, und plädiert für aktive Gegenwehr und die Deportation aller Muslime aus Europa. Er sollte damit zu ungewolltem Ruhm kommen.

In Österreich schürten Hetzblogs wie »SOS Heimat« und »SOS Österreich«[2] die Stimmung gegen Muslime, Einwanderer und Flüchtlinge, bevor sie von »unzensuriert.at« (»Der Wahrheit verpflichtet«) abgelöst wurden. Die kruden Geschichten werden regelmäßig von FPÖ-Politikern wie dem Parteichef Heinz-Christian Strache persönlich auf sozialen Netzwerken wie Facebook geteilt. Auch die Verschwörungstheorien von Udo Ulfkotte werden auf diesen Blogs verbreitet, während in den Kommentarspalten auf übelste Weise gegen »Muslima-Gebärmaschinen« und ein drohendes »Kalifat Eurabien« gegeifert wird. Aufgebauschte Fälle von angeblicher »Inländerfeindlichkeit« und Pseudoskandale wie Milchtüten mit türkischer Beschriftung werden von diesen Hetzblogs regelmäßig zu Aufregern ersten Grades aufgeblasen und wurden schon gelegentlich von Krawallblättern wie der *Kronen Zeitung* und *Österreich* aufgegriffen.[3]

Vor allem in den USA aber ist ein engmaschiges Netzwerk aus Islamhassern entstanden, dessen Einfluss bis nach Europa reicht. Zu den zentralen Figuren dieses Netzwerks gehört der Publizist Robert Spencer, der sich nach seinem Studium der Religionswissenschaften gegen eine akademische Laufbahn entschied und stattdessen als Autor zahlreicher auflagenstarker Anti-Islam-Bücher Karriere machte. Eine Weile war der 1962 geborene Sohn griechisch-katholischer Eltern, die einst aus dem Libanon in die USA emigriert waren, Mitglied einer katholischen Gruppe, die es sich zur Aufgabe gemacht hatte, Muslime zu missionieren. Nach 9/11 gründete er die Webseiten »Jihad Watch« und »Dhimmi Watch«, und – zusammen mit der Bloggerin Pamela Geller – den Verein »Stop the Islamization of America« (SIOA). Sein Pamphlet *The Truth About Muhammad: Founder of the World's Most Intolerant Religion* schaffte es 2006 sogar auf die Bestsellerliste der *New York Times*.

Als angeblicher Experte wurde Spencer in den Jahren nach 9/11 gelegentlich eingeladen, um für die US-Armee, das FBI und andere Behörden Seminare über den Islam und den Dschihad abzuhalten. Im Jahr 2006 wirkte er an dem Pseudodokumentarfilm »Islam: What the West needs to know« mit. Er tritt darin neben Bat Ye'or als Experte auf, der eindringlich vor den tödlichen Gefahren durch den Islam warnt. Die *Chicago Tribune* bewertete das Machwerk als »geisttötende Anti-Islam-Propaganda«.

Auch Pamela Geller, Jahrgang 1958, wurde nach 9/11 berühmt. 2004 startete sie ihren Blog »Atlas Shrugs«, zu Deutsch »Atlas zuckt mit den Achseln« – der Titel bezieht sich auf den Roman *Atlas Shrugged*, das Hauptwerk der amerikanischen Schriftstellerin Ayn Rand (1905–1982), einer Autorin, die einen radikalen Individualismus propagierte und von ultrarechten Republikanern als intellektuelle Leitfigur gefeiert wird. Nachdem Pamela Geller 2006 auf ihrem Blog die dänischen Mohammed-Karikaturen aus der dänischen Zeitung *Jyllands-Posten* veröffentlichte, die damals keine US-Zeitung nachdrucken wollte, stieg sie rasch zu einer Wortführerin der islamophoben Szene in den USA auf. Ihre schrillen Videobotschaften, in denen sie sogar im Bikini am Strand vor dem jederzeit drohenden Dschihad warnte, taten ihrer Popularität keinen Abbruch.

Beide, Spencer und Geller, betrachten nicht nur radikale Islamisten als Gefahr, sondern setzen den Islam insgesamt mit seinen fundamentalistischsten und gewaltsamsten Auswüchsen gleich und zeichnen ein verzerrtes Bild dieser Religion als einen brutalen Gewaltkult, der auf Weltherrschaft aus ist – ungefähr so, als würde man den Ku-Klux-Klan mit dem Christentum gleichsetzen oder die rechtsextreme Jewish Defense League des rassistischen Rabbiners Meir Kahane mit dem Judentum insgesamt. Aber es gibt Leute, die so etwas lesen und glauben wollen.

Der Dritte im Bunde ist Daniel Pipes, ein 1949 geborener Historiker, der sich Mitte der achtziger Jahre aus dem Universitätsbetrieb verabschiedete und in konservativen Thinktanks anheuerte. 1990 gründete er das Middle East Forum in Philadelphia, eine neokonservative Denkfabrik, die eine aggressive Außenpolitik der USA und Israels propagiert und auch in Deutschland einen Ableger besitzt. Nach 9/11 sollte Pipes rasant Karriere machen: Allein im ersten Jahr nach den Anschlägen vom 11. September trat er in über einhundert TV- und vierhundert Radiosendungen als Experte auf und verfasste Hunderte von Kommentaren für Zeitungen und Zeitschriften.[4] Sein Bestseller *Militant Islam Reaches America*, der 2003 erschienen ist, war eines der ersten Bücher, das das Gespenst einer heimlichen islamistischen Unterwanderung der USA an die Wand malte.

Pipes ist ein außenpolitischer Falke und Hardliner, der für den Einmarsch im Irak und eine unnachgiebige Haltung des Westens im Atomstreit mit Iran eintrat und einen palästinensischen Staat strikt ablehnt. Im Jahr 2002 gründete er den Blog »Campus Watch«, auf dem unliebsame Professoren und linke Akademiker angeschwärzt werden. Wer es wagt, sich kritisch zur Außenpolitik der USA oder Israels zu äußern, dem wird dort irrationales »Verschwörungsdenken«, mangelnder Patriotismus und ideologische Verblendung vorgeworfen, meist alles zusammen. Nach Auffassung der *New York Times* ist »Campus Watch« das bekannteste Projekt von Daniel Pipes. 2003 berief ihn US-Präsident George W. Bush in Anerkennung seiner Verdienste in den Vorstand des »US Institute of Peace«, eines staatlichen Friedensforschungsinstituts, dem Pipes bis 2005 angehörte. Das entsprach der Strategie der Bush-Regierung, missliebige Institutionen mit Personen zu besetzen, die deren eigentlichen Ansichten und Zielen diametral entgegenstanden.

Auch wenn Daniel Pipes Wert darauf legt, anders als Spencer und Geller zwischen Islam und Islamismus zu unterscheiden, so verschwimmen diese Konturen bei näherer Betrachtung schnell. Denn auch Pipes operiert mit Verzerrungen, Halbwahrheiten und glatten Propagandalügen. »Moderate Muslime« sind bei Pipes nur solche Gläubige, die ihre Religion nicht sichtbar praktizieren, oder besser noch, die sich von ihrer Religion abgewandt haben nach dem Motto: Nur ein Ex-Muslim ist ein guter Muslim. Den wenigen amerikanischen Muslimen, die er überhaupt als moderat bezeichnet, wirft Pipes vor, die radikalen Kreise zu decken, womit er sie implizit ebenfalls als Vaterlandsverräter brandmarkt.

Mit Spencer und Geller teilt Pipes eine paranoide Weltsicht, die hinter jedem Stein einen Islamisten vermutet. Daniel Pipes, Robert Spencer und Pamela Geller erwecken mit ihren Aktivitäten den Eindruck, als gäbe es eine muslimische Verschwörung mit dem Ziel, die

USA zu übernehmen und durch die Hintertür die Scharia einzuführen. Sie suggerieren, dass die großen muslimischen Verbände in den USA geheime Verbindungen zu terroristischen Organisationen pflegten und dass radikale Muslime bereits wichtige Institutionen unterwandert hätten.

In der verunsicherten US-Öffentlichkeit nach dem 11. September stießen solche Botschaften auf offene Ohren und konnten einige Wirkung erzielen. Doch die Rechnung ging nicht immer auf. Im Jahr 2005 etwa beteiligte sich Daniel Pipes an dem alarmistischen Dokumentarfilm »Obsession: Radical Islam's War against the West«, von dem Teile auf *CNN* und *Fox News* ausgestrahlt wurden. Kurz vor den US-Präsidentschaftswahlen im Herbst 2008 wurde der Film auf 28 Millionen Gratis-DVDs landesweit als Freiexemplar über siebzig Zeitungen beigelegt – vorwiegend in jenen »Swing States« wie Florida, North Carolina und Ohio, die traditionell als wahlentscheidend gelten. Ein platter Versuch, die Wahl noch in letzter Minute zu beeinflussen, der allerdings misslang: Barack Obama wurde trotzdem Präsident.

Konkrete Angstkampagnen waren dafür effektiver. Im Jahr 2007 schürten Geller, Pipes und Spencer die Vorurteile gegen eine neu gegründete öffentliche Schule in New York einzig und allein aus dem Grund, weil sie Kurse in arabischer Sprache und Kultur anbot (Khalil Gibran International Academy). Pipes bezeichnete die Schule als eine »Madrasa«, was nach Kaderschmiede der Taliban klang, aber, wie er selbst später zugab, eine bewusste Übertreibung war. Mit ihren Verleumdungen zwangen Pipes, Geller und Spencer jedoch deren Direktorin Debbie Almontaser, die sich viele Jahre lang im interreligiösen Dialog mit Christen und Juden engagiert hatte, zum Rücktritt.

Der größte »Erfolg« dieser Anti-Muslim-Lobby aber war die Kampagne gegen ein geplantes muslimisches Kulturzentrum in New York, die sie vor den Kongresswahlen im Herbst 2010 vom Zaun brach. Das Gemeindezentrum sollte zwei Häuserblocks von Ground Zero entfernt entstehen und unter anderem einen Gebetsraum beherbergen. Pamela Geller wurde zum Gesicht des Protests gegen das geplante Gemeindezentrum »Park 51«, das sie konsequent als »Ground Zero Moschee« bezeichnete und als Beleidigung aller Terroropfer des 11. September diffamierte. Andere behaupteten, der daran beteiligte Imam Feisal Abdul Rauf hege heimliche Sympathien für die Muslimbrüder und die Hamas, und überhaupt sei das Projekt ein Symbol islamischer Landnahme. Prominente Republikaner wie Newt Gingrich und Sarah Palin übernahmen diese absurden Vorwürfe und setzten die Demokraten damit vor den Wahlen unter Druck. Die Wellen schlugen so hoch, dass sogar US-Präsident Obama gezwungen war, sich einzuschalten und an die verfassungsmäßig garantierte Religionsfreiheit zu erinnern. In der Folgezeit kamen auch in anderen Teilen der USA immer mehr Moscheebauprojekte unter Druck, ob in Texas oder Tennessee, in Kalifornien oder in Georgia – die Demonstrationen vor Moscheen und die Belästigung von amerikanischen Muslimen häuften sich und halten bis heute an.

Geller, Spencer und Pipes streuten außerdem den Verdacht, dass alle großen muslimischen Verbände in den USA von den Muslimbrüdern kontrolliert würden, und operierten mit Fantasiezahlen wie der, dass 80 Prozent aller Moscheen in den USA von Islamisten unterwandert seien. Und sie befeuerten die Gerüchte, nach denen US-Präsident Obama in Wirklichkeit ein Muslim oder es zumindest einmal gewesen sei und dies vor der Öffentlichkeit verheimliche. Schon im Wahlkampf hatten seine politischen Gegner versucht, ihm mit dieser Unterstellung zu schaden.

»Diese kleine Gruppe von Anti-Muslim-Organisationen und Personen in unserem Land ist den meisten Amerikanern unbekannt, aber sie nimmt großen Einfluss auf die nationale und internationale politische Debatte«, stellte das linksliberale Center for American Progress im Jahr 2011 in einer Studie fest. Als Grund dafür sieht dieser Thinktank aus Washington, der den US-Demokraten nahesteht, die massive Förderung, die dieser kleine Kreis von finanzkräftigen Sponsoren erhalte. Ganze 42,6 Millionen US-Dollar hätten sieben verschiedene ultrakonservative Stiftungen allein zwischen 2001 und 2009 lockergemacht, ermittelten die Wissenschaftler, und sich damit »beträchtlichen Einfluss auf den politischen Mainstream-Diskurs«[5] erkauft. Bis 2015 sollen insgesamt 57 Millionen Dollar geflossen sein. »Die Bedeutung dieser Förderung kann gar nicht hoch genug eingeschätzt werden. Denn dieses Geld erlaubt es einer sehr kleinen und eng vernetzten Gruppe von radikal rechten Wissenschaftlern, Experten und Grassroots-Organisatoren, stapelweise Falschinformationen über den Islam und amerikanische Muslime zu fabrizieren und zu verbreiten«, bilanzierten die Forscher.

Unterstützung erhielten die Verschwörungstheoretiker der Anti-Islam-Lobby durch konservative Medien wie *Fox News*, das *Wall Street Journal* und die *Washington Times* sowie durch populäre Radio-Talkshows, die von Hunderten von Sendern im ganzen Land ausgestrahlt werden und Millionen Zuhörer erreichen. Durchschlagende Erfolge konnten sie aber auch deswegen erringen, weil sie innovative Online-Strategien der Linken übernommen hätten und auf lokale Graswurzel-Bewegungen setzten, schrieben die Autoren des Center for American Progress im Jahr 2011. Nach dem Ende der Bush-Präsidentschaft seien evangelikale Kirchenkreise und die islamophobe Bewegung überdies enger zusammengerückt, und prominente evangelikale Prediger und Kirchenführer wie Pat Robertson, Ralph Reed und Franklin Graham, der Sohn des legendären US-Baptistenpastors und Erweckungspredigers Billy Graham, hätten viele islamophobe Positionen übernommen.

Der arabischstämmige US-Journalist Moustafa Bayoumi stellte 2012 fest, mehr als ein Jahrzehnt nach 9/11 seien antimuslimische Ressentiments weiter auf dem Vormarsch, aber der Fokus hätte sich verändert. »Während sich die alte Geschichte um Sicherheit drehte und amerikanische Muslime als potentielle Terroristen oder Terrorsympathisanten porträtierte, bewegt sich die neue Erzählung mehr entlang der Achse der Kultur«, so Bayoumi.[6] Nachdem sie das Gerücht gestreut hatten, die Muslimbrüder hätten auch die konservative Bewegung und die republikanische Partei unterwandert, wurden radikale Islamhasser wie Pamela Geller zwar sogar manchen Teilen der rechten »Tea Party«-Bewegung zu irre. Aber: »Eine Handvoll dieser Desinformationsexperten ist immer noch in der Lage, einen unverhältnismäßigen Einfluss auf die politische Öffentlichkeit auszuüben«, stellte das Center for American Progress im Februar 2015 in ihrer Nachfolgestudie »Fear, Inc. 2.0« fest.[7] Dies sei eine Gefahr für amerikanische Grundwerte wie religiöse Vielfalt, Bürgerrechte und soziale Integration, so die Wissenschaftler. Es schade aber auch den Bemühungen, den islamistischen Terrorismus zu bekämpfen, indem es jene von der Gesellschaft entfremde, auf die es am meisten ankäme. Denn die meisten Hinweise, mit denen islamistische Attentate verhindert werden konnten, stammten von Muslimen.

Der Einfluss dieses Anti-Islam-Netzwerks reicht heute weit über die USA hinaus. Ableger des amerikanischen »Stop the Islamization«-Verbands von Robert Spencer sind in verschiedenen Ländern entstanden, von Dänemark über Norwegen bis Australien, und enge Verbindungen bestehen auch zur »English Defence League« in Großbritannien. 2012 gründeten diese Gruppen eine Dachorganisation namens »Stop the Islamization of Nations« (SION), an deren Spitze Pamela Geller und Robert Spencer stehen. Im Beirat sitzen einige bekannte Gesichter: der deutsche pi-Gründer Stefan Herre und der Schweizer Politiker Oskar Freysinger von der SVP, der die erfolgreiche Anti-Minarett-Kampagne in seinem Land angeführt hat. Diese Bewegung, die sich selbst als »Counterjihad« bezeichnet, traf sich seit 2007 bereits mehrmals zu Jahreskonferenzen in Brüssel, Wien, Zürich, Kopenhagen und Stockholm. Bei einem geplanten Anti-Islamisierungskongress wollten sich 2008 auch Vertreter des Front National, der FPÖ und des Vlaams Belang mit Gästen aus den USA wie Robert Spencer in Köln treffen. Die Veranstaltung scheiterte am Ende allerdings an massiven Gegenprotesten in der Domstadt.

Neokonservative Thinktanks wie die American Freedom Alliance bemühen sich parallel darum, die führenden Protagonisten der respektablen »Islamkritik« an einen Tisch zu bringen. So trafen sich Henryk M. Broder und sein Freund Leon de Winter mit Ayaan Hirsi Ali, Daniel Pipes und Mark Steyn im Juni 2007 im schönen Malibu in Kalifornien, um über »den Kollaps Europas, den Aufstieg des Islam und die Konsequenzen für die Vereinigten Staaten« zu beraten, so der Titel der Tagung. Ein Jahr später lud die gleiche Stiftung Bat Ye'or, die britische Kolumnistin Melanie Phillips, den Essayisten Bruce Bawer und Flemming Rose, den Kulturredakteur der *Jyllands-Posten*, nach Rom ein. Und im Juni 2013 brachte die American Freedom Alliance in Los Angeles Geert Wilders mit den ihm zugeneigten Publizisten Robert Spencer, Daniel Pipes und Bat Ye'or zu einer Konferenz in Los Angeles zusammen. So ist über die Jahre ein transatlantischer Kommunikationsraum entstanden, in denen bestimmte Ideen, Schlagworte und Argumentationsmuster ausgetauscht werden und, manchmal stark verzögert, an unterschiedlichen Orten neu auftauchen und wie in nationalen Echokammern widerhallen.

So gleichen sich die Argumente der Islamgegner zum Teil bis aufs Wort. Henryk M. Broder etwa warnte im Jahr 2008 mit Blick auf die Einwanderung von Muslimen, die Europäer merkten gar nicht, »was für eine Tsunamiwelle« auf sie zurollt. Von einem »muslimischen Tsunami« hatte kurz zuvor Geert Wilders gesprochen und Udo Ulfkotte von einem »Tsunami der Islamisierung«. Und wenig später sprach die FPÖ-Politikerin Susanne Winter von einem »islamischen Einwanderungstsunami«.

Solche Übereinstimmungen sind beileibe kein Einzelfall: Mit Blick auf den Moscheestreit in Köln tat sich Broder mit dem Vorschlag hervor, bevor Muslimen erlaubt werde, in Deutschland eine Moschee zu bauen, müsse Saudi-Arabien im Gegenzug erst einmal Christen gestatten, dort eine Kirche zu bauen: »Tit for tat, quid pro quo.« Den gleichen Vorschlag machte in Österreich der 2014 verstorbene erzkonservative Kirchenmann Kurt Krenn, von 1991 bis 2004 Bischof in St. Pölten, der unter dem Pseudonym »Christianus« eine regelmäßige Kolumne in der *Kronen Zeitung* unterhielt, dem auflagenstärksten Boulevardblatt des Landes. Und mit der gleichen Idee wartete wenig später in den USA der republikanische Politiker Newt Gingrich auf, als es um das geplante Gemeindezentrum im New York ging, das von ihm als »Ground Zero Moschee« bezeichnet wurde.

Die Islamfeinde machen keinen Hehl daraus, dass sie Muslimen nicht die gleichen Rechte gönnen wie anderen – nicht einmal das Asylrecht. Als Ende 2014 die Zahl der syrischen Flüchtlinge in Europa nach oben schnellte, fragten Henryk M. Broder in seiner *Welt*-Kolumne, der *Focus*-Chefredakteur Wolfram Weimer und der Schweizer *Weltwoche*-Chef Roger Köppel unisono, warum reiche arabische Länder wie Saudi-Arabien und die Golfstaaten nicht mehr muslimische Flüchtlinge aufnehmen könnten – das sei doch ihre »moralische Pflicht«, befand Weimer. Und bei Udo Ulfkotte wird im April 2015 aus der Tatsache, dass zwei Drittel aller Flüchtlinge in Deutschland aus muslimischen Ländern stammen, ein teuflischer Plan zur Islamisierung Europas. Die Vorlage dafür stammt von Daniel Pipes, der schon im September 2013 in der *Washington Times* befand, muslimische Flüchtlinge aus Syrien sollten besser »in ihrem Kulturraum«[8] bleiben. Dass Nachbarländer wie die

Türkei, der Libanon, Jordanien und Ägypten bereits den größten Teil der Flüchtlinge aufnehmen, unterschlug er dabei geflissentlich. Stattdessen argumentierte Pipes zynisch, in Saudi-Arabien würden sie sich als Muslime sicher wohler fühlen. Denn dort seien Polygamie, das Schlagen der Ehefrau und Sklavenhaltung schließlich erlaubt.

Wer seine Parolen und zynischen Pointen von wem abschreibt, ist letztlich egal. Es zeigt nur, dass die »Spins«, mit denen Broder, Köppel, Ulfkotte und Wilders aufwarten, keineswegs so originell sind, wie es den Anschein hat. Es gibt lediglich leichte Unterschiede in den Akzenten, die sie setzen. Während amerikanische »Islamkritiker« stärker auf die Gefahr des Terrorismus durch eine heimliche Infiltration abheben, den angeblichen »Stealth Jihad« oder »Civilization Jihad«, fürchten die Europäer mehr die demografische Überfremdung durch eine angeblich viel höhere Geburtenrate muslimischer Einwanderer – den gezielten »Geburtendschihad«.

Einer hat all diese Verschwörungstheorien, Unterwanderungsszenarien und Niedergangsprophezeiungen allzu wörtlich genommen und daraus seine eigenen Schlüsse gezogen. Am 22. Juli 2011 fuhr der Norweger Anders Behring Breivik, damals 32 Jahre alt, mit einem VW-Transporter ins Regierungsviertel von Oslo und brachte dort eine selbst gebaute, 950 Kilo schwere Bombe per Fernzündung zur Explosion, acht Menschen kamen dabei ums Leben. Dann setzte er mit der Fähre auf die nahegelegene Insel Utøya über, wo die Jugendorganisation der norwegischen Sozialdemokraten ihr jährliches Sommercamp veranstaltete. Unter dem Vorwand, die Jugendlichen über das Attentat in Oslo aufklären zu wollen, rief er sie zusammen und eröffnete das Feuer auf sie. Fast anderthalb Stunden lang streifte er anschließend über die Insel und tötete weitere Menschen, bevor die Polizei ihn stellen und festnehmen konnte. Insgesamt starben bei beiden Anschlägen 77 Menschen, mindestens die Hälfte davon waren Teenager.

Nach der Tat wurde das 1 500-seitige »Manifest« publik, das Breivik vor den Anschlägen verfasst hatte. Darin bezog er sich auf die Schlacht vor Wien im Jahr 1683 und erklärte, er habe Europa vor der Islamisierung bewahren wollen, weshalb er auf »Kulturmarxisten« und »Multikulturalisten« und deren nächste Generation gezielt habe. In seinem Copy-and-Paste-Konvolut berief sich Breivik auf eine ganze Reihe von Vordenkern, die ihn zu seiner Tat inspiriert hätten. Die Namen lesen sich wie ein Who's who der »Islamkritik«: Mehr als hundert Mal erwähnt er als seinen »Lieblingsautor« den norwegischen Blogger »Fjordman«.[9] Mehr als fünfzig Mal zitiert er den US-Publizisten Robert Spencer, mehrmals Autoren wie Ayaan Hirsi Ali und Henryk M. Broder. Bat Ye'or rühmt er als »die führende Gelehrte auf dem Gebiet der Ausbreitung des Islam«.

Breiviks Tat war ein Wendepunkt. »Was er schreibt, sind größtenteils Dinge, die auch in diesem Forum stehen könnten«, stellte ein Kommentator auf »pi-news« nach dem Massaker von Utøya verblüfft fest. Deutsche und internationale Medien sahen das ähnlich und begannen, das Netzwerk der Islamfeinde genauer unter die Lupe zu nehmen, und der deutsche Verfassungsschutz gelobte, islamfeindliche Webseiten stärker zu kontrollieren. In Bayern landeten die lokalen Ableger von »Politically Incorrect« und der Anti-Islam-Partei »Die Freiheit« sogar im Verfassungsschutzbericht der Landesbehörde.

Aber die paranoiden Denkmuster der Islamhasser sind damit nicht aus der Welt. Breivik hat Nachahmer gefunden – zum Beispiel vermutlich den Mann, der im Februar 2015 in Chapel Hill, North Carolina, drei junge muslimische Studenten erschoss, angeblich im Streit um einen Parkplatz. Andere vergleichbare Taten konnten noch rechtzeitig verhindert werden: In Tschechien nahm die Polizei kurz nach Breiviks Massaker einen Verdächtigen fest, der einen Fernzünder und einen Sprengsatz bei sich und eine vergleichbare Tat geplant hatte. Und im Mai 2015 konnte die US-Polizei einen Pastor verhaften, der Macheten, Sturmgewehre und Molotowcocktails gehortet hatte und der mit befreundeten Mitgliedern von Milizen eine muslimische Gemeinde im US-Bundesstaat New York überfallen wollte.

Doch das ist nur die Spitze des Eisbergs. Die alltäglichen und weitverbreiteten Ressentiments gegen Muslime finden im Internet und auf der Straße weiterhin ein Forum, und sie schlagen sich in den Programmen rechtspopulistischer Parteien und in den politischen Entscheidungen vieler Regierungen nieder.

8 Die Retter des Abendlandes 2.0

Die Modernisierung des Rechtspopulismus

Wenn es irgendwo gegen den Islam geht, dann ist Geert Wilders nicht weit. Im April 2015 trat er vor mehreren Tausend Pegida-Anhängern auf einer Open-Air-Bühne in Dresden auf, um der zu diesem Zeitpunkt bereits erlahmten Bewegung der »patriotischen Europäer« aus Sachsen neuen Mut zu machen, und pries sie als »Helden«. Ein paar Wochen zuvor war er als Gast der rechtspopulistischen FPÖ in Wien, hielt im gediegenen Ambiente der Wiener Hofburg eine Rede und versprach seinem leicht ergrauten Publikum: »Wir werden den Islam besiegen.« Und als im Mai 2015 auf eine Ausstellung mit Mohammed-Karikaturen in Texas ein Anschlag verübt wurde, bei dem die beiden Attentäter starben und ein Wachmann verletzt wurde, war Geert Wilders ebenfalls kurz vorher vor Ort gewesen und hatte dort auf Einladung der amerikanischen Anti-Islam-Bloggerin Pamela Geller die Eröffnungsrede gehalten.

Auch wenn er mit seinem blond gefärbten Haarschopf und seinen bunten Krawatten so unseriös wirkt wie der Moderator einer nachmittäglichen Talkshow im Privatfernsehen, unterschätzen sollte man ihn nicht. Denn der Niederländer steht für einen Rechtspopulismus neuen Typs, der europaweit im Aufwind ist. Modern und geschickt auf der Klaviatur der Medien spielend, verbreitet Wilders seit Jahren die immer gleiche Botschaft: Der Islam und die Muslime sind unser Unglück. In seiner Rede in Wien wiederholte der Niederländer seinen radikalen Forderungskatalog, für den er in seiner Heimat berüchtigt ist: »Keine Moscheen mehr! Alle islamischen Schulen schließen, heute noch!« Und: »Keine weitere Einwanderung aus islamischen Ländern.« Mit seinen ausgrenzenden Parolen, mit denen er bislang knapp an einer rechtskräftigen Verurteilung wegen Rassismus vorbeigeschrammt ist, und seiner kraftmeiernden »Klartext«-Rhetorik suggeriert Wilders, einfache Lösungen für die Probleme von heute zu haben.

Mit Rechtspopulisten und -extremisten alter Schule hat er gemein, dass er sich zur Stimme einer schweigenden Mehrheit gegen die intellektuellen und politischen Eliten Europas erklärt, vor einer »Überfremdung« durch Einwanderer warnt und darauf pocht, »Herr im eigenen Haus« bleiben zu wollen. So hielten es auch schon der charismatische Jörg Haider in Österreich, Franz Schönhuber, der Ex-Vorsitzende der deutschen Republikaner, und Front-National-Gründervater Jean-Marie Le Pen in Frankreich. Sie alle stehen für den alten Rechtspopulismus, der noch Ressentiments gegen alle Minderheiten gleichermaßen schürte, ob Juden, Homosexuelle oder Muslime, der Frauen am liebsten zurück an den Herd schicken und jede Einwanderung stoppen wollte. Diese Denkschule lehnt die westliche Demokratie und den Liberalismus ab, stellt Meinungsfreiheit und Minderheitenrechte in Frage und sieht die USA und Israel sehr kritisch, um es freundlich zu formulieren. Seine Vertreter verharmlosten öffentlich die Verbrechen des Nationalsozialismus und seiner Verbündeten und grenzten sich häufig nur notdürftig von Neonazis und Revanchisten ab.

Der neue Rechtspopulismus, dessen Prototyp Geert Wilders und seine Partei darstellt, beruft sich dagegen ausdrücklich auf westliche und liberale Werte und schwingt sich zu deren entschiedensten Verteidigern auf. Seine Abneigung richtet er exklusiv gegen Muslime, denen er vorwirft, nicht in eine freie und liberale Gesellschaft zu passen. Dagegen gibt er vor, die Rechte von Frauen, Juden und Homosexuellen zu verteidigen, und malt Frauenfeindlichkeit, Antisemitismus und Homophobie unter Muslimen in den düstersten Farben aus, nur um die eigene Gesellschaft im Kontrast dazu in einem umso helleren Licht erstrahlen zu lassen. Er bewundert starke Staaten wie die USA unter George W. Bush und Israel, die Wilders als Speerspitze im Kampf gegen »den Islam« betrachtet, weil sie militärisch auftrumpfen, während das alte Europa angeblich nicht mehr als laue Diplomatie und Appeasement zu bieten habe. Er behauptet, einen Beitrag zur Liberalität westlicher Gesellschaften zu leisten, indem er gegen »Denkverbote« polemisiert und vermeintliche Tabus bricht. Und er ist noch nicht einmal mehr prinzipiell gegen Einwanderung, solange sie wirtschaftlich nützlich erscheint, sondern nur »gegen zu viel Islam«.

Es ist allerdings ein sehr eigener Freiheitsbegriff, den Geert Wilders »Partei für die Freiheit« (PVV) vertritt, denn zu viele Freiheiten für Muslime lehnt er strikt ab. 2007 forderte Wilders ein Verbot des Korans, den er als »faschistisches Buch« bezeichnete und mit Adolf Hitlers *Mein Kampf* verglich. Es gebe keinen gemäßigten Islam, behauptete Wilders und verlangte deshalb, den Bau weiterer Moscheen oder islamischer Schulen zu verbieten. Er fordert generell einen Einwanderungsstopp für Türken und Marokkaner, ein Predigtverbot für ausländische Imame und die Pflicht, auf Holländisch zu predigen. 2009 schlug er außerdem eine Kopftuchsteuer von 1 000 Euro pro Jahr vor – eine »Kopflumpensteuer«, wie er sie nannte. Ein anderes Mal verlangte er ein komplettes Kopftuchverbot in allen öffentlichen Einrichtungen.

Ob solche Vorschläge durchsetzbar sind oder nicht, ist dabei zweitrangig. Erst einmal dienen sie dazu, Schlagzeilen zu produzieren und sich im Gespräch zu halten. Und das ist Geert Wilders in der vergangenen Dekade zweifellos gelungen. Geert Wilders ist damit zum Inbegriff eines modernen Rechtspopulisten geworden, der sich deutlich vom Rechtsextremismus alter Schule abhebt, der stattdessen neue Wählerschichten und urbane Milieus anspricht und dadurch nicht nur salonfähig, sondern auch koalitions- und regierungsfähig geworden ist.

Andere Parteien versuchen deshalb, sein Vorbild zu kopieren – allen voran Marine Le Pen, die Vorsitzende des Front National. Von zentraler Bedeutung ist dabei der Bruch mit antisemitischen Traditionen und der demonstrative Schulterschluss mit Israel: Er soll signalisieren, dass man aus der Geschichte gelernt habe. Geert Wilders rühmt sich, der größte Freund des jüdischen Staats zu sein, und betont seine Freundschaft mit israelischen Politikern wie Avigdor Liebermann, die kaum weniger rechtsradikal sind als er selbst. Auch Marine Le Pen versucht, die rechtsextremen Wurzeln ihrer Partei vergessen zu machen, und weist jeden in die Schranken, der das Bild trübt. In der israelischen Tageszeitung *Haaretz* behauptete sie 2011 allen Ernstes, der Front National sei »schon immer zionistisch« gewesen und habe »immer Israels Existenzrecht verteidigt«. Dass sie im April 2015 endgültig mit ihrem Vater Jean-Marie Le Pen brach, als dieser den Holocaust erneut als »Detail der Geschichte« verharmloste, war nur der letzte Schritt auf ihrem Weg zur »Entdämonisierung« ihrer Partei.

Gegen rechtsextreme und antisemitische Äußerungen in ihrer Partei geht Marine Le Pen knallhart vor, bis hin zum Parteiausschluss. Selbst ihr Vater bekam das im Frühjahr zu spüren, ihm will sie jetzt sogar die Ehrenmitgliedschaft entziehen. Auch Geert Wilders PVV und die Dänische Volkspartei (DF) verfolgen da einen klaren Kurs und werfen jeden raus, der rechtsextremen Kreisen zu nahe steht. Andere Rechtsparteien versuchen ihnen nachzueifern, um den Ruch ihrer rechtsextremen Vergangenheit abzuschütteln. Ein Zeichen dafür war die »Jerusalemer Erklärung«, welche die Parteichefs von FPÖ, Vlaams Belang und den Schwedendemokraten im Dezember 2010 auf einer gemeinsamen Reise nach Israel abgaben. Im Umfeld dieser Parteien tummeln sich noch immer Revanchisten, Holocaust-Relativierer und Neonazis. In Jerusalem aber bekannten sich FPÖ-Chef Heinz-Christian Strache, Filip Dewinter vom Vlaams Belang und Kent Ekeroth von den Schwedendemokraten zu Israels Recht auf Selbstverteidigung und lobten das Land als Partner gegen »den fundamentalistischen Islam«, diese »neue weltweite totalitäre Bedrohung«. Dass Strache in der Holocaust-Gedenkstätte Yad Vashem statt einer Kippa die Kappe seiner Burschenschaft auf dem Kopf trug, sorgte in Österreich zwar für Irritationen. Der israelische Vizeminister Hiob Kara vom rechten Likud besuchte Strache aber bald darauf in Wien und erklärte den FPÖ-Politiker und dessen Partei auf einer gemeinsamen Pressekonferenz öffentlich für »koscher« – ein Ritterschlag.

Ein weibliches Gesicht an der Spitze erleichtert es außerdem, neue und vor allem weibliche Wähler anzusprechen, und markiert schon auf dem ersten Blick einen deutlichen Bruch mit dem traditionellen Frauenbild des alten, männlich geprägten Rechtsextremismus. Die knallharte Pia Kjærsgaard, von 1995 bis 2012 Vorsitzende der Dänischen Volkspartei und 2015 zur Parlamentspräsidentin in Kopenhagen ernannt, und die eher hemdsärmelig-zupackende Marine Le Pen vom Front National sind dafür ein gutes Beispiel; Frauke Petry von der AfD könnte in ihre Fußstapfen treten. Als Frauen scheint es ihnen zudem leichter zu fallen, radikale Positionen zu vertreten, ohne damit zu schockieren, indem sie jeden Widerspruch einfach eiskalt weglächeln – absolute Härte traut man ihnen fatalerweise wohl nicht zu.

Mit wachsendem Erfolg wirbt Marine Le Pen auch um homosexuelle Wähler. Während ihr Vater noch Schwule verspottete und Aidskranke am liebsten in Internierungslager stecken wollte, umgibt sich seine Tochter mit Beratern, die offen schwul sind.[1] Zuletzt berief sie den Gründer der Bürgerrechtsbewegung GayLib, Sébastian Chenu, zu ihrem Berater – was in traditionsbewussten Kreisen der Partei die Furcht nährte, die Partei könnte von einer »schwulen Lobby« übernommen werden. Anders als viele Parteifreunde hielt sich Marine Le Pen auch auffällig von den Massendemonstrationen gegen die Homo-Ehe fern, die sich 2013 gegen deren Einführung durch François Hollande richteten. Selbst auf der anderen Seite des Rheins wird ihr politischer Modernisierungskurs mit Wohlgefallen vermerkt: »Von ihrem erfolgreichsten Parteigenossen, Steeve Briois, der bei den Kommunalwahlen das Rathaus der Arbeiterstadt Hénin-Beaumont eroberte, heißt es, er sei homosexuell – und was die modernen Frauen angeht, die werden von Marine persönlich verkörpert: Rechtsanwältin, zwei Mal geschieden, drei Kinder, Patchworkfamilie mit Lebensgefährten (der Theoretiker des Front National), pro Recht auf Abtreibung«, schwärmte die deutsche Frauenzeitschrift *Emma* schon von der »Leaderin« des Front National. Mit ihrem Programm erobere sie »die Herzen der geknickten, von Selbstzweifeln geplagten Franzosen auch weit über die klassische rechte Klientel hinaus«.[2] Und nicht nur der Franzosen offenbar.

Dabei bestehen zwischen den einzelnen Parteien weiterhin gravierende Unterschiede. Anders als Geert Wilders in den Niederlanden, der für die Home-Ehe und die transatlantischen Beziehungen mit den USA eintritt, sind die meisten rechtspopulistischen Parteien in Europa gegen die völlige Gleichstellung von Homosexuellen und äußern, wie der Front National, offene Sympathien für Russlands starken Mann Wladimir Putin. Auch in ökonomischen Fragen gehen die Meinungen auseinander. Während die Schweizerische Volkspartei und die »Alternative für Deutschland« bislang eine eher wirtschaftsliberale Linie vertreten, geben andere vor, den alten Sozialstaat gegen

Einwanderer verteidigen zu wollen. Der Front National tritt für wirtschaftlichen Protektionismus ein, die FPÖ bezeichnet sich als »soziale Heimatpartei«, und Skandinaviens Rechtspopulisten versprechen, den traditionellen Wohlfahrtsstaat, das »Volksheim«, vor all jenen Einwanderern zu bewahren, die ihm angeblich nur auf der Tasche liegen. Einen »Wohlfahrtsstaatschauvinismus« nennen Politologen diese Haltung treffend.

Das hindert die Rechten aber nicht daran zusammenzuarbeiten. Zum Parteitag der Lega Nord in Turin lud deren Parteisekretär Matteo Salvini im November 2013 Marine Le Pen, Geert Wilders und die Spitze der FPÖ ein, um über den Euro, die Macht der Banken und die »illegale Einwanderung« zu sprechen. Und ein gutes Jahr später reisten FPÖ-Chef Strache und Geert Wilders zum Parteitag des Front National in Lyon, wo Marine Le Pen offiziell zur Kandidatin für die Präsidentschaftswahl 2017 gekürt wurde. Strache legte dort sogar ein Tänzchen »mit der zukünftigen Präsidentin« Marine Le Pen aufs Parkett.

Sie haben ja auch viel gemeinsam, nicht nur den Kampf gegen den Islam und die Muslime. Die anderen Kernthemen sind: Abschottung und ein radikaler Stopp jeder weiteren Einwanderung, die Aufnahme von Flüchtlingen inbegriffen, sowie die Rückerlangung nationalstaatlicher Souveränität, die an die EU abgegeben wurde. Sie fordern ein striktes Asyl- und Einwanderungsrecht sowie ein entschiedenes Vorgehen gegen mögliche Terrorgefahren und den »Missbrauch« von Sozialleistungen durch Einwanderer. Manche wollen dafür zu Grenzkontrollen und einer eigenen Währung zurückkehren, andere gehen nicht so weit. Aber fast alle sind sie auch für die Förderung von traditionellen einheimischen Familien mit Kindern. Nur wenn es gegen Muslime geht, sind sie bei den Frauenrechten ganz vorn.

Rechtspopulisten verleihen der Sehnsucht ihrer Wähler nach einer kulturell homogenen Nation und einer Rückkehr zu einer vermeintlich verloren gegangenen Ordnung eine Stimme. Die Muslime und ihre Religion malen sie dabei zu einer besonderen Bedrohung aus, weil diese angeblich die kulturelle Homogenität sowie den Rechts- und Sozialstaat und die errungenen Fortschritte in Sachen Emanzipation und Minderheitenrechte gefährden. Sie stellen sich gegen einen angeblich vorherrschenden linksliberalen Diskurs in den Medien und gegen das Credo politischer und wirtschaftlicher Eliten, die Toleranz, Vielfalt und Internationalisierung beschwören. Den Vorwurf, dabei reaktionär und dumpf fremdenfeindlich zu sein, weisen sie aber ganz entschieden zurück.

Mit ihrem Modernisierungskurs ist es Rechtspopulisten in ganz Westeuropa gelungen, sich als dritte große politische Kraft zu etablieren, neben Sozialdemokraten und Konservativen – und vor anderen Parteien wie den Grünen, die in anderen europäischen Ländern nur eine marginale Rolle spielen. In Ländern wie Dänemark, den Niederlanden, Österreich, Frankreich und der Schweiz bewegen sich die Rechtspopulisten längst auf Augenhöhe mit diesen beiden klassischen Volksparteien, in Italien, Norwegen, Schweden, Finnland und Großbritannien sind sie bereits unbestritten drittstärkste Kraft. Manche Politologen betrachten sie deshalb schon als »dritte Volkspartei«, weil ihre Sogkraft in alle Wählerschichten hineinreicht – unabhängig von Einkommen, Bildungsgrad oder Alter.[3] Männer mit niedrigem Bildungsgrad machen zwar immer noch einen großen Teil ihrer Wählerschaft aus. Aber viele Wähler stammen aus der sprichwörtlichen »Mitte der Gesellschaft«, sind oft Unternehmer oder andere »Leistungsträger« und keineswegs nur »Modernisierungsverlierer« oder Abgehängte, wie das bei den rechtsextremen Parteien alter Schule oft der Fall war.

Der Aufstieg der Rechtspopulisten hat gravierende Konsequenzen für die Machtarithmetik in den Ländern Westeuropas. Die war in der Nachkriegszeit meist von einem Wechselspiel zwischen einem linken und einem rechten Block geprägt, der von Sozialdemokraten und Konservativen angeführt wurde. Das Aufkommen einer dritten großen Kraft droht diese Balance zu zerstören und das ganze Spektrum nach rechts zu verschieben. Die Konservativen rücken dadurch in die Mitte, was für sie bequem sein kann, weil sie dann in alle Richtungen koalitionsfähig sind. Sie laufen aber auch Gefahr, zwischen beiden Polen zerrieben zu werden. So ist es der konservativ-liberalen Venstre-Partei in Dänemark ergangen, die nun einen Ministerpräsidenten von Gnaden der Rechtspopulisten stellen darf.

Doch vor allem für Sozialdemokraten ist das ein Problem, zumal die Rechtspopulisten ihnen den Rang als Arbeiterpartei und Anwalt der kleinen Leute streitig machen. In Ländern wie Österreich sieht man, wohin das führen kann: Konservative und Sozialdemokraten bleiben in einer lediglich noch so bezeichneten »Großen Koalition« auf Dauer aneinandergekettet, das Ergebnis ist Stagnation. Eine Koalition mit den Rechtspopulisten, wie sie die Sozialdemokraten im österreichischen Burgenland 2015 eingegangen sind, kann da wie ein Befreiungsschlag empfunden werden, auch wenn sie politisch ein Pakt mit dem Teufel ist.

In Ländern wie Frankreich und Großbritannien wird die dramatische Machtverschiebung, die in den letzten Jahren stattgefunden hat, bisher noch durch das Mehrheitswahlrecht verschleiert. Dabei gibt es nach Ansicht vieler Extremismusforscher in allen westeuropäischen Ländern ein stabiles Wählerpotential für rechtspopulistische Parteien, das zwischen 10 und 25 Prozent liegt. Die Zustimmung zu ihren Kernthemen, etwa zu ihrer ablehnenden Haltung zum Islam und den Muslimen, liegt nach vielen Umfragen sogar noch weit darüber.

Die gefühlte Bedrohung durch den Islam ist auch in Deutschland weit verbreitet: Ein Drittel fühlt sich durch die vielen Muslime mehr oder weniger »wie ein Fremder im eigenen Land«[4]. Der Grund, warum Rechtspopulisten in Deutschland und Großbritannien bisher noch keine so sichtbaren Erfolge feiern konnten wie anderswo, ist in der besonderen politischen Kultur dieser Länder zu suchen. Erst in jüngster Zeit haben Parteien wie die UK Independence Party (UKIP) und die AfD auf der politischen Bühne für Aufsehen gesorgt, zunächst vor allem mit EU-kritischen Tönen. Aber viel spricht dafür, dass hier noch bevorsteht, was andere Länder in Westeuropa schon hinter sich haben: dass sich eine rechtspopulistische Partei dauerhaft in ihrem politischen System etabliert, die auch offene Ressentiments gegen Einwanderer und Muslime artikuliert. Die AfD hat diesen Weg eingeschlagen.

In Großbritannien und Deutschland, wo es zunächst keine wählbare und salonfähige Partei gab, welche die Ängste nicht klassisch rechtsextremer Wähler vor dem Islam bediente, formierte sich der Unmut zunächst auf der Straße. In Großbritannien sammelten sich die Unzufriedenen in der English Defence League (EDL). Dieses Netzwerk aus Fußballfans, Rechtsaußen-Aktivisten, Armeeveteranen und einfachen Pub-Rassisten entstand 2009 aus der englischen Hooliganszene heraus, die durch hohe Ticketpreise und strenge Gesetze aus den Stadien gedrängt worden war. Im Kampf gegen vermeintliche oder tatsächliche Islamisten sahen manche eine neue Möglichkeit, ihre Aggressionen rauszulassen und sich als Patrioten zu beweisen. In den darauffolgenden Jahren liefen ihre Mitglieder zu Protestmärschen vor Moscheen auf, zogen in Arbeiterstädten wie Newcastle, Birmingham oder Manchester durch muslimisch geprägte Einwandererviertel und lieferten sich spektakuläre Schlägereien und Straßenschlachten mit muslimischen Gruppen, Gegendemonstranten und der Polizei.

Ihr Erkennungszeichen ist das Georgskreuz, ein vieldeutiges Symbol: das rote Kreuz auf weißem Grund ist die Landesflagge Englands, wurde aber auch von den Kreuzrittern verwendet. Eine radikale, paranoide Islamfeindlichkeit zeichnet den ideologischen Kern der Bewegung aus. Bestärkt wurden die Gründer der English Defence League durch die Wortführer der US-amerikanischen Counterjihad-Szene wie Pamela Geller und Robert Spencer, zu denen persönliche Kontakte bestehen. In den letzten Jahren war es etwas ruhiger geworden um die EDL, ihr Anführer Tommy Robinson zog sich zurück. Doch nach dem Missbrauchsskandal in der Stadt Rotherham, wo Hunderte Mädchen über Jahrzehnte von einem Ring pakistanischstämmiger Männer missbraucht worden sein sollen, war sie 2014 wieder zur Stelle und mobilisierte zum Massenprotest.

Welches Drohpotential die EDL besitzt, zeigte sich im März 2014, als sie gegen einen muslimischen Familientag im Legoland-Park von Windsor in der Grafschaft Berkshire mobil machte. Eine muslimische Stiftung hatte den Freizeitpark angemietet, um Hunderten muslimischen Familien einen schönen Tag zu bereiten. Doch nach einer Flut von Drohanrufen und Hassmails sah sich das Legoland-Management gezwungen, die Veranstaltung abzusagen, obwohl schon Hunderte Tickets verkauft und Hotelbetten gebucht worden waren.

Die English Defence League hält sich zumindest offiziell auf Abstand zur British National Party (BNP), der traditionell rassistischen und rechtsextremen Partei Großbritanniens, sie gibt sich sogar betont antirassistisch und beschwört »westliche Werte«. Dafür pflegt sie eindeutige Verbindungen in die UKIP. Deren Chef Nigel Farage teilt nicht nur regelmäßig gegen die EU aus, sondern wettert auch gerne gegen eine angebliche Islamisierung der Britischen Inseln, gegen muslimische Ghettos, angebliche Scharia-Gerichte und eine »fünfte Kolonne« unter den Muslimen, »die uns töten wollen«. Zugleich hat er alle Hände voll damit zu tun, Parteimitglieder zu maßregeln, die noch schärfere Töne anschlagen als er. Denn es ist unübersehbar, dass sich seine Partei in den letzten Jahren in ein Auffangbecken für rabiate Islamhasser verwandelt hat.

Die English Defence League hat sich auch um Ableger im Ausland bemüht, mit Erfolg etwa in Norwegen. In der dortigen Norwegian Defence League engagierte sich auch Anders Breivik, bevor er zum Attentäter wurde. Die EDL stand aber auch Pate für vergleichbare deutsche Bewegungen wie die »Hooligans gegen Salafisten« und die »Patriotischen Europäer gegen die Islamisierung des Abendlandes«, die nach ähnlichem Muster entstanden sind.

Die »Hooligans gegen Salafisten«, kurz HoGeSa, sind über soziale Netzwerke wie Facebook zusammengekommen, bevor sie sich erstmals auf der Straße trafen. Ihren großen Auftritt hatten sie am 26. Oktober 2014 in Köln, als rund 4 000 Randalierer durch die Stadt zogen und damit alle überraschten. Auf der Bühne widmete ihnen die Rechtsrock-Band Kategorie C ein Lied mit der Zeile »Hooligans gegen Salafisten, sonst wird Deutschland ein Massengrab«. Nach der Kundgebung am Hauptbahnhof kam es zu Ausschreitungen und Straßenschlachten, bei denen Dutzende Polizisten verletzt und etliche Sachschäden angerichtet wurden. Spätere Aufmärsche in anderen Städten wurden von der Polizei unterbunden.

Ebenso überraschend wuchsen dafür in Dresden die als »Spaziergänge« deklarierten Pegida-Protestmärsche an, die sich vom Spätherbst 2014 an in kurzer Zeit zu Massenkundgebungen entwickelten. Auf dem Höhepunkt nahmen im Januar 2015 mehr als 20 000 Menschen an den montäglichen Aufmärschen teil, die zu diesem Zeitpunkt bereits bundesweite Aufmerksamkeit auf sich gezogen hatten. Politische Parteien debattierten, wie sie mit dem Phänomen umgehen sollten, und am Anfang bekundete in Umfragen eine große Zahl Verständnis für das Anliegen von Pegida. Bundeskanzlerin Angela Merkel dagegen rief in ihrer Neujahrsansprache dazu auf, von diesen Kundgebungen fernzubleiben. Tatsächlich sprang der Funke auf andere Städte nicht recht über, die Protestmärsche von Pegida-Ablegern zogen weit weniger Teilnehmer an und wurden von Gegendemonstrationen zahlenmäßig absolut in den Schatten gestellt.

Bei Pegida in Dresden mischte sich eine illustre Schar von einschlägigen Islamfeinden und Rechtsextremen mit biederen Familienvätern, Fußballfans und diffusen Wutbürgern, die gegen »Glaubenskriege auf deutschem Boden«, »Islamisierung« und die »Lügenpresse« pöbelten. Es war kein Zufall, dass sich diese Kundgebungen zwar in erster Linie gegen Flüchtlinge richteten, aber zugleich den Kampf gegen eine angebliche »Islamisierung« proklamierten, denn für die Organisatoren gehörte beides irgendwie zusammen. Eine Fahne, die bei den Pegida-Demonstrationen häufig zu sehen war, ist die so genannte Wirmer-Fahne: eine rote Fahne mit einem golden umrahmten, leicht versetzten schwarzen Kreuz. Ein wenig ähnelt sie einer norwegischen Nationalfahne in den deutschen Nationalfarben. Entworfen hat sie der Jurist Josef Wirmer, ein ehemaliger Zentrumspolitiker, der als Mitglied der Widerstandsgruppe vom 20. Juli 1944 von den Nazis hingerichtet wurde, als künftige Nationalfahne. Unter dieser Flagge stellen sich die Pegida-Demonstranten in die Tradition des konservativen Widerstands gegen Hitler – im Kampf gegen den Islam, in ihren Augen der »neue Faschismus«.

Das Organisationsteam, das Pegida gestartet hatte, kannte sich schon seit Jahren über eine Facebook-Gruppe. Lutz Bachmann betrieb in Dresden eine Werbeagentur, bevor er durch Pegida bekannt wurde, Kathrin Oertel ist eine Wirtschaftsberaterin aus Coswig bei Meißen. Alle zwölf Organisatoren stammen aus dem gleichen Milieu, viele waren als Privatunternehmer im Sicherheits- und Gastronomiegewerbe tätig und haben nach eigenen Angaben früher CDU oder FDP gewählt, bevor sie bei den sächsischen Landtagswahlen ihr Kreuzchen bei der »Alternative für Deutschland« machten. Umgekehrt suchten auch Teile der AfD die Nähe zu Pegida: Die sächsische AfD-Chefin Frauke Petry fand nach einem Treffen »inhaltliche Schnittmengen«, der Brandenburger Parteichef Alexander Gauland bezeichnete die Bewegung als »natürliche Verbündete« der AfD.

Anhand ihrer Facebook-Accounts ließ sich ablesen, dass Bachmann und Oertel Fans von rechten Internetseiten und Medien wie *Blu-News* oder der *Jungen Freiheit* waren. Aber trotz ihrer »Lügenpresse«-Rufe bezogen sich Pegida durchaus positiv auf manche Meinungsmacher, die aus den Mainstream-Medien bekannt sind. Pegida-Organisatoren beriefen sich mehrfach auf den SPD-Politiker Heinz Buschkowsky als Kronzeugen dafür, dass die Islamisierung in seinem Bezirk Berlin-Neukölln »schon relativ weit fortgeschritten« sei, wie Lutz Bachmann sagte, und ihre Ängste daher begründet seien. Als Gastredner in Dresden polemisierte Udo Ulfkotte, immerhin ein ehemaliger Redakteur der angesehenen *FAZ*, in seiner Rede gegen angebliche »Sonderrechte für Muslime« und »Sprechverbote« in den Medien. Umgekehrt äußerten Alphajournalisten wie Henryk M. Broder und Alice Schwarzer sowie die Schriftstellerin Monika Maron Verständnis für die Motive der Pegida-Demonstranten.

Monika Maron reiste sogar eigens nach Dresden und konnte dort »weder Rassismus noch Fremdenfeindlichkeit, schon gar nicht eine nazistische Gesinnung« erkennen. »Alle empören sich über Pegida. Aber wer empört sich eigentlich über die Islamisten?«, twitterte Alice Schwarzer. Und Broder orakelte in seiner *Welt*-Kolumne, in fünf Jahren werde es in Dresden so aussehen wie in Berlin-Neukölln – »und in Neukölln so wie in Islamabad«. Auch daran lässt sich ablesen, dass die Islam-Paranoia von Pegida kein Randphänomen ist, sondern bis weit in die Mitte der Gesellschaft reicht.

9 Der Siegeszug der Rechtspopulisten

Von rechts außen in den europäischen Mainstream

Das Feindbild Islam ist heute der kleinste gemeinsame Nenner, der Rechtspopulisten in ganz Westeuropa verbindet, von Geert Wilders in den Niederlanden und Frankreichs Front National über den Vlaams Belang in Belgien, die Schweizerische Volkspartei, die Freiheitliche Partei Österreichs und Italiens Lega Nord bis zu den Rechtspopulisten in Skandinavien. Bei der AfD und der britischen UKIP stand anfangs die Kritik an der EU im Vordergrund, doch sie wird immer mehr von den Themen Einwanderung und Islam überlagert. All diese Parteien suggerieren, auf viele und oft komplizierte Fragen einfache Antworten zu haben – das ist ihr Erfolgsrezept. Da wundert es nicht, dass all diese Parteien zum Teil gleichlautende Forderungen erheben. Zwei Ziele stehen bei fast allen im Vordergrund: erstens die Einwanderung insgesamt zu reduzieren, vor allem die von Muslimen, wenn nicht sogar rückgängig zu machen und zweitens die Muslime in Europa möglichst unsichtbar zu machen und Kopftücher, Moscheen und alles allzu Fremde aus dem Blickfeld verschwinden zu lassen. Dahinter steckt die Sehnsucht, alles möge so übersichtlich und kulturell homogen bleiben, wie es in der nostalgisch verklärten Erinnerung früher einmal gewesen sein soll.

Rechtspopulisten denunzieren den Anspruch von Muslimen auf freie Ausübung ihrer Religion und auf Gleichberechtigung mit anderen Religionsgemeinschaften als eine Anmaßung, die dem heimlichen Ziel der Landnahme oder Unterwanderung dient. Den Wunsch nach Rücksichtnahme gegenüber religiösen Eigenheiten deuten sie zum Ruf nach Privilegien und Sonderrechten um und erklären ihn zu einem dreisten Angriff auf die Mehrheitsgesellschaft. Die Forderungen, die Rechtspopulisten erheben, laufen deshalb meist auf eine Diskriminierung von Muslimen hinaus – durch Sonderregelungen und neue Gesetze, mit denen ihre Freiheiten beschnitten werden sollen. So forderte die Dänische Volkspartei in ihrem Wahlkampf 2007 nicht nur ein komplettes Kopftuchverbot, sondern regte auch an, muslimisch geschächtetes »Halal«-Fleisch aus öffentlichen Kantinen und Kindergärten zu verbannen sowie dänischen Firmen zu untersagen, Gebetsräume für ihre muslimischen Mitarbeiter einzurichten – als ob all das den dänischen Lebensstil bedrohe. Die Vorrangstellung der dänischen Staatskirche möchte sie dagegen ausdrücklich bewahren. Andere Rechtsparteien in Europa haben diese Ideen übernommen.

Das Kopftuch als im Alltag wohl sichtbarstes Zeichen muslimischer Religiosität auf europäischen Straßen ist eine bevorzugte Zielscheibe der Rechtspopulisten geworden. Nicht nur Geert Wilders, auch die anderen erwähnten Parteien haben sich in ihren Ländern für Kopftuchverbote in Schulen, Universitäten und öffentlichen Einrichtungen stark gemacht. Für Filip Dewinter, den Parteichef des Vlaams Belang, ist das Kopftuch »ein Zeichen, dass der Islam den Westen und alles, wofür er steht, ablehnt«. Und Sören Krarup von der Dänischen Volkspartei nannte es einmal »ein Symbol der Tyrannei und der Sklaverei«, vergleichbar mit Hakenkreuz oder Hammer und Sichel.[1]

Vorreiter in Sachen Kopftuchverbot ist Frankreich: Dort wurde, in strenger Auslegung des traditionellen Laizismus-Gebots, das die Trennung von Staat und Religion verlangt, allen Schülern an staatlichen Schulen schon 2004 das Tragen »auffälliger religiöser Symbole« untersagt – ein Verbot, das auf den ersten Blick religionsneutral wirkt, aber vor allem junge muslimische Kopftuchträgerinnen trifft, weil orthodoxe Juden und konservative Katholiken ihre Kinder oft auf konfessionelle Privatschulen schicken, wo es keine vergleichbaren Auflagen gibt. Im Februar 2004 stimmte eine überwältigende Mehrheit der französischen Nationalversammlung für das Gesetz. Da steckte vielen Abgeordneten noch der Schock in den Knochen, dass es Jean-Marie Le Pen zwei Jahre zuvor erstmals in die Stichwahl um das Präsidentenamt geschafft hatte. Seine Tochter Marine Le Pen geriert sich inzwischen als die engagierteste Verfechterin des französischen Laizismus-Prinzips und »republikanischer Werte«. Ihr Front National fordert nicht nur ein Ministerium des Inneren, der Integration und des Laizismus, er macht in seinem Programm auch klar, worum dieses sich kümmern sollte: darum, dass in allen Schulkantinen Schweinefleisch angeboten wird statt, wie mancherorts der Fall, geschächtetes Halal-Fleisch. Es soll auch dafür Sorge tragen, dass staatliche Schwimmbäder keine getrennten Schwimmtage für Frauen mehr anbieten dürfen, denn das betrachtet der Front National als eine Form der Geschlechterdiskriminierung. Jeder staatlichen Förderung von Religionsgemeinschaften und deren Kultstätten will er einen Riegel vorschieben und jede positive Diskriminierung von Minderheiten untersagen. Den Vorrang christlicher Symbole stellt der Front National aber nicht in Frage, sondern begründet ihn mit der eineinhalbtausendjährigen christlichen Prägung des Landes.[2]

In anderen Ländern hat man versucht, das französische Kopftuchverbot zu kopieren, soweit es sich mit dem Gleichbehandlungsgebot in den jeweiligen Verfassungen vereinbaren lässt. In Belgien wurde bereits 2009 an flämischen Grundschulen ein Kopftuchverbot für Schülerinnen und Lehrerinnen erlassen, das bis heute juristisch umstritten ist. In den Niederlanden wurde das Kopftuch für Richterinnen und Polizistinnen per Regierungsverordnung untersagt, so dass sich ein gesetzliches Verbot erübrigte.

Die Dänische Volkspartei hatte mit ihren Vorstößen für ein generelles Kopftuchverbot im öffentlichen Dienst, an Schulen oder im Parlament dagegen weniger Erfolg. Dafür zettelte sie Debatten darüber an, ob Fernsehmoderatorinnen oder Parlamentsabgeordnete ein Kopftuch tragen dürfen. Immerhin wurde Ende Mai 2009 aber ein Kopftuchverbot für Richterinnen erlassen – rein prophylaktisch, denn eine Richterin mit Kopftuch hatte es bis dahin in Dänemark noch gar nicht gegeben. Um ihrer Kampagne mehr Nachdruck zu verleihen, schaltete die Dänische Volkspartei trotzdem eine Zeitungsanzeige, in der eine Richterin in Burka abgebildet war, darüber der Slogan: »Gebt uns Dänemark zurück.«

Mit ihrer antimuslimischen Agitation haben Europas Rechtsparteien in ihren Ländern bereits beachtliche Erfolge erzielt. Das Minarettbauverbot in der Schweiz, das die SVP in ihrem Land per Volksentscheid durchsetzte, ist dabei nur der augenfälligste Ausdruck dieser Entwicklung. Obwohl alle anderen Parteien, die Kirchen und Gewerkschaften dagegen waren, fand diese demonstrative Einschränkung der Religionsfreiheit 2009 in einer Volksabstimmung eine deutliche Mehrheit. Dass es in der gesamten Schweiz nur ganze vier Moscheen mit Minarett gab, als die SVP ihre Initiative im Jahr 2007 startete, spielte für die Gegner keine Rolle. Es ging ums Prinzip: Die Minarette seien »Leuchttürme des Dschihad« und stünden für einen politischen Islam, der den Werten der Schweizer Demokratie widerspreche, so die SVP.[3]

Schon mehrmals hat die SVP auf das bewährte und in der Schweizer Verfassung verankerte Mittel der Volksabstimmung gesetzt, um ihre Forderungen durchzusetzen. Im Jahr 2005 startete sie eine Kampagne gegen die erleichterte Einbürgerung von Einwandererkindern, »Secondos« genannt, und setzte dabei auf antimuslimische Stereotype. Im Kanton Wallis wählte sie als Motiv einen Schweizer Ausweis, der auf Osama Bin Laden ausgestellt war, und die SVP schaltete Inserate mit der Frage: »Muslime bald in der Mehrheit?« Auch diese Angstkampagne zeigte Wirkung: Die erleichterte Einbürgerung scheiterte an den Wahlurnen.

Der letzte große Erfolg der SVP war ihre Kampagne gegen »Masseneinwanderung«, die im Februar 2014 eine knappe Mehrheit fand. Indem sie die negativen Effekte von »zu viel« Zuwanderung auf Lebensqualität und Landschaft herausstellte, gab sich die Kampagne ökologisch und wachstumskritisch. Aber mit Plakaten, die eine vollverschleierte Frau und eine steil ansteigende Statistikkurve zeigten, daneben die bange Frage: »Bald 1 Million Muslime?«, setzten die Macher wieder unverhohlen auf Überfremdungsängste. Im Kanton Wallis plant sie jetzt ein Referendum über ein kantonales »Kopfbedeckungsverbot« an Schulen, nachdem sie im Parlament und vor Gericht damit scheiterte. Und nachdem ein »Verhüllungsverbot« im Tessin in einer Volksabstimmung 2013 eine Zweidrittelmehrheit fand, will sie auf gleichem Wege ein nationales Verbot von Burka und Niqab durchsetzen.[4]

Die SVP ist für ihre Plakate berühmt, mit denen sie ihre ohnehin schon plakativen Kampagnen im Boulevardstil zusätzlich zuspitzt. Bei den Parlamentswahlen 2007 warb sie für die Ausweisung krimineller Ausländer mit einem Motiv, das ein weißes Schaf zeigte, welches ein schwarzes Schaf über die Grenze tritt – das Schäfchenplakat wurde später, in leicht abgewandelter Form, von anderen Rechtsparteien wie der Lega Nord und der deutschen NPD kopiert. Für ihre

Minarett-Initiative warb sie mit einem Plakat, das eine bedrohliche Reihe von Minaretten zeigte, die wie Raketen aus dem Boden schießen, davor die bedrohliche Silhouette einer voll verschleierten Frau. So drückt die SVP der politischen Debatte in der Schweiz ihren Stempel auf, treibt die anderen Parteien vor sich her und inspiriert andere Rechtspopulisten in Europa. Es war jedenfalls kein Zufall, dass das Minarett-Motiv im April 2015 auch die Bühne der Wiener Hofburg zierte, als Geert Wilders dort vor FPÖ-Anhängern seine Rede hielt.

Die FPÖ verfasst ihre Wahlkampfslogans gerne in Reimform: »Daham statt Islam« (2006), »Abendland in Christenhand« (2009) oder »Sarrazin statt Muezzin« (2010) sind nur einige ihrer Klassiker. Der Aufstieg ihres aktuellen Anführers Heinz-Christian Strache, einem smarten Ex-Burschenschaftler, zum unangefochtenen Nachfolger des populären Jörg Haider begann mit einer Kampagne gegen eine Kunstinstallation des deutsch-türkischen Künstlers und Schriftstellers Feridun Zaimoğlu, der die Kunsthalle Wien 2006 mit türkischen Fahnen behängen ließ. Die FPÖ nahm die Steilvorlage an und zog mit dem Slogan »Wien darf nicht Istanbul werden« in die Wiener Gemeinderatswahlen.

Das Schweizer Minarettbauverbot gefiel Österreichs Rechtspopulisten gleich so gut, dass sie die Idee einfach übernahmen. In den beiden Regionen Vorarlberg und Kärnten, in denen sie mitregierten, ließen sie 2008 ein De-facto-Bauverbot für Moscheen und Minarette verhängen. In Vorarlberg wurde dafür mit den Stimmen von FPÖ und ÖVP, dem konservativen Koalitionspartner, das »Veranstaltungsstättenrecht« abgeändert und in Kärnten, wo damals der Rechtspopulist Jörg Haider den Landeshauptmann stellte, das »Ortsschutzrecht« so angepasst, dass es den Bau von repräsentativen Moscheen und erst recht mit Minaretten praktisch unmöglich machte. Anderswo in Österreich trägt die FPÖ immer wieder dazu bei, lokale Konflikte um geplante Moscheen oder Gebetsräume zu schüren und Misstrauen gegen die Absichten der Bauherren zu säen.[5]

Noch wirksamer ist der Einfluss, den die rechtspopulistische Dänische Volkspartei auf die Politik in ihrem Land ausgeübt hat. Zehn Jahre lang, von 2001 bis 2011, stützte sie die liberal-konservative Minderheitsregierung des Ministerpräsidenten Anders Fogh Rasmussen. In dieser Dekade wurde das Ausländerrecht in Dänemark drastisch verschärft, so dass Dänemark heute die härtesten Einwanderungs- und Asylgesetze in ganz Europa besitzt. Mit ihren Dauerangriffen auf Muslime hat sie zugleich zu einer gesellschaftlichen Polarisierung beigetragen, die im Karikaturenstreit von 2006 und 2007 eskalierte. Weniger sichtbar sind die vielen Verschärfungen, zu denen sie beigetragen hat. So wurde der Nachzug von frisch angetrauten Ehepartnern und Familienangehörigen aus dem Ausland mehrmals eingeschränkt, zuletzt im Jahr 2010. Seitdem müssen beide Ehepartner nicht nur über 24 Jahre alt sein, sondern sich auch über ein Punktesystem qualifizieren. Pluspunkte gibt es für Akademiker, für Berufserfahrung in Branchen, in denen in Dänemark Bewerbermangel herrscht, und für die Kenntnis bestimmter Sprachen wie Englisch und Deutsch – für Arabisch, Türkisch oder Urdu gibt es hingegen keine Punkte. Der Partner, der in Dänemark lebt, muss außerdem einen Job und eine ausreichend große Wohnung nachweisen sowie rund 14 000 Euro auf einem Bankkonto hinterlegen. Für viele Einwanderer in Dänemark ist es seitdem praktisch unmöglich, einen Partner aus der alten Heimat zu heiraten. Und das war auch das erklärte Ziel: »Manche sollen einfach nicht rein in unser Land«, erklärte der konservativ-liberale Ministerpräsident Lars Løkke Rasmussen, als das Punktesystem beschlossen wurde. Und die damalige Volkspartei-Vorsitzende Pia Kjærsgaard wurde noch deutlicher. »Eine verschleierte Frau ohne Ausbildung aus Pakistan oder Somalia hat jetzt keine Möglichkeit mehr, nach Dänemark zu kommen«, frohlockte sie.[6]

Im Vergleich dazu blieben die konkreten Auswirkungen der zwei Jahre, in denen Geert Wilders von 2010 bis 2012 in den Niederlanden eine Mitte-Rechts-Koalition tolerierte, überschaubar. Holland hatte seine Regeln für Einwanderung, Einbürgerung und Ehegattennachzug aber schon in den Jahren zuvor so sehr verschärft, dass es nicht mehr viel zu verschärfen gab.[7] Schlagzeilen im Ausland machte etwa der Einbürgerungstest, den die einstige Integrationsministerin Rita Verdonk 2006 verordnete: Einwanderer mussten sich dazu eine DVD ansehen, in der nackte Brüste und ein schmusendes Schwulenpärchen zu sehen waren. Im Versuch, die Schrauben weiter anzuziehen, drängte Wilders auf ein »Burka-Verbot«, das aber erst viel später eingeführt werden sollte – von einer sozialdemokratisch-konservativen Koalition. Diese verabschiedete im Mai 2015 ein Verbot der Vollverschleierung in öffentlichen Einrichtungen wie Schulen, Bussen und

Bahnen, Krankenhäusern und Behörden, beeilte sich aber zu betonen, dass das Gesetz »keinen religiösen Hintergrund« habe, sondern nur der Sicherheit dienen solle.

Das ist symptomatisch, denn mit ihrem konstanten Druck bringen die Rechtspopulisten die anderen Parteien dazu, ihre Forderungen zu übernehmen. Beispielhaft dafür sind die »Burka-Verbote«, die konservative Regierungen 2011 in Belgien und Frankreich erlassen haben. Sie sind eine symbolische Konzession, um den Rechtspopulisten den Wind aus den Segeln zu nehmen.[8] Tatsächlich zielen diese Verbote auf Ganzkörperschleier wie den Niqab – und nicht auf die Burka, die eine afghanische Spezialität ist und im Straßenbild Europas praktisch nicht anzutreffen ist. Aber erst das Wort »Burka« erzeugt den nötigen Scharia-und-Gewalt-Grusel, weil es an die Taliban erinnert. In Dänemark gibt es kein Burka-Verbot, weil eine Untersuchung 2010 ergab, dass nur drei Frauen im ganzen Land eine solche Totalverhüllung tragen. Die Regierung gab deshalb ihre Verbotspläne auf. Schätzungen zufolge tragen in ganz Belgien oder den Niederlanden jeweils nur rund dreihundert Frauen einen Ganzkörperschleier, das Verbot hat also eher symbolischen Charakter. Trotzdem setzte in Belgien der Vlaams-Belang-Chef Filip Dewinter 2012 noch einen drauf und lobte 250 Euro Belohnung für jeden aus, der eine Burka-Trägerin bei der Polizei anzeige.

Geert Wilders stimmte im Juni 2011 auch für ein Verbot des Schächtens unbetäubter Tiere, das in den Niederlanden bis dahin erlaubt war. Das entsprach seinem Programm, war aber nicht unproblematisch. Denn weil das Verbot nicht nur Muslime, sondern auch gläubige Juden trifft, stieß es in Israel auf scharfe Kritik und entfremdete Wilders von einigen jüdischen Wählern, die ihn vorher unterstützt hatten. Auf der anderen Seite stimmte die Partei von Geert Wilders mit der linken Opposition für die Einführung der Homo-Ehe – und damit gegen seine eigenen, konservativen Bündnispartner im niederländischen Parlament. Die fragile Konstruktion einer von Wilders tolerierten konservativ-liberalen Minderheitsregierung zerbrach nach zwei Jahren, weil sie sich nicht über einen Haushaltsplan einigen konnte. Doch auch wenn Wilders bei den letzten Wahlen 2012 hinter den Erwartungen zurückblieb, sollte man ihn nicht abschreiben: Er schafft es seit Jahren regelmäßig, zwischen 10 und 15 Prozent der

Wähler zu mobilisieren und im Gespräch zu bleiben, und ist damit in den Niederlanden zu einer festen Größe geworden.

Zu den Hauptanliegen der Rechtspopulisten von Wien bis Kopenhagen zählt, dass sie einen EU-Beitritt der Türkei verhindern wollen, wobei ihre Vorbehalte vor allem darauf gründen, dass die Türkei ein überwiegend muslimisch geprägtes Land ist. Die Regierungen jener Länder, in denen die Rechtspopulisten traditionell stark sind, sind deshalb auch am stärksten gegen einen EU-Beitritt der Türkei eingestellt. Frankreich und Österreich haben mit ihrer Androhung, erst eine Volksabstimmung über einen möglichen EU-Beitritt der Türkei abhalten zu wollen, die erst 2005 begonnenen Verhandlungen praktisch zum Erliegen gebracht und so ihren Teil dazu beigetragen, dass sich das Land unter Recep Tayyip Erdoğan in den Folgejahren wieder von Europa abgewendet hat.

Ein solches Referendum wäre ein Präzedenzfall und würde unausweichlich auf eine Abstimmung über den Islam und die türkischen Einwanderer in Europa hinauslaufen. Dennoch ist diese Forderung in Österreich und Frankreich mittlerweile Konsens – egal, wer regiert. Frankreichs konservativer Präsident Jacques Chirac hatte diese Idee 2004 ins Spiel gebracht. Aber selbst der Sozialist François Hollande gelobte nach seinem Wahlsieg 2014, er halte an der Forderung nach einem Referendum fest. Und Österreichs sozialdemokratisch geführte Regierung übernahm die Forderung 2007 von ihren Vorgängern, einer Koalition aus Konservativen und FPÖ.[9] Österreichs sozialdemokratischer Bundeskanzler Werner Faymann (SPÖ) plädiert, wie seine konservative Amtskollegin Angela Merkel in Deutschland, nur für eine »privilegierte Partnerschaft« mit der Türkei. Auch daran lässt sich ablesen, wie stark die Rechtspopulisten die Debatte in Europa nach rechts verschoben haben.

Andere Veränderungen sind weniger sichtbar, aber noch gravierender. Fast alle westeuropäischen Länder haben in den letzten Jahren das Asylrecht eingeschränkt, Einbürgerungstests eingeführt oder den Ehegattennachzug aus nicht-westlichen Ländern erschwert – sogar Deutschland, obwohl es hier lange Zeit gar keine rechtspopulistische Partei gab, die in diese Richtung Druck gemacht hätte.[10] Diese Rolle übernahm nach dem 11. September in Deutschland das Feuilleton, das seinen Teil dazu beitrug, die öffentliche Meinung nach rechts zu rücken. Auch die Kopftuchverbote für Lehrerinnen, die in mehreren deutschen Bundesländern verabschiedet wurden, muss man in diesem Licht betrachten. Anfang des Jahrtausends beschäftigten sich fast ein Dutzend Landtage, Kultusministerien und Staatskanzleien sowie unzählige Juristen und Politiker damit, das Kopftuch im Klassenzimmer zu verbieten – obwohl es damals nicht mal eine Handvoll Lehrerinnen gab, die eines trugen.

Eine Studie der Konrad-Adenauer-Stiftung kam 2015 zu dem Schluss, dass die Parolen rechtspopulistischer Parteien auf die Linie wichtiger Länder innerhalb der EU abgefärbt haben. »Die populistischen EU-Gegner setzen die regierenden Parteien im eigenen Land verstärkt unter Zugzwang.« Ton und Inhalte in der Einwanderungs- und Grenzkontrollpolitik in Großbritannien, Frankreich und Dänemark hätten sich erkennbar verschärft. »Ohne den anhaltenden Druck von rechts wäre dies nicht passiert.«[11] Das gilt auch für die Debatten über den Islam und die Muslime. »Wir erleben, wie das politische Spektrum insgesamt nach rechts rutscht«, hat der Schweizer Historiker Georg Kreis, der früher die Eidgenössische Kommission gegen Rassismus leitete, festgestellt. Für die etablierten Parteien könne es dabei attraktiv sein, »eine Art Arbeitsteilung« zu praktizieren: »Man ist ganz froh, wenn man fremdenfeindliche Postulate nicht selber formulieren muss, sondern anderen überlassen kann«, so Kreis.[12] Das erleichtere die Umsetzung.

Das bisher jüngste Beispiel dafür ist das umstrittene neue Islamgesetz, das 2015 in Österreich seinen Vorgänger ersetzte und nun eine Finanzierung islamischer Glaubensgemeinschaften aus dem Ausland untersagt. Es liegt ganz im europaweiten Trend, Sondergesetze für Muslime zu schaffen, denn vergleichbare Einschränkungen gelten in Österreich für keine andere Religionsgemeinschaft. Die Regelung wurde von einer großen Koalition aus Sozialdemokraten und Konservativen verabschiedet, und Teile des Gesetzespakets finden bereits Nachahmer. Auch Frankreich will die Kontrolle über die Moscheegemeinden in seinem Land verstärken und ihre Finanzierung aus dem Ausland untersagen, das kündigte Innenminister Bernard Cazeneuve im Juni 2015 an. Imame, die in Frankreich predigen, sollen künftig vorher in einem Staatsbürgerkundekurs, in dem Sprache und Gesetze des Landes gelehrt werden, ein Universitätsdiplom ablegen.

Und der Einfluss der Rechtspopulisten in Europa nimmt weiter zu. Am deutlichsten zeigt sich das in Skandinavien, wo sie seit Mitte 2015 fast überall an den Schalthebeln der Macht sitzen.

Bei den dänischen Parlamentswahlen im Juni 2015 feierte die Dänische Volkspartei (DF) einen historischen Sieg und schlüpfte wieder in die Rolle des Königsmachers, die sie schon einmal von 2001 bis 2011 zehn Jahre lang innehatte. Sie erzielte ihr bisher bestes Ergebnis, stieg zur zweitstärksten Kraft im Land auf und stützt nun eine Minderheitsregierung des konservativen Wahlverlierers Lars Løkke Rasmussen. Schon dem Wahlkampf hatte sie ihren Stempel aufgedrückt und Sozialdemokraten und Konservativen die Themen diktiert: Beide wetteiferten darum, wer mehr Flüchtlinge aus Dänemark fernhalten könnte und wer in der Asyl- und Einwanderungspolitik die härteren Forderungen vertritt. DF-Chef Kristian Thulesen Dahl konnte sich die Hände reiben und kann nun als Mehrheitsbeschaffer der konservativen Regierungskoalition Druck machen, diese Versprechen auch umzusetzen.

Anderswo in Skandinavien sitzen die Rechtspopulisten direkt in der Regierung. In Finnland gingen die »Wahren Finnen« aus den Wahlen im April 2015 mit 17,6 Prozent als zweitstärkste Kraft hervor und schmiedeten mit den Konservativen und der neuen Zentrumspartei des Millionärs und IT-Unternehmers Juha Sipilä ein gemeinsames Regierungsbündnis, ihr Vorsitzender Timo Soini wurde neuer Außenminister. Ihr zweitbekanntestes Mitglied, der Slavist und EU-Parlamentarier Jussi Halla-aho, betreibt einen viel gelesenen Politblog und ist bekennender Anhänger der Eurabien-Theorie. 2012 wurde er in letzter Instanz zu einer Geldstrafe von 400 Euro verurteilt, weil er unter anderem geschrieben hatte, der Islam befördere den Kindesmissbrauch, weil Mohammed ein Pädophiler gewesen sei.

Norwegens Fortschrittspartei, die jahrelang wegen einer angeblichen »Islamisierung« ihres Landes Alarm schlug und in deren Jugendorganisation der spätere Terrorist Anders Breivik früher einmal Mitglied gewesen war, schien nach dessen Massaker auf Utøya desavouiert. Das war im Sommer 2011. Doch nur zwei Jahre später gelang ihr bei den Wahlen ein fulminantes Comeback. Seit Ende 2013 ist sie erstmals in ihrer vierzigjährigen Geschichte in Oslo an einer Regierung beteiligt und führt nun, in einer Koalition mit den Konservativen, unter anderem das Finanzministerium, das Arbeits- und Sozialministerium sowie das Integrationsministerium.

Nur Schweden bildet bislang noch eine rühmliche Ausnahme, dort sitzen noch keine Rechtspopulisten mit am Ruder. Aber auch dort gewinnen die ehemals rechtsradikalen Schwedendemokraten an Boden. Bei den Wahlen 2010 hatten sie mit einem umstrittenen TV-Werbespot für Wirbel gesorgt, in dem eine Horde finsterer Burka-Trägerinnen zu sehen war, die eine weißhaarige Rentnerin im Rennen um Staatsgelder überholte. Die Provokation zahlte sich aus, denn 2010 zogen die Schwedendemokraten erstmals in den Stockholmer Reichstag ein. Vier Jahre später konnten sie ihr Ergebnis schon mehr als verdoppeln und wurden drittstärkste Kraft im Parlament. Dort lassen sie seitdem ihre Muskeln spielen und sorgten im Dezember 2014 für eine Regierungskrise, als sie, entgegen bisheriger Usancen, gegen den Haushaltsentwurf der rot-grünen Minderheitsregierung stimmten. Auch wenn sie sich um ein seriöses Image bemühen, machen die Schwedendemokraten aus ihrer Gesinnung keinen Hehl. Ihr Sprecher Björn Söder schrieb nach den Anschlägen von Paris auf seiner Facebook-Seite: »Die Religion des Friedens zeigt ihr wahres Gesicht« – und wurde prompt wegen Volksverhetzung angezeigt.

In Schweden halten die etablierten Parteien gegen die Rechtspopulisten noch zusammen, auch die Medien halten sie auf Distanz. Und in Belgien hat der »cordon sanitaire«, der »Sicherheitsgürtel« der bürgerlichen Kräfte, dazu beigetragen, dass der Vlaams Belang zuletzt sogar an Zuspruch verloren hat. In Österreich dagegen ist das Tabu, mit der FPÖ zusammenzuarbeiten, schon lange gefallen, und die etablierten Parteien haben viele Themen und Forderungen der Rechtspopulisten einfach übernommen. Nach den Regionalwahlen im österreichischen Burgenland im Juni 2015 gingen die örtlichen Sozialdemokraten sogar eine Koalition mit der FPÖ ein. Dort hatte die FPÖ ihren Anteil verdoppelt, in der Steiermark sogar verdreifacht. In der Steiermark hatte sie mit dem Slogan »Mehr Wohnungen statt mehr Moscheen« geworben.

Der Front National befindet sich ebenso im Aufwind. Bei den Wahlen zum Europaparlament 2014 war er in Frankreich die stärkste Kraft, in der ersten Runde der landesweiten Regionalwahlen im März 2015 kam er mit 25 Prozent auf den zweiten Platz, noch vor den regierenden Sozialisten. Das war ein Stimmungstest für die Präsidentschaftswahlen 2017, und der Gewinner hieß Nicolas Sarkozy, der damit sein politisches Comeback einläutete. Kaum hatte sich seine konservative Partei im Juni 2015 auf seinen Vorschlag hin in »Die Republikaner« umbenannt, ließ er sie schon zum Thema »Islam in Frankreich« beraten. Denn Sarkozy will dem Front National die Wähler abwerben, indem er dessen Parolen kopiert. Sarkozy sprach sich dafür aus, das Kopftuchverbot auf französische Universitäten zu erweitern, und dafür, dass Schulkantinen nicht mehr auf Schweinefleisch verzichten dürfen. Außerdem macht er sich für eine Änderung des Staatsbürgerschaftsrechts stark, damit Einwandererkinder, die in Frankreich geboren werden, nicht mehr automatisch die französische Staatsbürgerschaft erhalten. All das kommt dem Programm des Front National ziemlich nahe.

In Italien hat sich derweil die rechtspopulistische Lega Nord nach ihren Jahren mit Berlusconi an der Macht neu erfunden. Unter dem bärtigen und jugendlich wirkenden Matteo Salvini, der seit 2013 ihr Generalsekretär ist, hat sie sich radikalisiert und strebt jetzt danach, sich von einer norditalienischen Regionalpartei auf das ganze Land auszudehnen. Salvini, Jahrgang 1973, war in seiner Jugend mal Kommunist, bevor er zu den Rechtspopulisten wechselte, und ist inzwischen zum einzig ernst zu nehmenden Gegenspieler des linken Ministerpräsidenten Matteo Renzi aufgestiegen. In ihrer Heimatregion, der Lombardei, hat die Lega Nord schon mal vorgemacht, wie sie sich das Italien der Zukunft vorstellt: Unbemerkt von einer internationalen Öffentlichkeit hat sie den Bau von Moscheen dort nach österreichischem Vorbild praktisch unmöglich gemacht.[13] Wer einen Moscheebau errichten will, muss die doppelte Fläche an Parkplätzen einplanen und Videoüberwachungsanlagen installieren. Eine regionale Kommission soll überprüfen, ob der Bau in die »lombardische Landschaft« passt, und die Bevölkerung soll über den Bau abstimmen dürfen.

Manche in der »Alternative für Deutschland« möchten sich daran ein Beispiel nehmen. AfD-Chefin Frauke Petry etwa ist dafür, Volksabstimmungen über geplante Moscheebauten abhalten zu lassen. Schon auf dem Landesparteitag in Nordrhein-Westfalen im März 2015 sprach sich eine große Mehrheit der AfD-Mitglieder für ein Burka-Verbot aus.

Die Mehrheit der AfD-Mitglieder stimmte auch für ein generelles Minarettverbot – die Forderung wurde jedoch einen Tag später wieder kassiert, nachdem klar wurde, dass sie sich nicht mit dem Grundgesetz vereinbaren lässt. Doch die Linie war da schon eindeutig: »Der Islam ist den meisten, ich würde sagen, fast allen Deutschen fremd – diese Fremdheit kann man nicht wegreden«, sprach der damalige Noch-Parteichef Bernd Lucke seinen Zuhörern aus dem Herzen.

Angesichts der Debatten um Flucht und Asyl haben Rechtspopulisten nun eine neue Lieblingsidee entwickelt: Österreichs FPÖ und die SVP in der Schweiz fordern, Asyl bevorzugt an Christen zu vergeben. Der CSU-Politiker Hans-Peter Friedrich hatte das schon 2013, in seiner Amtszeit als Innenminister, ins Gespräch gebracht, im Juni 2015 machte sich auch Niedersachsens CDU-Landtagspräsident Bernd Busemann dafür stark.

Die Idee findet auch in Osteuropa Anklang. Polens konservative Regierung kündigte im Juni 2015 an, 150 christliche Familien aus Syrien aufzunehmen, aber keine anderen Verpflichtungen übernehmen zu wollen. Und Tschechiens umstrittener Präsident Miloš Zeman ließ verlauten, er wolle lieber Flüchtlinge aus der Ukraine als solche aus Afrika aufnehmen.

Nach einer Islamisierung Europas sieht das alles nicht aus. Sondern nach Abschottung und einem Rückfall in die überwunden geglaubte Zeit eines kleingeistigen Nationalismus und der Ressentiments gegen eine religiöse Minderheit, die als Sündenbock für alles, was schiefläuft, herhalten muss. Die Re-Abendlandisierung Europas schreitet rapide voran.

10 Die Kronzeugen

Wofür Ayaan Hirsi Ali, Necla Kelek und Hamed Abdel-Samad gut sind

Man stelle sich vor, jemand habe in seiner Jugend in Deutschland traumatische Erfahrungen gemacht, er sei als Junge in einem katholischen Internat von einem Pfarrer missbraucht oder als Mädchen von seinem Vater regelmäßig verprügelt worden. So etwas soll ja vorkommen, sogar in Deutschland. Später wandert dieser Mensch dann in ein muslimisches Land aus, in ein Emirat am Golf oder in die Türkei, schreibt dort Bücher und tritt dort häufiger im Fernsehen auf, um zu erklären, wie verdorben das Christentum in Europa doch ist und warum das persönlich erlittene Leid auf die Grausamkeit dieser Religion zurückzuführen sei. Bestimmte Kreise, die den Westen ohnehin für einen Ort der Unmoral halten, würden sich dadurch bestätigt fühlen und diesen Menschen sicher als »mutigen Tabubrecher« feiern. Möglicherweise würde die Regierung sogar beschließen, aufgrund solcher Berichte die Gesetze für Christen zu verschärfen. Für die christliche Minderheit, die in diesem Land in ihrem Alltag ohnehin schon mit Diskriminierungen und offenen Anfeindungen zu kämpfen hat, wäre es auf jeden Fall unerfreulich: Sie wäre zusätzlich unter Druck, die Unterstellungen gegen ihre Religion von sich zu weisen und sich von üblen Vorkommnissen, mit denen sie in Verbindung gebracht würde, zu distanzieren.

Ungefähr so, nur unter umgekehrten Vorzeichen, muss man sich die Rolle vorstellen, die prominente »Islamkritiker«, die aus muslimischen Ländern stammen, in der öffentlichen Debatte in Europa spielen. Prominente Publizisten wie Ayaan Hirsi Ali, Necla Kelek und Hamed Abdel-Samad malen das Unrecht, das ihnen persönlich einmal widerfahren ist, in den schillerndsten Farben aus und verbinden es mit eindringlichen Schilderungen vergleichbarer Fälle, mit haltlosen Verallgemeinerungen und fragwürdigen Belegen zu einer grundsätzlichen Abrechnung mit ihren Herkunftskulturen und ihrer Herkunftsreligion, dem Islam. Weil sie damit die Vorurteile eines breiten Publikums bestätigen, werden sie als Kronzeugen der Anklage herumgereicht und mit medialer Aufmerksamkeit und Bestsellerruhm reich belohnt.

Die Karriere der Ayaan Hirsi Ali ist dafür ein eindrucksvolles Beispiel. Als namenlose Asylbewerberin kam sie Anfang der 1990er Jahre in die Niederlande, wo sie zunächst verschiedenen Jobs nachging, Politikwissenschaften studierte und bald schon die niederländische Staatsbürgerschaft annahm – die Gesetze waren damals großzügig. Nach dem 11. September 2001 machte sie durch ihre radikale Kritik am Islam auf sich aufmerksam, wurde dadurch rasch berühmt und avancierte zum Darling der niederländischen Medien, die ihren brachialen Polemiken gerne breiten Platz einräumten. Indem sie ihr einen sicheren Listenplatz versprach, warb die rechtsliberale »Volkspartei für Freiheit und Demokratie« (VVD) sie von den Sozialdemokraten ab, bei denen sie vorher Mitglied gewesen war, und im Januar 2003 zog Ayaan Hirsi Ali als Abgeordnete ins niederländische Parlament ein. Dort saß sie dann in einer Fraktion mit Geert Wilders und Rita Verdonk, die sich den Beinamen »eiserne Rita« erwerben sollte und die später, als Integrationsministerin, zu ihrer Gegenspielerin werden würde. Zusammen stimmten sie einigen gravierenden Verschärfungen im holländischen Zuwanderungs- und Integrationsrecht zu.

Als sendungsbewusste Politikerin suchte Hirsi Ali die Öffentlichkeit. Mit dem niederländischen Regisseur Theo van Gogh, der sich als Provokateur einen Namen gemacht hatte, drehte sie 2004 einen elfminütigen Kurzfilm, »Submission (Part I)«, der im niederländischen Fernsehen ausgestrahlt wurde. Er zeigte verschleierte Gesichter und nackte Frauenkörper, mal in ein transparentes Gewand gekleidet, mal mit Koranversen bemalt und offensichtlich körperlich misshandelt. Die Stimme Hirsi Alis referierte dazu aus dem Off in sarkastisch-lakonischem Tonfall schockierende Geschichten über Zwangsehen und Missbrauch und münzte diese in eine Anklage gegen den Islam und dessen Gebote. Die Ausstrahlung war von Kontroversen begleitet gewesen: Die einen fanden den Film platt und demagogisch, andere mutig und notwendig. Doch als Mohammed Bouyeri, ein 26-jähriger islamistischer Extremist, drei Monate später, im November 2004, Theo van Gogh in Amsterdam auf offener Straße anschoss und mit einem Messer ermordete, stand das ganze Land kopf. Der Polizeischutz für Hirsi Ali wurde verstärkt, mehrere Monate lang tauchte sie ganz unter, es gab große Demonstrationen der Anteilnahme und Bekundungen der Betroffenheit und mehrere Übergriffe bis hin zu Brandanschlägen auf Moscheen, Schulen und Kirchen, kurz: Es herrschte ein Ausnahmezustand, wie ihn die beschaulichen Niederlande bis dahin nicht erlebt hatte. Der niederländische Schriftsteller Geert Mak sprach von einer »moralischen Panik«, die seine Landsleute erfasst habe und die sich unterschiedslos gegen alle Muslime richte, und warf Politik und Medien vor, diese Stimmung zu schüren.

Hirsi Ali hatte sich den Hass vieler Muslime zugezogen, weil sie sich so kompromisslos über ihre Religion äußerte. Den Propheten Mohammed nannte sie 2003, zu Beginn ihrer Medienkarriere, einen »perversen Mann« und einen »Tyrannen«. Als Abgeordnete ihrer rechtsliberalen Regierungspartei war sie mit dafür verantwortlich gewesen, die ehemals liberalen Einwanderungsregeln der Niederlande radikal zu verschärfen, und im Mai 2006 wurde ihr das selbst zum Verhängnis. Ein sozialdemokratischer Fernsehsender strahlte eine Reportage aus, die belegte, dass sie in ihrem Asylverfahren einst falsche Angaben gemacht hatte – sie hatte verschwiegen, dass sie jahrelang im sicheren Kenia gelebt hatte, statt, wie behauptet, direkt aus dem Bürgerkriegsland Somalia gekommen zu sein. Dummerweise vertrat ihre Partei die Ansicht, dass Asylbewerbern, denen ein solcher Betrug nachgewiesen wird, ihre Staatsbürgerschaft verwirkt hätten.

Die zuständige Integrationsministerin Rita Verdonk, ihre Parteifreundin, kündigte daraufhin an, Hirsi Ali den niederländischen Pass entziehen zu wollen, was sie nur einen Tag später in die Tat umsetzen ließ. Doch obwohl Verdonk in mehreren Dutzenden Asylfällen zuvor ähnlich unnachgiebig gehandelt hatte, brach nun ein Sturm der Empörung über sie herein, an dem die konservativ-wirtschaftsliberale Regierungskoalition beinahe zerbrach. Hirsi Ali aber legte noch im Mai 2006 ihr Mandat nieder und ging in die USA, wohin sie die neokonservative Denkfabrik »American Enterprise Institute« als

Fellow eingeladen hatte. Seitdem betätigt sie sich von dort aus als publizistische Einpeitscherin gegen den Islam, veröffentlicht autobiografisch gefärbte Bücher und äußert sich auch aus der Ferne weiterhin zu den Islamdebatten in Europa.

Eine weniger dramatische, aber mindestens ebenso einflussreiche Rolle wie Ayaan Hirsi Ali in den Niederlanden hat die türkischstämmige Publizistin Necla Kelek in Deutschland gespielt. Jahrelang verfügte sie über beste Kontakte bis in die höchsten Etagen von Politik und Medien und ging als Beraterin in Ministerien und Behörden ein und aus, unter anderem im Bundesinnenministerium. Der SPD-Innenminister Otto Schily höchstpersönlich lobte ihr Buchdebüt *Die fremde Braut*, als es 2005 erschien, in einer Rezension im *Spiegel* – ein wahrlich seltenes Glück für eine bis dahin unbekannte Autorin, zumal dieses Buch zur Hälfte aus ihrer ausgeschmückten Lebensgeschichte besteht. Doch ihre Vorschläge zur Integrationspolitik, die sie auf knapp neun Seiten zusammenraffte, deckten sich wohl mit den Plänen des Innenministers. So forderte sie unter anderem, den Ehegattennachzug für Einwanderer zu erschweren und dafür, nach dänischem und niederländischem Vorbild ein Mindestalter sowie den Nachweis eines eigenen Einkommens und eines eigenen Haushalts zu verlangen.[1] Außerdem forderte sie, Zwangsehen als eigenen Straftatbestand einzuführen. Beides wurde später in die Tat umgesetzt.

An der Vorbereitung von manchen Gesetzesnovellen war Necla Kelek sogar direkt beteiligt. Der diskriminierende Gesinnungstest, mit dem das Bundesland Baden-Württemberg die Haltung von muslimischen Einbürgerungskandidaten etwa zur Homosexualität und zum Terrorismus erforschen wollte und der im Januar 2006 publik wurde, trug ihre Handschrift. Als dieser fragwürdige »Muslimtest« Hohn und Spott auf sich zog, reagierte sie pikiert. Und als im Jahr 2007 von der Bundesregierung die von ihr eingeforderten neuen Hürden beim Ehegattennachzug eingeführt wurden, behauptete Kelek, dies sei ein probates Mittel, um Zwangsehen zu verhindern. Die meisten Expertinnen und Frauenrechtsorganisationen sahen das anders, und viele Migrantenverbände waren empört. Denn mit dem Sprachtest, den Ehepartner aus der Türkei und anderen nicht-westlichen Ländern ablegen müssen, sind solche Ehen seither gegenüber

Ehen mit Partnern aus westlichen Ländern wie Japan oder den USA schlechter gestellt. Bis heute prüfen EU-Gerichte, ob diese Zwei-Klassen-Regeln mit EU-Recht vereinbar sind. Die Niederlande haben diese Sprachtests nach einem entsprechenden EU-Gerichtsurteil inzwischen wieder abgeschafft.

Als Dank für so viel Entgegenkommen lud der damalige Bundesinnenminister Wolfgang Schäuble Necla Kelek in seine im September 2006 einberufene Islamkonferenz. Dort versuchte sie mehrmals, mit gezielten Indiskretionen an die Presse die muslimischen Verbände vorzuführen. Als sie 2010 von Thomas de Maizière zu den nächsten Runden der Islamkonferenz nicht mehr eingeladen wurde, stellte sie den Sinn der ganzen Veranstaltung in Frage. Zuletzt warf sie der Islamkonferenz vor, sich an muslimischen Kindern zu versündigen.[2]

Hofiert wurde Necla Kelek auch von der Springer-Presse und Frank Schirrmacher, der ihr im Feuilleton der *FAZ* den roten Teppich ausrollte. Wer immer etwas Positives über den Islam sagte, ob Ex-Bundeskanzler Gerhard Schröder oder Barack Obama in seiner berühmten Kairoer Rede – Necla Kelek erhielt dort die Gelegenheit zur Gegenrede.

Wie Hirsi Ali betrachtet auch Necla Kelek den Islam nicht als eine Religion, sondern als eine gefährliche Ideologie, die sie immer wieder gerne mit dem Faschismus vergleicht. Eine echte Unterscheidung zwischen dem Islam als Glauben und dem Islamismus als moderner politischer Ideologie trifft sie nicht, auch wenn sie gelegentlich anderes behauptet. Frauen, die ein Kopftuch mit engen Jeans tragen, nennt sie »Islam-Bitches« – »Islam-Schlampen« – und Frauen, die einen Ganzkörperschleier tragen, vergleicht sie mit Drogenabhängigen und Alkoholikern. Sie findet, der Staat müsse sich mehr in muslimische Familien einmischen, und fordert schon mal, patriarchale Familienoberhäupter zu »entrechten«. Ihr Programm läuft auf eine Zwangsaufklärung und eine Entmündigung von Muslimen heraus, die anders denken als sie.

Die muslimische Sexualität ist ihre besondere Obsession, und sie gibt vor, dabei über besonderes Geheimwissen zu verfügen. Ihre Behauptungen stützt sie gerne auf »Beobachtungen« und »Gespräche«, die sie mit viel Empörung, Polemik und Verdachtsrhetorik garniert. Als nach dem Mord an Hatun Sürücü ganz Deutschland über Zwangsehen und Ehrenmorde diskutierte, verbreitete Kelek, in Deutschland sei jede zweite türkische Ehe unter Zwang geschlossen worden – die Zahl war völlig aus der Luft gegriffen und von keiner Studie belegt, aber sie kam damit durch. Und als massenhaft Missbrauchsfälle in katholischen Internaten bekannt wurden, wusste sie ganz exklusiv über massenhaften Missbrauch in »konspirativen Koraninternaten« zu berichten. »Da wird noch viel rauskommen«, prophezeite sie düster.[3] Das war im März 2010, die angekündigten Enthüllungen stehen noch immer aus. Für Kelek sicher ein Beweis dafür, dass solche Stimmen von finsteren Mächten zum Schweigen gebracht werden. Denn: Körperliche Gewalt ist in türkischen und vor allem kurdischen Familien »an der Tagesordnung«, wie sie einmal schrieb. Die Mädchen würden von ihren Onkeln und Brüdern meist anal vergewaltigt, »manchmal über Jahre hinweg«, und »die Selbstmordrate bei jungen türkischen Frauen sei unverhältnismäßig hoch«.[4] Für solche Aussagen kürte die Publizistin Hilal Sezgin sie zur »Meisterin der unbelegten Behauptung«. Echten Ärger gab es nur einmal, als sie in einem Interview so weit ging, zu behaupten, bei Muslimen habe die Sodomie Tradition. Der muslimische Mann »müsse sich entleeren, und wenn er keine Frau findet, dann eben ein Tier«, erzählte sie einem konsternierten ZDF-Moderator. »Das hat sich im Volk so durchgesetzt. Das ist Konsens«, setzte Kelek nach und spekulierte, es habe in der arabischen Welt vermutlich deshalb keine großen Erfindungen gegeben, weil die Männer ständig nur an Sex dächten. »Leider wird hierzulande oft die legitime Kritik mit Diffamierung verwechselt«, kommentierte die Islamwissenschaftlerin Lamya Kaddor diesen Ausfall trocken.

Trotzdem wird Kelek von vielen ernst genommen und hat in wichtigen Debatten mitgemischt. Als der Kölner Publizist Ralph Giordano im Juni 2007 gegen eine geplante Moschee in seiner Heimatstadt Front machte, sprang sie ihm zur Seite. »Das Minarett ist ein Herrschaftssymbol«, polemisierte sie im *FAZ*-Feuilleton gegen den geplanten Moscheebau – unter anderem mit dem Argument, der Entwurf atme »den Gestus der Eroberung« und spiegele den Hegemonieanspruch des Islam. Mit fast gleichlautenden Worten begründeten Politiker der Schweizerischen Volkspartei zur gleichen Zeit ihr Referendum für ein Minarettbauverbot. Es war wohl auch kein Zufall, dass Kelek während der heißen Phase der Kampagne mehrere Interviews in der Schweizer Presse gab, in denen sie die Argumente der Minarettgegner stützte, allerdings ohne sich deren Verbotsforderung gänzlich zu eigen zu machen.

»Minarette sind Machtdemonstrationen« und »Speerspitzen des politischen Islam«, erklärte sie der *Reformierten Presse* aus Zürich, der Wochenzeitung der evangelisch-reformierten Kirchen in der deutschsprachigen Schweiz.[5] Und im *St. Gallener Tagblatt* wetterte sie gegen »falsche Toleranz«[6]. Auch Thilo Sarrazin gab sie Schützenhilfe. Als der ehemalige SPD-Finanzsenator von Berlin und kurzzeitige Bundesbank-Vorstand im Spätsommer 2010 sein Buch *Deutschland schafft sich ab* in Berlin der Presse vorstellte, saß Kelek neben ihm und verteidigte sogar Sarrazins umstrittene Gen-Theorien mit dem Argument, schon der »gesunde Menschenverstand« lege nahe, »dass Ethnien wie zum Beispiel die Völker Anatoliens oder Ägyptens, die über Jahrhunderte von den Osmanen daran gehindert wurden, Lesen und Schreiben zu lernen, bei denen noch heute Mädchen nicht zur Schule gehen dürfen, andere Talente vererbt bekommen als die Söhne von Johann Sebastian Bach.«[7] Die *Bild-Zeitung* lobte: »Diese Türkin ist Sarrazins größter Fan.« Tatsächlich hatte der Hobby-Rassekundler weite Teile seiner Islamtheorie von Necla Kelek abgeschrieben.

Selbst die deutsche Beschneidungsdebatte hat Necla Kelek indirekt angestoßen. Als das Kölner Landgericht im Mai 2012 die Beschneidung eines muslimischen Jungen als Körperverletzung wertete, stützte es sich auf eine juristische Debatte, die auf den Strafrechtler Rolf Dietrich Herzberg zurückging. Der hatte Kelek versprochen, nachdem er ihr Buch *Die verlorenen Söhne* gelesen hatte, sich des Themas anzunehmen, und ließ einen wissenschaftlichen Mitarbeiter die Argumente gegen diesen Eingriff zusammentragen. Als der Bundestag im Dezember 2012 die Beschneidung aus religiösen Gründen rechtlich regelte, reagierte Kelek enttäuscht und schrieb im *Spiegel* von einem »Akt der Unterwerfung«.[8]

Der deutsch-ägyptische Publizist Hamed Abdel-Samad warf Necla Kelek einmal vor, sie ähnele islamistischen Hardlinern, die alle Probleme auf den Westen zurückführten, weil sie für alle Missstände unter Muslimen deren Religion verantwortlich mache; die Wirklichkeit sei komplexer. In seiner Autobiografie *Abschied vom Himmel* nannte er sie sogar eine »Demagogin«. Doch inzwischen hat er seine Meinung offenbar geändert und versucht, ihr als härtester Kritiker des Islam den Rang abzulaufen. Abdel-Samad hat sich radikalisiert, und mittlerweile betrachtet auch er den Islam als Wurzel allen Übels.

In seinem Buch *Der islamische Faschismus* vertritt er die These, der Faschismus sei schon in der Frühzeit des Islam angelegt und habe seine Anfänge in der Eroberung Mekkas durch den Propheten Mohammed und seine Anhänger.[9] Wer sich schon einmal mit Faschismustheorien beschäftigt hat, mag sich wundern, denn eigentlich gilt der Faschismus als modernes Phänomen. Doch Abdel-Samad ist überzeugt, dass allen monotheistischen Religionen ein Gewaltpotential inne sei, insbesondere dem Islam. Diese These kann zwar nicht erklären, warum es starke faschistische Strömungen auch unter Hindus in Indien oder im shintoistischen Japan gab und gibt. Und die Geschichte Europas zeigt, dass sich monotheistische Religionen befrieden lassen. Auch ging im Nahen Osten in den letzten Jahrzehnten die meiste Gewalt nicht von der Religion, sondern von eher säkularen autoritären Regimes und einem übersteigerten Nationalismus aus. Mit denen scheint Abdel-Samad aber nicht so ein großes Problem zu haben, er hält sie offenbar für das kleinere Übel. Den Militärputsch gegen Mohammed Mursi – den ersten Zivilisten, der in der Geschichte Ägyptens auf demokratischem Weg an die Spitze des Staates gelangte – nannte er in der *Bild* einen »Sieg der Hoffnung«, und nach dem Massaker an Hunderten von Muslimbrüdern kommentierte er auf seiner Facebook-Seite knapp: »Der Faschismus wurde auch nicht durch die Politik besiegt.« Zynischer hätte ein Sprecher der ägyptischen Armee dieses Blutbad auch nicht rechtfertigen können. Selbst die massenhaft gegen Muslimbrüder und deren gesamte Führung verhängten Todesurteile zog er nicht grundsätzlich in Zweifel. »So schreckt man Terroristen nicht ab«, wandte er lediglich ein. Anders gesagt: Wenn es der Sache dient, sind auch Todesurteile und Massaker in Ordnung.

Sein Buch *Der islamische Faschismus* ist ein schlampig zusammengeschriebenes Konvolut, das keinerlei wissenschaftlichen Ansprüchen genügt. Abdel-Samad unterscheidet nicht zwischen Muslimbrüdern und Salafisten, nicht zwischen dem Königreich Saudi-Arabien und dem Mullah-Regime in Iran, auch wenn die sich spinnefeind sind und bekämpfen. Er ignoriert, dass das islamistische Königreich Saudi-Arabien das eher säkulare Militärregime in Ägypten unterstützt, weil solche verwirrenden Details sein Schwarz-Weiß-Bild nur stören würden. Denn Abdel-Samad findet, dass der politische Islam in Ägypten mit allen Mitteln bekämpft werden muss. Dass das aktuelle Militärregime in Ägypten mit seinem bizarren Führerkult um General Abdel Fattah al-Sisi, mit seinen offiziell ventilierten Verschwörungstheorien und seiner unerbittlichen Verfolgung von politischen Gegnern, auch säkularen, längst faschistische Züge angenommen hat, übersieht er großzügig.

Hirsi Ali, Kelek und Abdel-Samad haben persönlich furchtbare Erfahrungen gemacht. In ihrer Autobiografie *mein Leben, meine Freiheit* schildert Hirsi Ali, wie die Großmutter in Abwesenheit der Eltern dafür sorgte, dass sie beschnitten wurde, und wie ihr ein Koranlehrer fast den Schädel brach, als sie sich widerspenstig zeigte. Trotzdem fühlt sie sich mit sechzehn Jahren zum radikalen Islam hingezogen. Sie eifert einer Religionslehrerin nach und trägt als eines der ersten Mädchen an ihrer Schule in Kenia einen Ganzkörperschleier, in dem sie sich den anderen überlegen fühlt, wie sie beschreibt. Doch die Aussicht auf eine arrangierte Ehe mit einem Cousin, der in Kanada lebt, soll ein Umdenken bewirkt haben: Auf dem Weg von Kenia nach Kanada setzt sie sich in die Niederlande ab und beantragt dort Asyl. Ihre Schwester, die ihr später nachfolgt, verliert den Verstand, weil sie mit den neuen Verhältnissen nicht klarkommt. Hirsi Ali aber findet ihre Berufung als Glaubenskämpferin gegen den Islam. Necla Kelek beschreibt in *Die fremde Braut*, wie ihr Vater in Deutschland plötzlich zum strengen Fundamentalisten mutierte, als sie ein Teenager war, ihr verbot, am Sportunterricht teilzunehmen oder das Haus zu verlassen, und ihr drohte, sie mit dem Beil zu erschlagen. Und Abdel-Samad schreibt in seiner Autobiografie, wie er als Kind missbraucht worden sei, wie er als Student mit den Muslimbrüdern sympathisierte und wie er, als er in den neunziger Jahren nach Deutschland kam, in eine Identitätskrise fiel, Depressionen und Wahnvorstellungen bekam und sich in psychiatrische Behandlung begab. Das sind zweifellos traumatische Erfahrungen, ganz egal, wie viel davon wahr und vielleicht dazugedichtet ist. Denn alle Autoren nehmen es mit der Wahrheit manchmal nicht so genau, übertreiben gerne oder erfinden etwas hinzu, um ihre Geschichten noch dramatischer wirken zu lassen.

Abdel-Samad etwa brüstet sich damit, dass gegen ihn eine Fatwa verhängt worden sei. Das hatte er schon bei Erscheinen seines ersten Buchs behauptet, denn das klingt nach einem bedeutenden Schicksal wie dem von Salman Rushdie, der jahrelang vom Regime in Iran bedroht wurde. Doch Abdel-Samads Fall ist viel banaler. Tatsächlich stieß im Juni 2013, nachdem er einen Vortrag in Kairo gehalten hatte, ein radikaler Prediger auf einem ägyptischen Islamistensender eine Morddrohung gegen ihn aus. Allerdings war dieser Prediger in Ägypten zu jener Zeit dafür berüchtigt, gegen alle und jeden solche Drohungen auszusprechen. Nach dem Militärputsch gegen Präsident Mursi einen Monat später floh dieser Prediger, Assen Abdel-Maged genannt, nach Katar. In Ägypten wurde er in Abwesenheit zum Tode verurteilt, das Land verlangte seine Auslieferung. Hamed Abdel-Samad dagegen reiste im November 2013 problemlos nach Ägypten. Als er dort entführt wurde, glaubten viele, es müssten Islamisten dahinterstecken. Doch am Ende stellte sich heraus, dass es sich um einen Geldstreit handelte. Das Gerede von der Bedrohung durch eine angebliche Fatwa ist offenbar nicht mehr als ein Marketing-Gag. Doch kaum jemand hinterfragt, was es damit auf sich hat, und so schmückt sich Abdel-Samad weiter mit seiner Fake-Fatwa.

Trotz solcher Ungereimtheiten ist Hamed Abdel-Samad ein gern gesehener Interviewpartner und Gast in TV-Talkshows, in denen er den Islamexperten gibt. Die große Popularität, die »Islamkritikern« wie ihm oder Necla Kelek in Deutschland entgegengebracht wird, beruht auf dem Image des vermeintlichen Insiders. Offenbar glauben viele, wer den Islam aus persönlicher schmerzhafter Erfahrung heraus kenne und nun quasi »von innen heraus« kritisiere, sei per se glaubwürdig und als Experte kompetent – ganz so, als ob ein Deutscher allein aufgrund seiner Herkunft und persönlicher Betroffenheit schon ein Experte für das Christentum oder die Geschichte Europas wäre. Hinzu kommt der Irrglaube, Necla Kelek und Co. würden eine unbequeme oder gar unterdrückte Meinung über den Islam vertreten. Dabei ist die Ansicht, für die Rückständigkeit der Muslime sei vor allem der Islam verantwortlich, nicht nur in Europa absolut mehrheitsfähig, sondern selbst in vielen islamischen Ländern schon seit der Kolonialzeit verbreitet. Es war diese Überzeugung, die Staatslenker wie den türkischen Staatsgründer Kemal Atatürk, den Schah von Persien oder arabische Generäle wie Gamal Abdel Nasser einst dazu brachte, für ihre Länder eine möglichst weitreichende Säkularisierung und Verwestlichung von oben anzustreben. Erst als sich der erwünschte Erfolg dieser autoritär durchgesetzten Politik nicht einstellte, erhielten politische Bewegungen im islamischen Gewand solchen Auftrieb. Jetzt versuchen Staatschefs wie Ägyptens al-Sisi es mit den gleichen Methoden noch einmal.

Als Hamed Abdel-Samad im April 2014 in München sein Buch *Der islamische Faschismus* vorstellte, machte er klar, dass er zwischen einfachen Gläubigen und radikalen Fanatikern keine großen Unterschiede sieht und den Islam als eine Art Krankheitserreger betrachtet. »Wer an einer Heilung interessiert ist«, sagte er, der müsse »der wahren Krankheit an die Wurzel gehen«, und diese Krankheit sei der Islam, denn ohne Islam gebe es keinen Islamismus, so seine bestechende Logik. Sollte der Islam eine spirituelle Dimension haben, dann gehöre diese ins Private verbannt. »Es gibt Leute, die erfüllt sind, wenn sie sich im Wald treffen und ausziehen und auf einen heißen Stein pinkeln. Das ist in Ordnung, solange sie das im Wald tun«, zog Abdel-Samad freundlich lächelnd einen besonders geschmacklosen Vergleich. Er wolle das aber nicht in der Öffentlichkeit sehen, weder auf der Straße, in der Stadt noch in der Schule. »Aber genau das will der Islamismus erreichen: Er will in der Schule pinkeln«, polemisierte er gegen islamischen Religionsunterricht in Deutschland.[10]

Beim Anti-Islam-Hetzblog »pi-news« war man begeistert. Der Aktivist Michael Stürzenberger, der in München seit Jahren Unterschriften gegen eine geplante Moschee sammelt, schrieb dort, Hamed Abdel-Samad könnte zu so etwas wie einem »Martin Luther des Islam« werden – wenn, tja, wenn man den Islam überhaupt reformieren könne, was ja nun mal leider nicht möglich sei. Doch an Muslime wenden sich Publizisten wie Hamed Abdel-Samad, Necla Kelek und Ayaan Hirsi Ali gar nicht – und die fühlen sich von ihnen auch nicht angesprochen. Das Publikum bei ihren Lesungen ist meist recht homogen: »Generation 55 plus, meist weiblich, die Herren grauhaarig. Man war sich in der Angst vor dem Islam einig«, fasste eine Journalistin den typischen Anblick bei Lesungen von Necla Kelek zusammen.[11] Die Stimmung, die Kelek mit ihrer Angstmache schürt, ist erwartbar: »Ich brauche diese islamistische Religion nicht«, sagt schließlich ein älterer Zuhörer, der sich als »evangelisch getauft« bezeichnet. Und: »Unser Grundgesetz ist für Deutsche gemacht, nicht für Ausländer«. »Das bleibt unwidersprochen«, berichtet ein Lokaljournalist in Oranienburg von einer Lesung mit Necla Kelek in der örtlichen Konrad-Adenauer-Stiftung im Juni 2015.[12]

Es wird häufig gesagt, die hauptberuflichen »Islamkritiker« seien »mutig«, weil sie sich mit ihrem unerbittlichen Feldzug gegen den Islam viele Feinde machen würden. Doch Hirsi Ali, Kelek und Co. sind vor allem geschäftstüchtig und wissen, sich einem westlichen Publikum gut zu verkaufen, indem sie ihm nach dem Mund reden und seine Vorurteile bestätigen. Islam-Bashing ist ein Geschäft und eine florierende Industrie geworden, mit der sich viel Geld verdienen lässt – so viel, dass die Aussicht darauf selbst für standfeste Muslime eine Verlockung darstellt, vom Glauben abzufallen. Hirsi Ali, Kelek und Abdel-Samad haben ihre Karrieren darauf aufgebaut. Und was sollten sie auch sonst tun? In den Medien lässt sich jedenfalls schneller Karriere machen als in der Wissenschaft, und das Leben als Bestsellerautor ist lukrativ. Necla Keleks Debüt *Die fremde Braut* verkaufte sich über 65 000 Mal, was für ein Sachbuch außergewöhnlich gut ist, von ihren anderen Titeln verkauften sich im Schnitt zwischen 15 000 und 25 000 Exemplare. Abdel-Samads Bücher wie *Der Untergang der islamischen Welt* und *Der islamische Faschismus* haben sich laut seinem Verlag knapp 60 000 Mal verkauft.[13] Hinzu kommen Talkshow-Auftritte und Lesungen, wobei Hamed Abdel-Samad nicht davor zurückschreckt, sich auch von extrem rechten Burschenschaftern einladen zu lassen.

Als Muslime bezeichnen sich diese »Islamkritiker« nur, wenn es gerade passt. Hamed Abdel-Samad sagt von sich, er sei »vom Glauben zum Wissen konvertiert«, was auch immer dieser Kalenderspruch bedeuten soll, und sitzt seit 2011 im Beirat der atheistischen Giordano-Bruno-Stiftung. Das hinderte ihn aber nicht daran, von 2010 bis 2013 als »unabhängiger Muslim« an der Islamkonferenz des Innenministers teilzunehmen. Bei Necla Kelek war es umgekehrt: Sie gehörte dem Beirat der Giordano-Bruno-Stiftung an, trat dort aber aus, um von 2006 bis 2010 an der Islamkonferenz teilzunehmen. Zwischendurch schwärmte sie von der »frohen Botschaft des Christentums«, die ihr im Leben weitergeholfen habe.[14]

Jedes Land hat die Kronzeugen, die zu seiner politischen Kultur passen. Eine Islamgegnerin wie Ayaan Hirsi Ali, die sich selbst als Atheistin bezeichnet, spricht eher säkulare und traditionell links-liberale Kreise an. In den USA sind ehemalige Muslime, die sich einer evangelikalen Strömung angeschlossen haben, oder radikale Christen aus dem Nahen Osten dagegen populärer. Dort gibt es beispielsweise Walid Shoebat, einen palästinensischen Konvertiten, der behauptete, ein Ex-PLO-Terrorist gewesen zu sein, bis die *Jerusalem Post* diese Behauptung als Schwindel aufdeckte. Oder Nonie Darwish, eine ägyptische Pro-Israel-Aktivistin, die überzeugt ist, dass der »Islam keine Religion ist und sich daher selbst zerstören wird«. Und Brigitte Gabriel, eine radikale Christin aus dem Libanon, die einmal erklärte, Muslime hätten »keine Seele«. Sie alle werden von konservativen Stiftungen und in evangelikalen Kreisen in den USA als Kronzeugen gehandelt und treten in islamfeindlichen Pseudo-Dokumentarfilmen als vermeintliche Experten auf.

Eine vergleichbare Karriere hat in Italien der ägyptischstämmige Journalist Magdi Allam hingelegt, der 2008 öffentlich zum Katholizismus konvertierte.

Ebenfalls aus Ägypten stammt Mark A. Gabriel, der früher als Imam und Dozent an der islamischen al-Azhar-Universität in Kairo gearbeitet haben soll, bevor er 1994 zum Christentum konvertierte und sich diesen Namen als Pseudonym zulegte. Gabriel lebt in den USA, ist aber über seine deutschsprachige Frau eng mit der Schweiz verbunden. Er hat mehrere Bücher über seine Konversionserfahrung geschrieben, die auch ins Deutsche übersetzt wurden. Sein Buch *Islam und Terrorismus. Was der Islam wirklich über Christentum, Gewalt und die Ziele des Djihad lehrt*, verschickte die evangelikal-pietistische Organisation »Christian Solidarity International«, die 1977 von einem Schweizer Pfarrer gegründet wurde, im Jahr 2006 kostenlos an zahlreiche katholische und evangelische Pfarrämter in Deutschland. Die katholische und die evangelische Kirche distanzierten sich von der Aktion: Das Buch zementiere Feindbilder, schüre Ängste und setze Konfrontation an die Stelle eines dringend notwendigen Dialogs, warnte die Fachstelle für Weltanschauungsfragen der Erzdiözese München und Freising. Vor der Minarett-Abstimmung kam Gabriel für Vorträge und Interviews in die Schweiz, um den Gegnern Argumente zu liefern. Und 2011 veröffentlichte er das Buch *Swislam: wie viel erträgt das Land*, indem er darlegt, warum der Islam angeblich gegen die Schweizer Verfassung verstoße. Muslime sollten dankbar sein, so Gabriel, dass ihre Religion in der Schweiz nicht als gefährliche politische Ideologie verboten sei.[15]

Es gibt auch in Deutschland muslimische Konvertiten, die eine christlich grundierte Botschaft verbreiten. Deren prominentestes Gesicht ist die Publizistin Sabatina James, die in Hamburg einen nach ihr selbst benannten Verein gegründet hat, »Sabatina e.V.«, der nach eigenen Angaben »Hilfe für unterdrückte, missbrauchte und schutzlose Frauen« bietet. Hinter dem Pseudonym verbirgt sich eine pakistanischstämmige Frau, die im österreichischen Linz aufgewachsen und 2003 zum katholischen Glauben übergetreten ist. Ihre semibiografischen Bücher tragen kitschige Titel wie *Sterben sollst du für dein Glück: Gefangen zwischen zwei Welten, Tränenhochzeit* oder *Nur die Wahrheit macht uns frei: Mein Leben zwischen Islam und Christentum*. Darin erzählt sie ausführlich, wie sie als Kind in einer Koranschule in Pakistan geschlagen wurde, wie ihr nach ihrem Umzug nach Österreich eine Zwangsverheiratung mit einem Cousin drohte, der sie sexuell missbraucht haben soll, und wie ihre Eltern sie angeblich mit dem Tode bedrohten, als sie zum Christentum übertrat. Zweifel an ihren Schilderungen kamen 2003 auf, als Nacktfotos von ihr publik wurden und Heiratsdokumente, die nahelegten, dass es sich anders verhalten haben könnte. Aber das scheint eine lässliche Sünde zu sein, denn in christlich-fundamentalistischen Kreisen wird sie trotzdem hoch verehrt: Evangelikale Medien wie das Christliche Medienmagazin *pro* und *idea* schwärmen von ihr genau so wie das katholische *Radio Vatikan*, und der Krawallkatholik Matthias Matussek erklärte sie in einer *Spiegel*-Hagiografie zum »Model Gottes«.[16]

Auf dem deutschsprachigen *YouTube*-Kanal *Hayat-TV* moderiert Sabatina James eine Sendung, in der sie den Propheten Mohammed und den Koran mit Jesus und der Bibel vergleicht und immer wieder zu dem Schluss kommt, dass das Christentum der bessere Glaube ist. *Al Hayat* ist ein großer arabischer TV-Sender, der von orientalischen

Christen und Ex-Muslimen betrieben wird, die damit versuchen, Muslime zum Christentum zu bekehren. Star des Senders ist Bruder Rashid, ein marokkanischstämmiger Konvertit und Sohn eines Imams, der sich brüstet, schon über 150 000 Marokkaner zum Christentum bekehrt zu haben. Auch in Deutschland steigt die Zahl ehemaliger Muslime, die zum Christentum konvertieren. Auf dem deutschsprachigen Ableger von *Hayat TV* tritt neben Sabatina James auch Barino Barsoum auf – ein junger Mann, der nach einem Irrweg bei Islamisten nun beim koptischen Christentum gelandet ist und der schon in TV-Talkshows bei Günther Jauch und Sandra Maischberger zu Gast war. Mit Sendungen wie »Islam unter der Lupe« wenden sich Sabatina James und Barino Barsoum nach eigenen Angaben gezielt an junge deutsche Salafisten, deren Dogmen und Überzeugungen sie theologisch zu widerlegen trachten. Aber im Grunde bieten sie ihnen nur einen spiegelverkehrten Fundamentalismus an.

Sabatina James hält den Islam für friedensunfähig und den Koran für die Ursache von Terror, Gewalt und Frauenverachtung. Für ihr »christliches Engagement« zeichnete sie der Altpietistische Gemeinschaftsverband im Juni 2015 in Schwäbisch Gmünd mit einem »Hoffnungsträger«-Preis aus. Die Laudatio hielt der CDU-Politiker Volker Kauder, der sie vor vierhundert Gästen lobte: »Sie steht parteiisch auf Seite der Frauen. Sie bezieht ihre Kraft aus der Bibel und der Ebenbildlichkeit Gottes von jedem Menschen.«

Teil 2

Klischees und Konflikte

11 Ist der Koran ein Buch der Gewalt?
Aufklärung statt Suren-Pingpong

»Der Koran ist ein einziger Aufruf zur Gewalt, eine Anleitung für Krieg und Unterdrückung.« Mit diesen Worten begann eine fünfseitige Polemik des Schweizer Satirikers Andreas Thiel, die im November 2014 in der rechten Schweizer Wochenzeitung *Die Weltwoche* erschien, und auf diesen einen Satz lässt sich seine völlig humorfreie Suada im Prinzip auch herunterbrechen.[1] Es sei kein Wunder, dass »islamische Fanatiker zu Terroristen werden«, wütete Thiel, denn das heilige Buch der Muslime sei »der Kern allen Übels«. Dass die Mehrheit der Muslime bekanntermaßen nicht zum Terrorismus neigen, ließ Thiel als Einwand nicht gelten: Das zeige nur, dass sie den Koran – anders als er – schlicht nicht gelesen hätten, mutmaßte er. Thiels Pamphlet gefiel der *Weltwoche* so gut, dass sie seinen Artikel zur Titelgeschichte kürte. Sie wählte dazu die Schlagzeile »Die Bibel der Gewalt« und unterstrich die Botschaft, damit sie auch der Letzte verstehen konnte, indem sie dem o im Wort Koran die grafische Form einer Bombe gab.

Der Vorwurf, der Koran sei ein Buch der Gewalt, ist nicht neu, er gehört zum Standardrepertoire einer sich intellektuell gebärdenden Islamkritik und begegnet einem immer wieder. Der Orientalist Hans-Peter Raddatz, der nach 9/11 in Medien wie der *Welt* und der *Weltwoche* zum Islamexperten aufstieg und der in rechtspopulistischen Kreisen sehr gefragt ist, brachte es einmal auf die flapsige Formel: »Ein Christ missbraucht seine Religion, wenn er Gewalt anwendet, und ein Muslim missbraucht seine Religion ebenso, wenn er keine Gewalt anwendet.«[2] Auch die Publizistin Necla Kelek klagte einmal, der Koran wie das Alte Testament erzählten »nur Geschichten von Blut und Gewalt«, wohingegen »das Neue Testament eine Botschaft von Liebe und Hoffnung« enthalte[3] – womit sie unfreiwillig die Nähe ihrer islamkritischen Argumentation zur antijüdischen Polemik früherer Tage herausstellte, welche die vorgebliche Unbarmherzigkeit und Grausamkeit des Talmud als Grund für eine angebliche moralische Verderbtheit und grausame Natur der Juden ansah. Geert Wilders stellt den Koran sogar auf eine Stufe mit Adolf Hitlers *Mein Kampf* und forderte schlichtweg, ihn zu verbieten.

So weit ging der »Satiriker« Andreas Thiel in seiner als »Streitschrift« deklarierten Abrechnung mit dem Koran zwar nicht. Dafür warf er aber so ziemlich alle Stereotype und Vorbehalte zusammen, die über den Koran im Westen so kursieren. Der Koran enthalte »die gesammelten Hasstiraden Mohammeds«, schrieb Thiel, der den Propheten als »Sklaventreiber, Kinderschänder und Massenmörder« schmähte. Ausführlich zog er zum Beweis einige der blutrünstigsten Suren aus dem Koran heran, die sich tatsächlich als Aufrufe zu Krieg und Gewalt lesen lassen, und befand, »Rache und Gewalt durchziehen die Lehre Mohammeds wie nichts anderes«, wohingegen im Koran »an Weisheiten wenig zu finden« sei. Besonders originell sei der Koran übrigens auch nicht: Er lese sich wie eine »absurde Parodie religiöser Texte« und bestehe teilweise aus Bibelstellen, die »aus dem Zusammenhang gerissen« worden seien. Am Ende kommt Thiel zu dem Schluss, der Islam lasse sich nicht reformieren, ohne den Koran zu verwerfen, und empfiehlt Muslimen den Übertritt zum Buddhismus oder dem Zoroastrismus, der Lehre des persischen Propheten Zarathustra. Das war aber auch der einzige Unterschied zu den Polemiken christlicher Theologen aus dem Mittelalter gegen den Koran, die natürlich eine Konversion zum Christentum angeraten hätten.

Andreas Thiel tritt seit Ende der neunziger Jahre als Kabarettist auf, er trägt seit einiger Zeit auf seinem Kopf einen auffälligen roten Irokesenkamm spazieren und bezeichnet sich selbst als Buddhisten. Für seine Satireprogramme hat er diverse Kabarettpreise gewonnen, doch mit seiner Koranschelte ist es ihm bitterernst. Mit der *Weltwoche*, dem Frontblatt der rechtspopulistischen Schweizerischen Volkspartei, hat er dafür ein prominentes Forum gefunden. Erst mehrere Monate später bekam Sadaqat Ahmad, Vizepräsident der Schweizer Ahmadiyya-Gemeinde und Imam der Mahmud-Moschee in Zürich, an gleicher Stelle die Gelegenheit zu einer Erwiderung.[4] Der Islam sei eine friedliche Lehre, betonte Sadaqat Ahmad, und vertrat damit die Überzeugung der Mehrheit der Muslime. Der Prophet Mohammed sei zwar ein Staatsmann und Feldherr gewesen, aber habe nur die allerwenigste Zeit seines Lebens mit Kriegen verbracht – und nur, wenn er dazu genötigt worden sei, weshalb der Islam explizit »nur den Verteidigungskrieg« erlaube. Nicht anders stelle sich die Aufgabe der Schweizer Armee dar, fügte Ahmad zum Vergleich hinzu. Frieden und Barmherzigkeit seien Mohammeds zentrale Botschaften gewesen, und »unmissverständlich« lehre der Koran, »Andersgläubigen mit Respekt, Liebe und Toleranz« zu begegnen. Auch dürfe man seinen Glauben nur »mit Weisheit und Vernunft« verbreiten, denn Zwang sei nicht mit dem Islam zu vereinen, und weder Mohammed noch sonst irgendwer dürfe sich zum Hüter oder Wächter der islamischen Regeln aufschwingen, das sei allein Gottes Aufgabe, distanzierte er sich von einem fundamentalistischen Religionsverständnis, wie es etwa in Saudi-Arabien vorherrscht. All das belegte Sadaqat Ahmad mit entsprechenden Suren aus dem Koran.

Wie kann man das gleiche Buch nur so unterschiedlich lesen? Denn es scheint ja, als ob die Terrormilizen des »Islamischen Staats« den Koran genauso lesen, wie es »Islamkritiker« wie Andreas Thiel tun: als Anweisung zur Gewalt. Das hätte eine interessante Debatte werden können, zum Beispiel über den »fatalen Gleichklang von Kriegern und Kritikern« (wie es die Islamwissenschaftlerin Katajun Amirpur formulierte), doch die war da schon längst vom nächsten Krawall übertönt worden. Denn Thiel war kurz nach seinem *Weltwochen*-Artikel Mitte Dezember in die TV-Interviewsendung von Roger Schawinski eingeladen worden.[5] Das Gespräch endete mit einem Eklat, weil sich Schawinski und Thiel vor der Kamera nur gegenseitig angifteten. Statt auf den Vorwurf der Volksverhetzung einzugehen, den Schawinski ihm gemacht hatte, provozierte Thiel den Moderator mit Gegenfragen wie der, ob der jüdische Journalist »ein Papierli-Jude« sei, also seinen Glauben nicht praktiziere. Auf die halbstündige Sendung ging beim Ombudsmann des Senders *SRG* eine Rekordzahl von 185 Reklamationen ein, die diesen nötigten, in einer Erklärung beide Seiten zu kritisieren.[6] Die meisten Beschwerden richteten sich allerdings gegen Schawinski, dem eine einseitige Gesprächsführung vorgeworfen wurde.

Damit hatte Andreas Thiel sein Ziel erreicht. Denn mit seiner publicityträchtigen Koran-Attacke ging es ihm vor allem um Aufmerksamkeit und selbstgerechte Selbstdarstellung, nicht um Antworten oder einen ernsthaften Austausch von Argumenten, sonst wäre er auf die Gegenargumente von gläubigen Muslimen eingegangen. Weil er auf seinen *Weltwoche*-Artikel hin Drohungen erhalten haben soll und ihm im Mai 2015 eine Anzeige wegen »mehrfacher Rassendiskriminierung« ins Haus flatterte, stilisiert er sich nun zum Vorkämpfer für das freie Wort. Sein für November 2015 in Zürich angekündigtes Bühnenprogramm stellte er bereits im Mai unter das Motto »Scharia versus Meinungsfreiheit« und sammelte auf seiner Webseite Spenden für seinen »Kampf für die Freiheit«. Andreas Thiel ist der beste Beweis, dass nicht nur der Islam seine Hassprediger kennt.

Koran-Bashing ist in bestimmten Kreisen ein Volkssport geworden, nicht nur in der Schweiz. Die Stimmen gläubiger Muslime, die eine friedliche Lesart des Korans vertreten, werden dabei oft nicht gehört. Bleibt die Frage, wie der Koran denn nun zur Gewalt steht. Das kommt ganz auf den Standpunkt des Lesers an. Wie alle heiligen Bücher, ist auch der Koran in sich widersprüchlich und keine Gebrauchsanweisung wie bei Ikea, als die ihn manche Islamisten und manche »Islamkritiker« betrachten. Jeder kann sich aus dem Koran deshalb die Suren herausziehen, die die eigene Argumentation stützen. Als »Suren-Pingpong« hat der Orientalist Navid Kermani den beliebten Sport, sich gegenseitig friedliche und kriegerische Stellen aus dem Koran an den Kopf zu werfen, verspottet. Und die Religionswissenschaftlerin Karen Armstrong merkt an, dass »es mehr Gewalt in der hebräischen Bibel und im Neuen Testament als im Koran« gebe und verweist auf das Buch Offenbarung, das etwa von christlichen Fundamentalisten in den USA bevorzugt herangezogen werde, »die den Kampf um die Endzeit erwarten, wenn die Feinde Gottes vernichtet werden«[7].

Dabei ist die Frage, welche heilige Schrift denn nun mehr gewalttätige Passagen enthält, letztlich müßig. Entscheidend ist die Lehre, die daraus abgeleitet wird. Und da gibt es große Unterschiede. Es ist kein Geheimnis, dass fundamentalistische Staaten wie Saudi-Arabien und Iran eine radikale Auslegung von Koran und Scharia vertreten, zu der Körperstrafen gehören, die mit den allgemeinen Menschenrechten nicht in Einklang zu bringen sind. Steinigungen für Ehebruch wie in Iran oder die Amputation der Hand bei Diebstahl, Peitschenhiebe oder Tod durch das Schwert für angebliche »Blasphemie« und andere Vergehen wie in Saudi-Arabien werden im Rest der Welt zu Recht als »mittelalterlich« betrachtet. Die meisten der 56 muslimisch geprägten Länder, die sich in der Organisation für Islamische Zusammenarbeit (OIC) zusammengeschlossen haben, kennen solche Strafen aber nicht, die tonangebenden Theologen in diesen Ländern befürworten sie auch nicht, und die führenden muslimischen Theologen und Autoritäten in Europa weisen sie sogar scharf zurück.

Kritiker wie der katholische Theologe Martin Rhonheimer, Professor an der päpstlichen Hochschule Santa Croce in Rom und Anhänger des erzkonservativen Opus-Dei-Ordens, behaupten trotzdem, muslimische Autoritäten besäßen »keine argumentative Ressourcen, um das Vorgehen des IS als unislamisch zu verurteilen«, wie er in der *Neuen Zürcher Zeitung* schrieb – unter anderem, weil es im Islam kein generelles Tötungsverbot gebe.[8] Auch »Islamkritiker« wie Hamed Abdel-Samad und sein deutsch-palästinensischer Kollege Ahmad Mansour vertreten die Meinung, die Terrormilizen des IS hätten das gängige Islamverständnis lediglich radikalisiert.[9]

Sie ignorieren dabei allerdings die rege innerislamische Debatte, die unter Theologen und Gläubigen über das Tötungsverbot und viele andere Fragen geführt wird. Wenn IS-Milizen in Syrien und im Irak ihre ausländischen Geiseln vor laufender Kamera enthaupten, wenn pakistanische Taliban Schulkinder ermorden oder Boko-Haram-Milizen in Nigeria ganze Dörfer auslöschen, dann berufen sie sich dabei zwar auf den Islam – sie können sich dabei aber keineswegs auf den Zuspruch anderer Muslime berufen, wie Abdel-Samad und andere suggerieren, zumal die meisten Opfer dieser Terrorgruppen ja selbst Muslime sind. Das Problem bei Abdel-Samad und Mansour ist womöglich, dass sie beide selbst früher einmal überzeugte Islamisten waren – und jetzt offenbar von sich und dem, was sie früher geglaubt haben, auf die Mehrheit der Muslime schließen.

Doch die meisten anerkannten muslimischen Autoritäten weltweit haben den Terror von al-Qaida und Co. schon immer abgelehnt. Über 120 namhafte muslimische Gelehrte haben sich deshalb im September 2014 in einem offenen Brief an den IS-Anführer und selbsternannten Kalifen Abu Bakr al-Baghdadi und dessen Anhänger gewandt.[10] Unter den Unterzeichnern finden sich Gelehrte aus Kairo und dem Irak, aus dem Tschad, Nigeria, dem Sudan und Pakistan und damit nicht wenige, die man ultrakonservativen Strömungen zurechnen kann. Doch mit Terror wollen sie nichts zu tun haben.

Unter ausdrücklichem Bezug auf den Koran zählen sie Punkt für Punkt die Vergehen auf, mit denen der »Islamische Staat« ihrer Meinung nach gegen muslimische Prinzipien verstößt: Vom Massenmord an Unschuldigen und der Zwangskonversion von Minderheiten wie den Jesiden bis zur Versklavung ihrer Frauen, mit der sich die IS-Milizen rühmen, reicht die Liste der Anklagepunkte. Auf achtzehn Seiten sprechen sie den Dschihadisten jedes Recht ab, ihre Verbrechen mit dem Islam zu begründen, und werfen ihnen eine völlig falsche Definition des Dschihad vor. Es ist eine vernichtende Kritik, die dem »Islamischen Staat« jede religiöse Legitimation abspricht. Es fehlt nur noch die Exkommunikation, die es im Islam aber so nicht gibt – außer eben bei jenen radikalen Gruppen wie dem IS, die jeden als »Ungläubigen« verketzern, der ihre radikalen Ansichten nicht teilt.

Es ist nicht die erste Initiative, mit der sich hochrangige muslimische Gelehrte gegen den Terror im Namen des Islam gewandt haben. Schon 2004 setzten 552 islamische Gelehrte und andere Persönlichkeiten aus dem Nahen Osten ihre Unterschrift unter die »Botschaft aus Amman«, eine interreligiöse Initiative, die unter der Ägide des jordanischen Königs Abdullah II. entstand und zu Frieden und Toleranz aufrief, um dem Extremismus von al-Qaida und Co. eine klare Absage zu erteilen. Außergewöhnlich an diesem Dokument war, dass sich daran sunnitische, schiitische und andere hohe Geistliche beteiligten, deren Länder und Regierungen sich nicht immer grün sind. Dass die Wirkung dieser Botschaft begrenzt blieb, lag daran, dass Stimmen der Moderation bei den Militanten, die eine politische Agenda verfolgen, wenig Gehör finden. Die Milizen im Irak und in Syrien, die sich jetzt »Islamischer Staat« nennen, stellen eine besondere Herausforderung dar, weil sie vorgeben, sich nach religiösen Gesetzen zu richten, und weil sie ein Kalifat ausgerufen haben, womit sich ihr Anführer implizit zum Oberhaupt über alle Muslime der Welt aufgeschwungen hat.

Gerne übersehen wird im Westen ebenfalls, dass mehr als zehn muslimisch geprägte Staaten der Allianz gegen den IS angehören, darunter Saudi-Arabien, Ägypten, Jordanien sowie Iran. Dass auch der sprichwörtliche Muslim auf der Straße den Terror des »Islamischen Staats« ablehnt, zeigen Umfragen wie die des renommierten Pew Research Center aus dem Jahr 2014. Demnach ist die Angst vor islamistischem Extremismus in vielen muslimisch geprägten Ländern sehr verbreitet – am meisten im Libanon, in Tunesien und Ägypten. Gruppierungen wie al-Qaida, Hamas und Hisbollah, die von den USA als Terrororganisationen eingestuft werden, genießen auch unter den meisten Muslimen keinen guten Ruf. In Pakistan lehnt eine Mehrheit die Taliban ab, in Nigeria halten die meisten nichts von Boko Haram. Nur eine Minderheit in allen befragten Ländern hält Selbstmordattentate unter bestimmten Voraussetzungen für gerechtfertigt, denn Selbstmord ist im Islam eigentlich tabu. Am höchsten fällt die Zustimmung zu dieser Form von Gewalt im Gazastreifen auf, wo die Hamas sie als legitimes Mittel des Widerstands im Kampf gegen Israel ansieht.[11]

Zumindest das Komitee, das den Friedensnobelpreis vergibt, hat erkannt, wie wichtig es ist, jene Stimmen zu stärken, die für einen friedlichen Wandel in muslimischen Ländern stehen. Fünf der letzten zwölf Friedensnobelpreisträger waren Muslime: Die Liste reicht von der iranischen Menschenrechtsanwältin Shirin Ebadi über den ägyptischen Diplomaten und Atom-Unterhändler Mohamed el-Baradei und die Menschenrechtlerin Tawakol Karman aus dem Jemen bis zur pakistanischen Kinderrechtsaktivistin Malala Yousafzai, die von Taliban angeschossen wurde.

Deutsche Muslime haben auch schon mehrfach demonstriert, dass sie islamistischen Terror ablehnen. Zehntausende Menschen folgten im November 2004 in Köln einem Aufruf des türkisch-muslimischen Dachverbands Ditib, gegen al-Qaida und Co. auf die Straße zu gehen. Alice Schwarzer reihte sich damals gerne zwischen Kopftuchmädchen ein. Im September 2014 organisierten die muslimischen Dachverbände in Deutschland in über 2000 Moscheen bundesweit einen Aktionstag gegen Extremismus und Terror, und nach den Anschlägen in Paris im Januar 2015 beteiligten sie sich an der großen Solidaritätsaktion am Brandenburger Tor in Berlin. Doch die Islamwissenschaftlerin Katajun Amirpur fürchtet, »dass die so vehement eingeforderten Distanzierungen kaum registriert werden, wenn sie denn stattfinden, gerade so, als wolle man nicht glauben, dass es sie gibt.«[12]

Das heißt nicht, dass es an der muslimischen Mainstream-Theologie nichts zu kritisieren gäbe. Denn in ihrem offenen Brief an den IS stellen die Gelehrten zwar klar, dass sich jene Verse, die Gewalt zu legitimieren scheinen, ausschließlich auf eine bestimmte historische Lage bezögen, der sich Mohammed in Mekka ausgesetzt gesehen habe, und nicht auf heutige Situationen übertragbar seien. Katajun Amirpur erkennt in dem Brief dennoch »genug Problematisches«: Sie vermisst zum Beispiel eine klare Absage an jene drakonischen Körperstrafen, die in Saudi-Arabien Gesetz sind, sowie ein Bekenntnis zur Gleichberechtigung der Geschlechter. Das aber dürfte mit den ultrakonservativen Klerikern in Saudi-Arabien nicht zu machen sein.

Die meisten muslimischen Theologen lehnen Gewalt nicht kategorisch ab. Terrorismus betrachten sie als eine Form der Selbstjustiz, die in ihren Augen religiös illegitim ist, weil sie Zwietracht sät und Unrecht mit sich bringt. Aber sie unterstützen staatliche Gewalt – insbesondere, wenn sie mit religiösen Grundsätzen korrespondiert. Der Islam kennt auch ein Widerstandsrecht und erlaubt es, gegen Unrecht und Unterdrückung vorzugehen – im äußersten Notfall mit Gewalt.

Damit unterscheidet sich der Islam aber nicht grundsätzlich vom Christentum. Selbst das Neue Testament besteht nicht nur aus der Bergpredigt und lehnt nicht jede Form von Gewalt ab. Das Christentum ist darum nicht nur pazifistisch, auch heute nicht, sondern kennt seit Augustinus die Lehre vom »gerechten Krieg«. Bis heute kämpfen christliche Gruppen mit Gewalt für ihre Ziele oder führen Krieg im Namen ihrer Religion. In Zentralafrika und Uganda kämpft die Lord's Resistance Army um den Rebellenführer Joseph Kony für einen Gottesstaat, der auf den Zehn Geboten aufbauen soll. In den Balkankriegen zeigten sich die serbischen Milizen von serbisch-orthodoxen Mythen beseelt, als sie in Bosnien und im Kosovo gegen ihre früheren muslimischen Nachbarn kämpften, und in Kroatien stützte der katholische Klerus den radikalen Nationalismus der Regierung von Franjo Tudjman.[13] Der wachsende Einfluss evangelikaler Gruppen in den USA oder des orthodoxen Klerus in Russland und der Ukraine haben diese Länder in den vergangenen Jahren auch nicht unbedingt friedfertiger gemacht.

In Deutschland scheinen viele beim Stichwort »Christentum« noch an den protestantischen Pfarrer in Jesuslatschen zu denken, der während des Ost-West-Konflikts Schwerter zu Pflugscharen schmieden wollte oder der sich beim friedensbewegten Pax Christi und der Aktion Sühnezeichen engagiert. Doch bei den christlichen Kirchen in Deutschland ist der Pazifismus in den letzten Jahren aus der Mode gekommen. Die ehemalige Vorsitzende der Evangelischen Kirche in Deutschland (EKD), Margot Käßmann, wurde für ihre Kritik am Afghanistan-Einsatz der Bundeswehr heftig angegriffen – auch aus den eigenen Reihen. In ihrer offiziellen Erklärung zum Afghanistan-Krieg stellte sich die evangelische Kirche im Januar 2014 grundsätzlich hinter den Einsatz, schränkte aber ein, dass dabei zu sehr nur auf militärische Mittel gesetzt worden sei. Und als Käßmann mit dem Vorschlag vorpreschte, die Bundeswehr abzuschaffen, widersprachen ihr Vorgänger Wolfgang Huber und ihr Nachfolger Nikolaus Schneider vehement. Beide unterstützen, wie die katholischen Bischöfe in Deutschland und Papst Franziskus, Waffenlieferungen an die Kurden im Nordirak, um den Vormarsch der IS-Milizen aufzuhalten. Wolfgang Huber nennt das einen »Verantwortungspazifismus«, und Nikolaus Schneider erklärte, das Evangelium lehre zwar den Gewaltverzicht – das bedeute aber nicht, »zuzusehen, wie andere gequält, geköpft, versklavt werden«.[14]

Es ist wohl so: Die wenigsten Gläubigen – egal welcher Religion – richten sich buchstabengetreu nach den Büchern, die ihnen ihre Religion gebietet. Vielmehr richtet sich die Art und Weise, wie sie ihre heiligen Bücher lesen, sehr stark nach der Lage, in der sie sich befinden, und nach der Gesellschaft, in der sie leben. Deshalb ist es sinnvoll, die Überzeugungen von Christen in Deutschland mit denen von Muslimen hierzulande zu vergleichen und die von Muslimen in Ägypten mit jenen von Christen im selben Land. Dabei zeigt sich, dass die Parallelen die Unterschiede überwiegen.

Aber, wie es der Orientalist Bernard Lewis einmal auf den Punkt gebracht hat: »Der Polemiker kann sich natürlich seine Aufgabe wesentlich erleichtern, wenn er die Vergleichspunkte wählt, die ihm am besten passen. Zum Beispiel ist es immer einfach, die Überlegenheit der einen Religion über die andere zu demonstrieren, indem man die Lehre der einen der Praxis der anderen gegenüberstellt«, so Lewis. »Nicht minder irreführend ist der Vergleich zwischen dem Besten der einen und dem Schlechtesten der anderen Seite.«[15]

Das gilt auch für den Vergleich von religiösen Überzeugungen mit denen von Atheisten und Agnostikern. Der Islamismus ist eine moderne Ideologie, so wie Nationalismus oder Kommunismus, von denen es verschiedene Strömungen gibt – demokratische, diktatorische und terroristische. Gemein ist ihnen, dass seine Anhänger den Koran und islamische Traditionen benutzen, um damit ihre politischen Ziele zu rechtfertigen. Deshalb kann es hilfreich sein, den Koran zu lesen, um zu verstehen, woraus Islamisten die Legitimation für ihre Handlungen ableiten. Es wäre nur falsch, darin die einzig mögliche Lesart des Korans zu sehen, wie das so viele »Islamkritiker« gerne tun.

Niemand würde sich schließlich allein auf das Nibelungenlied und andere germanische Mythen stützen, um zu verstehen, wie der Nationalsozialismus entstanden ist – auch wenn die Nazis sich in ihrer Ideologie auf sie bezogen haben. Ebenso absurd wäre es, in bestimmen Fußnoten von Karl Marx den Grund für die stalinistischen Exzesse in der Sowjetunion zu suchen, denn schließlich gibt es ganz andere Möglichkeiten, das Kommunistische Manifest zu lesen. Und niemand, der halbwegs bei Trost ist, würde sich von den brennenden Kreuzen des Ku-Klux-Klans davon überzeugen lassen, dass ihr Kampf für eine homogene »weiße Rasse« die einzig wahre Auslegung des christlichen Glaubens ist. Warum glauben so viele »Islamkritiker« von heute dann, in der Lektüre des Korans und der Biografie des Propheten die Antwort auf alle Fragen der Gegenwart zu finden? In ihrer naiven Koranglaubigkeit übertreffen sie die meisten Muslime damit um Längen.

Leider bleibt die Koran-Auslegung derzeit allzu oft Laien und Autodidakten überlassen, ob es sich nun um Schweizer Satiriker auf Abwegen handelt oder um Internet-Imame mit fragwürdigen Do-it-yourself-Lehren. Dagegen braucht es Religionspädagogen und -lehrer, die in der Lage sind, ein modernes und tolerantes Islamverständnis zu vermitteln. Viele Kinder und Jugendliche leiden an »religiösem Analphabetismus« und wissen nur wenig über die Grundlagen ihrer eigenen Religion, sagt der Religionspädagoge Ismail Yavuzcan, der am Zentrum für islamische Theologie in Tübingen lehrt. Er bildet Lehrer aus, die später an staatlichen Schulen islamischen Religionsunterricht geben sollen.

Nordrhein-Westfalen hat als erstes Bundesland 2012 einen solchen Unterricht eingeführt. Mehrere Bundesländer haben inzwischen nachgezogen, mit Modellprojekten oder Islamkunde als Regelfach. An 92 Schulen in Nordrhein-Westfalen unterrichten 64 Lehrer inzwischen rund 6 500 Schüler. Das ist nur ein Bruchteil der 320 000 Schüler in NRW, die zumindest dem Papier nach muslimischen Glaubens sind, und anderswo sieht es nicht viel besser aus: In Niedersachsen besuchen rund 2 400 Kinder einen solchen Religionsunterricht – das sind nicht einmal 0,05 Prozent aller Schüler, die dort als Muslime geführt werden. Auch wenn viele von ihnen vielleicht gar keinen Religionsunterricht besuchen wollen, ist das noch ziemlich wenig. Aber ein Anfang ist gemacht.

Der Islamwissenschaftler Michael Kiefer, der am Institut für islamische Theologie in Osnabrück arbeitet, hält den bekenntnisorientierten Islamunterricht an öffentlichen Schulen unter staatlicher Aufsicht für ein geeignetes Mittel gegen islamistische Rattenfänger und mögliche Radikalisierung. »Im islamischen Religionsunterricht lernen die Schülerinnen und Schüler, wie mit den islamischen Quellen zu verfahren ist, dass eben genau das literalistische, das wortwörtliche Verstehen des Korans an vielen Punkten nicht statthaft ist, nicht funktionieren kann, dass man hier auf die falsche Fährte gelockt wird«, sagt er. Das bisherige Angebot sei aber noch »ein Tropfen auf den heißen Stein«. Ziel sei »die Mündigkeit, also der souveräne, der reflektierte Umgang mit Religion, mit dem, was die Religion fordert«, so Kiefer. Das ist das beste Gegenmittel gegen extremistische Webseiten und populistische Prediger, die eine radikale Version des Islam propagieren – und gegen eine populistische Islamkritik, die genauso oberflächlich und manipulativ verfährt.[16]

12 Wer ist der Martin Luther des Islam?

Warum der Islam keine Reformation braucht

Als die bekannteste »Islamkritikerin« der westlichen Welt im April 2015 nach Berlin kam, um ihr neuestes Buch vorzustellen, forderte sie nicht weniger als eine radikale Reform des Islam an Haupt und Gliedern. Unter dem Titel *Reformiert euch!* wünscht sich Ayaan Hirsi Ali sehnlichst einen muslimischen Martin Luther herbei. Doch das Interesse an ihren Thesen hielt sich merklich in Grenzen, selbst bei ihrer Pressekonferenz blieben viele Stühle leer. Vielleicht hat man solche wohlfeilen Forderungen einfach schon zu oft gehört.

Die Behauptung, dass der Islam dringend einer Reform bedarf, gehört zu den beliebtesten Allgemeinplätzen in der Debatte um den Islam. Diese Ansicht wird von Muslimen und Nicht-Muslimen gleichermaßen vertreten und geteilt. Im Dunkeln bleibt allerdings oft, was genau damit gemeint ist. »Wir wollen einen aufgeklärten, modernen Islam«, titelte zum Beispiel die *Emma* im März 2015. Mehr als ein Dutzend deutsche Prominente mit muslimischem Hintergrund hatten auf eine entsprechende Anfrage der Zeitschrift geantwortet – vor allem Künstler und Intellektuelle, Politiker und Frauenrechtlerinnen. Einige von ihnen vertraten die Ansicht, dass es diesen aufgeklärten Islam bereits gibt, während für andere dieses Ziel noch in weiter Ferne liegt.

Nicht selten läuft die Feststellung, dem Islam fehle die Aufklärung, darauf hinaus, dem Christentum eine höhere Entwicklungsstufe zu bescheinigen, die Muslime mit ihrem Religionsverständnis erst noch mit viel Mühe erreichen müssten, falls sie überhaupt dazu in der Lage sein sollten. In diese Richtung musste man wohl auch Bundespräsident Joachim Gauck verstehen, als er kurz nach seinem Amtsantritt der *Zeit* ein Interview gab, in dem er sagte, er verstehe diejenigen,

»die fragen: wo hat denn der Islam dieses Europa geprägt, hat er die Aufklärung erlebt, gar eine Reformation?«[1].

Man mag es einem ehemaligen protestantischen Pfarrer wie Gauck nachsehen, dass er die Reformation in einem Nebensatz mal eben zu einer Steigerungsform der Aufklärung erklärt, auch wenn das historisch nicht ganz haltbar ist. Wer den Muslimen aber ausgerechnet die christliche Reformation als Vorbild anpreist, der sollte sich besser noch einmal deren Geschichte vergegenwärtigen. Denn diese Reformation war eine blutige Angelegenheit, die den europäischen Kontinent über Jahrhunderte in Religionskriege um den rechten Glauben gestürzt hat – durchaus vergleichbar mit der sektiererischen Gewalt, die den Nahen Osten in den letzten Jahrzehnten in festem Griff umklammert zu haben scheint. An dieser Entwicklung waren islamistische Vordenker und fundamentalistische Prediger nicht ganz unschuldig, weil sie Gewalt und Terror religiös legitimiert haben. Genau so haben die Vordenker der europäischen Reformation einst ihren Beitrag zur Gewalt im Namen des Christentums geleistet.

Die Wortführer der Reformation lehnten die überlieferte Lehrtradition der katholischen Kirche ab und forderten eine Rückbesinnung auf die »ursprüngliche« Lehre, um zu einem »reineren« Glauben zurückzukehren. Der englische Kirchenkritiker John Wyclif (1330–1384) sah die Rückkehr der Christenheit zu einer Gemeinschaft auserwählter Menschen, die sich allein Gottes Wort verpflichtet fühlen sollten, als Weg zum Heil und lehnte den katholischen Klerus mit seiner Hierarchie von ganzem Herzen ab. Der 1369 geborene Reformator Jan Hus postulierte in Böhmen, dass weltliche Gesetze nicht befolgt werden dürften, wenn sie gegen »das Gesetz Christi« verstießen, und rief damit praktisch zum offenen Widerstand gegen Kirche und König auf. Er selbst ging mit eigenem Beispiel voran: Gegen den Willen des Papstes predigte er auf Tschechisch statt auf Latein, was ihn zur Stimme der tschechischen Bevölkerung Böhmens gegen die deutsche Oberschicht werden ließ. Jan Hus wurde 1415 auf dem Kirchenkonzil in Konstanz auf dem Scheiterhaufen verbrannt, weil er seine Lehre nicht widerrufen wollte, seine brutale Ermordung stachelte seine Anhänger in Böhmen zum Aufstand auf. Als sie 1419 das Rathaus von Prag stürmten, um gefangene Glaubensgenossen zu befreien, warfen sie den Bürgermeister und andere Edelleute einfach aus dem Fenster. Dieser erste Prager Fenstersturz führte zum ersten Hussitenkrieg, dem Auftakt einer Reihe von blutigen Religionskriegen, die ganz Europa in den kommenden Jahrhunderten in ein Schlachthaus verwandeln sollten – bis zum Westfälischen Frieden von 1648.

Manche Wortführer der Reformation haben ganz aktiv Gewalt gepredigt. Martin Luther rechtfertigte in seinen Brandpredigten die Unterdrückung aufständischer Bauern und die Verfolgung der jüdischen Minderheit. Andere Reformatoren schritten selbst vom Wort zur Tat. Der einflussreiche Schweizer Theologe Huldrych Zwingli (1484–1531), der noch vor Luther die Bibel ins Deutsche übersetzte, drängte den Rat der Stadt Zürich, gegen die katholischen Kantone der Innerschweiz Krieg zu führen, um dort die Reformation mit Feuer und Schwert zu verbreiten, und empfahl, konkurrierende Glaubensgemeinschaften wie die Täuferbewegung erbarmungslos zu verfolgen. Außerdem rief er zum »Bildersturm« auf, weil er außer Bibelsprüchen keinen Kirchenschmuck gelten lassen wollte. Sein geistiger Nachfolger Johannes Calvin (1509–1564) versuchte in Genf, mit diktatorischen Mitteln eine Art Gottesstaat mit strengen Sittengesetzen zu etablieren, und schreckte nicht davor zurück, die Ausweisung und sogar Hinrichtung von Andersdenkenden zu fordern und zu unterstützen. Barmherzigkeit gegen Andersgläubige lehnte er als »teuflisch und keineswegs christlich« ab. Den Einfluss von Calvins Lehre auf die Reformation in den Niederlanden, in England und den USA kann man gar nicht hoch genug einschätzen.

Diese Gewaltgeschichte der christlichen Reformation sollte man vor Augen haben, wenn man sie dem Islam als Vorbild empfiehlt. Es ist ein Irrglaube, anzunehmen, dass Reform immer etwas Positives ist. Die Reformation in Europa wird heute nur deshalb so positiv gesehen, weil darauf Aufklärung, Demokratie und die universelle Erklärung der Menschenrechte folgten (ein paar Revolutionen, mehrere Völkermorde und zwei Weltkriege lagen noch auf dem Weg). Aber mit Blick auf fundamentalistische Christen in den USA oder Uganda fällt das Urteil vielleicht nicht mehr ganz so rosig aus, denn die nehmen es mit Gewaltlosigkeit und Menschenrechten nicht immer so genau.

Der Islam kennt zwar keine oberste Instanz, wie sie die katholische Kirche mit dem Papst besitzt, sondern besteht aus konkurrierenden

Strömungen – aber er kennt vorherrschende Lehrmeinungen, die von der Mehrheit der Gelehrten geteilt werden. Es gibt zwei Arten, diese zu kritisieren: Man kann den Konservatismus der muslimischen Mainstream-Theologen in islamischen Ländern kritisieren, speziell ihre Haltung zu Frauen, Minderheiten und der individuellen Gewissensfreiheit; das ist die liberale Kritik. Oder man kann ihnen vorwerfen, zu sehr von lokalen Traditionen beeinflusst und von politischen Machthabern abhängig zu sein, und die Rückkehr zu einem »reinen Islam« propagieren; das ist die Kritik von Fundamentalisten, die den Diskurs an sich gerissen haben. So gesehen hat der Islam seine Reformation bereits erlebt, und sie ist immer noch in vollem Gange.

Der Wahhabismus in Saudi-Arabien, der dort heute als Staatsreligion gilt, geht auf eine puritanische Bewegung zurück, die im 18. Jahrhundert ihren Anfang nahm und deren Begründer, der Prediger Muhammad Ibn Abdel Wahhab (1702–1792), die Rückkehr zu einem »reinen«, »ursprünglichen« Islam propagierte. Er verwarf die klassischen Rechtsschulen, räumte mit der traditionellen Heiligenverehrung auf und lehnte andere Strömungen als Häresie ab. Der britische Journalist Mehdi Hassan, Moderator bei *Al Jazeera* und Kolumnist des *Guardian*, findet, dass Abdel Wahhab noch am ehesten den Titel »Martin Luther des Islam« verdienen würde, denn er habe Puritanismus mit Abneigung gegen Juden und andere Minderheiten verbunden.[2] Auf seine Lehre stützt sich das saudische Königshaus, um seine Monarchie zu legitimieren, und ist aufgrund seines Reichtums an Petro-Dollars in der Lage, seine rigide Auslegung des Islam in alle Welt zu verbreiten.

Auch moderne Vordenker des politischen Islam wie Sayyid Qutb (1906–1966), einst Cheftheoretiker der ägyptischen Muslimbrüder[3], haben die traditionelle Theologie auf den Kopf gestellt. Sein Dschihad-Konzept markiert einen radikalen Bruch mit der Art und Weise, wie dieser Begriff über Jahrhunderte hinweg von traditionellen Gelehrten verstanden wurde. Al-Qaida und Co. berufen sich auf Qutb, weil sich mit seinem Dschihad-Begriff auch Angriffskriege und sogar Terrorismus rechtfertigen lassen, während die Muslimbrüder zuletzt ihren Frieden mit der Demokratie gemacht haben. Der iranische Ayatollah Khomeini, der nach dem Sturz des Schahs in Iran 1979 an die Macht kam, hat wiederum den schiitischen Islam revolutioniert: Das

System einer »islamischen Republik«, das er in Iran begründet hat, seine als »Herrschaft der Rechtsgelehrten« bezeichnete Mullah-Theokratie, ist in der islamischen Geschichte ohne Beispiel. Zum Wesen des modernen Islamismus gehört die Umdeutung traditioneller islamischer Begriffe, denen eine komplett neue Bedeutung verliehen wird. So pervertiert der »Islamische Staat« heute den Begriff »Kalifat«, um damit sein Terrorregime zu legitimieren. Auch wenn sie behaupten, sich nach dem Vorbild des Propheten zu richten, vertreten Islamisten von heute eine durch und durch moderne und revolutionäre politische Ideologie.

Hirsi Ali hat natürlich anderes im Sinn, wenn sie eine Reformation des Islam verlangt. In ihrem Buch stilisiert sie den ägyptischen Putsch-Präsidenten Abdel Fattah al-Sisi zum Hoffnungsträger, weil der General im Januar 2015 in der religiösen Al-Azhar-Universität in Kairo, einer der wichtigsten Institutionen des arabisch-sunnitischen Islam, eine Ruck-Rede gehalten und eine »Revolution« in der Auslegung der Religion gefordert hat.[4] Damit ist al-Sisi aber nicht der Erste, er steht vielmehr in einer langen Reihe von Staatschefs, die eine Reform des Islam von oben verlangt haben.

In den meisten muslimischen Ländern sind Staat und Religion bis heute nicht wirklich getrennt: Gerade in den meist autoritär geprägten arabischen Ländern unterliegt die Religion der mehr oder weniger strikten Kontrolle des Staates. So unterschiedliche Staatschefs wie Kemal Atatürk, der Begründer der modernen Türkei, Reza Schah Pahlavi in Iran oder der General Gamal Abdel Nasser in Ägypten betrachteten den traditionellen Islam als ein Hindernis für den Fortschritt, weil er in ihren Augen für Fatalismus und Konservatismus stand.

Mustafa Kemal, genannt Atatürk (1881–1938), war zweifellos der radikalste Reformer. Er schaffte nach der Niederlage des Osmanischen Reiches Sultanat und Kalifat ab und befahl eine Kulturrevolution, um sein Land nach westlichem Vorbild zu modernisieren: Er ließ die Derwischklöster, die religiösen Gerichtshöfe und die Koranschulen schließen und die religiösen Bruderschaften und Sufi-Orden verbieten, er führte die allgemeine Schulpflicht und ein säkulares Bildungs- und Rechtssystem ein. Alle sichtbaren Zeichen der Vergangenheit, von traditionellen Kopfbedeckungen wie dem Fes bis zur arabischen Schrift, wurden verboten. Aus Europa übernahm er den christlichen Kalender und den Sonntag als Feiertag, und mit der Einführung der Zivilehe und des Frauenwahlrechts war die Türkei sogar vielen europäischen Ländern voraus.

Atatürks Vorbild strahlte auf andere Staatschefs in der Region aus, die sich ebenfalls als Reformer sahen. In Iran drängte Reza Schah Pahlavi (1871–1944) den Einfluss des schiitischen Klerus zurück, säkularisierte das Justiz- und Bildungssystem, ließ den Tschador verbieten und erklärte den Hut zur Bürgerpflicht. In Ägypten brachte Gamal Abdel Nasser (1918–1970) in den fünfziger Jahren die Al-Azhar-Universität, den »Vatikan des sunnitischen Islam«, unter seine Kontrolle und auf seine Linie und nutzte sie, um die Massen für seinen »arabischen Sozialismus« zu begeistern. Und Habib Bourguiba (1903–2000), der erste Präsident der Republik Tunesien, sorgte dort 1961 für Aufsehen, als er während des Ramadan im Fernsehen demonstrativ ein Glas Orangensaft trank, weil es ihn störte, dass die Produktivität seines Landes im Fastenmonat so stark nachließ.

Man kann diesen Potentaten nicht vorwerfen, dass sie nicht genug gegen eine rückschrittliche Interpretation des Islam unternommen hätten, im Gegenteil: Jeden Widerstand gegen ihre Reformen unterdrückten sie mit rücksichtsloser Härte. Sie ließen führende Islamisten hinrichten, wann immer sie ihnen gefährlich wurden, und förderten stattdessen einen domestizierten Staatsislam, der ihnen nicht in die Quere kam. Nach einem missglückten Anschlag ließ Nasser 1954 die Muslimbruderschaft verbieten, ihre Mitglieder verhaften und die Anführer der Bewegung hinrichten, darunter ihren Vordenker Sayyid Qutb. Auch andere Diktatoren wie Saddam Hussein im Irak und Muammar al-Gaddafi in Libyen haben ihre Gegner einfach in ihren Kerkern verschwinden lassen. Mit besonderer Härte ging Hafiz al-Assad (1930–2000) in Syrien vor. Als es 1982 in der Stadt Hama zu einem Aufstand kam, der von den Muslimbrüdern getragen wurde, ließ Syriens Armee dort kaum einen Stein auf dem anderen. Sein Sohn Baschar al-Assad setzt diese Politik der verbrannten Erde heute fort. Und Ägyptens General al-Sisi, der die Muslimbrüder erneut verbieten und ihre Anführer zum Tode verurteilen ließ, tritt in die Fußstapfen von Gamal Abdel Nasser. Dabei hat diese Politik der harten Hand erst jenen islamistischen Terror hervorgebracht, den sie zu bekämpfen vorgibt.

Hirsi Ali kennt die Geschichte der muslimischen Länder schlecht, wenn sie ihnen die autoritären Methoden arabischer Gewaltherrscher wie al-Sisi als Rezept empfiehlt. Aber das hat bei ihr System: Sie plädierte schon einmal unverhohlen für einen Putsch der türkischen Armee gegen den gewählten Regierungschef Erdoğan. Was immer man von dessen autoritärem Gebaren halten mag – ein Militärputsch in der Türkei wäre eine Katastrophe gewesen. Ein anderes Mal warf sie ausgerechnet dem US-Präsidenten George W. Bush, der in Afghanistan und im Irak einmarschiert war, vor, zu nachgiebig gegenüber dem Islam zu sein. Und zuletzt schlug sie im August 2014, mitten während des dritten Gazakriegs, Israels Benjamin Netanjahu für den Friedensnobelpreis vor. Mit Gewalt hat sie offenbar nur ein Problem, wenn diese von Islamisten ausgeht.

Hirsi Ali macht keine großen Unterschiede zwischen Muslimen, die ihren Glauben praktizieren, Islamisten, die zu Wahlen antreten, und Dschihadisten, die für ihre Ziele zur Gewalt greifen. Wenn sie in ihrem Buch *Reformiert euch!* schreibt, der Islam lehre, »dass es nichts Ruhmreicheres gebe, als Ungläubigen das Leben zu rauben, und wenn die Mordtat das eigene Leben kostet, umso besser«[5], setzt sie damit die gesamte Religion mit Terrorismus gleich – ein Zerrbild. Entsprechend absurd sind die Vorschläge, die sie ausbreitet. Sie fordert unter anderem, Muslime sollten den Propheten Mohammed nicht mehr als Vorbild betrachten und den Koran nicht mehr als Gottes Wort, sondern als ein menschengemachtes Buch. Genauso gut könnte sie Katholiken empfehlen, den Papst einen guten Mann sein zu lassen, die Mär von der unbefleckten Empfängnis zu vergessen und frohen Herzens der Homo-Ehe und Kondomen zuzustimmen – oder Juden, doch einfach Jesus als ihren Messias anzuerkennen. Ihr Aufruf an Muslime, einige Grundüberzeugungen ihrer Religion einfach über Bord zu werfen, ist selbst für eine nicht gerade bescheidene Autorin wie Ayaan Hirsi Ali bemerkenswert vermessen. Aber warum sollten Muslime überhaupt auf eine Frau hören, die ihre Religion schon mal als »nihilistischen, destruktiven Todeskult« bezeichnet hat«, den der Westen militärisch »besiegen« müsse?

Dabei steht außer Frage, dass es einen Islam braucht, der mit Menschenrechten, Demokratie und säkularem Rechtsstaat vereinbar ist. Der Islam in Europa spiegelt noch immer sehr stark jenen Islam wider, wie er in den Herkunftsländern der Einwanderer gelebt wird. Das heißt, er ist staatstragend, eher konservativ und am Herkunftsland orientiert – aber auch angepasst und manchmal erstaunlich flexibel. Während viele muslimische Verbände in Deutschland und anderswo das Kopftuch als religiöses Gebot verstehen, haben sich prominente Vertreter des Islam in Frankreich mit den dortigen Kopftuchverboten arrangiert und verteidigen sie sogar.

Europa ist in den letzten Jahren allerdings zu einem Zufluchtsort für muslimische Denker geworden, die für ihre Heimatländer zu liberal sind. Die Avantgarde der muslimischen Denker findet man heute nicht in den arabischen Kernländern des Islam, sondern in Europa, Asien, den USA und Südafrika – also in Ländern, in denen Meinungsfreiheit und Demokratie herrschen, anders als in den meisten Staaten des Nahen Ostens, Tunesien einmal ausgenommen.[6] Aus der einstigen Peripherie kommen derzeit die stärksten Impulse für einen aufgeklärten Islam, der mit Demokratie, Freiheit und Frauenrechten kein Problem hat. An der Sorbonne in Paris lehrte der aus Algerien stammende Religionsphilosoph Mohammed Arkoun (1928–2010), Autor einer *Kritik der islamischen Vernunft*. Und Nasr Hamid Abu Zaid (1943–2010), der in seiner Heimat Ägypten aufgrund seiner Hermeneutik des Korans als Häretiker angefeindet wurde, verbrachte seine letzten Lebensjahre an Universitäten in den Niederlanden. Dass solche Denker im Westen kaum wahrgenommen wurden und werden, spricht Bände über das Desinteresse an wirklich liberalen Muslimen, die ihre Religion und demokratische Werte ganz selbstverständlich verbinden.

Zu den profiliertesten Vordenkern eines europäischen Islam zählt Tariq Ramadan, den viele Muslime als Idol und Vorbild feiern. Der Schweizer Intellektuelle ist in Frankreich ein häufiger Talkshow-Gast und lehrt seit 2005 in Oxford. Er fordert von Muslimen, klarer zwischen kulturellen Traditionen und religiösen Geboten zu unterscheiden, und ruft sie dazu auf, sich selbstbewusst in ihre Gesellschaften einzubringen, statt sich in eine Opferrolle zurückzuziehen. Von seinen Kritikern wird Tariq Ramadan als Wolf im Schafspelz verdammt, sie werfen ihm Doppelzüngigkeit vor. Dabei lässt er an seinem Bekenntnis zu Demokratie und säkularem Rechtsstaat wenig Zweifel: Er hat Selbstmordattentate und terroristische Gewalt verurteilt und lehnt die undemokratischen Regimes in Saudi-Arabien, Ägypten und in Iran ab, weshalb dort gegen ihn Einreiseverbote verhängt wurden.

Erst im Februar 2015 lancierte Tariq Ramadan mit drei anderen Mitstreitern ein Manifest für einen demokratischen Islam, in dem er zur selbstkritischen Reflexion des religiösen Erbes aufrief.[7] In seinem Buch mit dem programmatischen Titel *Radikale Reform* schreibt er, Gott habe sich nicht nur im Koran, sondern auch in der Welt offenbart, die er erschaffen habe. Darum sei es die Aufgabe des Gläubigen, sich nicht nur den Koran zu erschließen, sondern auch die Welt – und zwar mit den Mitteln der modernen Natur- und Geisteswissenschaften, der Psychologie und der Philosophie. Die traditionellen Gelehrten der muslimischen Welt hätten das vernachlässigt, sie seien zu sehr auf die Schrift fixiert. Wer sagt, der Islam habe keine Aufklärung erlebt, dem entgegnet er, den eigenen Verstand zu benutzen sei schon immer die Botschaft des Korans gewesen.[8]

Die Vielfalt der Lehrmeinungen und Strömungen im Islam mag für Außenstehende verwirrend erscheinen – sie ist noch größer als zwischen konservativen Christdemokraten, christlichen Fundamentalisten und linken Befreiungstheologen. Hinzu kommt, dass sich jeder Laienprediger anmaßen kann, im Namen des Islam zu sprechen. Dass in den letzten Jahren an deutschen Universitäten mehrere Lehrstühle für islamische Theologie eingerichtet wurden, bietet aber eine Chance dafür, dass in Zukunft auch von hier maßgebliche Anstöße für eine Erneuerung des muslimischen Glaubens ausgehen können. Der Theologe Bülent Uçar, der am neuen Islam-Zentrum der Universität Osnabrück lehrt, stellt klar: »In den rechtsstaatlichen Demokratien haben Muslime viel mehr Freiheiten als in Saudi-Arabien, in Iran oder im sogenannten Islamischen Staat.« Er fordert, die heiklen Themen nicht auszusparen, aber »religiöse Normen in ihrem historischen Kontext zu verstehen«, und betont, ein Staat sei »nicht schon deshalb islamisch, weil er sich so nennt«.[9] Sein Münsteraner Kollege Mouhanad Khorchide kritisiert jene saudischen Kleriker, die Apostasie (die demonstrative Abwendung von einer Religion) mit der Todesstrafe sanktionieren wollen.[10] Der Theologe Abdel-Hakim Ourghi, der an der Pädagogischen Hochschule in Freiburg lehrt, kritisiert, dass sich islamistische Terroristen »auf eine gewalttätige, theologisch gut fundierte Ideologie stützen könnten«, und fordert muslimische

Theologen dazu auf, noch stärker gegen jede Gewalt im Namen der Religion Stellung zu beziehen und ihnen die Legitimation zu entziehen, indem man Mohammeds Wirkungszeit in Medina historischkritisch betrachte und bewerte.[11] Der Imam Benjamin Idriz aus Penzberg findet, Treue zu den islamischen Geboten und der islamischen Kultur und Zivilisation bedeute, ein offenes und an der Aufklärung orientiertes Denken gegenüber anderen zu fördern und mit Nicht-Muslimen zusammenzuarbeiten. Und die Religionspädagogin Lamya Kaddor, die ein Kinderbuch über den Koran herausgegeben hat und sich im interreligiösen Dialog engagiert, wünscht sich für den Islam »weniger Dogma und mehr Spiritualität«[12].

Wer will, kann das einen aufgeklärten Islam nennen. Aufklärung ist aber keine abgeschlossene Entwicklung, sondern ein stetiger Prozess. Eine Gesellschaft kann sich deshalb nie als endgültig aufgeklärt betrachten – auch die westliche nicht. Der Bestsellererfolg von populistischen Autoren wie Ayaan Hirsi Ali und die Wahlerfolge populistischer Rechtsparteien sind der beste Beweis dafür, dass die Aufklärung auch in Europa bis heute noch ein unvollendetes Projekt geblieben ist.

13 Schweineköpfe auf der Baustelle
Moscheen und andere Streitigkeiten

»Wer ein Haus baut, will bleiben«, sagte der Frankfurter Architekt Salomon Korn 1986 bei der Eröffnung des Jüdischen Gemeindezentrums, das nach seinen Plänen in seiner Stadt erbaut wurde. »Und wer bleiben will, erhofft sich Sicherheit«, fügte er noch hinzu. Dieser legendär gewordene Satz lässt sich auch auf neue Moscheen übertragen, die von Einwanderern und deren Nachkommen nicht nur in Deutschland, sondern in ganz Europa gebaut werden.

Mit dem Bau einer modernen Moschee im italienischen Colle di Val d'Elsa, die sie gemeinsam mit der muslimischen Gemeinde der Stadt geplant hatte, wollte die Kleinstadt in der Toskana ein Zeichen der Integration ihrer Bewohner setzen, die einst zur Arbeit in den Kristallglasfabriken der Region gekommen waren. Doch dann meldete sich 2006 die bereits todkranke Journalistin Oriana Fallaci zu Wort. »Ich will kein 24 Meter hohes Minarett in der Landschaft Giottos sehen, wenn in deren Ländern ich nicht einmal ein Kreuz oder eine Bibel mit mir führen darf«, tobte sie in ihrem letzten Interview, das im *New Yorker* erschien. »Wenn ich dann noch leben sollte, gehe ich zu meinen Freunden in Carrara, der Stadt des Marmors. Sie sind alle Anarchisten: mit ihnen versorge ich mich mit Sprengstoff und sprenge das Bauwerk in die Luft«, verkündete sie.[1] Bald darauf starb Fallaci an Krebs. Doch mit ihrer Wutrede trat sie in Italien eine landesweite Debatte um den Moscheebau los, und schon bald pilgerten Anhänger der rechtspopulistischen Lega Nord und andere Rechtsradikale aus allen Teilen Italiens zu Protestmärschen nach Colle di Val d'Elsa. Einmal veranstaltete Mario Borghezio aus Turin, Europaabgeordneter der Lega Nord und ein Idol der italienischen Neonazis, dort ein Grillfest mit Schweinswürsten. Ein anderes Mal hinterließen anonyme Gegner auf der Baustelle einen Schweinskopf, um sie zu entweihen, denn das Schwein gilt Muslimen als »unreines« Tier.

Etwas mehr als 1,2 Million Muslime leben inzwischen in Italien. Die meisten sind erst in den letzten Jahren nach Italien gekommen und stammen aus sehr unterschiedlichen Ländern, vorwiegend aus Nordafrika, Albanien und dem Nahen Osten. Sie sind weit schwächer und weniger gut organisiert als die Muslime in Frankreich, Deutschland oder Großbritannien, ihre größten Gemeinden finden sich in der Gegend um Rom und im Norden Italiens, im Piemont, in der Lombardei und in Venetien. Gebetsräume haben sich die Gläubigen meist in ehemaligen Supermärkten, Garagen oder Lagerhallen eingerichtet.[2] Repräsentative Gotteshäuser gab es in ganz Italien bis vor kurzem kaum: nur eine in Rom, am Fuße des Monti Parioli, die 1995 eröffnet wurde und Platz für mehrere Tausend Menschen bietet, womit sie als größte Moschee Europas gilt, sowie eine in Segrate, einem Ort bei Mailand, die bereits 1988 ihre Tore öffnete. 2012 kam noch eine im sizilianischen Catania dazu, die jetzt als größte Moschee des Südens gilt. Seit es aber noch mehr werden sollen, sind Moscheen zur bevorzugten Zielscheibe der Lega Nord geworden. Diese propagierte einst die Autonomie oder gar Loslösung des wohlhabenden und industrialisierten Nordens Italiens vom als »parasitär« empfundenen Süden. Doch in den letzten Jahren hat sie sich zu einer rechtspopulistischen Partei für das ganze Land gewandelt und sich den Kampf gegen die Immigration und den Islam auf die Fahnen geschrieben.

Als 2007 bekannt wurde, dass auch in der norditalienischen Universitätsstadt Bologna eine geräumige Moschee mit Kuppel und Minarett entstehen sollte, wurde die Lega Nord aktiv. Roberto Calderoli, einer ihrer berüchtigtsten Hetzer, Senator in Rom und ehemaliger Minister unter Silvio Berlusconi, rief dazu auf, eine Herde Schweine über das Gelände der geplanten Moschee zu treiben, um es zu entweihen, und warf den Bauherren vor, mit den Muslimbrüdern und der Hamas unter einer Decke zu stecken, kurz: Teil eines internationalen Terrornetzwerks zu sein. Als Beweis diente Calderoli die Tatsache, dass die Imame auf Arabisch predigen sollten. Publizistische Schützenhilfe erhielt die Lega Nord durch den einflussreichen Journalisten Magdi Allam, der im *Corriere della Sera* gegen den geplanten Bau zu Felde zog. Der ägyptischstämmige Publizist, der sich im Laufe seiner Karriere politisch von ganz links nach ganz rechts bewegt hat und 2008 zum katholischen Glauben konvertierte, nannte Italiens Moscheen »Kamikaze-Fabriken« und »Brutstätten des Terrors« und forderte dazu auf, sie zu schließen. Mit den Einschätzungen der Sicherheitsbehörden deckten sich seine Behauptungen zwar nicht, aber als herauskam, dass sich unter dem Gelände der geplanten Moschee eine Gasleitung befindet, die zu einer Nato-Basis in Venetien führt, musste sich der sozialdemokratische Bürgermeister von Bologna, Sergio Cofferati, der die Moscheepläne unterstützt hatte, geschlagen geben. Er bemühte sich noch um ein Ausweichquartier, aber seit seinem Rücktritt im Jahr 2009 liegt das Projekt auf Eis.

Der Streit um den gescheiterten Moscheebau in Bologna ist zwar besonders bizarr, aber er ist symptomatisch. Fast überall, wo solche Pläne bekannt werden, sorgen sie für Unruhe in der Nachbarschaft und oft weit darüber hinaus. Neue muslimische Gebetshäuser sind, neben Kopftüchern, das sichtbarste Zeichen des Islam in Europa und damit ein Symbol gesellschaftlicher Veränderung. Mit der zunehmenden Sichtbarkeit des Islam in vielen europäischen Städten wächst aber mancherorts die Abwehr. Baustellen verwandeln sich deshalb immer wieder in Kampfzonen der Integrationsdebatte – ob in Bologna oder Marseille, in der Toskana oder am Rhein.

Die Schweinekopf-Attacken haben Schule gemacht. In Berlin wurde im Januar 2014 ein mutmaßlicher Neonazi zu einer Geldstrafe von 1200 Euro verurteilt, weil er vor der Şehitlik-Moschee in Neukölln, der größten Moschee der Stadt, zwei Schweinekopfhälften abgelegt hatte. Ein Kassenbon, den er übersehen hatte, brachte die Polizei auf seine Spur. Auf dem Baugelände einer geplanten Moschee im Leipziger Stadtteil Gohlis hinterließen Unbekannte im November 2013 fünf blutige Schweinsköpfe, die sie auf Holzpflöcke gespießt hatten. Ähnliches ereignete sich im Jahr zuvor in Graz, wo 2012 der Grundstein für eine Moschee mit einem eher symbolischen 22-Meter-Minarett gelegt wurde. Und nach dem Anschlag auf Charlie Hebdo in Paris kam es im Januar 2015 in ganz Frankreich zu einer Welle von Übergriffen auf Moscheen – mit Granaten, Brandbomben und Schweineköpfen.

Dabei haben Proteste gegen geplante Moscheeneubauten meist wenig mit der konkreten Gemeinde oder der Zahl der Muslime zu tun, dafür aber viel mit dem politischen Klima vor Ort oder im Land. Auch in Deutschland unterscheiden sich die Reaktionen auf solche Pläne deshalb von Stadt zu Stadt. Während es in Einwandererviertelnwie Mannheim-Jungbusch, Berlin-Kreuzberg und Duisburg-Marxloh kaum Proteste gab, als dort große und repräsentative Moscheen entstanden, gab es in Köln oder Frankfurt massiven Widerstand, gerade aus gutbürgerlichen Kreisen. Köln hat 2007 eine heftige Moscheedebatte erlebt, die republikweit ein Echo finden sollte. Anfangs lief nur die kleine, stramm rechte Stadtratsfraktion der Splitterpartei »pro Köln« Sturm gegen das Vorhaben, auf das sich der Stadtrat von Köln parteiübergreifend mit dem türkischen Moscheeverein Ditib verständigt hatte. Ein von »pro Köln« initiiertes Bürgerbegehren scheiterte im Dezember 2006, weil sich zu viele Stimmen als ungültig erwiesen. Doch als der prominente jüdische Publizist und Holocaust-Überlebende Ralph Giordano im Juni 2007 an die Öffentlichkeit trat und den geplanten Neubau als »Symbol einer verfehlten Integrationspolitik« verteufelte, machte das Projekt bundesweit Schlagzeilen. Der Gegenwind kam nun auch aus den Medien – vor allem im *Kölner Stadtanzeiger* und im Feuilleton der konservativen *Frankfurter Allgemeinen Zeitung* fanden die Moscheegegner nun ein Forum für ihre Vorbehalte.

Natürlich gibt es durchaus berechtigte Fragen, die man stellen kann und muss, wenn irgendwo eine Moschee entstehen soll. Woher stammt das Geld für den Bau, welcher Verband steckt dahinter? Woher kommen die Imame, welche Lehre vertreten sie? In welcher Sprache wird gepredigt – und was? Und, für die Anwohner nicht unwichtig: Wie groß wird das Gebäude, was ist mit den Parkplätzen, wie wird sich das auf die soziale Mischung im Viertel auswirken?

Manchen erscheint aber schon allein die Tatsache verdächtig, dass überhaupt neue Moscheen entstehen – und sie vermuten eine Strategie dahinter. Tatsächlich hat es in den vergangenen zwei Dekaden bei Moscheen einen kleinen Bauboom gegeben. Dieser unbestreitbare Baueifer ist allerdings kein Beweis islamischer Landnahme, sondern Ausdruck einer nachholenden Entwicklung. Während sich die muslimischen Gläubigen der »Gastarbeiter«-Generation noch mit Hinterhöfen und Ladenwohnungen zum Gebet zufriedengaben, weil sie von einer Rückkehr in ihre alte Heimat träumten, suchen ihre Kinder und

Enkel heute selbstbewusst einen Platz in dieser Gesellschaft, indem sie als Architekten, Anwälte und Unternehmer den Bau von repräsentativen Moscheen vorantreiben. Dass Muslime sich hierzulande so heimisch fühlen, dass sie ihre Absicht, für immer hierzubleiben, sogar in Beton gießen, ist ein Zeichen der Integration.

Repräsentative Moscheebauten sollen der Mehrheitsgesellschaft signalisieren, dass man ihr auf Augenhöhe begegnet, sie sind ein Ausdruck von Stolz und Selbstvergewisserung. Hinzu kommt aber auch die innerislamische Rivalität unter den Verbänden und Gemeinden, die sich nach nationaler Herkunft und religiöser Ausrichtung unterscheiden. Wer von ihnen in Zukunft noch Gläubige zum Gebet locken will, muss über ansprechende Räumlichkeiten verfügen. Um nicht ins Hintertreffen zu geraten, ist in den letzten Jahren ein regelrechter Wettbewerb um das schönste und größte Gotteshaus ausgebrochen. Denn, um es mit Rainer Maria Rilke zu sagen: Wer jetzt noch ohne Moschee ist, der wird es lange bleiben.

Moscheebauten sind aber ein Reizthema, erst recht, wenn sie groß und repräsentativ ausfallen sollen, weil sich mit dem Angstbild einer »Groß-Moschee« oder »Mega-Moschee« prima Stimmung machen lässt. Daran sind einige der ambitioniertesten Projekte gescheitert, darunter eine lange versprochene Moschee für die rund 250 000 Muslime in der Hafenstadt Marseille. Zwar einigten sich 2006 alle Parteien im Stadtrat auf das Projekt – alle bis auf den Front National. Der Front National setzte auf Zermürbungstaktik und strengte eine Reihe von Prozessen gegen die geplante Moschee an: Mal befand er die von der Stadt geforderte Miete als zu niedrig, mal mahnte er mehr Parkplätze an. Ein Gesetz aus dem Jahr 1905 besagt, dass der französische Staat keine Gotteshäuser finanzieren darf. Ohne staatliche Förderung sind Frankreichs Muslime auf ausländische Geldgeber angewiesen, doch Sponsoren aus Algerien, Katar oder Kuwait waren den Stadtvätern in Marseille nicht genehm. Nach vierzehn Jahren Diskussionen, Geldproblemen und einer Reihe von Gerichtsverfahren befindet sich auf dem Gelände der geplanten Moschee deshalb immer noch ein Parkplatz.

Ähnlich sieht es in Newham aus, einem Einwandererbezirk im Osten Londons, wo einmal die größte Moschee Europas entstehen sollte, mit Platz für bis zu 10 000 Gläubigen. Eine missionarische und orthodoxe, aber eher unpolitische und pietistische Bewegung aus Pakistan namens Tablighi Jamaat hatte sich dafür ein Gelände in der Nähe der Austragungsorte der Olympischen Spiele 2012 ausgesucht. Nach den Plänen des Architekten sollte das Gebäude keine Minarette haben, aber aus der Luft wie ein arabisches Schriftzeichen aussehen. Doch sobald die Pläne publik wurden, formierte sich der Protest: Mehr als 250 000 Menschen unterzeichneten eine Online-Petition, die sich 2007 an den damaligen Premierminister Gordon Brown wandte, und Londons damaliger Bürgermeister Ken Livingstone sprach von einer bösartigen Kampagne gegen die Moschee, die auf Falschbehauptungen beruhe. Im Dezember 2012 wies der Stadtrat von Newham die Pläne endgültig zurück und begründete seine Entscheidung mit der Größe und den Verkehrsproblemen, die damit verbunden wären. Bei der English Defence League, die jahrelang gegen die »Mega-Moschee« demonstriert hatte, knallten daraufhin die Sektkorken.

Dass ausgerechnet die Ditib-Moschee in Köln, wo rund 100 000 Muslime leben, bundesweit so ins Kreuzfeuer der Kritik geraten würde, war nicht abzusehen. Für die geplante Zentralmoschee wurde sogar eigens ein Architekturwettbewerb ausgerufen, um einen modernen Entwurf zu finden, der sich in die europäische Umgebung einfügt. Mit dem Stadtrat bestand ein Vertrauensverhältnis, viele gesellschaftliche Gruppen saßen mit im Boot. Der Bauherr, die halbstaatliche »Türkisch-Islamische Union«[3], ist der größte Islam-Dachverband in Deutschland, ihm gehört fast ein Drittel der landesweit rund 3 000 Moscheegemeinden an. Zwar vertritt er, wie die meisten Islamverbände in Deutschland, ein eher konservatives Religionsverständnis, durch Extremismus ist er aber noch nie aufgefallen. Er wird maßgeblich von der türkischen Regierung unterstützt und politisch gesteuert, sein Vorsitzender und seine Imame werden aus Ankara entsandt und sind Angestellte der Türkei. Aber die Türkei ist ein befreundeter Staat und Nato-Partner mit einer langen Geschichte der Trennung von Staat und Religion, der zudem seit Jahrzehnten an die Tür der EU klopft. Solange Deutschland nicht selbst Imame ausbildet, verfügt es über keinen besseren Partner. Und was immer man von den autokratischen Allüren seines Regierungschefs Recep Tayyip Erdoğan halten mag: Der deutsche Innenminister Thomas de Maizière stellte 2015 klar, die aus der Türkei entsandten Imame hätten in Konfliktfällen oft zur Mäßigung beigetragen. Dafür sei er dankbar.[4]

Das hinderte die Publizistin Necla Kelek aber nicht daran, Ralph Giordano im Sommer 2007 mit seiner Brachialkritik an der geplanten Kölner Zentralmoschee zur Seite zu springen und die Ängste vor einer fünften Kolonne aus Ankara zu schüren. In einer ganzseitigen Polemik in der *FAZ* führte sie gegen die geplante Moschee in Köln einen ganzen Katalog von Vorbehalten auf, die aus dem Arsenal der eingefleischten Islamgegner stammten.[5] Schon der Entwurf stehe für einen »Gestus der Eroberung«, behauptete Kelek, der Bau sei integrationsfeindlich und fördere die Geschlechtertrennung und einen Rückzug in die Parallelgesellschaft. Überdies unterstellte sie den Bauherren Indoktrination, Intransparenz und Doppelzüngigkeit, die im Vorwurf der »Takkiya« gipfelte, also einer bewussten Täuschung der deutschen Öffentlichkeit. Dieses Totschlagargument läuft darauf hinaus, dass man Muslimen grundsätzlich nicht trauen kann, weil sie angeblich ihre wahren Absichten verbergen.[6]

Ralph Giordano bekam in der *FAZ* sogar Gelegenheit zum Streitgespräch mit dem damaligen Innenminister Wolfgang Schäuble. Während Giordano darauf beharrte, Muslime seien »kollektiv nicht integrierbar«, forderte der CDU-Politiker kühl, doch bitte klar zwischen Integrationsproblemen, der Religionsfreiheit und den Bedrohungen durch den islamistischen Terror zu unterscheiden. Doch vor allem in konservativen Kreisen verfehlte das publizistische Dauerfeuer der Moscheegegner seine Wirkung nicht. Kölns CDU-Oberbürgermeister Fritz Schramma klagte, Giordanos Worte seien »Wasser auf die Mühlen der Rechtsradikalen«, doch sie verunsicherten auch seine eigene Partei. Nordrhein-Westfalens CDU-Integrationsminister Armin Laschet verteidigte die Moschee, nahm aber auch Giordano in Schutz: »Man muss in einer Demokratie auch gegen eine Moschee sein dürfen, ohne gleich als rechtsradikal zu gelten.«

Auch die Kirchen gingen auf Distanz: Kölns erzkonservativer katholischer Kardinal Meisner gestand, er habe »ein ungutes Gefühl« bei der geplanten Moschee, äußerte Verständnis für die Vorbehalte vieler Menschen und nannte die muslimische Einwanderung nach Europa einen »Kulturbruch«.[7] Und der Berliner Bischof Wolfgang Huber, damals Vorsitzender der Evangelischen Kirche in Deutschland, geriet auf einem Podium beim Kirchentag, der im Juni 2007 ausgerechnet in Köln stattfand, öffentlich mit Vertretern der Islamverbände aneinander, als er die Geschlechtertrennung in Moscheen kritisierte und vor »Appeasement« warnte. Die kirchlichen Lippenbekenntnisse zum verfassungsgemäßen Recht deutscher Muslime auf eigene Sakralbauten klangen dadurch nicht mehr ganz so überzeugend.

Unter starkem äußerem Druck forderte die Kölner CDU auf einem Sonderparteitag im August 2007 von den Bauherren plötzlich neue Zugeständnisse: kleinere Minarette, ein kleineres Gebäude, keine türkische Fahne, so die Bedingungen. Im Januar 2008 lenkte Ditib ein: Der Gebetsraum werde um ein Viertel reduziert, die Gewerbefläche um fast ein Drittel. Minarette und Kuppel sollten aber bleiben, darauf bestand auch der Architekt. Außerdem werde der Muezzinruf nur im Inneren des Gebäudes hörbar sein, und alle Predigten würden ins Deutsche übersetzt. Das zeugte von Entgegenkommen. Trotzdem sollte die Kölner CDU am Ende ihren eigenen Bürgermeister im Regen stehen lassen und nicht mit den anderen Parteien im Stadtrat für den Bau stimmen, für den sie einmal eingetreten war.

Nach den Kölner Kommunalwahlen im November 2009 wurde der Grundstein zum Bau der Moschee gelegt. Inzwischen ist das Gebäude fertig, die Ditib-Zentrale hat darin die Verwaltungsräume bezogen. Dass die Moschee sechs Jahre später immer noch nicht eröffnet wurde, liegt an einem Streit zwischen Auftraggebern und Baufirma um Bauschäden, der bereits in zweiter Instanz vor Gericht ausgetragen wird. Die Kosten für die Moschee sollen sich inzwischen auf 35 Millionen Euro belaufen. Das Prestigeprojekt droht, eine Bauruine zu werden.

In den Kölner Moscheenstreit hatten sich sogar CSU-Politiker aus Bayern eingemischt. Während ihr damaliger Parteichef Edmund Stoiber 2007 forderte, Minarette dürften in Deutschland keine Kirchtürme überragen, versprach sein Nachfolger Erwin Huber beim politischen Aschermittwoch 2008, »dass auch in hundert Jahren Kirchtürme und nicht Minarette unser Bayern prägen«. Dass beinahe zeitgleich in München ein weiterer Moscheenstreit stattfand, wurde überregional jedoch kaum bemerkt.

Die Münchener Ditib-Gemeinde hatte von der Stadt ein Grundstück erworben, das gegenüber einer katholischen Kirche lag. Die

Kirchengemeinde unterstütze den geplanten Bau einer Moschee, die deutlich kleiner als die gegenüberliegende Kirche ausgefallen wäre. Selbst die Minarette hätten die Türme der 1926 vollendeten Kirche St. Korbinian im Stadtteil Untersendling nicht überragt. Münchens rot-grüner Stadtrat unter dem SPD-Oberbürgermeister Christian Ude sprach sich für die Moschee aus, allerdings gegen die Stimmen der örtlichen CSU. Und so begann »ein kleiner Stellvertreterkrieg zwischen der landesweit übermächtigen CSU und der rot-grünen Enklave in München«, wie der Politologe Claus Leggewie bilanzierte.[8]

Ein renommiertes Architekturbüro hatte im März 2006 die Ausschreibung gewonnen. Geplant war ein offenes Haus, dem Stadtviertel und den christlichen Kirchen in der Nachbarschaft zugewandt, mit einem Laden, einem Restaurant, einem Hamam, einer Bibliothek und einem großen Konferenzraum, offen auch für ein nicht-muslimisches Publikum. Doch auf Bürgerversammlungen handelte sich Christian Ude eine Niederlage nach der anderen ein. Selbst mit reduzierten Plänen, mit Platz nur noch für 440 statt für 1000 Betende, ließ sich die Anti-Moschee-Initiative »Bürger für Sendling« nicht besänftigen. Der Streit endete vor Gericht, und die Aufsichtsbehörde der Regierung Oberbayern, die dem damaligen CSU-Innenminister Günther Beckstein unterstand, erklärte die geplante Moschee in einem Gutachten zu einem »Fremdkörper«. Im Februar 2010 gaben die Bauherren aus finanziellen Gründen ihre Pläne auf. Rechtsstreit und Planung hatten sie bis dahin eine halbe Million Euro gekostet.

Schwer zu sagen, was bei der CSU zu einem Sinneswandel geführt hat – jedenfalls unterstützt sie inzwischen die Pläne des Imams Benjamin Idriz aus Penzberg, der in München ein islamisches Zentrum errichten will, mit Bibliothek, Museum, Akademie und einem Gebetsraum für achthundert Gläubige. Der 1972 im mazedonischen Skopje geborene Benjamin Idriz ist ein Vorzeige-Prediger. Er stammt aus einer traditionsreichen Familie von Imamen und Theologen und hat seine Abschlussarbeit über »Die Emanzipation der Frau im Islam« geschrieben. In seiner Moschee im oberbayerischen Penzberg predigt er auf Deutsch, und in seinem Buch *Grüß Gott, Herr Imam* lobt er die Demokratie und die deutsche Gesellschaft in den höchsten Tönen. Für Transparenz bürgt auch die außergewöhnliche Architektur des Gebäudes, das 2005 in Penzberg eröffnet wurde: ein zweistöckiger

Bau aus Kalksandstein mit großen Fenstern und einem angedeuteten Minarett, dem die Spitze fehlt – man will ja nicht anecken. Trotzdem wurde Idriz noch bis 2010 vom bayerischen Verfassungsschutz beobachtet und damit kriminalisiert, weil ihm Verbindungen zu Islamisten nachgesagt wurden. Das machte es Politikern bis dahin unmöglich, sich für seine Pläne in München als Fürsprecher einzusetzen.

Ein anderes Problem war der Rechtspopulist Michael Stürzenberger, ein ehemaliger CSU-Pressesprecher, der jahrelang mitten in München mit dem Megaphon auf der Straße gegen Benjamin Idriz und das geplante Islam-Zentrum agitierte. Stürzenberger ist Autor von Hetzblogs wie »Politically Incorrect« und in islamfeindlichen Parteien wie »Die Freiheit« aktiv. Er wollte sich in den Münchener Stadtrat wählen lassen und sammelte Tausende von Unterschriften gegen das geplante Islam-Zentrum. Mit beidem ist er gescheitert. Alle Parteien im Stadtrat verpflichteten sich 2014, das Thema Islam-Zentrum im Wahlkampf außen vor zu lassen. Auch die Gewerkschaften, die Kirchen und verschiedene zivilgesellschaftliche Gruppen unterstützten das Projekt. Nach den Kommunalwahlen im März 2014 konnten sie aufatmen: Stürzenberger erzielte mit seiner Partei nur ein klägliches Ergebnis, und sein Bürgerbegehren wurde im September 2014, obwohl er genug Stimmen dafür sammeln konnte, von der Stadt aufgrund von Falschbehauptungen und formaler Fehler abgelehnt. Stattdessen wird Stürzenberger nun selbst wegen seiner hasserfüllten Agitation seit 2013 im bayerischen Verfassungsschutzbericht aufgeführt.

Dem geplanten Islam-Zentrum in München steht damit prinzipiell nichts mehr im Weg. Im Januar 2015 stellte Benjamin Idriz seine Pläne der Öffentlichkeit vor.[9] Als Finanzier für das Islam-Zentrum in München soll das Golf-Emirat Katar bereitstehen, das schon eine Reihe moderner und liberaler Moscheen und Kulturzentren auf dem Balkan finanziert hat. Auch die Moschee in Penzberg wurde mit Geld aus dem Golf-Emirat Schardscha gebaut, was mit keiner inhaltlichen Einflussnahme verbunden sein soll. Ähnliches erhofft sich Idriz in München. Der Emir von Katar traf sich im September 2014 mit Bayerns CSU-Ministerpräsident Horst Seehofer. »Wird es realisiert«, schreibt die *Süddeutsche Zeitung* über das Islam-Zentrum in München, könnte es »in einer Reihe stehen mit zwei anderen, herausragenden Sakralbauten der jüngsten Zeit, der katholischen Herz-Jesu-Kirche in Neuhausen und dem Jüdischen Zentrum am Jakobsplatz.«

In Italien konnte die umstrittene Moschee in Colle di Val d'Elsa, die Oriana Fallaci »in die Luft sprengen« wollte, bereits fertiggestellt werden. Sie wurde 2013, nach sechs Jahren Bauzeit, eröffnet, besitzt ein niedriges gläsernes Minarett und eine Kuppel und bietet vierhundert Gläubigen Platz. Das interreligiöse und offene Programm des Kulturzentrums bestimmt ein Beirat, der paritätisch mit Mitgliedern der Stadtverwaltung und der muslimischen Gemeinde besetzt ist – darauf hatten sich der linke Bürgermeister des Orts und der palästinensischstämmige Imam der Gemeinde, der Physiotherapeut Feras Jabareen, schon 2004 in einem Abkommen geeinigt, das im Innenministerium in Rom besiegelt worden war.[10] Das elegante Bauwerk zeigt, wozu solche Moscheen dienen können: nicht nur als Gebetshäuser und Treffpunkt für die Gläubigen, sondern auch als kommunale Kultur- und Bildungseinrichtungen und Begegnungsstätten verschiedener Teile der Bevölkerung – nicht zuletzt, um eine andere Realität des Islam zu zeigen als jenes Zerrbild, das von Rechtspopulisten oder in manchen Medien gezeichnet wird.

Exkurs: Der Friede von Pankow

In einem Außenbezirk von Berlin, wo der Horizont sich allmählich weitet, die Häuser niedriger werden und eine Ausfallstraße nach Norden zur Autobahn führt, liegt der Ortsteil Pankow-Heinersdorf. Hier, in Nachbarschaft einer Kleingartenkolonie, einer Tankstelle und eines Drive-in-Restaurants, steht eine Moschee – die erste im Ostteil Berlins, eröffnet im Oktober 2008. Said Arif, Jahrgang 1986, ist hier seit Januar 2014 zu Hause, er ist der jüngste Imam Deutschlands. Er trägt eine Mütze, ein gestärktes Hemd und einen gestutzten Vollbart, als er den Besucher empfängt. Sein Vater war Maschinenbauingenieur in Pakistan und arbeitete in Deutschland bis zu seiner Rente als Taxifahrer, seine Mutter ist Hausfrau. Said Arif ist in Pakistan geboren, in Wiesbaden aufgewachsen und hat in Kanada islamische Theologie studiert, bevor ihn seine Ahmadiyya-Gemeinschaft nach Berlin versetzt hat.

Die Ahmadiyya-Bewegung ist sehr speziell: Sie ist im 19. Jahrhundert im heutigen Pakistan entstanden, ihr Gründer Mirza Ghulam

Ahmad wird von seinen Anhängern als Prophet verehrt. Für traditionelle Muslime ist das ein Sakrileg, denn sie sehen Mohammed als letzten Propheten an, und für Fundamentalisten sind die Ahmadiyya sogar Abtrünnige, in Pakistan werden sie diskriminiert. Darum leben viele in der Diaspora, ungefähr 35 000 sind es hierzulande, und sie haben ein ehrgeiziges Ziel: Allein in Deutschland wollen sie einhundert Moscheen bauen. »Unser Ziel ist, dass jede Gemeinde eine Moschee haben soll«, bestätigt Said Arif. Ihr Baueifer hat dazu geführt, dass die Ahmadiyya wie keine zweite Gemeinschaft immer wieder ins Visier von Islamhassern gerät.

Said Arif führt den Besucher durch seine Moschee, der Gebetsraum ist hell und freundlich und mit flauschigem Teppich ausgelegt. Weil der Bau mit Spenden des Ahmadiyya-Frauenverbands errichtet wurde, trägt er den Namen von Mohammeds erster Gattin Khadija (Aussprache: Chadidscha). Die Mitglieder seiner Gemeinde wohnen über die ganze Stadt verstreut, vor allem im Westteil, in Pankow selbst leben kaum Einwanderer. Doch die Randlage seiner Moschee stört Said Arif nicht: Er ist viel mit dem Auto unterwegs und schnell im Stadtzentrum, und umgekehrt seien die Mitglieder seiner Gemeinde schnell bei ihm, sagt er. Auf dem Parkplatz hört man die Vögel zwitschern.

Kaum zu glauben, dass um diese Vorstadtidylle einmal der härteste Moscheestreit Berlins tobte. Als das Vorhaben 2006 publik wird, bildet sich in Pankow-Heinersdorf eine Bürgerinitiative gegen die Moschee. Said Arifs Vorgänger als Imam, Abdul Basit Tariq, schreibt Briefe an alle Anwohner, in denen er Ehrenmorde verurteilt und sich für die Gleichberechtigung ausspricht, und sucht das Gespräch, doch eine Bürgerversammlung endet im Eklat. Im Wahlkampf um das Berliner Rathaus unterstellt der CDU-Kandidat Friedbert Pflüger der Ahmadiyya-Gemeinde einen »fragwürdigen, missionarischen Charakter« und spricht sich gegen die Moschee aus, auch der Berliner Bischof Wolfgang Huber rät davon ab. Es gibt Drohungen und versuchte Brandanschläge. Doch als die Moschee im Herbst 2008 im Beisein des SPD-Bürgermeisters Klaus Wowereit eröffnet wird, demonstrieren nur noch fünfzig Gegner mit Plakaten vor der Tür. Der CDU-Abgeordnete für den Wahlkreis Heinersdorf, René Stadtkewitz, verlässt 2009 die CDU und gründet eine islamfeindliche Partei, »Die Freiheit«, mit der er aber am Ende Schiffbruch erleidet. »Als die Bagger kamen, haben die Moscheegegner aufgegeben«, sagt Said Arif. Danach gab es nur noch kleinere Vorfälle: Mal wurde das Schloss verklebt, mal wurden Eier gegen die Fassade geworfen. »Aber das hat sich gelegt.«

Said Arif kennt diese Geschichten nur vom Hörensagen. Aber er weiß, welche Ängste und Vorurteile es damals gab: Der Bezirk werde von Muslimen überrannt und im Verkehr ersticken, die Immobilien und Grundstücke würden an Wert verlieren, zählt er die Vorbehalte der Moscheegegner auf. »Dahinter steckten Verlustängste – genau wie bei Pegida«, meint er. Aber nach knapp zehn Jahren sei die Moschee jetzt ein Teil des Bezirks geworden. Ihr Konferenzraum werde von unterschiedlichen Gruppen genutzt, von Schulklassen, dem Integrationsbeirat oder dem Jugendamt. Said Arid empfängt Besucher in seinem Büro bei Keksen und Kaffee. An der Wand hängen Porträtfotos der sechs Kalifen, wie die Ahmadis ihre geistigen Oberhäupter nennen. Seit er hier sei, habe er keine Anfeindungen erlebt: »Null.«

Als Imam seiner Gemeinde ist Said Arif auch für Sachsen und Teile von Thüringen zuständig. Mehrmals in der Woche ist er derzeit in Leipzig, wo 65 bis 70 Mitglieder leben. Auch dort soll jetzt eine Moschee entstehen, die erste in Sachsen. Und auch dort hat das heftige Proteste provoziert. Die Bürgerinitiative »Gohlis sagt Nein« hat sich gebildet und sammelt Unterschriften, auf ihrer Facebook-Seite wird gegen Muslime gehetzt, die NPD mischt dabei kräftig mit. Doch der SPD-Bürgermeister und der Stadtrat unterstützen die Gemeinde, nur die CDU ist gespalten. »Wir arbeiten intensiv mit der Stadt zusammen«, sagt Arif. »Man kann eine Moschee nicht einfach hinklotzen.«

Nach dem Anschlag auf *Charlie Hebdo* und wegen Pegida war die Stimmung in Sachsen zuletzt angespannt. Als Geert Wilders in Dresden auftrat, fuhr Said Arif mit dreißig Mitgliedern des Ahmadiyya-Jugendverbands dorthin und baute in der Innenstadt einen Infostand auf. Alle trugen T-Shirts mit dem Slogan »Muslime für Frieden« und, auf der Rückseite, die Losung »Liebe für alle, Hass für keinen«. Es habe »gute Gespräche und eine offene, kritische Diskussion« gegeben, meint Said Arif. Auch sonst lässt seine Gemeinde gerne Taten sprechen, beteiligt sich an Blutspendeaktionen oder an einem Charity-Lauf.

Es ist eigentlich absurd, dass sich die Ahmadiyya-Gemeinde, die in Pakistan von Fundamentalisten verfolgt wird, hier von islamistischem Terror distanzieren muss. Said Arif nimmt es hin: »Viele unterscheiden nicht und werfen alles in einen Topf«, sagt er. »Der einzige Grund, warum wir uns immer wieder zu diesen Anschlägen und diesem Terror äußern, ist, weil es im Namen unserer Religion geschieht. Sonst hat das nichts mit uns zu tun.« Und er sucht nach einem Vergleich: »Das ist so, als wenn Ihnen jemand den Ausweis stiehlt und damit Verbrechen begeht – dann würden Sie auch klarstellen wollen, dass Sie damit nichts zu tun haben.«

Er sei »Imam mit Leidenschaft«, sagt Said Arif. Fast jede Woche empfängt er eine größere Besuchergruppe. Zum Neujahrsempfang hatte er vierzig Gäste erwartet, es kamen rund einhundertzwanzig. »Viele Pankower sehen die Moschee inzwischen mit anderen Augen«, ist er überzeugt.

»Uns wird Scheinheiligkeit und Lüge vorgeworfen«, sagt Said Arif. »Aber die Brücken, die wir seit Jahren gebaut haben, die erweisen sich in Krisenzeiten als nützlich.«

14 Wofür steht Charlie? Karikaturen und die Grenzen der Satire

Am Morgen des 7. Januar 2015, einem Mittwoch, stürmten zwei maskierte und schwerbewaffnete Männer die Redaktionsräume der französischen Satire-Zeitschrift *Charlie Hebdo* und eröffneten das Feuer auf deren Mitarbeiter, die sich gerade zu ihrer Morgenkonferenz versammelt hatten. Sie erschossen elf Menschen, darunter fünf der bekanntesten Zeichner des Landes, riefen Parolen wie »Gott ist groß« und »Wir haben Charlie erschossen« und flüchteten nach der Tat mit dem Auto. Auf der Flucht erschossen sie noch einen Polizisten, der bereits am Boden lag. Einen Tag später konnten die Attentäter, die beiden Brüder Saïd und Chérif Kouachi, aufgespürt und gestellt werden, sie starben bei ihrem Schusswechsel mit der Polizei.

Die Tat sandte Schockwellen durch ganz Frankreich und weit darüber hinaus. Schon am Abend des Attentats kam es im ganzen Land zu spontanen Kundgebungen der Trauer und Solidarität, und die Politik war sich rasch einig: Die Tat sei ein Angriff auf die Republik, die Demokratie, die Meinungs- und Pressefreiheit, ja, die »europäischen Werte« schlechthin, so führende Politiker von Hollande bis Merkel. Die Medien reagierten auch deshalb weltweit besonders betroffen auf das Attentat, da es Kollegen gegolten hatte, und viele Redaktionen solidarisierten sich spontan mit dem Slogan »Je suis Charlie«. Dieser Slogan hatte schon kurz nach dem Attentat weltweit auf sozialen Netzwerken im Internet die Runde gemacht und war in kürzester Zeit zu einem der populärsten politischen News-Hashtags in der Twitter-Geschichte avanciert. Ein paar Hashtag-Slogans machten ihm allerdings Konkurrenz: Jene Muslime, welche zwar von der Tat schockiert waren und sie auch verurteilten, sich aber nicht mit der Ausrichtung des Satireblattes identifizieren wollten, bevorzugten den Slogan »Je suis Ahmed« – nach dem muslimischen Polizisten Ahmed Merabet, den die Attentäter bei der Ausübung seiner Pflicht, das Satireblatt zu verteidigen, erschossen hatten. Andere entschieden sich für »Je suis juif« – denn ein Mittäter hatte in der Zwischenzeit einen koscheren Supermarkt überfallen, dort gezielt vier Juden getötet und Geiseln genommen, bevor er selbst erschossen wurde. Sie wollten ihre Solidarität mit den Opfern dieses antijüdischen Anschlags zeigen, deren Tod für sie in den Hintergrund gerückt zu sein schien.

An dem offiziellen Trauermarsch in Paris beteiligten sich am Sonntagmorgen des 11. Januar mehr als 1,5 Millionen Menschen, darunter hochrangige Politiker aus dem Ausland. Es war die größte Massendemonstration in der französischen Nachkriegsgeschichte. Dass sich daran auch die Regierungschefs Benjamin Netanjahu aus Israel, Viktor Orbán aus Ungarn und Ahmet Davutoğlu aus der Türkei sowie Vertreter Russlands, Ägyptens und Algeriens beteiligten – alles Länder, die es mit der Meinungsfreiheit selbst nicht so genau nehmen –, machte deutlich, dass es darum gar nicht mehr ging. Sondern vor allem darum, ein Zeichen gegen den Terror im Namen des Islam zu setzen, denn in all diesen Ländern wäre ein Heft wie *Charlie Hebdo* undenkbar gewesen. Selbst in Frankreich war es umstritten und gilt dort nur deshalb als eine Institution, vergleichbar mit Asterix, weil es einer spezifisch französischen, ursprünglich linken und radikal antiklerikalen Tradition entstammte.

Manche hatten dem Blatt in den letzten Jahren aber auch einen unverhohlenen Rassismus und eine rabiate Islamfeindlichkeit vorgeworfen und die Art, wie es Schwarze und Muslime porträtierte, scharf kritisiert. Nach dem Anschlag brach dieser alte Streit um *Charlie Hebdo* mit neuer Härte aus – und er geht bis heute unversöhnlich weiter. Auf der einen Seite stehen die engagierten Verteidiger von *Charlie Hebdo*, die es nun erst recht als erste Bürgerpflicht verstehen, Mohammed-Karikaturen zu verbreiten und auf eventuelle religiöse oder andere Gefühle von Muslimen keine Rücksicht zu nehmen. In ihrem Buch *Éloge du blasphème* (*»Lob der Blasphemie«*) schrieb die linke Journalistin Caroline Fourest, wer *Charlie Hebdo* wegen seiner durchaus »provokanten«, aber »mutigen« Karikaturen vorwerfe, intolerant oder gar rassistisch zu sein, der sei ein Freiheitsfeind. Sechzig Schriftsteller, darunter Bernard-Henri Lévy und Caroline Fourest, verkündeten in einem gemeinsamen Sammelband, sie seien alle »Charlie« – *Nous sommes tous Charlie* –, und stellten sich mit ihren Texten ganz unbescheiden in eine Reihe mit Voltaire, Diderot und Victor Hugo. In seinem Buch mit dem Titel *Brief an die Heuchler: Und wie sie den Rassisten in die Hände spielen* (Originaltitel: *Lettre aux escrocs de l'islamophobie qui font le jeu des racistes*), das Stéphane Charbonnier (»Charb«) noch vor seinem Tod verfasst hatte und das nach dem Attentat posthum erschien, hatte der Karikaturist in die gleiche Kerbe geschlagen; es las sich nun wie eine trotzige Verteidigungsrede noch aus dem Grab heraus. Und Jeanette Bougrab – ehemals Jugendstaatssekretärin unter Nicolas Sarkozy und Charbs ehemalige Geliebte, wie sich nach dem Attentat herausstellte – sagte nach dem Tod des Zeichners, dieser habe einen Platz im Panthéon verdient, der nationalen Ruhmeshalle Frankreichs, wo schon der Philosoph Voltaire und der Schriftsteller Émile Zola begraben liegen. Charb habe zu jenen Menschen gehört, »die noch bereit sind, für ihre Überzeugungen zu sterben«, sagte Bougrab. Das allerdings, muss man einwenden, hatte er mit den beiden Attentätern gemein.

Auf der anderen Seite meldeten sich mit der Zeit auch immer mehr kritische Stimmen zu Wort. In den USA war man über die allgemeine Umarmung des speziellen *Charlie-Hebdo*-Humors ohnehin etwas befremdet gewesen, und viele Zeitungen zögerten, die Karikaturen abzudrucken. In der *New York Times* bemerkte David Brooks, eine Menge Leute seien jetzt schnell dabei, *Charlie Hebdo* zu überhöhen, aber sehr viel weniger tolerant gegenüber jenen, die ihre eigenen Ansichten beleidigten, die Solidaritätswelle trage anmaßende und heuchlerische Züge. Und als der amerikanische Autorenverband PEN Ende April 2014 entschied, das Satiremagazin mit einem Preis für »Mut und Meinungsfreiheit« auszuzeichnen, sagten prominente Schriftsteller wie Teju Cole, Rachel Kushner, Taiye Selasi und Michael Ondaatje ab. Über zweihundert andere Autoren schlossen sich ihrem Protest an, weil sie das Heft als rassistisch empfanden, und der Autor Peter Carey warnte in der *New York Times* vor »Selbstgerechtigkeit in Sachen Meinungsfreiheit«.

In Frankreich stellte der Soziologe Emmanuel Todd in seinem Buch *Qui est Charlie? Sociologie d'une crise religieuse (Wer ist Charlie?*

Soziologie einer Religionskrise), das im Mai 2015 erschien, den demonstrativen Konsens in Frage. Er kritisierte die »hysterische und leicht totalitäre« Stimmung bei den großen Demonstrationen nach den Anschlägen auf *Charlie Hebdo* und mutmaßte, der plötzliche Schulterschluss der bürgerlichen Mehrheit mit dem kleinen, radikalsäkularen Satireblatt sei Ausdruck des »Zombie-Katholizismus« einer weißen Mittel- und Oberschicht, die sich hinter einem vorgeblichen Laizismus verstecke, um sich damit von den Muslimen abzugrenzen. Es sei kein Zufall gewesen, dass sich Einwanderer aus den Vorstädten kaum an den Kundgebungen beteiligt hätten. Aber die Regierung stelle sich lieber hinter blasphemische Mohammed-Karikaturen als hinter eine »schwache und diskriminierte Minderheit« wie die Muslime, deren zentrale Figur nun mal Mohammed sei, kritisierte er. Welche Wirkung Todds Generalangriff auf französische Grundüberzeugungen in dieser Debatte hatte, zeigte sich daran, dass Premierminister Manuel Valls persönlich auf Todds Kritik antwortete. »Mohammed-Karikaturen stehen auf der Seite derjenigen, die unter dem Gewicht der Fundamentalisten und der Gewalt der Fanatiker leiden, die zerstören, terrorisieren und morden«, postulierte der Sozialist, in dem viele schon den kommenden Präsidenten sehen, in der Zeitung *Le Monde*.

Das entsprach dem Selbstbild von *Charlie Hebdo*. Doch viele Kritiker finden, das Blatt habe einen doppelten Maßstab gepflegt, wenn es um Muslime und andere Minderheiten ging. Auch in Deutschland wurde zur Verteidigung von *Charlie Hebdo* oft behauptet, dass das Blatt in jede Richtung und gegen jede Religion gleichermaßen ausgeteilt habe, dass es also grundsätzlich respektlos war. Das war aber nur die halbe Wahrheit. Denn es stimmt zwar, dass die Macher von *Charlie Hebdo* auch wenig Hemmungen zeigten, wenn es gegen die katholische Kirche, gegen die Regierung oder den Front National ging – die vierzehn Prozesse, die die katholische Kirche vor allem in den 1970er Jahren gegen das Blatt führte, hat sie allesamt verloren. Aber sogar *Charlie Hebdo* kannte Grenzen des guten Geschmacks. Als ein langjähriger und berühmter Zeichner des Hefts, Siné, 2008 den Sohn von Nicolas Sarkozy karikierte und dabei nahelegte, dieser habe seine jüdische Frau nur aus Karrieregründen geheiratet, wurde er mit dem Vorwurf, antisemitischen Vorurteilen Vorschub geleistet zu haben, fristlos entlassen. Trotz massiver Kritik, die dem *Charlie-Hebdo*-Herausgeber Philippe Val ein Einknicken vor dem Unmut des Élysée-Palasts und eine Missachtung der Meinungsfreiheit vorwarf, und einer Unterschriftenaktion für den Geschassten wurde die Entlassung von einigen Intellektuellen wie Bernard-Henri Lévy und Claude Lanzmann ausdrücklich begrüßt. Erst vor Gericht wurde Siné eine Entschädigung zugestanden und er vom Vorwurf des Antisemitismus freigesprochen.

In bemerkenswerter Klarheit machte Philippe Val in einem ganzseitigen Leitartikel, in dem er seine Entlassung des Zeichners rechtfertigte, die Blattlinie von *Charlie Hebdo* klar. Er warf Siné vor, dieser vertrete eine »überholte Art von Meinungsfreiheit«, die sich berechtigt glaube, »Juden, Frauen und Homosexuelle ungestraft beleidigen zu dürfen. Schöne Freiheit!«, schimpfte er. Muslime oder Schwarze beleidigen, so musste man daraus schließen, dürfe man bei *Charlie Hebdo* hingegen weiterhin ungestraft. Tatsächlich hatte *Charlie Hebdo* unter Philippe Val als Herausgeber seit 2004 eine deutlich kulturkämpferische und antimuslimische Blattlinie eingeschlagen. Mehrere Mitarbeiter hatten deshalb mit der Zeit unter Protest das Blatt verlassen. *Charlie Hebdo* druckte nicht nur die rassistische Schmähschrift von Oriana Fallaci nach und feierte sie hymnisch, sondern 2006 auch die Mohammed-Karikaturen aus der *Jyllands-Posten*, wogegen französische Muslim-Verbände erfolglos vor Gericht zogen. Im gleichen Jahr lancierte Philippe Val das »Manifest der 12«, einen kurzen Text, der unter anderem von Bernard-Henri Lévy, Ayaan Hirsi Ali und Salman Rushdie unterschrieben wurde und der den Islamismus als »neue totalitäre Bedrohung« bezeichnete und mit »Faschismus, Nazismus und Stalinismus« (nicht mit dem Kommunismus insgesamt, so viel Differenzierung war man seinen linken Lesern schuldig) auf eine Stufe stellte. Der muslimische Reformtheologe Tariq Ramadan dagegen wurde in *Charlie Hebdo* als »antisemitischer Propagandist« diffamiert. 2009 trat Philippe Val als Herausgeber zurück und wurde von Nicolas Sarkozy persönlich zum neuen Leiter der staatlichen Radiowelle *France Inter* berufen. An seiner Stelle rückte der Zeichner Stéphane Charbonnier zum neuen Chef von *Charlie Hebdo* auf.

Charb spitzte den Kurs der Zeitschrift in Sachen Islam weiter zu, doch das blieb nicht ohne Konsequenzen. Als *Charlie Hebdo* 2011 nach den ersten freien Wahlen in Tunesien, aus denen gemäßigte Islamisten als Sieger hervorgingen, eine Sonderausgabe mit dem Titel »Charia Hebdo« ankündigte (Untertitel: »100 Peitschenhiebe, wenn sie sich nicht totlachen«), wurde ein Brandanschlag auf die Redaktion verübt, bei dem deren Büroräume komplett zerstört wurden. Chefredakteur Charbonnier warb um Spenden und kündigte an, unbeirrt weiterzumachen – und das tat er auch: Als im Jahr 2012 das US-Hetzvideo »Unschuld der Muslime« (Originaltitel: »Innocence of Muslims«) weltweit für Unruhe sorgte, steuerte *Charlie Hebdo* zu der Kontroverse ein paar alberne Zeichnungen bei, die Mohammed zum Beispiel satirisch als Pornosternchen darstellten. Auf dem Höhepunkt der Spannungen, die in einem brutalen Anschlag auf die US-Botschaft in Libyen gegipfelt hatten, erntete er dafür öffentliche Kritik seitens der Regierung, die aus Sicherheitsgründen mehrere Botschaften im Ausland schließen ließ. Frankreichs Außenminister Laurent Fabius warnte davor, Öl ins Feuer zu gießen, und auch manche Medien reagierten ungehalten. Der *Nouvel Observateur* nannte *Charlie Hebdo* ein »populistisches Blatt«, und die belgische Zeitung *Le Soir* bezeichnete seine Macher sogar als »Brandstifter«. Breite Empörung von Muslimen blieb dagegen aus, und als *Charlie Hebdo* 2013 eine 63-seitige »Comic-Biografie« von Mohammed veröffentlichte, provozierte das bei den meisten kaum noch ein Schulterzucken. Doch dann kam der Anschlag.

Die französische Justiz legte aber auch einen doppelten Maßstab in Sachen Satire an den Tag. Während *Charlie Hebdo* vor Gericht immer wieder vom Vorwurf des Rassismus und der Hetze gegen eine religiöse Minderheit freigesprochen wurde, verurteilte sie den französischen Komiker Dieudonné M'bala M'bala aus dem gleichen Grund mehrmals zur Zahlung hoher Geldstrafen, die sich insgesamt auf eine sechsstellige Summe beliefen. Anfang 2014 ließ der damalige Innenminister und spätere Premier Manuel Valls sogar eine ganze Tournee des Komikers per Dekret verbieten, weil er dessen Bühnenprogramm für antisemitisch befand. Dieudonné, der ursprünglich aus Kamerun stammt, ist eine schillernde Figur. Er wurde anfangs mit antirassistischer Stand-up-Comedy bekannt und trat 2002 sogar in einem »Asterix«-Film auf. Doch in den letzten Jahren hat er sich immer mehr den antisemitischen Positionen des Front-

National-Gründers Jean-Marie Le Pen angenähert, der sogar Taufpate seines dritten Kinds wurde.

Nachdem er einen Gaskammer-Witz gegen einen jüdischen Journalisten gemacht hatte, meinte Manuel Valls, Dieudonné sei »nicht länger ein Komiker«, sondern ein Antisemit und Rassist. Das kann man mit gutem Grund so sehen. Genauso stellt sich aber die Frage, ob *Charlie Hebdo* noch ein Satiremagazin ist. Auf Kurt Tucholsky kann sich das Blatt jedenfalls nicht berufen. Denn der befand in seinem berühmten und nach dem Anschlag oft zitierten Gedicht zwar, Satire dürfe »alles«. Zugleich schränkte Tucholsky in dem gleichen Gedicht aber ein: »Eine Satire, die zur Zeichnung einer Kriegsanleihe auffordert, ist keine«, mit anderen Worten: Satire dürfe sich nicht in den Dienst der Mächtigen stellen, sondern auf die Seite der Schwachen.

Auf die heutige Zeit übertragen stellt sich deshalb die Frage, ob ein Blatt, dass sich über die Minderheit der Muslime in Frankreich lustig macht, die dort in vielerlei Hinsicht unter Ausgrenzung leidet, noch für sich beanspruchen kann, ein Satiremagazin zu sein. Auf ihre Meinungsfreiheit konnten sich manche Kritiker von *Charlie Hebdo* nach dem Anschlag auf das Blatt aber nur noch schwer berufen. Nach dem Attentat hagelte es mehr als fünfzig Strafanzeigen gegen Menschen, denen eine angebliche Verherrlichung des Attentats vorgeworfen wurde. Eine dieser Anzeigen traf auch erwähnten Dieudonné, der deshalb sogar festgenommen wurde. Sein Vergehen: Er hatte auf seiner Facebook-Seite geschrieben, er fühle sich seit dem Anschlag wie »Charlie Coulibaly« – eine Kombination aus den Namen des Satiremagazins und des Attentäters, der den Anschlag im jüdischen Supermarkt verübt hatte.

Viele Kritiker haben *Charlie Hebdo* vorgeworfen, seine antimuslimischen Provokationen stünden allein im Dienste der Auflagensteigerung. Für den Verdacht gab es gute Gründe, denn der Medienrummel erwies sich als hochprofitabel. Im Durchschnitt hatte das Heft eine verkaufte Auflage von 60 000 Exemplaren, doch allein die Ausgabe mit den dänischen Mohammed-Karikaturen ging 400 000 Mal über die Ladentische. Es dürfte aber nicht nur kommerzielles Kalkül, sondern mindestens genauso viel Überzeugung im Spiel gewesen sein, welche die Macher bewog, an ihrem Kurs festzuhalten. In Büchern wie *Petit traité d'intolérance (Kleines Traktat der Intoleranz,*

Untertitel: *Ich lache, über was ich will und wann ich will*) offenbarte Charb jedenfalls ein recht dogmatisches Humorverständnis. Das Risiko, das er damit einging, war dem Karikaturisten von *Charlie Hebdo* – Untertitel: »Verantwortungsloses Magazin« – absolut bewusst, er kokettierte sogar mit der Bedrohung. »Noch immer kein Anschlag in Frankreich« lautete der Titel seiner letzten Karikatur, die in der Ausgabe erschien, die am Tag des Attentats herauskam. Ein Mann mit Bart ist darauf zu sehen, der den Zeigefinger hebt und einwendet: »Man hat bis Ende Januar Zeit, um Festtagsgrüße auszurichten.« Nach dem Attentat sollte die Nachfrage nach *Charlie Hebdo* dann alle Dimensionen sprengen. Das erste Heft, das schon zehn Tage nach dem Anschlag am 17. Januar erschien, wurde weltweit in einer Auflage von drei Millionen Exemplaren und in sechzehn Sprachen ausgeliefert. Seitdem tobt in der Redaktion ein heftiger Streit um Geld, demokratischere Strukturen und die publizistische Zukunft des Blattes.

Dass rabiates Islam-Bashing ein sehr gefährliches Geschäft ist, das ist spätestens seit dem Mord an Theo van Gogh in den Niederlanden und der Affäre um die dänischen Mohammed-Karikaturen bekannt. Theo van Gogh, der Marokkaner gerne als »Ziegenficker« titulierte und seinen umstrittenen Film über Gewalt gegen Frauen mit suggestiv ausgewählten Koranversen unterlegt hatte, hatte nicht im Traum mit einer Ermordung gerechnet und den persönlichen Wachschutz, der ihm angeboten wurde, abgelehnt. Als die rechtskonservative *Jyllands-Posten* 2005 ihre Mohammed-Karikaturen in Auftrag gab, suchte sie dagegen eine bewusste Machtprobe mit den Muslimen in Dänemark.[1] Dass der Streit so eskalieren würde, hätte aber niemand erwartet und ist nur vor dem Hintergrund der radikal verschärften Integrationsdebatte in Dänemark zu verstehen – und wurde auch durch die Weigerung des dänischen Ministerpräsidenten Anders Fogh Rasmussen provoziert, sich mit Kritikern seiner Politik überhaupt nur zu treffen.[2] Als der Streit ins Ausland getragen wurde, brannten dänische Botschaften in Syrien und Beirut, und vor der italienischen Botschaft in Libyen kam es ebenfalls zu Ausschreitungen, nachdem ein Minister der Lega Nord in Italien mit einem T-Shirt, auf dem eine Mohammed-Karikatur prangte, im Fernsehen aufgetreten war. In den folgenden Jahren gab es versuchte Attentate auf die

Jyllands-Posten und den Zeichner Kurt Westergaard, von dem das Bild mit der Bombe im Turban stammte, die aber zum Glück alle vereitelt werden konnten.

Das Risiko, ins Visier islamistischer Attentäter zu geraten, hat Nachahmer nicht davon abgehalten, strategisch auf noch stärkere Provokationen zu setzen, um mediale Aufmerksamkeit auf sich zu lenken. Der schwedische Künstler Lars Vilks etwa zeichnete 2007 eine Serie von Hunden mit Turban und Bart, die er »Mohammed-Hunde« nannte und mit denen er den Hass radikaler Islamisten auf sich zog. Nach dem Anschlag auf *Charlie Hebdo* stürmte ein Nachahmungstäter im Februar 2015 eine Konferenz in Kopenhagen, an der Lars Vilks teilnahm, schoss in die Menge und tötete einen Menschen. Später ermordete er einen Wachmann vor einer Synagoge, bevor er kurz darauf selbst von der Polizei gestellt und erschossen wurde.

Die Provokation zum System gemacht hat Geert Wilders. Monatelang trieb er 2008 mit seiner Ankündigung, den ultimativen Anti-Islam-Film zu produzieren, die Regierung seines Landes vor sich her. Die distanzierte sich schon früh von dem Film, um nicht mit den Kapriolen ihres berühmten Politclowns in Verbindung gebracht zu werden, und bemühte sich schon im Vorfeld im Ausland um Deeskalation. Als Wilders seinen Streifen endlich öffentlich machte, entpuppte der sich als billiger Propaganda-Trash, der Szenen von Terroranschlägen und Aussagen islamistischer Hassprediger zu einem Schreckensbild des Islam zusammenschnippelte. Doch Wilders hatte es damit mal wieder geschafft, über Wochen hinweg im Gespräch zu bleiben.

Eine Überzeugungstäterin ist auch die rechte US-Bloggerin Pamela Geller. In den USA erstritt sie sich mehrmals vor Gericht das Recht, ihre islamfeindliche Werbeanzeigen auf Plakatflächen in New Yorker U-Bahnhöfen und Bussen in Washington zu schalten. Ein Plakat etwa behauptete, der Judenhass gründe schon im Koran. Nach fortlaufenden Streitigkeiten entschieden sich die Verkehrsbetriebe von New York, Washington und Pennsylvania deshalb im Sommer 2015, künftig auf jederlei politische Werbung zu verzichten. Im Mai 2015 organisierte Geller außerdem einen Mohammed-Zeichenwettbewerb, der in der Stadt Garland in Texas stattfand und zu dessen Eröffnung sie ihren Freund Geert Wilders einlud. Am gleichen Tag versuchten zwei Männer, einen Anschlag auf den Ausstellungsort zu verüben, wurden dabei aber selbst getötet. Geller spornte das erst recht an: Im Juni 2015 mietete sie in St. Louis Hunderte Reklametafeln, um darauf ihre bevorzugte Mohammed-Karikatur zu plakatieren. Und Wilders produzierte wieder einen kleinen Film, in dem er Karikaturen aus dem Wettbewerb in Texas zeigte, stellte ihn ins Netz und ließ ihn im öffentlich-rechtlichen Fernsehen der Niederlande ausstrahlen, wo jeder Partei rechtlich ein kleiner Sendeplatz zur Verfügung steht. Er wolle damit, sagte Wilders, »Meinungsfreiheit gegen Gewalt« verteidigen.

Diese Behauptung klingt in den Ohren vieler Niederländer inzwischen ziemlich hohl. Doch im Umgang mit Provokateuren wie Pamela Geller und Geert Wilders zeigt sich ein deutlicher Unterschied zwischen Europa und den USA. In Europa herrscht die Haltung vor: »Das wird man doch noch zeichnen dürfen«, und selbst eigenwillige Zeitgenossen wie der Künstler Lars Vilks werden als Helden der Meinungsfreiheit gefeiert. In den USA kritisierte nach dem Anschlag in Texas dagegen sogar der republikanische Präsidentschaftskandidat und Multimillionär Donald Trump die Aktion von Pamela Geller ungewöhnlich scharf und stellte die berechtigte Frage: »Können die nicht etwas anderes zeichnen?«.

In den USA hat man deutlich weniger Nachsicht mit Querulanten, die mit aller Macht einen Krieg der Kulturen entfachen wollen. Das musste schon der Produzent des erwähnten Schmähvideos »Innocence of Muslims« spüren. In dem Kurzfilm von 2012 wird Mohammed als blutrünstiger, irrer und sexsüchtiger Scharlatan dargestellt, alle christlichen Klischees über den Religionsgründer finden sich dort auf vierzehn Minuten komprimiert. Nachdem der Film öffentlich geworden war, ereignete sich ein brutaler Anschlag auf die US-Botschaft in Libyen. Der Produzent wurde im November 2012 zu einem Jahr Haft verurteilt, weil er gegen Bewährungsauflagen aus früheren Prozessen verstoßen hatte. Wie sich später herausstellte, steckten radikale evangelikale und koptische Christen aus Kalifornien hinter der Produktion; die daran beteiligten Schauspieler hatten sie über ihre wahren Absichten getäuscht.

Ein Querulant war auch der Prediger Terry Jones, Pfarrer einer evangelikal-fundamentalistischen Splittergruppe in Florida, der 2010 massive Kritik auf sich zog, als er ankündigte, zum neunten Jahrestag der Anschläge vom 11. September öffentlich den Koran verbrennen zu wollen. Sein geplanter »Burn A Koran Day« wurde scharf kritisiert – unter anderem seitens der US-Armee, die fürchtete, ihre Soldaten in Afghanistan und anderswo könnten dadurch in Gefahr geraten. Schon früher hatten Berichte über Koranschändungen bei Verhören durch US-Soldaten in Guantánamo und Afghanistan in mehreren muslimischen Ländern zu wütenden Protesten geführt, bei denen mehrere Menschen ums Leben kamen, so dass diese Sorgen begründet waren. Die Politik machte Druck auf Jones, und die Stadt Gainesville warnte ihn, dass er für die Sicherheitsmaßnahmen in Höhe von über 200 000 US-Dollar aufkommen müsse, sollte er seine Ankündigung wahrmachen. Die Warnungen zeigten offenbar Wirkung, denn Jones ließ von seinem Vorhaben ab.

Eine Einreise nach Deutschland, wohin er durch den Vorsitzenden von »pro Deutschland«, Manfred Rouhs, zu einer Vorführung des islamfeindlichen Films »Innocence of Muslims« eingeladen worden war, wurde Terry Jones 2012 vom deutschen Außenminister persönlich untersagt. »Wir wollen keine Hassprediger in Deutschland haben«, begründete Guido Westerwelle seine Intervention. Das war eine erstaunliche Erklärung, hatte Angela Merkel doch erst zwei Jahre zuvor den dänischen Karikaturisten Kurt Westergaard noch auf Betreiben des Springer-Verlags mit einem Preis für Meinungsfreiheit ausgezeichnet.

Terry Jones in Florida dagegen wurde 2013 von der US-Polizei festgenommen, als er mit einem Pick-up-Truck und etwa 3 000 benzingetränkten Koranausgaben, einem Reservekanister mit Benzin und einem Grill erwischt wurde. Wegen »illegalen Transports von Treibstoff« und dem offenen Tragen einer Schusswaffe wurde er angezeigt. Vielleicht hat es ihm das Leben gerettet, dass der Staat ihm klare Grenzen gesetzt hat. Das Letzte, was man von Terry Jones gehört hat, ist, dass er in einem Einkaufszentrum in Florida eine Imbissbude betreiben soll. Wie die *Washington Post* berichtet, frittiert er dort Pommes und legt Hühnerflügel auf den Grill. Es kann also ein Leben nach der Provokation geben.

Das ist der Unterschied zwischen Europa und den USA: Während die einen jemanden wie Terry Jones und Pamela Geller, die in einem überfüllten Kinosaal laut »Feuer« rufen, mit Verweis auf das Recht auf Meinungsfreiheit verteidigen und als Helden feiern, schrecken die anderen nicht davor zurück, deren hehre Absichten in Frage zu stellen und sie zur Not aus dem Verkehr ziehen. Der amerikanische Pragmatismus erweist sich damit als vernünftiger als der europäische Idealismus und eine naive Gesinnungsethik, die den Kontext eines antimuslimischen Kulturkampfs ignoriert. Das festzustellen bedeutet in keinster Weise, den Anschlag oder jede andere Form von Gewalt gegen islamfeindliche Karikaturisten und Aktivisten zu relativieren. Es heißt nur, dass die richtige Antwort darauf nicht »Je suis Charlie« heißen kann, sondern »Je suis Ahmed« heißen muss.

15 Wer wird hier unterdrückt?
Das Kopftuch und andere Freiheiten

Es kommt nicht häufig vor, dass das Bundesverfassungsgericht sein Urteil revidiert. Aber genau das hat es am 13. März 2015 getan. »Ein pauschales Kopftuchverbot für Lehrkräfte in öffentlichen Schulen ist mit der Verfassung nicht vereinbar«, erklärte es kategorisch. Damit revidierten die Richter in Karlsruhe das folgenreiche Kopftuchurteil, das ihre Vorgänger erst zwölf Jahre zuvor gefällt hatten. Damals, 2003, hatte es das Bundesverfassungsgericht den einzelnen Bundesländern noch freigestellt, das Kopftuch bei Lehrerinnen durch Landesgesetze zu verbieten.

Was darauf folgte, war abzusehen: Es setzte ein regelrechter Wettbewerb um das originellste Kopftuchverbot ein. Acht Bundesländer erließen Gesetze, um Frauen das Tragen eines Kopftuchs im Schuldienst und anderen Berufen des öffentlichen Dienstes zu untersagen. Während sozialdemokratisch geführte Regierungen in Berlin und Bremen alle sichtbaren religiösen Symbole gleichermaßen verbieten ließen, achteten die damals konservativ regierten Bundesländer wie Nordrhein-Westfalen, Bayern und Baden-Württemberg sorgsam darauf, nur das Kopftuch zu verbieten, aber für das Nonnenhabit und die jüdische Kippa Ausnahmeregelungen zu finden. Alle Bundesländer aber stützten ihre Argumentation auf das staatliche Neutralitätsgebot, das Staatsdienern die Parteinahme für ein »religiöses oder weltanschauliches Bekenntnis« untersagt.

Als im März 2015 das neue und überraschend deutliche Urteil aus Karlsruhe erging, fielen die Reaktionen sehr unterschiedlich aus. Nur die Grünen, die Islam- und Migrantenverbände begrüßten es ausdrücklich, SPD und Union reagierten eher verhalten, und die Gegner gingen wieder lautstark auf die Barrikaden. Deutschlands bekanntester Bezirksbürgermeister, der SPD-Lokalpolitiker Heinz Buschkowsky zürnte, die Richter hätten »keine Ahnung«, das Urteil sei eine »Katastrophe« und erschwere angeblich den Kampf gegen den Fundamentalismus. Die Publizistin Necla Kelek sprach von einem »Schlag ins Gesicht« und befand, das Urteil werfe den Kampf muslimischer Frauen um Selbstbestimmung »auf fatale Weise« zurück. Und für Alice Schwarzer war es ein weiterer Beweis »der Infiltration islamistischen Gedankenguts in alle demokratischen Institutionen«, kurz: der Sargnagel unserer freien Gesellschaft. Denn das Kopftuch sei, wiederholte sie ihre allseits bekannte Position, »die internationale Flagge der islamistischen Kreuzzügler«, die einen Gottesstaat errichten wollten, und ein »Symbol der Geschlechter-Apartheid«.

Aber das sind Rückzugsgefechte. Die rot-grünen Regierungen in Nordrhein-Westfalen und Bremen schritten als Erste zur Tat und schafften noch vor der parlamentarischen Sommerpause 2015 ihre Kopftuchverbote ab. Andere Länderparlamente ließen sich damit noch etwas Zeit und verschoben ihre Entscheidung auf später. Aber auch in den anderen Bundesländern stehen die Kopftuchverbote auf der Kippe. Damit endet ein deutscher Sonderweg. Denn nur in Frankreich ist das Kopftuch – wie alle anderen religiösen Symbole – seit 2004 in allen staatlichen Schulen verboten, bei Lehrerinnen und Schülerinnen. Auch in staatlichen Behörden und der Justiz ist es untersagt, und seit einigen Jahren gibt es Diskussionen, dieses Verbot auf Universitäten und andere Einrichtungen auszudehnen. Dieses rigide Verständnis der Trennung von Staat und Religion ist ein Erbe der französischen Revolution, die auf die Entmachtung des katholischen Klerus zielte und das laizistische Selbstverständnis der Republik begründete. Im flämischen Teil Belgiens und im Schweizer Kanton Genf hat man ebenfalls Kopftücher aus den Schulen verbannt.

Anderswo in Europa ist man toleranter. In Großbritannien, Norwegen oder Schweden wird das Kopftuch nicht nur, wie der Turban bei Sikhs, toleriert, sondern sogar in die Uniformen von Soldatinnen und Polizistinnen integriert. In Dänemark und den Niederlanden dagegen wurde die Freiheit, das Kopftuch zu tragen, für bestimmte Berufsgruppen unter den Beamten eingeschränkt. In Dänemark wurde es für Richterinnen verboten, in den Niederlanden für Richterinnen und Polizisten. In der Türkei dagegen wurden die Kopftuchverbote, die dem autoritär-säkularen Staatsverständnis der vom General Mustafa Kemal Atatürk begründeten Republik entsprangen, in den letzten Jahren abgeschafft. Die konservativ-islamische Regierung unter Recep Tayyip Erdoğan hat das Kopftuch nach und nach im Parlament und an den Universitäten, bei der Polizei, in der Justiz und an den Schulen zugelassen. Damit ging ein jahrzehntelanger Kulturkampf um das Kopftuch, der auch in vielen anderen muslimisch geprägten Ländern geführt wird, vorläufig zu Ende.

In Deutschland trägt die ganz überwiegende Mehrheit aller muslimischen Frauen kein Kopftuch.[1] Trotzdem sind Kopftuchträgerinnen zu einem Symbol des Islam in Deutschland geworden – kaum ein Artikel über Integrationsthemen, der nicht mit dem Bild einer kopftuchtragenden Frau illustriert wird. Als es nur von Putzfrauen getragen wurde, hat das Kopftuch niemanden gestört. Erst als es Frauen trugen, die damit in die Mitte der Gesellschaft strebten, in die Lehrerzimmer, Justizbüros und Parlamente, kamen die Probleme auf. Die Probleme gingen aber nicht von den Frauen aus – sondern von der Mehrheitsgesellschaft, die den Anspruch auf Minderheitenrechte abwehrte.

Nach dem Urteil des Bundesverfassungsgerichts reagierten vor allem die Betroffenen selbst erleichtert. »Am Anfang konnte ich es fast nicht glauben«, sagte die Berliner Lehrerin Fereshta Ludin, die zum Gesicht des deutschen Kopftuchstreits geworden war. Sie sei »froh und erleichtert über diese mutige Entscheidung«, sagte sie auf einer Veranstaltung kurz nach dem Urteil. Die afghanischstämmige Lehrerin hatte im Jahr 2000 vor dem Bundesverfassungsgericht geklagt, weil ihr das Oberschulamt in Stuttgart wegen des Tragens ihres Kopftuchs die Einstellung in den Schuldienst verweigert hatte. Ihr Kopftuch könne »zu einer religiösen Beeinflussung der Schüler und zu Konflikten innerhalb der jeweiligen Schulklasse führen«, stellte sich das Verwaltungsgericht in Stuttgart damals hinter diese Entscheidung, und auch Baden-Württembergs damalige CDU-Kultusministerin Annette Schavan sprach sich gegen das Kopftuch aus: Es sei ein »Symbol für politischen Islamismus, für kulturelle Abgrenzung«, behauptete sie, und es würde den Frauen und Mädchen häufig aufgezwungen. Auch andere erklärten das Kopftuch zu einem Symbol für Unterdrückung, Unfreiheit und Rückständigkeit, Alice Schwarzer unterstellte Ludin sogar eine politische Agenda und stempelte sie in Texten und einer Fülle von Interviews zur »Islamistin« und Taliban-Sympathisantin ab.

Doch diese Wertungen liegen allein im Auge des Betrachters, um nicht zu sagen: Es sind fremde Projektionen auf ein Stückchen Stoff. Liest man etwa die Autobiografie von Fereshta Ludin[2], dann ergibt sich ein völlig anderes Bild. In ihrem Buch erzählt die Lehrerin, wie sie als Tochter eines afghanischen Botschafters in den siebziger Jahren nach Deutschland kam und hier aufwuchs. Nach dem russischen Einmarsch in Afghanistan 1979 hängte ihr Vater seinen sicheren Job als Botschafter in Bonn an den Nagel und machte sich kurzerhand mit der ganzen Familie in einem VW-Bus auf eine Pilgerreise nach Saudi-Arabien, wo er mit Glück eine Anstellung als Ingenieur fand. Den starken Willen, kompromisslos für seine eigenen Überzeugungen einzustehen und dafür auch Nachteile in Kauf zu nehmen, scheint Fereshta Ludin von ihm geerbt zu haben. Nach dem plötzlichen Tod des Vaters 1986 überredet die Zwölfjährige ihre Mutter, nach Deutschland zurückzukehren und hier Asyl zu beantragen. Die Unfreiheit in Saudi-Arabien mit seinem rigiden Islamverständnis und seinem Kopftuchzwang empfand schon die Heranwachsende als einengend. Ihre drei Geschwister haben alle keine afghanischen Partner geheiratet und leben in Deutschland und den USA, und auch Fereshta Ludin ging eine Ehe mit einem deutschen Konvertiten ein. Ihre Autobiografie zeichnet das Bild einer liberalen Familie, die sich nicht von der Außenwelt abgrenzt, sondern ihren Platz in den westlichen Gesellschaften sucht. Umso enttäuschender waren für Fereshta Ludin die Anfeindungen, die sie erfahren musste, und der offene Hass, der ihr entgegenschlug. Die Schule, an der sie ihr Referendariat leistete, erhielt sogar Drohbriefe. Dass die »Republikaner«, die von 1992 bis 2001 im Stuttgarter Landtag saßen, dort ein flächendeckendes Kopftuchverbot forderten, dürfte die CDU-Ministerin Annette Schavan in ihrer harten Linie bestärkt haben, ihr keine Anstellung zu gewähren. Schützenhilfe erhielt sie durch Medien wie den *Spiegel*, *Focus* und vor allem die *Emma*, die Fereshta Ludin zu einer Gefahr für die Gesellschaft stilisierten. »So oft machten mich die Medien zu jemandem, von dem ich mich selbst distanziert hätte«, schreibt sie rückblickend.[3] Nicht für das Kopftuch, sondern für das Selbstbestimmungsrecht der Frau sei sie vor Gericht gezogen, sagt sie. Liest man ihr Buch, erscheint das Kopftuch als Mittel, die traditionelle afghanisch-muslimische Kultur hinter sich zu lassen, ohne sich an die deutsche Kultur assimilieren zu müssen: ein Kompromiss, der es erlaubt, zwischen beiden Welten einen eigenen Mittelweg zu finden.

Fereshta Ludin steht damit stellvertretend für viele andere Frauen, die ein Kopftuch tragen. Eine Studie der islamistischer Umtriebe eher unverdächtigen, CDU-nahen Konrad-Adenauer-Stiftung aus dem Jahr 2006 ergab, dass praktisch alle Frauen, die ein Kopftuch tragen, sich aus freien Stücken dafür entschieden haben.[4] Immerhin 40 Prozent gaben an, dass die Mutter bei der Entscheidung eine Rolle gespielt habe – meist hatte auch sie ein Kopftuch getragen, und das Kopftuch war in der Familie schon bei Tanten und Großmüttern üblich. Vom Druck männlicher Familienmitglieder kann hingegen keine Rede sein. Drei Viertel der Befragten gaben an, der Vater habe bei ihrer Entscheidung für das Kopftuch keine Rolle gespielt, Ehemänner oder Brüder noch weniger. Entscheidend war eher, in einem Umfeld aufzuwachsen, in dem das Kopftuch selbstverständlich war. Zugleich erklärten fast alle, in ihrem Freundeskreis auch Frauen zu haben, die kein Kopftuch tragen, was nicht für den Vorwurf der Abgrenzung spricht.

Für ihre Studie hatten die Forscher 315 türkischstämmige Frauen befragt, darunter Akademikerinnen und Hausfrauen, ältere und jüngere Frauen und solche mit deutscher und mit türkischer Staatsbürgerschaft, um einen Querschnitt durch das religiöse Milieu zu erhalten. Es war die erste und bisher umfassendste Studie über das Denken und Fühlen muslimischer »Kopftuchmädchen«. Die Untersuchung konzentrierte sich auf Türkinnen, weil diese die größte Einwanderergruppe repräsentieren. Das Spektrum der untersuchten Moscheegemeinden, denen sich die befragten Frauen zugehörig fühlten, reichte von relativ liberalen Gemeinden in Hamburg, Berlin und im Rheinland bis zu solchen, die vom Verfassungsschutz beobachtet werden, denn mögliche Problemgruppen sollten dabei nicht ausgespart werden. Doch bei Allah: 90 Prozent wünschten sich eine vom Volk gewählte Regierung und bekannten sich damit zur Demokratie als bevorzugter Staatsform.[5]

Des Weiteren stießen die Forscher in ihrer Umfrage auf »überraschende Gemeinsamkeiten« zu deutschen Frauen, was Fragen einer gleichberechtigten Partnerschaft, der finanziellen Absicherung und ihre Berufswünsche betraf. Die Kopftuchfrauen erwiesen sich als bemerkenswert emanzipiert: 94 Prozent strebten berufliche Gleichberechtigung und eine Karriere an, und 81 Prozent erklärten, dass es bei der Hausarbeit keine prinzipiellen Unterschiede zwischen Frauen und Männern geben sollte. Eine traditionelle Frauen- und Mutterrolle lehnen die meisten ab, und nur 37 Prozent waren der Ansicht, dass eine Frau Kinder haben muss, um glücklich zu sein. Der einzige Unterschied zu anderen Frauen in Deutschland, der sich feststellen lässt, wenn man vergleichbare Untersuchungen heranzieht, ist offenbar, dass muslimische Frauen mit Kopftuch religiöser sind, aber auch ehrgeiziger, und dass sie mehr Wert auf ein gepflegtes Aussehen legen als der Durchschnitt. Außerdem bevorzugen sie einen autoritären Erziehungsstil, der Kindern nicht »zu viele« Freiheiten erlaubt.

Der zweite bemerkenswerte Befund: Über die Hälfte gab an, dass sie durch das Kopftuch benachteiligt wären. 80 Prozent waren der Ansicht, dass Türken – und damit auch sie selbst – in Deutschland als Bürger zweiter Klasse behandelt werden. Bei vielen der befragten Frauen führte das zum Rückzug in türkische Kreise, so die Forscher, und zu einer stärkeren emotionalen Verbundenheit mit der Türkei als mit Deutschland. Dass das Gefühl der Diskriminierung keine reine Wahnvorstellung ist, zeigen die Ergebnisse anderer Studien: Frauen mit Kopftuch werden seltener zum Vorstellungsgespräch eingeladen als andere Bewerberinnen und haben damit schlechtere Chancen auf dem Arbeitsmarkt, ergab eine Studie der Universität Linz. Und mehr als die Hälfte aller Arbeitgeber lehnten es noch 2006 ausdrücklich ab, eine Frau mit Kopftuch anzustellen, oder hatten zumindest Vorbehalte, weil sie diese für »rückständig« und nicht integrationsbereit hielten und die Sorge hatten, sie könnte potentielle Kunden abschrecken.[6]

Das ist auch eine Auswirkung des Kopftuchverbots für Lehrerinnen an staatlichen Schulen, das in mehreren Bundesländern mehr als ein Jahrzehnt in Kraft war. Diese zwölf Jahre seien eine »bleierne Zeit für den individuellen Rechtsschutz« und die Integration von Muslimen ins Berufsleben gewesen, findet die Forscherin Sabine Berghahn, die die Kopftuchdebatten in verschiedenen Ländern untersucht hat. Denn die öffentliche Debatte um das Kopftuch hatte gravierende Folgen für die Betroffenen und Einfluss auf private Arbeitgeber, die keinen Grund sahen, selbst Frauen mit Kopftuch einzustellen, wenn der Staat es auch nicht machen wollte. So kam es, dass viele trotz guter Zeugnisse keinen Ausbildungsplatz fanden und bei der Jobsuche benachteiligt wurden. Dieser Kollateralschaden wiegt letztlich viel schwerer als die konkrete Wirkung des Kopftuchverbots für Lehrerinnen, weil dieses zumindest anfänglich nur eine Handvoll Frauen direkt betraf. Paradoxerweise aber handelten sich private Arbeitgeber, die sich offen dazu bekannten, eine Bewerberin nur aufgrund ihres Kopftuchs abgelehnt zu haben, schnell eine Klage wegen Diskriminierung ein. Denn das Allgemeine Gleichbehandlungsgesetz verbietet es ihnen, Frauen nur aufgrund ihres Kopftuchs anders zu behandeln.[7] Der Staat und die Kirchen aber kamen bislang damit durch.[8]

Das neue Kopftuchurteil aus Karlsruhe markiert nun einen Meilenstein der Integration, weil es jungen Frauen mit Kopftuch signalisiert, dass auch sie »ein Teil dieser Gesellschaft« sind. Die meisten von ihnen sind schließlich in Deutschland geboren oder hier aufgewachsen, leben auf jeden Fall lange genug in Deutschland, um das mit Recht für sich beanspruchen zu können. Verbote sind dagegen kontraproduktiv für die Integration, weil sie muslimische Verbände und Gruppen beispielsweise erst dazu motivierten, muslimische Privatschulen zu gründen. Länder wie Frankreich und Belgien mit ihren rigiden Kopftuchverboten schaffen sich damit die »Parallelgesellschaften«, die sie zu bekämpfen vorgeben.

In Deutschland kommt die Lockerung des Verbots genau zur rechten Zeit: Viele Bundesländer suchen händeringend nach Lehrern mit Migrationshintergrund, um die Integration zu fördern. Da ergibt es wenig Sinn, motivierte Kandidatinnen nur wegen ihres Kopftuchs außen vor zu lassen. Und wer könnte Schülern, die sich zu radikalisieren drohen, glaubwürdiger ein tolerantes Islamverständnis vermitteln als eine Lehrerin, die sich selbst offenkundig an die Regeln ihrer Religion hält und diese besser kennt? Lehrerinnen mit Kopftuch sind eine Chance für Extremismusprävention. Sie sind aber auch eine Chance für alle Schüler, sich schon im Klassenzimmer mit der Vielfalt in dieser Gesellschaft auseinanderzusetzen.

Das Urteil aus Karlsruhe hat allerdings einen kleinen Pferdefuß. Das Kopftuch kann nämlich auch künftig untersagt werden, wenn davon eine Gefahr für den Schulfrieden ausgehe, heißt es im Kleingedruckten. In einigen Schulen könnte es deshalb dazu kommen, dass die Kopftuchdebatte noch einmal geführt wird. Dabei stellt sich die Frage, wer den Schulfrieden definiert. Diese Entscheidung wird den Schulen, Schulleitungen und Schulämtern überlassen. Zwar zeigen Studien, dass die meisten Schüler mit dem Kopftuch bei Lehrerinnen kein Problem haben – bei Eltern und Kollegen ist das aber weit weniger der Fall. Konflikte scheinen damit vorprogrammiert.[9]

»Jahrelang haben Politik und Medien eine Anti-Kopftuch-Haltung verbreitet«, kritisiert Fereshta Ludin. Auch deshalb sei das Unverständnis in der Bevölkerung groß. Die Frauen, die sich entschieden haben, ein Kopftuch zu tragen, bräuchten Unterstützung. »Viele Frauen haben unter massiver Diskriminierung gelitten, ihnen wurde das Selbstwertgefühl genommen«, so Ludin. Gerade bei Lehrern und Eltern gebe es viele Vorurteile und noch viel Unwissen. Sie hofft, dass die Gesellschaft und ihre Institutionen das Urteil des Bundesverfassungsgerichts als Ansporn verstehen, wieder mehr Gerechtigkeit herzustellen.

Dabei kann die Gefahr der politischen Einflussnahme und der Missionierung von jedem Lehrer ausgehen – nicht nur von solchen mit Kopftuch. Von antireligiöser Agitation können manche Schülerinnen, die ein Kopftuch tragen, jedenfalls ein Lied singen. Die Berliner Bloggerin Betül Ulusoy kann über das oft postulierte Neutralitätsgebot nur lachen, wenn sie an ihre Schulzeit denkt. Denn ihre Lehrer haben mit ihrer Meinung über ihr Kopftuch nicht hinter dem Berg gehalten. Als das Urteil des Bundesverfassungsgerichts bekannt wurde, stellte sie einen Beitrag auf Facebook, der dort mehrere tausend Male geteilt wurde. Er wird hier ungekürzt wiedergegeben, weil er so aussagekräftig ist.

»Neutral war keiner meiner Lehrer. Ein Kopftuch aber hat keiner von ihnen getragen!«, schreibt Betül Ulusoy. »Meine Schulzeit zusammengefasst. 5. Klasse: Im Geschichtsunterricht wurden die Weltreligionen durchgenommen und ich sollte möglichst anschaulich über den Islam referieren. So lautete die Anweisung meiner Lehrerin. Tat ich auch: Mit Koran, Gebetskette und Jingle-Musik. Die Reaktion: Die Lehrerin knallte mitten im Song auf den Player, schrie mich an, was das solle und dass sie sicher keine Missionierung betreiben würde und damit hatte sich das Thema Islam erledigt. Zurück blieb eine ziemlich eingeschüchterte 11-jährige Betül auf dem neuen Hochbegabten-Gymnasium.

7. Klasse: Es sollte ein Paris-Austausch stattfinden. Natürlich habe ich mich riesig gefreut und angemeldet – bis ich aus dem Erdkunde-Unterricht gerufen wurde. Meine Lehrerin: ›Entschuldige bitte, aber wir werden an einem Tag für zwei Stunden in die französische Schulklasse gehen. Mit Kopftuch darfst du dort nicht in die Schule hinein. Entweder, du legst dein Tuch ab, oder du darfst am gesamten Austausch nicht teilnehmen.‹ Meine Reaktion: Schluchzend nach Hause rennen. Meine Französisch-Note: Fällt von sehr gut in den Keller. So viel zu: ›Muslimische Mädchen dürfen nicht an Klassenfahrten oder Ausflügen teilnehmen.‹ Aber dazu gleich mehr.

9. Klasse: USA-Austausch. Hatte sich nach 9/11 für mich erledigt.

11. Klasse: Klassenfahrt nach Barcelona. Ich wollte nicht mit, meine Lehrerin aber meinte, meine Familie würde mir nicht erlauben, mitzufahren – schließlich war ich ja ein muslimisches Mädchen. Meine Mutter zwang mich, mitzufahren, damit die Lehrerin nicht so dachte. Ein Paradoxon.

12. Klasse: Mein neuer PW- und Geschichtslehrer, vor dem mich einige gewarnt hatten, weil er sich unter anderem mit Sprüchen wie ›Mit euch asozialem Ausländerpack muss ich mich abgeben!‹ hervorgetan hatte und der im Abitur zwei meiner Abiturprüfungen (!) abnahm, kam zur ersten Stunde in die Klasse, warf seine Tasche, mit festem Blick auf mich, auf den Pult, bäumte sich vor mir auf und rief: ›Schon wieder eine mit Kopftuch!‹ Die Klasse stand ziemlich unter Schock, und ich wünschte mir, dass ich lieber doch hätte den Kurs wechseln sollen.

12. Klasse: Ich organisierte eine Podiumsdiskussion im Vorfeld der Bundestagswahlen, die ganze Schule war aus dem Häuschen, die Schuldirektorin total begeistert. Am Ende der Veranstaltung kam sie zu mir: ›Betül, hast du alles wunderbar gemacht. Wir müssen aber über dein Sche*ß-Kopftuch reden.‹ Wir redeten im Anschluss tatsächlich über mein Sche*ß-Kopftuch. Ich musste mich ganze vier Stunden in ihrem Büro für das Tragen rechtfertigen. Dort stand ich außer ihr noch zwei weiteren Lehrern Rede und Antwort. Als Minderjährige. Und weil immer wieder Leute fragen, die es nicht glauben können: Ja, sie hat tatsächlich ›Sche*ß-Kopftuch‹ gesagt.

13. Klasse: Ich schrieb ein gutes Abitur. Meine Mitschüler kamen bedrückt zu mir und gestanden: ›Du hättest eigentlich eine viel bessere Note verdient. Es tut mir echt leid für dich.‹ Sie machten die Vorfälle oben für mein Abschneiden verantwortlich. Ich wunderte mich sehr darüber. Meine Schulleiterin aber meinte: ›Sei doch froh, dass du so ein gutes Abitur gemacht hast. Was hättest du ohnehin mit einem sehr guten Abitur machen sollen?‹

Damals dachte ich, ich bin stark und kann das alles wegstecken. Das ist alles nicht so schlimm. Andere haben noch ganz andere Dinge erlebt. Aber dann bekomme ich keine Luft, wenn ich an die Schule zurückdenke, und ich weiß, dass es keine Kleinigkeiten sind, egal, was andere sagen.«

Betül Ulusoys Fazit: »Wem es wirklich um den Schutz muslimischer Schülerinnen geht, der muss sich für Vielfalt auch in der Lehrerschaft einsetzen.« Lehrerinnen mit Kopftuch aus der Schule zu verbannen sei keine Lösung, sondern würde die Probleme nur verfestigen.

Es ist an der Zeit, mehr auf die Stimmen solcher jungen Frauen zu hören, die ein Kopftuch tragen.

Das ist in der Vergangenheit viel zu wenig passiert. »Die Stimmen junger Kopftuchträgerinnen werden ignoriert«, hat die Sozialanthropologin Schirin Amir-Moazami, die den Kopftuchstreit in Frankreich und Deutschland untersucht hat, schon vor Jahren beklagt. Daran hat sich wenig geändert, die Kopftuchgegner wie Kelek, Schwarzer, Buschkowsky und Co. sind medial viel präsenter. In Frankreich sei diese Ignoranz gegenüber den Stimmen frommer Muslime sogar noch ausgeprägter. Dabei würde der Kopftuchstreit auf dem Rücken der jungen Frauen ausgetragen. Würde man ihnen zuhören, würde man auch mehr über ihre Motive erfahren, ein Kopftuch zu tragen.

Inzwischen gibt es in Deutschland eine ganze Generation muslimischer Frauen, die ein Kopftuch tragen und sich selbstbewusst zu Wort melden. So wie die Politologin und Bloggerin Kübra Gümüşay aus Hamburg, die durch ihre Kolumne »Das Tuch« in der *taz* bekannt geworden ist. Oder Khola Maryam Hübsch aus Frankfurt, die ein Buch über Islam und Emanzipation geschrieben hat.[10] Und die Comic-Zeichnerin Soufeina Hamed aus Osnabrück, die absurde Situationen aus ihrem Alltag mit feinem Strich zu Papier bringt. Sie alle widersprechen dem Klischee, das Kopftuch und Emanzipation nicht zusammenpassen.

Im Gegenteil: Das ständige mediale Islam-Bashing hat dazu geführt, dass manche das Kopftuch aus Protest und aus Solidarität mit ihren Mit-Muslimen tragen. Andere verstehen ihr Kopftuch als feministisches und antikapitalistisches Accessoire. Die Britin Hanna Yusuf, eine 22-jährige freie Journalistin und Französisch-Studentin an der Queen-Mary-Universität in London, drückte es so aus: »Mein Kopftuch hat nichts mit Unterdrückung zu tun, es ist ein feministisches Statement«, erklärte sie in einem Videokommentar im *Guardian*. Sie weise damit das Körperbild zurück, das durch Werbung und Konsumkultur vermittelt werde und das verlange, dass Frauen auf eine bestimmte Art attraktiv sein müssten – »sexy, aber nicht schlampig, dünn, aber immer noch kurvig, jugendlich, aber ganz natürlich«, so Hanna Yusuf. »Wenn der Zwang, ein Kopftuch zu tragen, zu Recht als Unterdrückung gegeißelt wird – warum wird dann der soziale Druck und der rechtliche Zwang, es abzulegen, als Ausdruck weiblicher Emanzipation angesehen?«, fragte sie in ihrem Videoblog. Und sie wies den Paternalismus der »weißen« Frauenbewegung zurück, von Alice Schwarzer bis zu den Femen-Aktivistinnen, die in »Kopftuchmädchen« wie ihr nur Opfer von Unterdrückung sehen würden. »Muslimische Frauen können für sich selbst denken und sprechen«, antwortete Hanna Yusuf ihnen. Es gehe darum, die Kontrolle über den eigenen Körper zurückzuerlangen und nicht auf das eigene Aussehen reduziert zu werden. »Die Befreiung liegt in der Freiheit, den eigenen Bekleidungsstil frei zu wählen.« Aber genau diese Absage an die »kommerziellen Imperative unser Konsumkultur« bereite offenbar vielen Leuten Unbehagen. Und nicht nur Männern – sondern auch Frauen, die sich als Feministinnen verstehen.[11]

Man muss diese Sicht des Kopftuchs nicht teilen, man kann sie zurückweisen. Aber man sollte doch zumindest zur Kenntnis nehmen, dass es diese Sichtweise gibt.

16 Religionskritik oder Rassismus? Der Aufstieg der falschen Antifaschisten

Rassismus will sich keiner nachsagen lassen – noch nicht einmal Rechtspopulisten. Er habe nichts gegen Muslime, sondern nur gegen den Islam, weil er den als eine faschistische Ideologie betrachte, beteuert Geert Wilders treuherzig, wann immer er ein Interview gibt. So ähnlich formulieren das auch andere »Islamkritiker« wie Ayaan Hirsi Ali, Alice Schwarzer, Necla Kelek und Hamed Abdel-Samad. Alice Schwarzer hält den Rassismusvorwurf ohnehin nur für einen »Trick gewisser Linker und Liberaler«, um sie »einzuschüchtern«.[1] Und Necla Kelek findet, der Begriff werde von Muslimen »missbraucht«, als Migrantin fühlt sie sich über diesen Vorwurf erhaben. Zur Not verweist man, wie der verstorbene Ralph Giordano es gemacht hat, mit Nachdruck auf die eigene jüdische Herkunft und antifaschistische Vita, um den Vorwurf der rassistischen Hetze gegen Minderheiten voller Empörung weit von sich zu weisen. Selbst die Schweizer Pfarrerin Christine Dietrich, nach ihrer Nebentätigkeit als Mitbegründerin und Autorin von »Politically Incorrect« gefragt, behauptete, »dass wir keine Rassisten sind, sondern islamkritisch sind, dass wir nicht gegen Menschen uns richten, egal welcher Herkunft oder Hautfarbe, sondern gegen politische Systeme und Ideologien«. Und Ideologiekritik ist doch etwas Gutes, oder nicht?[2]

Dabei bedienen sich diese »Islamkritiker« gerne eines Taschenspielertricks. Indem sie dem Islam absprechen, überhaupt eine Religion zu sein, und ihn stattdessen zu einer totalitären Ideologie erklären, die dem Faschismus gleicht, halten sie sich selbst im Handumdrehen für die einzig wahren Antifaschisten, weil sie die Gefahr erkennen und benennen, während alle anderen Appeasement betreiben. Muslime stellen sie dafür als die eigentlichen Rassisten dar, die, so Alice Schwarzer, zum Beispiel »Geschlechter-Apartheid« betrieben. Auch Marine Le Pen, FPÖ-Chef Heinz-Christian Strache und andere Rechtsparteien geben heute vor, entschieden gegen Rassismus zu sein – vor allem gegen solchen von muslimischer Seite.[3] Dabei steht außer Frage, dass es islamistische Gruppen wie die IS-Milizen oder Boko Haram gibt, deren Ideologie zweifellos totalitäre oder gar faschistoide Züge trägt. Doch indem eine populistische »Islamkritik« die Unterschiede zwischen dem Islam, dem Islamismus als politischer Ideologie und seinen terroristischen Auswüchsen bewusst verwischt, stempelt sie den Glauben von 1,3 Milliarden Menschen auf der Welt zu einer Art irrationalem Gewaltkult ab. Mit diesem Argument lässt es sich leichter begründen, warum man die Religionsfreiheit für Muslime aushebeln will.

Die Gleichsetzung von Islam und Faschismus stammt aus dem Dunstkreis neokonservativer Denkfabriken in den USA und wurde nach dem 11. September benutzt, um den »Krieg gegen den Terror« als einen Kampf zwischen Freiheit und Demokratie und islamistischem Totalitarismus darzustellen. Doch die Rede vom »Islamofaschismus« dient auch innenpolitischen Zwecken. Ayaan Hirsi Ali war eine der ersten, die den Islam einen »neuen Faschismus« nannte und damit die Notwendigkeit von Angriffskriegen und einer drakonischen Integrationspolitik begründete. Auch Alice Schwarzer, Leon de Winter, Ralph Giordano und Necla Kelek haben den Islam mehrfach mit dem Faschismus oder dem Rechtsextremismus gleichgesetzt. Alice Schwarzer vergleicht das Kopftuch gerne mit dem Judenstern im Dritten Reich und übergeht mit diesem geschmacklosen Vergleich die Tatsache, dass es von den meisten Frauen in Deutschland freiwillig getragen wird. Auf dem gleichen Niveau bewegte sich der Schweizer Journalist Heinz Gstrein, der im Vorfeld der Schweizer Anti-Minarett-Initiative im Schweizer Fernsehen und vielen Talkrunden als »Experte« auftrat und dort Minarette allen Ernstes mit Hakenkreuzen verglich.[4]

Hamed Abdel-Samad hat sogar ein ganzes Buch geschrieben, in dem er die These ausarbeitet, der Faschismus sei schon in der Frühzeit des Islam angelegt – sozusagen ein Faschismus avant la lettre. Dass das vergleichsweise säkulare Regime des ägyptischen Diktators al-Sisi, das Abdel-Samad als kleineres Übel anpreist, längst selbst faschistoide Züge trägt, darüber verliert er in seinem Buch kein Wort. Noch plakativer geht die Anti-Islam-Aktivistin Pamela Geller vor: Um die angeblich innige Verbindung zwischen Faschismus und Islam aufzuzeigen, ließ sie ein Plakat produzieren, das ein Foto eines Treffens von Adolf Hitler mit dem ehemaligen Mufti von Jerusalem Mohammed Amin al-Husseini zeigt, das 1941 stattgefunden hat.[5] Daneben stellte sie den Slogan, der Judenhass gründe schon im Koran, und die Forderung, sämtliche Zahlungen an alle islamischen Länder einzustellen. Mit diesem Motiv ließ sie 2014 die Busse der Washingtoner Verkehrsbetriebe überziehen. Ein anderer Islamfeind, Michael Stürzenberger, hält sich sogar für einen Wiedergänger der Widerstandsgruppe »Weiße Rose«, mit der die Geschwister Scholl gegen das Hitler-Regime aufbegehrten.[6]

Auch europäische Rechtsparteien gefallen sich neuerdings in der Rolle einer antiislamischen Résistance und waschen sich damit teilweise von ihrer eigenen rechtsextremen Vergangenheit rein. Nicht nur die Dänische Volkspartei geißelt den Islam schon lange als »faschistische Ideologie«, auch Heinz-Christian Strache nannte ihn den »Faschismus des 21. Jahrhunderts«. Marine Le Pen sorgte im Dezember 2010 für Empörung, als sie Muslime in Paris, die wegen des Raummangels in ihrer Moschee auf der Straße beteten, mit der Besatzung Frankreichs im Zweiten Weltkrieg durch die Wehrmacht verglich. Die Gläubigen benähmen sich wie eine feindliche Armee in einem besetzten Gebiet – »ohne Panzer und ohne Soldaten, aber durch die Besatzung von Teilen des Gebiets«, in denen religiöses Recht angewandt und die einheimische Bevölkerung unter Druck gesetzt werde.[7]

Der neue Rechtspopulismus zeigt sich offen für alle, er ist inklusiv und divers, ja, er schmückt sich geradezu mit seiner Vielfalt, um sich vom alten Rechtsextremismus abzuheben. Der moderne Rechtspopulismus ist damit ein Spiegelbild einer Einwanderungsgesellschaft und hat sich erfolgreich an deren Erfordernisse angepasst. Seine islamfeindliche Ideologie wendet sich nicht mehr gegen andere Hautfarben, eine fremde Herkunft oder sexuelle Orientierung, sondern nur noch gegen eine bestimmte Religion. Jeder kann im Prinzip mitmachen und sich einbringen – außer, er ist bekennender Muslim, trägt ein Kopftuch und geht ab und zu in die Moschee.

Damit ist dieser Rechtspopulismus nicht nur anschlussfähig für viele gesellschaftliche Gruppen wie Frauen, Juden und Homosexuelle, die sich vom klassischen Rechtsextremismus und dessen Antisemitismus, seiner Homophobie und seinem reaktionären Frauenbild schwerer angesprochen fühlen können. Er zeigt sich sogar offen für Einwanderer – insbesondere für solche aus christlich geprägten Ländern, für christliche Minderheiten aus muslimischen Ländern, aber auch für alle anderen. Es ist in Österreich bekannt, dass viele serbische Einwanderer in Österreich FPÖ wählen, weil sie deren Abneigung gegen Muslime teilen. Die Lega Nord stellte 2009 im kleinen Ort Viggiù in der Provinz Varese mit der gebürtigen US-Amerikanerin Sandy Cane sogar die erste schwarze Bürgermeisterin Italiens.[8] Und in den Niederlanden finden sich unter den Wählern der Freiheitspartei von Geert Wilders auch indische Einwanderer aus Surinam – vor allem solche, die dem Hindu-Nationalismus frönen oder besonders aufstiegsorientiert sind.[9]

In Belgien buhlt der Vlaams Belang schon lange um die jüdische Minderheit, die in einer Stadt wie Antwerpen eine wichtige Wählergruppe bildet. Auch der Front National bemüht sich mit wachsendem Erfolg um jüdische Wähler, sogar eine kleine Zahl rechter Muslime gibt es in seinem Umfeld. Einmal rief gar der Ex-Mufti von Marseille Soheib Bencheikh dazu auf, lieber Le Pen als Sarkozy zu wählen.[10] Dass der ehemalige AfD-Chef Bernd Lucke noch kurz vor seiner Abwahl im Juni 2015 den offen schwulen Deutschtürken André Yorulmaz als AfD-Generalsekretär ins Gespräch brachte, passt ins Bild: Damit wollte er zwei verschiedenen Wählergruppen signalisieren, dass sie keine Angst vor der AfD haben müssten, nämlich den Einwanderern und den Homosexuellen. Ob das unter seiner Nachfolgerin Frauke Petry so bleibt, steht auf einem anderen Blatt.

Selbst in den antimuslimischen Bewegungen auf der Straße spiegelt sich die Vielfalt moderner Einwanderungsgesellschaften wider. Die English Defence League leistete sich eine eigene Sikh-Abteilung, deren Sprecher Guramit Singh Kalirai mit besonders giftigen Parolen gegen Muslime auffiel, bevor er 2013 wegen versuchten Raubes ins Gefängnis wanderte. Und zum zwölfköpfigen Organisationsteam von Pegida gehörte von Anfang an der 1987 aus Mosambik eingewanderte Hamilton George: Bei den Kundgebungen in Dresden stand er meist in der ersten Reihe und trug die Transparente der »Patriotischen Europäer«.

Sind diese antimuslimischen Parteien und Bewegungen also gar nicht rassistisch? Das kommt ganz darauf an, wie man Rassismus definiert. Wenn man unter Rassismus eine Ideologie versteht, die anhand biologischer Unterschiede eine Hierarchie unter den Völkern aufstellt, dann ist das sicher nicht der Fall. Solche Konzepte beruhen auf kruden Rassentheorien, wie sie etwa die Nationalsozialisten aufstellten, um ihren Hass auf Juden pseudowissenschaftlich zu begründen. Wenn man Rassismus aber als eine Ideologie begreift, die anhand bestimmter Merkmale wie der Religionszugehörigkeit eine Ungleichwertigkeit behauptet und damit eine Ungleichbehandlung legitimiert, wie das in Teilen die heutige Rassismusforschung macht, dann liegen die Dinge anders. Dann kann man die Parolen mancher »Islamkritiker« und die politischen Forderungen von Rechtspopulisten durchaus als rassistisch bezeichnen.[11] Manche Experten sprechen deshalb lieber von antimuslimischem Rassismus als von Islamophobie, weil sie dahinter keine irrationale Abneigung, sondern ein geschlossenes, ideologisch gefestigtes Weltbild erkennen.

Manchmal bröckelt die respektable Fassade der Rechtspopulisten. So war es, als Geert Wilders nach den Kommunalwahlen im März 2014 in einer Kneipe in Den Haag seinen Anhängern zurief: »Wollt ihr in dieser Stadt oder in den Niederlanden mehr oder weniger Marokkaner?« Als ihm daraufhin die »Weniger, weniger«-Rufe aus dem Saal entgegenschallten, lächelte Wilders maliziös und versprach: »Dann werden wir das regeln.« Die Szene brachte Wilders einen Sturm der Entrüstung und Hunderte von Strafanzeigen ein, sie entsetzte sogar einige Funktionäre, die aus seiner Partei austraten. Nun muss sich Wilders erneut vor Gericht verantworten. Dabei war er erst 2011 in einem aufwändigen Verfahren, das er geschickt als Bühne für sich zu nutzen verstand, noch vom Vorwurf der Volksverhetzung freigesprochen worden.

Die FPÖ geriet in Schwierigkeiten, als der türkischstämmige Unternehmer Hakan Sükün für sie 2015 als Kandidat in Vorarlberg antrat und in einem Interview freimütig bekannte, mit Slogans wie »Daham statt Islam« nicht viel anfangen zu können. Ausgerechnet im Ort Lustenau, in dem er kandidierte, schnitt die FPÖ bei den Regionalwahlen im März 2015 schlechter ab als erwartet. Nach der Wahl machte Parteichef Strache, der ihn zuvor noch als Musterbeispiel für gelungene Integration gepriesen hatte, Hakan Sükün zum Sündenbock für das schlechte Ergebnis und sprach von einer »krassen personellen und inhaltlichen Fehlbesetzung«.

Ähnlich harsch reagierte der Front National, als ihr Jungabgeordneter im Gemeinderat von Noisy-le-Grand, Maxence Buttey, sich mit 22 Jahren plötzlich entschied, 2015 vom Katholizismus zum Islam überzutreten. Knapp davor, ihn zu suspendieren, entzog ihm die Parteiführung alle Befugnisse.[12] Der Grat zwischen vorgeblicher »Religionskritik« und offener Ausgrenzung ist eben schmal.

Besonders deutlich wird das auch in Online-Foren, etwa auf »Politically Incorrect«, wo Ausdrücke wie »Abschaum«, »Gesindel« und »Türkendreck« eine deutliche Sprache sprechen. Noch deutlicher wurde es bei Thilo Sarrazin, der seine These von den unintegrierbaren Muslimen in seinem Bestseller *Deutschland schafft sich ab* mit einer Prise Intelligenzforschung abzurunden versuchte. Sein Ausflug in die Vererbungslehre hätte ihn beinahe Kopf und Kragen gekostet, und manche Peinlichkeit wurde aus späteren Auflagen des Buches getilgt.[13] Es bleibt aber der Versuch, eine Art Rassenkunde für das 21. Jahrhundert zu entwerfen.

Sarrazins »biologistische« und »eugenische« Thesen wurden vielfach kritisiert. In seinem Buch legt er nahe, Deutschland werde durch Einwanderer aus dem Nahen Osten, der Türkei und Afrika »immer dümmer«, weil Intelligenz »zu 50 bis 80 Prozent« von den Eltern vererbt werde, was die Aussichten auf den Schulerfolg von Einwandererkindern und die Entwicklung ganzer Völker begrenze. Deutschrussen attestierte er eine »altdeutsche Arbeitsauffassung« und Juden einen höheren IQ, während er gegenüber der muslimischen Kultur ein »Unwerturteil« für angebracht hielt. Dabei verwendete er sorglos so belastete Begriffe wie »Zuchtwahl« und »Auslese«.[14] Und im Gespräch mit seinem Bewunderer Henryk M. Broder, das in der *taz* abgedruckt wurde, gab er freimütig zu, in seinem Manuskript überall dort, wo er ursprünglich »Rasse« geschrieben hatte, es auf Anraten seines Lektors durch das Wort »Ethnie« ersetzt zu haben.[15] Sarrazin ist ein Paradebeispiel dafür, wie sehr Vorstellungen und sogar das Vokabular aus der Nazizeit bis heute nachwirken, zumindest in der älteren Generation (Sarrazin ist Jahrgang 1945). Umso erstaunlicher, dass Sarrazin in vielen Leitmedien, von der Justiz und sogar von seiner Partei letztlich vom Vorwurf des Rassismus freigesprochen wurde.[16]

Dabei hätte schon Sarrazins konsequente Gleichsetzung des Islam mit dem Mittelalter, mit Gewalttätigkeit und Frauenverachtung gereicht, für die er sich auf die Schriften Necla Keleks stützte, um seine Thesen problematisch zu finden. Auch rechtspopulistische Parteien schrecken vor ähnlich drastischen Verallgemeinerungen nicht zurück. Vor den Wahlen im November 2001, mit denen ihr kometenhafter Aufstieg begann, brachte die Dänische Volkspartei eine zweihundertseitige Broschüre mit dem Titel »Dänemarks Zukunft – dein Land, deine Wahl« heraus. In dem Heft illustrierte sie die Gefahr, die Dänemark angeblich durch seine muslimischen Einwanderer drohe, mit Kriminalitätsstatistiken, Grafiken und einschlägigen Fotos. Der Berliner Bezirk Kreuzberg wurde als besonders abschreckendes Beispiel hingestellt: In Schulen und Geschäften würde nur Türkisch gesprochen, die Frauen trügen alle Kopftuch, und der Islam sei die vorherrschende Religion. Der Volkspartei-Funktionär Vagn Eriksen forderte damals unverblümt, alle Muslime aus dem Land zu werfen. Und ihr langjähriger, 2014 verstorbener Abgeordneter im Parlament von Kopenhagen, der Pastor Jesper Langballe, tönte einmal, muslimische Männer schlügen ihre Töchter tot und schauten weg, »während der Onkel sie vergewaltigt«. Auf öffentlichen Druck hin ruderte er zurück, und seine damalige Parteivorsitzende Pia Kjærsgaard relativierte seine Aussage, indem sie meinte, Langballe habe wohl »etwas übertrieben«.

Die Rechtspopulisten von heute verteidigen keine ethnisch definierte Volksgemeinschaft mehr, sondern eine kulturell definierte. Sie gehen nicht mehr von biologischen Unterschieden unter den Völkern aus, sondern halten nur noch die eigene Kultur für überlegen und nicht mit dem Islam vereinbar. Die Konsequenz für Muslime daraus lautet: Auswanderung oder Konversion. Manche fordern das ganz offen: Die Dänische Volkspartei forderte im März 2015 ein Exit-Programm, um Muslimen zu helfen, den Islam zu verlassen. Ihr Sprecher Martin Henriksen sagte, es solle sich aber nur an jene wenden, die von sich aus Unterstützung suchten. Und Geert Wilders erklärte in einem Interview: »Ich wünsche mir, dass diese Menschen sich vom

Joch des Islam befreien, dass sie Atheisten oder Christen werden oder was auch immer.«[17]

Bis zu einem gewissen Grad lassen sich die Ressentiments gegen Muslime von heute mit dem Antisemitismus im 19. und frühen 20. Jahrhundert vergleichen – also mit jener Judenfeindlichkeit, die noch vorwiegend religiös und kulturell begründet wurde, bevor die Nationalsozialisten mit ihrem biologistisch begründeten Antisemitismus die Oberhand gewinnen sollten. Erst 1871 hatten die Juden im Kaiserreich die vollen Bürgerrechte erhalten, wogegen damals 250 000 Bürger in einer »Antisemiten-Petition« an den Reichskanzler Bismarck vergeblich protestierten.[18] Dass Juden jetzt Lehrer, Beamte oder Richter sein sollten, war vielen nicht geheuer. Zugleich fürchtete man eine demografische Überfremdung durch jüdische Einwanderer aus Osteuropa, die aus Armut oder vor Pogromen nach Westen flüchteten. Nach dem Börsenkrach von 1873 erschien eine wahre Flut von Schriften zur »Judenfrage«. Es bildeten sich antisemitische Vereine, insbesondere in Sachsen und Hessen, die sich zu internationalen Kongressen mit ähnlichen Bewegungen aus dem Ausland trafen, und es entstanden gleich mehrere antisemitischen Parteien, die einen kompletten Einwanderungsstopp und eine rechtliche Beschränkung jüdischen Lebens in Deutschland forderten und sich nur darin unterschieden, dass manche eine eher sozialstaatliche und andere eine eher wirtschaftsliberale Haltung vertraten. Diese Parteien blieben zwar marginal, aber trugen dazu bei, dass die Regierung Einwanderungsbeschränkungen erließ und damit begann, insbesondere Juden aus Osteuropa auszuweisen. Zugleich wurden Hürden bei der Einbürgerung erlassen, und es kam zu ersten Brandanschlägen auf Synagogen.

Der preußische Historiker Heinrich von Treitschke warnte im »Berliner Antisemitismusstreit« von 1879 vor einer ungebremsten Masseneinwanderung »strebsamer hosenverkaufender Jünglinge«, die »aus der unerschöpflichen polnischen Wiege« nach Westen strömten. Es fällt nicht schwer, in ihm einen Vorgänger von Thilo Sarrazin und dessen Verachtung für »türkische Gemüsehändler« und »Kopftuchmädchen« zu sehen, denn auch Treitschke gerierte sich als Tabubrecher und gab vor, für eine schweigende Mehrheit zu sprechen.

Auch der hessische Bibliothekar Otto Böckel fürchtete sich vor den jüdischen Einwanderern aus Osteuropa, die ständig neue Kinder produzierten. »Dort wohnt beinahe die Hälfte der europäischen Juden. Hier befindet sich die große vagina judeorum, aus welcher die Juden Europas Auffrischung und neuen Zuwachs erhalten«, warnte er in seinen Reden über die »Judenfrage«.[19] Böckel war ein politischer Agitator, der 1887 mit der Parole »Gegen Junker und Juden« als erster unabhängiger Antisemit in den preußischen Landtag gewählt wurde und »judenfreie Viehmärkte« organisierte. Wie er dabei zwischen linken und rechten Positionen oszillierte, erinnert an den Geert Wilders von heute. In Österreich spielte derweil Wiens legendärer antisemitischer Bürgermeister Karl Lueger verschiedene Einwanderergruppen gegeneinander aus, indem er Attacken auf die Juden ritt, die proletarischen und katholischen Böhmen aber ausdrücklich in Schutz nahm.[20] Nicht anders macht es heute sein Nachfolger im Geiste, FPÖ-Chef Heinz-Christian Strache, wenn er »die Serben« in seinem Land umgarnt, aber die Türken ausgrenzt.

Im frühen 20. Jahrhundert stiegen Verschwörungstheorien wie *Die Protokolle der Weisen von Zion* zu Bestsellern auf, so wie heute die Bücher von Udo Ulfkotte und anderen, und das 1923 von Julius Streicher gegründete Hetzblatt *Der Stürmer* erzielte in der Weimarer Republik mit propagandistisch aufbereiteten Schauergeschichten über Vergewaltigungen, Mädchenhandel und andere Verbrechen, für die Juden verantwortlich gemacht wurden, hohe Auflagen – so wie heute Hetzblogs wie »Politically Incorrect« mit ihren Schauergeschichten über Ehrenmorde und »Migrantengewalt« tausendfach im Internet angeklickt werden. Was früher »Verjudung« hieß, wird heute »Islamisierung« genannt, und die Hauptstadt Berlin galt vielen als besonders »verjudet«, weil dort ein Drittel aller Juden in Deutschland lebten. Insgesamt machten Juden damals im Deutschen Reich weniger als 1 Prozent der Bevölkerung aus. Doch den politischen und wirtschaftlichen Eliten und der »Judenpresse« wurde der Vorwurf gemacht, mit dieser Minderheit unter einer Decke zu stecken, ja, heimlich von ihr beherrscht zu werden. Ganz ähnliche Debatten gab es zu jener Zeit auch in anderen europäischen Ländern, in Frankreich und Großbritannien.

Zu diesen »Überfremdungsängsten« und Verschwörungstheorien kamen noch der Vorwurf der Unterwanderung und »Zersetzung« sowie die Angst vor dem Terror. Dass in den Reihen von Anarchisten,

Revolutionären und Kommunisten auffällig viele Juden zu finden waren, werteten Antisemiten als Beweis für ihr Vorurteil, dass Juden an Aufruhr und Gewalt gelegen sei. Dabei griffen sie auf ähnliche Stereotype zurück, wie es die Islamhasser von heute tun. Sie behaupteten, die Religion der Juden sei unmoralisch und inhuman und ihre Gesetze forderten zu Betrug und Verstellung sowie zur Gewalt gegen Andersgläubige auf, und zitierten als Beweis entsprechende Passagen aus dem Talmud. »Was früher Talmud-Hetze war, ist heute Koran-Hetze«, sagt der deutsche Historiker und Vorurteilsforscher Wolfgang Benz. Der nationalsozialistische *Stürmer* brachte diese Hetze gegen »Talmudjuden« und ihr angebliches »Geheimgesetz«, die Halacha, zu wahrer Meisterschaft und führte gerne Zitate aus dem heiligen Buch der Juden an, um zu »belegen«, dass Kindesmissbrauch im Judentum kein Verbrechen sei oder dass der Talmud die Tötung von Nichtjuden erlaube, kurz, dass alle angeblich von Juden begangene Verbrechen letztlich auf ihre Religion und Gesetzeslehre zurückzuführen seien.

Wer will, kann noch mehr Parallelen finden: Der Frankfurter Erziehungswissenschaftler Micha Brumlik verglich den Vorwurf der »Parallelgesellschaften«, zu denen Muslime angeblich neigten, mit dem Angstbild vom »Staat im Staate«, das Juden zu bilden einst unterstellt wurde. Und so, wie heute um den Bau von Moscheen gestritten wird, so erregte schon früher im Kaiserreich der Bau von Synagogen Anstoß – daran erinnerte der Architekt Salomon Korn. Der Grünen-Politiker Fritz Kuhn, der spätere Oberbürgermeister von Stuttgart, fühlte sich beim Anblick der Mohammed-Karikatur von Kurt Westergaard 2006 spontan an Zeichnungen aus dem antisemitischen *Stürmer* erinnert.

Mit ihrem Antisemitismus reagierten Teile der europäischen Bevölkerung auf einen sozialen und wirtschaftlichen Wandel, den sie bedrohlich fanden, sagt der Experte Wolfgang Benz. Nicht anders sei es bei den Islamfeinden von heute. Manchen Juden gingen die Anfeindungen gegen ihre Religion damals sogar derart in Fleisch und Blut über, dass sie sie verinnerlichten und zum Teil übernahmen. So gehen einige der härtesten Urteile über Juden auf Persönlichkeiten zurück, die selbst jüdischer Herkunft waren, von Karl Marx und Ferdinand Lassalle bis Karl Kraus. Die Abneigung, die assimilierte Juden in Westeuropa gegen ihre »rückständigen« und orthodox-religiösen Glaubensbrüder aus Osteuropa entwickelten, ist legendär. Mit diesen mit Kaftan, Schläfenlocken und Gebetsriemen auftretenden Männern und altmodisch verhüllten Frauen wollten sie nichts zu tun haben, und so gaben sich manche patriotischer und deutschnationaler als ihre christlichen Mitbürger. Dieser Hass auf die eigene Herkunftsgruppe findet sich auch bei manchen Renegaten und »Islamkritikern« von heute, ob sie nun Kelek, Hirsi Ali oder Abdel-Samad heißen.

Ein besonders absurdes Beispiel für eine solche Über-Assimilation bietet der deutsch-türkische Schriftsteller Akif Pirinçci, der ursprünglich einmal durch Katzenkrimis bekannt wurde, sich aber seit 2012 mit offen rechtsradikalen Sprüchen profiliert – zuerst auf rechten Blogs wie der *Achse des Guten*, später in seinem Buch mit dem Titel *Deutschland von Sinnen*, das im rechten Manuscriptum-Verlag erschien und ein Bestseller wurde. Darin teilt er mit vulgärer Polemik gegen Frauen, Homosexuelle und Muslime aus und plädiert für einen neuen, deutschnationalen Patriotismus. Seinen Auftritt bei einer Demonstration eines Pegida-Ablegers in Bonn im Dezember 2014 beendete er mit den Worten: »Es lebe das heilige Deutschland.«

Auf Parallelen zwischen dem Antisemitismus von einst und den antimuslimischen Ressentiments von heute hinzuweisen bedeutet nicht, dass Muslime deshalb die »Juden von heute« wären, wie es Demagogen auf der anderen Seite behaupten, oder dass gar ein »Holocaust gegen Muslime« bevorstehe, wie etwa der salafistische Prediger und Konvertit Pierre Vogel warnt. Von einem Völkermord, ja, auch nur von Schikanen wie den »Nürnberger Rassengesetzen«, mit denen die Nazis die jüdische Minderheit in Deutschland drangsalierten, sind die Muslime in Europa weit entfernt. Jeder Vergleich zwischen der heutigen Zeit und dem Zivilisationsbruch unter dem Nazi-Regime führt in die Irre und ist fehl am Platz. Die Geschichte wiederholt sich nicht, und wenn, dann als Farce. Man darf auch nicht vergessen, dass der Antisemitismus längst nicht überwunden ist – judenfeindliche Einstellungen sind in Europa bis heute verbreitet, auch unter Muslimen und Einwanderern. Es wäre falsch, dass gegeneinander aufzurechnen.

Man sollte den aktuellen Hass auf Muslime aber nicht verharmlosen und unterschätzen, denn auch er kann in Gewalt umschlagen oder zumindest dazu dienen, Gewalt zu rechtfertigen. Im Konflikt um das Kosovo lagen die Sympathien von FPÖ und Lega Nord ganz eindeutig bei den Serben, nicht bei den Kosovaren. Die Lega Nord machte schon 1995 klar, dass sie den Krieg um das Kosovo als Teil eines Kampfes gegen die Islamisierung Europas betrachtete, und propagierte den Schulterschluss mit der serbischen Seite, ihr damaliger Vorsitzender Umberto Bossi traf sich sogar mit Serbiens Präsidenten Slobodan Milošević. Und als das Kosovo 2008 als Staat anerkannt wurde, empörte sich FPÖ-Chef Strache, das sei »serbisches Kernland«.

Zum Völkermord, den serbische Milizen 1995 in der bosnischen Enklave Srebrenica begangen haben, vertreten manche »Islamkritiker« und Rechtspopulisten deshalb eine ganz eigene Meinung. Der Schweizer Politiker Oskar Freysinger, der maßgeblich für die Anti-Minarett-Kampagne in seinem Land verantwortlich war, findet, das Massaker an 8000 Zivilisten werde aufgebauscht, außerdem seien ja keine Frauen und Kinder getötet worden. Sein Freund, der serbischstämmige Schriftsteller Slobodan Despot, sieht das Massaker ähnlich und hält es – anders als die UNO – für keinen Völkermord. Freysinger, der für die SVP im Staatsrat des Kantons Wallis sitzt, ernannte Slobodan Despot 2013 zu seinem Kommunikationsverantwortlichen.[21] Dazu passt, dass in der SVP-nahen *Weltwoche* im März 2015 ein Inserat erschien, mit dem das Buch des in Basel lebenden serbischstämmigen Genozidleugners Alexander Dorin über die angebliche »Srebrenica-Lüge« beworben wurde.

Vielleicht hätte es auch mehr zu denken geben sollen, dass Thilo Sarrazin mit seinem Satz, die Türken würden Deutschland erobern »wie die Kosovaren das Kosovo erobert haben: durch eine höhere Geburtenrate«, an serbische Propagandamythen angeknüpft hat. Aber unabhängig davon bleibt die Frage: Was müssen die NSU-Mörder wohl gedacht haben, als sie Thilo Sarrazin in Talkshows gesehen oder in der Zeitung gelesen haben, wie er über Muslime herzog? Sie dürften sich bestätigt gefühlt haben.

Teil 3

Wie geht der Kulturkampf weiter?

17 Was wollen die Islamgegner? (1)
Die halbherzigen Jakobiner

Eine strikte Trennung von Staat und Religion hat in Deutschland keine starke Lobby. Zwar geht die Religiosität hier wie in anderen Ländern seit Jahrzehnten zurück, und die Mehrheit der Deutschen gehört inzwischen keiner Konfession an. Doch die Forderung, deswegen die Privilegien der christlichen Kirchen in Deutschland zu beschneiden, ist nicht populär. Sie wird nur von marginalen Gruppen wie dem Internationalen Bund der Konfessionslosen und Atheisten oder der Giordano-Bruno-Stiftung erhoben und nur von Teilen der Grünen, der Linkspartei und der SPD unterstützt. Ein laizistischer Arbeitskreis in der SPD, der sich 2010 gründen wollte, wurde von der Parteiführung verhindert. Das ist symptomatisch. Denn ein kämpferischer Atheismus wird von vielen Deutschen, vor allem im Westen der Republik, als eine Bedrohung empfunden und mit radikalen, gar fundamentalistischen Haltungen gleichgesetzt. Das zeigt, dass eine »Grundakzeptanz des Christentums in unsere Traditionsbestände eingelassen ist«, wie es Detlef Pollack, der Koautor des Bertelsmann-»Religionsmonitors«, formuliert.[1]

Daran hat der weltweite Erfolg jener »neuen Atheisten« nichts geändert, die auch in Deutschland viel gelesen werden und die in ihren Büchern einen kämpferischen Atheismus propagieren. Der Evolutionsbiologe Richard Dawkins beschreibt Religionen – und insbesondere die monotheistischen – in seinem Bestseller *Der Gotteswahn* (2006) als irrational und gefährlich. Religiöser Glaube habe keinen positiven Einfluss auf Moral und Ethik und sei mit wissenschaftlicher Erkenntnis nicht vereinbar. Der US-amerikanische Publizist Sam Harris sieht in seinem Buch *Das Ende des Glaubens* (2004) in Religionen im Allgemeinen und im Islam im Speziellen eine Gefahr für die

Welt und erachtet einen präventiven Nuklearkrieg und den Einsatz von Folter unter bestimmten Bedingungen als ethisch notwendig, um islamistischen Terror zu verhindern. Der 2011 verstorbene Ex-Trotzkist Christopher Hitchens prangerte in seinem Buch *Der Herr ist kein Hirte: Wie Religion die Welt vergiftet* (2007) Religionen als irrational, gewalttätig und intolerant an und sprach sich in Interviews für den Irakkrieg und Burka-Verbote als Mittel der Wahl gegen den »Islamfaschismus« aus. Und der US-Talkshow-Moderator, Stand-up-Comedian und bekennende Agnostiker Bill Maher setzte die westliche Kultur mit Zivilisation, den Islam dagegen mit Wüste und Gewalt gleich und stellte alle muslimischen Länder mit dem Terrorregime des »Islamischen Staats« in Syrien und Irak auf eine Stufe. In seinem Film »Religulous« (2008) ließ er ausgerechnet Geert Wilders als Kronzeugen gegen den Islam zu Wort kommen. Alle genannten »neuen Atheisten« sind große Bewunderer von Ayaan Hirsi Ali, die ebenfalls keine nennenswerten Unterschiede zwischen dem Islam als Religion und Terrorismus im Namen des Islam macht.

In der Ära von George W. Bush, als der Einfluss der religiösen Rechten in den USA so stark war wie nie zuvor, erhielt die radikale Religionskritik der »neuen Atheisten« enormen Auftrieb. Diese wandten sich gegen die in den USA weitverbreitete Scheu, Religionen grundsätzlich zu kritisieren, und insbesondere gegen Pläne, in US-Schulen neben der Evolutionslehre den Kreationismus (»Intelligent Design«) lehren zu lassen. Kritiker warfen ihnen aber vor, alle Muslime in einen Topf zu werfen und ihre Religionskritik unverblümt in den Dienst einer imperialen US-Außenpolitik zu stellen. In der letzten Zeit hat diese Kritik an Schärfe zugenommen: Der Schauspieler Ben Affleck warf Maher und Harris vor, ihre Ansichten über Muslime seien rassistisch, und der Enthüllungsjournalist Glenn Greenwald nannte ihr Islam-Bashing bigott.

Tatsächlich stellt sich die Frage, welches Gesellschaftsbild den »neuen Atheisten« vorschwebt. Ihre pauschale Argumentation erinnert an die ehemalige DDR, wo Religionen als »wissenschaftlich widerlegt« und »überholt« angesehen wurden. Und eine Welt ohne Religion – müsste dieses Ideal nicht so aussehen wie Albanien unter dem kommunistischen Diktator Enver Hodscha, der dort den ersten atheistischen Staat der Welt ausgerufen hatte? Dass Christopher Hitchens einmal die »Säkularisierung Russlands« als Lenins größte Leistung lobte, nährt jedenfalls den Verdacht, dass es keine allzu liberale Gesellschaftsform war, die er anstrebte.

In Deutschland finden die Positionen der »neuen Atheisten« in abgeschwächter Form ein Echo. Hamed Abdel-Samad knüpft an sie an, wenn er allen Religionen einen »faschistischen Kern« unterstellt und deshalb vage fordert: »Mehr Säkularismus wagen.« Andere Wortführer des antimuslimischen Ressentiments behaupten, alle Religionen gleichermaßen kritisch zu sehen, und geben deshalb vor, mit dem französischen Modell des Laizismus zu liebäugeln. Alice Schwarzer etwa preist Frankreich bei jeder Gelegenheit als Vorbild an. Der Sozialdemokrat Heinz Buschkowsky tritt für ein Verbot aller religiösen Symbole in Schulen und Behörden ein, wie es das laizistische Berliner Neutralitätsgebot seit 2004 von Staatsdienern in der Hauptstadt verlangt, und pocht auf den Grundsatz der Gleichbehandlung: »Man kann nicht Kruzifixe in Klassenzimmer hängen und Kopftücher verbieten.«[2] Unterstützt wird er von säkularen Einwanderern wie Necla Kelek oder der SPD-Politikerin Lale Akgün, die eine autoritäre Verbannung der Religion aus den öffentlichen Institutionen, wie sie in der Türkei bis 2004 üblich war, gerne auf Europa übertragen sehen würden. Mit säkularen Positionen sympathisiert auch Henryk M. Broder, der die Wulff-Rede zum Tag der Deutschen Einheit 2010 (»Der Islam gehört inzwischen auch zu Deutschland«) aus der Sicht eines Atheisten kritisierte: Der damalige Bundespräsident hätte den Eindruck erweckt, »als sei das vereinte Deutschland keine zivile, säkulare Republik freier Bürger, sondern die Summe seiner Religionsgemeinschaften, eine Art multikulturelle Glaubenskongregation, ein einziger fortwährender Kirchentag«. Maliziös fragte Broder: »Was ist mit uns Ungläubigen und Agnostikern, uns ewigen Zweiflern, Kritikastern und Rotweintrinkern?«[3]

Ja was? Solche geballte Kritik könnte den Eindruck erwecken, als gäbe es in Deutschland eine breite Koalition säkular gesinnter Kräfte, die sich für eine konsequente Trennung von Staat und Religion stark macht. Das sehen auch manche konservative Beobachter so. »Die Sorge vor dem Islam in Deutschland ist weniger eine Sorge von Christen als eine Sorge von Leuten, die sich von der Kirche sehr weit entfernt haben. Die empfinden Religion an sich als gefährlich, und im

Islam sehen sie eine Rückkehr der Religion«[4], meint etwa der katholische Schriftsteller Martin Mosebach.

Doch der säkulare Elan dieser besorgten Laizisten endet, wenn es nicht mehr um den Islam geht, sondern um das Christentum. In ihrer säkularen Argumentation würden sie sehr häufig »nicht nur die Kirchtürme ›übersehen‹, sondern die Durchdringung des ganzen öffentlichen Lebens mit christlichen Traditionen«[5], hat die Feministin Birgit Rommelspacher einmal festgestellt. In der Tat handelt es sich bei ihnen um sehr halbherzige Jakobiner. Keiner der genannten Kritiker des Islam hat sich darüber echauffiert, dass in bayerischen Klassenzimmern bis heute Kreuze hängen, einem anderslautenden Urteil des Verfassungsgerichts zum Trotz. Auch als der *Westdeutsche Rundfunk* im Juni 2013 ein satirisches Rap-Video der Kabarettistin Carolin Kebekus zensierte, weil sie darin im Nonnenkostüm ein Kruzifix ableckte, blieb ihr Aufschrei aus. Keiner von ihnen hat sich je über Lehrerinnen im Nonnenhabit empört, die an staatlichen Schulen in Deutschland unterrichten – ganz zu schweigen von den vielen Privilegien, die christliche Kirchen in Deutschland genießen, von steuerlichen Vorteilen über Einfluss auf den öffentlich-rechtlichen Rundfunk bis zum Recht, an staatlichen Schulen bekenntnisorientierten Religionsunterricht anzubieten. Erst wenn Muslime die gleichen Rechte eingeräumt werden sollen, haben sie damit ein Problem. Das ist mehr als scheinheilig.

Ein Blick ins Nachbarland zeigt außerdem, dass der Laizismus in seinem Mutterland in der Krise ist. Nach dem Attentat auf *Charlie Hebdo* wurde er zwar allenthalben beschworen, denn der Laizismus ist in Frankreich quasi Staatsreligion, und in Umfragen erklärten ihn 46 Prozent der Franzosen zum wichtigsten Wert der Republik – noch vor dem Wahlrecht! Doch offenkundig hilft er nicht, die wachsenden Widersprüche in der französischen Gesellschaft zu kitten, sondern erweist sich immer mehr als ein Problem. Das heutige System verdankt sich der »Affäre Dreyfus«, in der sich die katholische Kirche kompromittiert hatte.[6] Sie wurde daraufhin 1905 entmachtet und ihr gesamtes Vermögen verstaatlicht, ihre bis dahin gebauten Kirchen und Klöster blieben ihr kostenfrei zur Nutzung überlassen. Die Religionsgemeinschaften genießen zwar einige steuerliche Privilegien, erhalten aber keine staatlichen Zuschüsse. An staatlichen

Schulen gibt es keinen Religionsunterricht, und Schülern und Lehrern ist es sogar verboten, im Unterricht über Religion zu sprechen. 1946 wurde der Grundsatz der Laizität in die französische Verfassung übernommen und soll die Gleichberechtigung aller Religionen garantieren.[7]

Doch bei der Integration muslimischer Einwanderer erweist er sich als Hemmschuh. Eine politische Integration des Islam in die französische Gesellschaft ist deshalb schwierig, den Bau von Gemeindezentren oder die Ausbildung und Entlohnung von Imamen zu fördern ebenfalls. Für Präventionsprogramme gegen Extremismus mit muslimischen Verbänden zusammenzuarbeiten wie in Deutschland ist in Frankreich unmöglich. Weil es keine amtlichen Statistiken über Religionszugehörigkeit gibt, lässt sich religiöse Diskriminierung auf dem Arbeitsmarkt nicht messen. »Der Laizismus wirkt wie eine Decke, die jede Auseinandersetzung mit den Religionen erstickt und unter der die Ressentiments unerkannt gedeihen können«, sagt die Journalistin Wenke Husmann.[8]

1905 wurden in Frankreich alle Kruzifixe aus öffentlichen Schulen und Gerichten abmontiert. Doch im katholischen Bürgertum plagen sich manche seitdem mit Phantomschmerzen. Deren Stimme sind nun ausgerechnet konservative jüdische Publizisten wie Alain Finkielkraut und Éric Zemmour geworden. Zemmour, Sohn jüdischer Einwanderer aus Algerien, ist Kolumnist bei der konservativen Tageszeitung *Le Figaro* und Kommentator beim führenden Radiosender *RTL*. Er ist Frankreichs »wirkungsmächtigster Intellektueller« (*Die Zeit*) und ein häufiger Talkshow-Gast. Dort sagt er Dinge wie: »Man schneidet unsere christlichen Wurzeln ab und zwingt uns den allgemeinen Multikulturalismus auf.« In seinem Bestseller *Le suicide français* (*Der französische Selbstmord*), der sich seit seinem Erscheinen 2014 eine halbe Million Mal verkauft hat, rechnet er mit dem Erbe von 1968 ab, mit der Gleichstellung von Mann und Frau, der Homo-Ehe und dem Hedonismus, vor allem aber mit der Einwanderung. Er warnt vor einer kulturellen Überfremdung und einer »großen Auswechslung der Völker«. Muslime würden in Frankreich unter sich leben, ihr Gesetz sei der Koran. Und: Zwei Völker auf einem Territorium, das bedeute Krieg. Manche halten ihn deshalb für Frankreichs Antwort auf Thilo Sarrazin.[9]

Zuspruch erhält Zemmour nicht nur von ebenso konservativen Publizisten wie Pascal Bruckner und Alain Finkielkraut, der eine eigene Radiosendung unterhält und ihn nach dem Attentat auf *Charlie Hebdo* als Gast einlud. In seiner Verachtung des Erbes von 1968 trifft sich Zemmour auch mit Michel Houellebecq, der in seinem Roman *Unterwerfung* ein ganz eigenes Niedergangsszenario gezeichnet hat. »Der Laizismus, der Rationalismus und die Aufklärung, deren Grundprinzip die Abkehr vom Glauben ist, haben keine Zukunft«, gestand Houellebecq in einem Interview mit der *Zeit* seinen Ennui an der Gegenwart. Gerne hätte er zwischen 1850 und 1910 gelebt, verriet er, und nun hoffe er auf ein neues religiöses Zeitalter, um jenes der Aufklärung endgültig hinter sich zu lassen. »Sie finden in vielen meiner Romane Entwürfe einer neuen Religion«, empfahl er sich als Novalis für das 21. Jahrhundert.[10]

Unterstützung erhält Zemmour auch von dem populären Philosophen Michel Onfray, derzeit einer der einflussreichsten Denker Frankreichs, der sich selbst als bekennenden Laizisten versteht und der der Linken eine zu unkritische Haltung gegenüber dem Islam vorwirft.

Dass es dem Laizismus in Frankreich nicht besonders gut geht, sieht man allerdings an der Leidenschaft, mit der in Frankreich zuletzt um christliche Symbole gestritten wurde. Denn in französischen Schulen und Rathäusern dürfen zu Weihnachten noch nicht einmal Krippen aufgestellt werden, so will es das Laizismus-Gesetz. Ausgerechnet der Front National hat sich dem Ende 2014 widersetzt und in den Städten, in denen er die Ratsmehrheit besitzt, Krippen aufstellen lassen – so demonstrativ, wie die Pegida-Demonstranten in Dresden ihre Weihnachtslieder sangen.

Im Juli 2015 sorgte dann der Rektor der Pariser Moschee, Dalil Boubakeur, für einen weiteren Eklat. Er erinnerte daran, dass es in Frankreich überall an Moscheen fehle, und fragte, ob man nicht ein paar Kirchen umwidmen könne. Denn von den 45 000 französischen Kirchen, die es in Frankreich gibt, stehen viele leer und müssen von den Kommunen instand gehalten werden. Schon die Frage provozierte hysterische Reaktionen, und einem Appell mit dem Titel »Fass meine Kirche nicht an« schlossen sich in Windeseile dreißig Intellektuelle und Politiker an, darunter die Publizisten Alain Finkielkraut,

Pascal Bruckner und Éric Zemmour sowie Ex-Präsident Nicolas Sarkozy.

Sarkozy selbst hatte in seiner Amtszeit als Präsident (2007–2012) versucht, eine Debatte über das Verhältnis von Staat und Religion in Gang zu bringen, um den Laizismus neu zu definieren. In seinem Buch *Der Staat und die Religionen*[11] legte er sein Konzept einer »positiven Laizität« dar, mit dem er die Religionen stärker in die Verantwortung nehmen und die Integration der Muslime in Frankreich vorantreiben wollte, nicht zuletzt, um den Fundamentalismus zu bekämpfen. Dafür schwebte ihm eine kleine Kulturrevolution vor: eine staatliche Anerkennung der Religionen und die Finanzierung ihrer Institutionen und Funktionsträger, die Einführung von staatlichem Religionsunterricht und die Ausbildung von Imamen an französischen Hochschulen. Das brachte ihm den Vorwurf ein, den Islam zu instrumentalisieren, um den Laizismus aufzuweichen, und weit kam er damit nicht. Doch nach dem Attentat auf *Charlie Hebdo* kündigte der sozialistische Premier Manuel Valls an, Mittel bereitzustellen, um künftig an zwölf französischen Hochschulen Imame ausbilden zu lassen – Imame, »die Franzosen sind, die Französisch sprechen, die Frankreich lieben und seine universellen Werte«, so Valls. Außerdem will er ein neues Gremium schaffen, welches die fünf bis sechs Millionen Muslime im Land repräsentiert – das hatte Sarkozy schon als Innenminister im Jahr 2003 versucht, sein gewählter »Französischer Rat der Muslime« war aber wenig effektiv und repräsentativ.

Sarkozys Idee eines »positiven Laizismus« diente ihm auch dazu, seinen eigenen Glauben ostentativ zur Schau zu stellen. Als Präsident beschwor er an symbolträchtigen Orten wie dem Vatikan und auf dem Jakobsweg das »kulturelle Erbe Frankreichs« und pries den Katholizismus als eine »Hauptquelle der Zivilisation«. Mehrmals betonte er, Religionen seien nicht Gefahr, sondern Quelle der Moral. Bei einer Gedenkfeier zu Ehren des letzten überlebenden Soldaten des Ersten Weltkriegs im März 2008 bekreuzigte er sich entgegen der Tradition mehrere Male. Und als er im September des gleichen Jahres Papst Benedikt XVI. unter großem Medienrummel im Élysée-Palast empfing, beendete er seine Rede statt mit dem üblichen »Vive la République« mit einem Gruß an »die Jungfrau Maria, die Schutzheilige Frankreichs«. Auch wenn es Sarkozy dabei vor allem um den

Showeffekt ging, grenzte er sich damit doch von radikal-antiklerikalen Traditionen ab.

Als entschiedenste Vertreter eines radikalen Laizismus gebärden sich in Frankreich heute vor allem die Kommunistische Partei und der Front National, der aber wie Sarkozy zweierlei Maß anlegt. Denn es regt sich ein neues katholisches Selbstbewusstsein, wie sich 2013 an den überraschend großen Massendemonstrationen gegen die Einführung der Homo-Ehe in Frankreich zeigte, an denen sich Hunderttausende beteiligten. Ein großer säkularer Konsens besteht nur, wenn es um den Islam geht, um Kopftücher oder Halal-Fleisch in Schulkantinen. Da unterscheiden sich die Parteien lediglich in der Schärfe, mit der sie alles verbieten wollen. Die rechtsextreme Bewegung »Riposte laïque« geht am weitesten: Sie möchte nicht nur alle Kopftücher verbieten, sondern am liebsten auch alle Moscheen schließen. Die Autoren der islamfeindlichen Webseite decken ein breites Spektrum ab, sie stammen von der radikalen Linken bis zur extremen Rechten, Altfeministinnen schreiben dort neben Autoren, die dem Front National nahestehen. Der Hass auf den Islam ist ihr gemeinsamer Nenner.

Auch anderswo in Europa führt die gemeinsame Abneigung gegen Muslime zu seltsamen Querfronten zwischen religiösen und säkularen Lagern. Manche Feministinnen, die in den siebziger Jahren noch für das Recht auf Abtreibung gegen die katholische Kirche auf die Straße gegangen sind, sehen diese nun als Partner im Kampf gegen den Islam. Die Schweizer Feministin Julia Onken etwa hat sich aktiv für das Minarettverbot in ihrem Land eingesetzt. »Das Minarett symbolisiert die Unterdrückung der Frau«, schrieb die Bestsellerautorin, die das »Frauenseminar Bodensee« betreibt, 2009 in einem Brief an 4000 Frauen und warb für Zustimmung zum Referendum. Das Kruzifix, das in Schweizer Schulen hängt und gegen das die Schweizer Freidenker-Vereinigung vor Gericht zieht, ist für Julia Onken dagegen ein harmloses Zeichen der »Transzendenz«. Auch Alice Schwarzer zeigt sich widersprüchlich. Bei einem Vortrag im kirchlichen Bildungszentrum Schloss Seggau in der Steiermark im Mai 2015 brach sie zwar wie immer eine Lanze für das französische Vorbild der Trennung von Kirche und Staat. »Religion ist Privatsache«, befand sie. Zugleich forderte sie, die Kirchen sollten gegenüber Muslimen viel selbstbewusster auftreten. »Ich verstehe nicht, warum die katholische Kirche nicht ihre Werte entschiedener anbietet«, wandte sie sich direkt an den anwesenden Diözesanbischof Egon Kapellari, der seinen Ohren kaum trauen wollte.

Sich so auf die Seite der Macht zu stellen und sein säkulares Mütchen an einer religiösen Minderheit zu kühlen ist ziemlich armselig. Es macht einen zum nützlichen Idioten der Kirchen und kulturkonservativer Kreise. Es zeigt aber auch die Schwäche der Säkularisten. Kapellari hat als Vorsitzender der österreichischen Bischofskonferenz 2013 die Auseinandersetzung mit dem Islam und dem Säkularismus als die beiden größten Herausforderungen für seine Kirche benannt; er ist damit ein fragwürdiger Bündnispartner für eine angebliche Laizistin. Denn auch wenn Alice Schwarzer das vielleicht nicht mitbekommen hat: Die Kirchen haben sich in den letzten Jahren ziemlich klar gegen den Islam profiliert – auch in Deutschland.

18 Was wollen die Islamgegner? (2)
Für Kreuz und Vaterland

Der Osten Deutschlands gilt als eine der am stärksten atheistischen Regionen Europas, wenn nicht sogar der Welt. Zwei Drittel aller Sachsen glauben nicht an Gott oder ein höheres Wesen, nur jeder Vierte gehört einer christlichen Kirche an. Und ausgerechnet hier sind im Winter 2014/15 Tausende Menschen auf die Straße gegangen, um das Abendland zu verteidigen? Das klingt noch absurder, wenn man bedenkt, dass in Sachsen kaum Muslime leben, von denen eine »Islamisierung« ausgehen könnte. Trotzdem wurden in Dresden schwarz-rot-golden bemalte Kreuze in die Höhe gereckt und Fahnen mit dem Wirmer-Kreuz geschwungen, und an einem Abend wurden sogar Weihnachtslieder gesungen. Die Amtskirchen reagierten entsetzt: Dresdens katholischer Bischof Heiner Koch kritisierte den Missbrauch des Kreuzes für einen Protest, bei dem »christliche Werte nicht erkennbar« seien. Und der evangelische Altbischof Christian Krause, Ex-Präsident des Lutherischen Weltbunds, ärgerte sich, dass sich die Demonstranten aufs Abendland beriefen: »Wer so redet, weiß offenbar selbst nicht, was er da verteidigt.« Aber egal, wie »unchristlich« sie auftraten: Offensichtlich wollen zumindest einige Teilnehmer der Pegida-Demos, dass christliche Symbole in Deutschland wieder deutlicher sichtbar werden.

Dabei können sie sich auf Papst Johannes Paul II. berufen. Der hatte 2002, wenige Jahre vor seinem Tod, die Christen aufgefordert, das Kreuz in den säkularisierten Gesellschaften Europas wieder sichtbarer werden zu lassen, und sie motiviert, es in Wohnungen, Schulen und Krankenhäusern aufzuhängen. Daraufhin brach in Italien ein regelrechtes Kruzifix-Fieber aus, und die Regierung ordnete an, dass in jeder Schule ein Kreuz hängen sollte. Besonders weit preschte die rechtspopulistische Lega Nord vor: Sie forderte, Kreuze sollten auch im Parlament, in Behörden, an Bahnhöfen, Flughäfen, Gefängnissen, Wahllokalen und in allen Botschaften im Ausland an prominenter Stelle aufgehängt werden. Sie brachte dazu sogar einen eigenen Gesetzentwurf ein – wer das Kreuz entferne oder schmähe, dem sollten bis zu sechs Monate Haft drohen, stand darin.[1]

Als der Europäische Gerichtshof für Menschenrechte in Straßburg 2009 einer Klägerin aus Italien Recht gab und befand, ein Kreuz im Klassenzimmer verletze die Religionsfreiheit der Schüler, brach in Italien ein Sturm der Entrüstung los. Benedikt XVI. sprach von laizistischem Fundamentalismus, die Regierung Berlusconi war empört, und aus Protest wurden in Italien erneut überall neue Kruzifixe und Kreuze angebracht.

Gegen das Urteil aus Straßburg legte die italienische Regierung prompt Beschwerde ein. Zehn weitere Länder des Europarates, 33 EU-Abgeordnete und zahlreiche Verbände wie das Zentralkomitee der Katholiken schlossen sich der Klage an. Mit Erfolg, denn im März 2011 folgte die juristische Wende: Die Große Kammer des Gerichtshofs hob das Urteil der ersten Instanz wieder auf. In Deutschland, Österreich und der Schweiz hatte es bis dahin Urteile höchster Gerichte gegeben, die das Kruzifix kritisch sahen, doch sie waren ohne Konsequenzen geblieben. Im Gegenteil: Ein Lehrer im Kanton Wallis, Mitbegründer der Freidenker-Vereinigung der Schweiz, der sich weigerte, ein Kruzifix in seinem Klassenzimmer aufzuhängen, wurde im Herbst 2010 fristlos entlassen.[2] Auch in Italien bekamen Lehrer, die sich weigerten, unter einem Kreuz zu unterrichten, Probleme. Und die Klage eines bayerischen Grundschullehrers gegen das Kreuz in seiner Schule blieb vor dem Bundesverfassungsgericht so lange liegen, bis er in Pension ging, womit sie gegenstandslos wurde. Nur in Wien setzte eine konfessionslose Mutter 2013 durch, dass die Kreuze in der Schule ihrer Tochter abgehängt wurden – aber auch nur, weil die Mehrheit der Kinder auf der Schule nicht als Christen gemeldet war.[3]

Der Vatikan kann das als Erfolg verbuchen. Unter dem deutschen Papst Benedikt XVI., vorher als Kardinal Joseph Ratzinger bekannt, ging er zudem auf Konfrontationskurs zum Islam. In dessen Wirkungszeit von 2005 bis 2013 hat sich der Vatikan deutlich vom Islam abgegrenzt. Gleich nachdem er sein Amt angetreten hatte, empfing Benedikt XVI. im August 2005 die antiislamische Publizistin Oriana Fallaci zu einer Privataudienz. Die »christliche Atheistin«, wie sie sich selbst nannte, war kurz vor ihrem Tod zum glühenden Fan des neuen Papstes geworden. »Ich fühle mich weniger allein, wenn ich die Bücher von Ratzinger lese«, gestand sie dem *Wall Street Journal* im August 2006, er sei ihre letzte Hoffnung. Als sie einen Monat später starb, hinterließ sie der Päpstlichen Lateranuniversität in Rom ihre Bibliothek.

Weltweites Aufsehen erregte Papst Benedikt XVI. 2006 mit seiner *Regensburger Rede*, die er bei seinem zweiten Besuch in Deutschland hielt. »Zeig mir doch, was Mohammed Neues gebracht hat, und da wirst du nur Schlechtes und Inhumanes finden wie dies, dass er vorgeschrieben hat, den Glauben, den er predigte, durch das Schwert zu verbreiten«, zitierte er den byzantinischen Kaiser Manuel II. Palaiologos, der diese Frage an einen persischen Gelehrten gerichtet hatte, und lud seine Gesprächspartner gönnerhaft zu einem Dialog »in die Weite der Vernunft« ein. Hinterher sagte er, dass er sich das Zitat nicht zu eigen machen, sondern nur über das Verhältnis von Vernunft und Glaube habe reflektieren wollen. Man konnte ihn aber durchaus so verstehen, dass der Islam seiner Meinung nach – im Gegensatz zur katholischen Kirche, wohlgemerkt – ein ungeklärtes Verhältnis zur Gewalt habe. Sein behaupteter Zusammenhang zwischen »biblischem Glauben und griechischen philosophischen Fragen« als »Grundlage dessen, was man mit Recht Europa nennen kann«, bemühte überdies ein sehr abendländisches Geschichtsbild.[4]

Die Regensburger Rede löste in einigen muslimischen Ländern Proteste aus und provozierte 38 islamische Gelehrte, einen Brief an den Papst zu schreiben, wodurch ein Dialog in Gang kam. Ende 2006 reiste Benedikt XVI. in die Türkei, wo er in der Blauen Moschee in Istanbul ein stilles Gebet Richtung Mekka verrichtete, das war ein versöhnliches Signal. Ein neuerlicher Affront aber war es, als Benedikt den ägyptischstämmigen Islamkritiker Magdi Allam im März 2008 während der Osternachtsmesse in einer feierlichen Zeremonie im Petersdom taufte. Allam zog in seinen Zeitungskolumnen regelmäßig über den Islam her, diffamierte ihn als gewalttätige Ideologie und den Koran als ein Buch des Hasses. Die Zeremonie wurde im Fernsehen übertragen, was Kritik von muslimischen Verbänden, Säkularisten und linken Katholiken auf sich zog.[5]

Auch sonst verfolgte Benedikt XVI. einen ultrakonservativen Kurs, holte die reaktionären Piusbrüder in den Schoß seiner Kirche zurück und verurteilte die liberale Gesellschaft als »Diktatur des Relativismus«. Während seiner Amtszeit wandten sich Teile seiner Kirche gegen die Pläne der italienischen Regierung von Romano Prodi, in Italien die Homo-Ehe einzuführen, oder gegen die geplante Moschee in Bologna. Und auf seiner Südamerikareise 2007 verharmloste der deutsche Papst die brutale Zwangschristianisierung des Kontinents, indem er behauptete, sie sei von den Ureinwohnern »unbewusst herbeigesehnt« worden.

Das wäre seinem Nachfolger Franziskus wohl kaum über die Lippen gekommen. Schon Benedikts Regensburger Rede hatte der damalige argentinische Kardinal Jorge Mario Bergoglio ungewöhnlich scharf kritisiert: Sein Sprecher Guillermo Marcó erklärte damals gegenüber der spanischen Ausgabe des Magazins *Newsweek*, wenn ein Papst die »Werte des Islam« verkenne, zerstöre er innerhalb weniger Sekunden das Vertrauensverhältnis, das Papst Johannes Paul II. in den vergangenen zwanzig Jahren zuvor mühsam aufgebaut habe.[6] Der hatte als erster Papst eine Moschee betreten und sogar einmal den Koran geküsst.

Franziskus hat, seit er 2013 zum Papst gewählt wurde, starke Zeichen gesetzt. In Ägypten wusch er einer muslimischen Gefangenen die Füße, in Lampedusa warf er einen Blumenkranz ins Meer, traf Flüchtlinge und prangerte die Gleichgültigkeit des Westens gegenüber ihrem Schicksal an. In seinem bisher wichtigsten Statement, dem apostolischen Schreiben Evangelii Gaudium (»Freude des Evangeliums«), forderte er: »Wir Christen müssen die islamischen Einwanderer, die in unsere Länder kommen, mit Zuneigung und Achtung aufnehmen.« Und er befand, »eine angemessene Lektüre des Korans stünde jeder Form der Gewalt entgegen«. Angesichts der Gräuel des »Islamischen Staats« gegenüber Christen und andere Minderheiten ist so eine Aussage keine Selbstverständlichkeit und verdeutlicht den Kurswechsel der katholischen Kirche unter der Ägide von Papst Franziskus.

Auch in Deutschland macht sich das bemerkbar. Dass der Kölner Dom im Januar 2015 aus Protest gegen eine Pegida-Demonstration seine Lichter ausschaltete, wäre unter dem langjährigen Hausherrn

Joachim Kardinal Meisner womöglich nicht passiert. Der erzkonservative Kleriker waltete von 1989 bis 2014 als Erzbischof in der Domstadt. Kurz vor seinem Abtritt lobte er in einer Veranstaltung der Laienbewegung des »Neokatechumenalen Weges«, zu der Hunderte von Anhängern aus ganz Europa angereist waren, noch die »große Glaubenskraft von katholischen Ehepaaren« mit der Bemerkung: »Eine Familie von euch ersetzt mir drei muslimische Familien.«

Besonders scharf ging auch die Evangelische Kirche in Deutschland zwischen 2003 und 2009 unter ihrem Ratsvorsitzenden Wolfgang Huber auf Distanz zu deutschen Muslimen. Schon vor seinem Amtsantritt kritisierte der Berliner Theologe den christlich-islamischen Dialog seiner Kirche als »interreligiöse Schummelei« und forderte ein Ende des angeblichen Kuschelkurses. Den setzte er dann selbst um: Huber trat entschieden für ein Verbot des Kopftuchs bei Lehrerinnen und Beamtinnen ein, das er »ein antidemokratisches Zeichen« nannte, und verwahrte sich dagegen, es mit christlichen Symbolen auf eine Stufe zu stellen. Geplante Moscheen in Köln und Berlin sah er kritisch. Von kühler Distanz kündete ebenso die EKD-Handreichung »Klarheit und gute Nachbarschaft«, die er ausarbeiten ließ und die wegen ihrer betont herablassenden Haltung zum Islam auch in den eigenen Reihen für Aufregung sorgte.[7]

Huber prangerte zugleich die »Selbstsäkularisierung« der Kirchen an, verfolgte das missionarische Programm einer »Neuevangelisierung« Deutschlands und suchte dafür den Schulterschluss mit evangelikalen Gruppen und bibeltreuen Freikirchen, die er vor dem Vorwurf des Fundamentalismus in Schutz nahm. Im Februar 2008 spendete er persönlich das Abendmahl bei deren »Christival« in Bremen, einem mehrtägigen Jugendfestival, bei dem radikale Abtreibungsgegner zu Gast waren und wo über die mögliche »Heilung« von Homosexuellen geredet werden sollte. Huber erklärte, er wünsche sich »keine Islamisierung unseres Landes« und kritisierte den türkischen Ministerpräsidenten Erdoğan wegen dessen »Geringschätzung der christlich-abendländischen Tradition«.[8] Gemeinsam mit der katholischen Kirche setzte Huber sich dafür ein, einen Gottesbezug in die EU-Verfassung einschreiben zu lassen, was letztlich am französischen Widerstand scheiterte. Und natürlich sprach er sich, wie die katholische Bischofskonferenz, strikt dagegen aus, christliche Kirchen in Deutschland in Moscheen umzuwandeln.

Unter Hubers Ägide hat die evangelikale Bewegung in der evangelischen Kirche stark an Einfluss gewonnen. Organisiert ist sie in der Deutschen Evangelischen Allianz (DEA), einem Netzwerk von evangelisch-reformatorisch gesinnten Gemeinden, dem nach eigenen Angaben rund 1,3 Millionen Menschen in Deutschland nahestehen. Deren Generalsekretär ist seit 1991 der Stuttgarter Ex-Verwaltungsbeamte Hartmut Steeb, der einen weltanschaulich neutralen Staat kritisch sieht. »Werteungebundene Toleranz macht Deutschland zum gefundenen Fressen einer auf Expansion und Aufrichtung einer islamischen Gottes-Staat-Ideologie ausgerichteten islamischen Weltsicht«, schrieb der zehnfache Familienvater einmal. Und: Christen sollen aktiv dagegen ankämpfen – durch Einsatz in politischen Parteien, Vereinen und Verbänden, durch Einmischung in Medien und der Nachbarschaft. »Klingt wenig nach Gott, aber sehr nach Macht«, resümierte der *Spiegel*.[9]

Und diese Macht besitzen die Evangelikalen: Sie verfügen über Lobbyisten im Bundestag und ein eigenes Medienimperium mit Sitz im hessischen Wetzlar. Der Medienverbund Konferenz evangelikaler Publizisten (KEP) gibt das Medienmagazin *pro* heraus, betreibt eine Medienakademie und unterstützt Veranstaltungen wie »ProChrist« und das erwähnte »Christival«, die ihnen nahestehende Nachrichtenagentur *idea* gibt die Zeitschrift *ideaSpektrum* heraus und veranstaltet alle zwei Jahre einen »Kongress christlicher Führungskräfte«. Bei dessen letztem Treffen im Februar 2015 in Hamburg traten Bundesinnenminister Thomas de Maizière (CDU), Unions-Fraktionschef Volker Kauder und AfD-Chefin Frauke Petry als Redner auf, zur Eröffnung sprach Hamburgs Bürgermeister Olaf Scholz (SPD) als Schirmherr das Grußwort. Auch daran kann man ihren politischen Einfluss ablesen.

Mit Blick auf die Agenturtexte von *idea* sprechen die Journalisten Oda Lambrecht und Christian Baars von einem »Feldzug gegen andere Religionen«.[10] Die Deutsche Evangelische Allianz unterhält zudem ein »Institut für Islamfragen«, mit dem sie ihre Sicht auf die andere Religion in Deutschland, Österreich und der Schweiz verbreitet. Dessen Leiterin, die Islamwissenschaftlerin Christine Schirrmacher, berät Behörden wie den Bund Deutscher Kriminalbeamter im Bereich Islamismus, Extremismus und Radikalisierung und wurde 2015 in den wissenschaftlichen Beirat der Bundeszentrale für politische Bildung berufen. Schon die umstrittene Handreichung der evangelischen Kirche von 2004 trug ihre Handschrift. Als 2012 in Nordrhein-Westfalen islamischer Religionsunterricht an staatlichen Schulen eingeführt wurde, malte Schirrmacher aufgrund der Mitwirkung der Islamverbände die Gefahr einer »staatlich geförderten Islamisierung« an die Wand.

Wolfgang Hubers Nachfolger an der Spitze der evangelischen Kirche haben zwar verbal stark abgerüstet, der Kurs ihrer Kirche blieb aber ambivalent. Als Präses seiner Kirche im Rheinland hatte Nikolaus Schneider den Kölner Moscheebau noch in scharfen Worten als »imperial und anmaßend« kritisiert und empfohlen, Minarette sollten evangelische Kirchtürme nicht überragen. Außerdem warf er den Verbänden ein taktisches Verhältnis zum Grundgesetz vor, »der Koran erlaubt das ja sogar«. Als Ratsvorsitzender der evangelischen Kirche (2010–2014) stellte er dann fest, viele Deutsche hätten ein »verzerrtes Islambild«, und appellierte an seine Gemeinden, verstärkt den Dialog mit Muslimen zu suchen. Doch kurz vor seinem Rücktritt ging Schneider die Verbände noch einmal scharf an: Was von ihnen an Aussagen zu terroristischer Gewalt im Namen des Islam komme, »ist mir viel zu wenig«, wetterte er. Zugleich räumte der Kirchenchef aber selbstkritisch ein: »Wir sitzen nicht auf dem hohen Ross.« Ja, wie denn nun?

Auch die populäre liberale Kirchenfrau Margot Käßmann zeigte sich widersprüchlich. Als Thilo Sarrazin seine rassistischen Thesen aufstellte, antwortete sie mit einem kleinen Buch – *Vergesst die Gastfreundschaft nicht!* lautete dessen versöhnliche Botschaft –, überging aber, dass Muslime in Deutschland schon lange keine Gäste mehr sind und es eigentlich um Bürgerrechte gehen müsste. »Als Frau habe ich Probleme mit den Kopftuch«, bekannte Käßmann ein anderes Mal und befand, damit könne man nicht in öffentlichen Schulen unterrichten. Nach dem Kopftuchurteil des Bundesverfassungsgerichts im März 2015 zeigte sie sich aber damit einverstanden.

In einem neuen Grundsatztext grenzte sich die EKD im Juni 2015 abermals von den Muslimen ab und betonte, man bete »nicht zum gleichen Gott«. Das sieht Olaf Latzel, Pastor an der Bremer St.-Martini-Kirche und Mitglied in der Evangelischen Allianz, ganz genauso. Im Januar 2015 sorgte er für Aufsehen, als er in einer Predigt gegen die »abrahamitische Ökumene« wetterte, Buddha-Statuen als »Götzendienst« und das Zuckerfest als »Blödsinn« bezeichnete, bei dem Christen nicht mitmachen müssten, auch wenn sie eingeladen würden.

Mit seiner polemischen Zuspitzung bildet Latzel sicher eine Ausnahme, und die Evangelische Allianz distanzierte sich von Wortwahl und Stil – ausdrücklich aber nicht vom Inhalt seiner Predigt.[11] Und was passiert, wenn man sich gegen den antimuslimischen Meinungsstrom stellt, musste Heinrich Bedford-Strohm erleben, der seit Ende 2014 der Ratsvorsitzende der EKD ist. Als er 2012 noch als bayerischer Landesbischof gegenüber den *Nürnberger Nachrichten* davon sprach, »wie berührend und bereichernd es sein kann, wenn man sich vom Ruf des Muezzins mit hineinnehmen lässt in dessen Gottesdienst«, hagelte es Proteste von Protestanten. Der Vorwurf lautete: Beliebigkeit, Selbstvergessenheit und Verrat am eigenen Glauben.

Noch übler erging es der Redaktionschefin der katholischen Zeitung *Christ und Welt*, Christiane Florin. Als sie im Januar 2015 eine Anzeige des katholischen Hilfswerks »Kirche in Not« ablehnte, weil diese Pegida-Vokabular wie »Meinungsdiktatur« enthielt, brach eine Flut von Hassbriefen über sie herein, davon viele mit vollem Namen unterschrieben. »Uns hat überrascht, mit welchen Worten Christentum und Abendland verteidigt werden«, kommentierte die Redaktion trocken und druckte die Briefe ab. »Linke Abfickhure« und »Kafir-Frau« waren noch die freundlicheren Beschimpfungen, die da zu lesen waren.

Das katholische Hilfswerk »Kirche in Not« ist eine päpstliche Stiftung, die 1947 in Belgien gegründet wurde, um die »verfolgte Kirche« in Osteuropa zu unterstützen. Aus der antikommunistischen ist eine antimuslimische Stoßrichtung geworden. Heute unterstützt sie so obskure Projekte wie das private Online-Magazin »kath.net« aus Österreich, das 2000 in Linz gegründet wurde. Es ist ein ultrakonservatives und populistisches Portal, das publizistische Treibjagden auf missliebige Personen veranstaltet, gegen Homosexuelle, Muslime und Protestanten hetzt und Kritik mit »Abfall vom Glauben« gleichsetzt. Seine Macher sollen gute Kontakte in den Vatikan haben.

Noch extremer gebärdete sich das 2012 vom Netz genommene rechtsextreme Portal »kreuz.net«, das im Geist der Piusbrüder und des »braunen Bodensatzes der Traditionalisten« (*taz*) agierte, und »gloria.tv«. Hinter beidem soll ein römisch-katholischer Priester namens Reto Nay stecken, der zuletzt in der Schweiz Zuflucht fand. Die Bischofskonferenzen in Österreich und Deutschland distanzieren sich von solchen Internetblogs. Die Portale seien »Teil einer international vernetzten Bewegung, die einen reaktionären Katholizismus will: ohne Abtreibungen, Schwulenehen und Priesterinnen, dafür mit lateinischen Messen, prächtigen Ornaten und klarer Trennung zwischen Klerikern und Laien« (*Die Zeit*). In Benedikts Amtszeit hätten sie sich »im Schatten der Landeskirche eine Parallelkirche mit eigenen Glaubensgemeinschaften, Medien und Akademien aufgebaut« – finanziert durch Adelsfamilien und Stiftungen und gedeckt von wohlgesinnten Bistümern. Die Übergänge zur Neuen Rechten sind fließend. Und Experten fürchten, dass die Kehrtwende unter Papst Franziskus nach dem Rücktritt ihres Idols Benedikt XVI. diese Kreise noch weiter radikalisieren könnte.[12]

Auch die Evangelikalen pflegen eine gewisse Nähe zu rechten Kreisen. Ihr Generalsekretär Hartmut Steeb und andere führende Vertreter der Deutschen Evangelischen Allianz kommen in der *Jungen Freiheit* regelmäßig zu Wort – und umgekehrt wenden sich neurechte Medien wie *Junge Freiheit*, *Blaue Narzisse*, *Sezession* oder *eigentümlich frei* an konservative Christen. Die Osnabrücker Theologin und Rechtsextremismus-Expertin Sonja Strube kritisiert die Allianzen extrem konservativer Christen mit rechten Gruppen und Medien und fordert von den Amtskirchen, klarer dagegen Stellung zu beziehen. Doch die schrecken vor allzu deutlichen Tönen zurück.

Eine Million Evangelikale soll es in Deutschland geben. Die Bibel ist ihre Richtschnur, Abtreibungen und Homosexualität halten sie für Sünde, die Evolutionslehre stellen sie in Frage, andere Religionen und insbesondere den Islam lehnen sie ab. Im eigentlich recht gottlosen Sachsen sind evangelikale Gemeinden so dominant, dass manche schon von einem sächsischen »Bible Belt« zwischen Erzgebirge und Dresden sprechen, analog zu den ultrareligiösen Staaten des Mittleren Westens in den USA.[13] Auch in Hessen und Baden-Württemberg sind sie stark vertreten. Und inzwischen trauen sie sich immer öfter auf die Straße. Mit katholischen Abtreibungsgegnern treffen sie sich beim »Marsch für das Leben«, der seit 2002 regelmäßig mit weißen Kreuzen vor die Parlamente zieht, um gegen Abtreibungen zu protestieren. In Baden-Württemberg machten sie gegen den Bildungsplan der grün-roten Landesregierung mobil, der die Akzeptanz sexueller Vielfalt berücksichtigen sollte. Und in Dresden trafen sich einige bei den Spaziergängen von Pegida. In ihrer Abneigung gegen Muslime haben sie eine Schnittmenge mit Rechtspopulisten, die ebenfalls einen Kulturkampf gegen den Islam propagieren.

In der AfD haben Evangelikale und erzkonservative Katholiken nun ein Sammelbecken gefunden. Sie haben sich in der bundesweiten Arbeitsgruppe »Christen in der AfD« zusammengeschlossen, ihre Galionsfigur ist die EU-Parlamentarierin Beatrix von Storch. Sie sind gegen Abtreibungen, gegen die Gleichstellung von Homosexuellen und stellen sogar die Schulpflicht in Frage. Vor den Landtagswahlen in Sachsen brachte die AfD-Spitzenkandidatin Frauke Petry nicht nur Referenden über Moscheebauten, sondern auch eine Volksabstimmung über die geltenden Abtreibungsregelungen ins Spiel. Es gehe schließlich »um das Überleben des eigenen Volkes, der eigenen Nation«.

Ein Thema, mit dem fundamentalistische Christen weit über die eigenen Kreise hinaus Unterstützung zu mobilisieren vermögen, ist die sogenannte Christenverfolgung. Der Begriff ist geschickt gewählt, knüpft er doch an den Gründungsmythos der Urchristen an, die im Römischen Reich verfolgt wurden, und ist dadurch mit religiöser Bedeutung aufgeladen. Außerdem ruft er Assoziationen an die Judenverfolgung im Dritten Reich hervor. Die überkonfessionelle christliche Organisation Open Doors erstellt jedes Jahr einen »Weltverfolgungsindex«, eine Rangliste von Staaten, in denen Christen bedroht werden. Nach Nordkorea stehen dort vorwiegend muslimisch geprägte Staaten ganz oben: Somalia, der Irak, Syrien, Afghanistan, der Sudan und Iran.

In der Tat ist die Lage von Christen in vielen muslimisch geprägten Ländern problematisch bis dramatisch. Sie werden diskriminiert, ihrer Rechte beraubt, manche müssen sogar um Leib und Leben fürchten. Aber der Begriff suggeriert, sie wären die einzige religiöse Minderheit, der es so ergeht. Und er erweckt den falschen Eindruck, Muslime wären immer Täter und Christen immer ihre Opfer. Beides ist eine fromme Lüge. In Iran werden die Bahai zum Beispiel viel stärker diskriminiert als Juden und Christen, in Pakistan auch die Ahmadiyya. Und selbst die Milizen des »Islamischen Staats« gehen noch brutaler gegen Jesiden, Schiiten und Kurden vor, die sie als Häretiker betrachten, als gegen die christliche Minderheit. Und natürlich werden auch Muslime zum Opfer von Diskriminierung und Gewalt – zum Beispiel in Russland, in der Zentralafrikanischen Republik, in Indien oder Burma. Menschenrechtsorganisationen wie Amnesty International und Human Rights Watch lehnen ein solches Ranking zwischen den Religionen ab und zweifeln die Zahlen an, mit denen eine angeblich besondere Bedrohungslage von Christen angeprangert wird. Trotzdem gehört die Behauptung, Christen wären heute die am stärksten verfolgte Glaubensgemeinschaft der Welt, mittlerweile zum Standardrepertoire von Kirchenfürsten. Die evangelische Kirche veranstaltet seit 2009 jedes Jahr einen »Gebetstag für verfolgte Christen«, die Katholiken begehen ihn seit 2012.

Es ist falsch, das Leid der einen gegen das der anderen auszuspielen, wie das Organisationen wie Open Doors tun. Sie operieren mit Zahlen, die schwer überprüfbar sind, um sich einen seriösen Anstrich zu geben, und wenn sie das Ausmaß der Christenverfolgung in den düstersten Farben ausmalen, dient das immer auch einem politischen Zweck: Es läuft auf die Forderung hinaus, Christen bevorzugt Asyl zu gewähren – eine Forderung, mit der sie nicht nur bei rechtspopulistischen Parteien auf offene Ohren stoßen. Der Schutz verfolgter Christen sei ein wichtiger Teil der deutschen Außenpolitik, erklärte Bundeskanzlerin Angela Merkel 2012 auf der Synode der Evangelischen Kirche in Deutschland am Timmendorfer Strand. Christen würden weltweit stärker verfolgt als jede andere Glaubensgemeinschaft, das Christentum sei »die verfolgteste Religion der Welt«, so Merkel. Von den Feiern zum Reformationsjubiläum 2017 erhoffe sie sich auch »eine missionarische Komponente«.

Das war ganz im Sinne der fundamentalistischen Christen: Die wollen schließlich, dass das Abendland christlich bleibt.

19 Die Steigbügelhalter des Rechtspopulismus

Die Verantwortung der Medien

Der Islam stehe für »Zwangsheiraten«, »Ehrenmorde« und »importierten Rassismus« und sei darum ein Integrationshindernis, so stand es im Juli 2014 in einem Kommentar in der *Bild am Sonntag*. »Das sollte man bei Asyl und Zuwanderung ausdrücklich berücksichtigen«, setzte der Autor Nicolaus Fest, Sohn des verstorbenen *FAZ*-Herausgebers Joachim Fest noch hinzu und wähnte sich damit auf der sicheren Seite. Als in den sozialen Netzwerken erste Kritik laut wurde, frohlockte er über Twitter: »Herrlicher Shitstorm.«[1]

Doch dann distanzierten sich seine Ko-Chefs Kai Diekmann (*Bild*) und Marion Horn (*BamS*) per Twitter von ihm. Diekmann schrieb tags darauf sogar in der *Bild*, im Axel-Springer-Verlag sei »kein Raum für pauschalisierende, herabwürdigende Äußerungen gegenüber dem Islam und den Menschen, die an Allah glauben«, und fügte hinzu: »Wer eine Religion pauschal ablehnt, der stellt sich gegen Millionen und Milliarden Menschen, die in überwältigender Mehrheit friedlich leben.« Die öffentliche Zurechtweisung war beispiellos. Wenige Wochen später verließ Nicolaus Fest das Blatt »auf eigenen Wunsch«. Seitdem betreibt er einen Blog, auf dem er gegen den Islam, die EU, den Sozialstaat und den Medienmainstream polemisiert, und gibt der neurechten *Jungen Freiheit* Interviews, in denen er Fremdenfeindlichkeit zur »gesellschaftlichen Pflicht« erklärt.[2]

Man könnte Fests Abgang als einen überfälligen Akt politischer Hygiene ansehen. Fest war seit 2008 Mitglied der *Bild*-Chefredaktion und schon früher durch Kommentare aufgefallen, in denen er die »Vorteile homogener Gesellschaften« pries oder die »permanente räuberische Erpressung« durch einen »Migrantenmob« beklagte.[3] Sein Fall wirft aber auch ein Schlaglicht darauf, wie in manchen Chefredaktionen der

Republik so über Muslime gedacht wird. Denn Fest steht nicht alleine. Auch anderswo seien ähnliche Behauptungen wie von Fest »regelmäßig zu lesen, nur eleganter formuliert und intellektuell verbrämt«, kommentierte die *taz*-Journalistin Bettina Gaus.

Die Angst vor dem Islam hat seit 9/11, spätestens aber seit der Ermordung des niederländischen Regisseurs Theo van Gogh 2004 in Amsterdam, weite Teile der deutschen Medien erfasst. Sie äußerte sich jahrelang in hysterischen Debatten über Kopftücher, Moscheen, Ehrenmorde oder Jugendgewalt. Gewährsleute wie Necla Kelek, Alice Schwarzer, Heinz Buschkowsky und Hamed Abdel-Samad stiegen in dieser Zeit zu gefragten Stichwortgebern auf, die bis heute immer wieder gerne zitiert werden. Wie konsensfähig ihre Ansichten in deutschen Redaktionen sind, lässt sich daran ablesen, dass sich bis heute kaum ein Interview mit ihnen finden lässt, in dem ihnen einmal kritisch auf den Zahn gefühlt wird. Meist werden sie affirmativ befragt, ihre plakativen Statements bleiben häufig unwidersprochen.

Ein Forum fanden die Ängste vor dem Islam etwa in der *Frankfurter Allgemeinen Zeitung*, deren 2014 verstorbener Mitherausgeber Frank Schirrmacher zahlreiche Feuilletondebatten initiiert hatte. Schirrmacher hatte unter anderem eine »demografische Dynamik der Islamisierung« prognostiziert, weil das Integrationsangebot liberaler Gesellschaften angeblich nicht mit der »innerislamischen Integration« konkurrieren könne und weil sich die Machtverhältnisse zwischen Minderheit und Mehrheit schon in wenigen Jahren umkehren würden, wie er glaubte.[4] Die Frage sei nicht, »ob der Islam zu Deutschland gehöre, sondern umgekehrt, ob Deutschland eines Tages viel mehr zum Islam gehört, als es ihm lieb ist«, nahm er die Befürchtungen vieler Pegida-Demonstranten vorweg.[5]

Andere teilten diese Sicht: »Einheitstag 2030: Bundespräsident Mohammed Mustafa ruft die Muslime auf, die Rechte der deutschen Minderheit zu wahren«, versuchte sich der damalige *MDR*-Intendant Udo Reiter in Anspielung auf die Rede von Christian Wulff 2010 per Twitter an einem Witz. Als den nicht jeder lustig fand, schickte er kurz darauf eine Erklärung hinterher: »War natürlich als Joke gemeint.«[6]

Reiters Kollege Ernst Elitz war bis 2009 Intendant des Deutschlandradios, seitdem schreibt er Kommentare für die *Bild*. Als Thilo

Sarrazin mit seinem Buch für Furore sorgte, sprang er ihm beherzt zur Seite. Sarrazin spreche »unverblümt viele Wahrheiten über unser Land« aus, befand Elitz: »Zu viele Kopftücher, zu viel Hartz IV, zu wenig Leistung.« Wer solche Töne noch im Ohr hat, der kann gut verstehen, warum die Pegida-Demonstranten irritiert sind, wenn man ihnen Aussagen vorwirft, die wenige Jahre zuvor noch Konsens zu sein schienen.

Die Medien prägen die Wahrnehmung der Muslime, weil viele Deutsche im Alltag oder in ihrem Freundeskreis keinen persönlichen Kontakt zu Muslimen haben.[7] Sie sind vielen fremd, und die negativen Medienberichte verstärken diese Tendenz noch. Terror, Krieg und militante Gruppen, die sich auf den Islam berufen, machen den größten Teil der Berichterstattung aus, während der Alltag gewöhnlicher Muslime – ob im Nahen Osten oder Europa – praktisch keine Erwähnung findet. Das Schweizer Institut Media Tenor, das nach eigenen Angaben rund 266 000 Berichte aus 19 deutschen TV-, Radio- und Printmedien ausgewertet hat, sah 2014 einen neuen »Tiefstand« in der Darstellung der Muslime erreicht. Und der Erfurter Medienwissenschaftler Kai Hafez spricht von einem »virtuellen Islam«, den die Medien kreierten und der mit der Realität der hier lebenden Muslime nur wenig zu tun habe.[8]

Beim *Spiegel* zog von 1994 bis 2008 Stefan Aust als Chefredakteur die Strippen. Der ehemalige *Spiegel*-Redakteur Oliver Gehrs schildert in seinem Buch über Aust anschaulich, wie dieser das Magazin nach dem 11. September 2001 auf eine »Kampf der Kulturen«-Linie trimmte und komplette Titelgeschichten – etwa zum Kopftuch-Streit – so umschreiben ließ, damit sie in dieses Raster passten. »Vom Kopftuch zum Kopfabschneiden ist es für den *Spiegel* nur ein kurzer Weg«, beschrieb Gehrs die Blattlinie unter Aust sarkastisch.[9] Seinen Jugendfreund Henryk M. Broder, mit dem Aust schon in den siebziger Jahren bei den *St. Pauli-Nachrichten* zusammengearbeitet hatte, holte er 1995 als Mann fürs Grobe ins Blatt. Broder drückte dem *Spiegel* und *Spiegel Online* mit seinen Polemiken gegen Islam und Muslime seinen Stempel auf, bis er 2010 zur *Welt* wechselte.

Der *Spiegel* hat sich seitdem gewandelt, heute gibt es dort sogar Redakteure mit muslimischem Hintergrund. Auch anderswo ist die Hysterie etwas abgeklungen, die Berichterstattung über Einwanderung ist vielfältiger geworden. Aber das Islambild, das der *Spiegel* unter Aust geprägt hat, wirkt bis heute nach. Im Juni 2015 veröffentlichte der Verschwörungstheoretiker Udo Ulfkotte sein Buch *Mekka Deutschland*, auf dem Titel schwebt ein bedrohlicher Halbmond über dem Brandenburger Tor. Das Cover ähnelt fast aufs Haar dem *Spiegel*-Titel »Mekka Deutschland – Die stille Islamisierung« vom März 2007, das die These von einer schleichenden Unterwanderung der deutschen Justiz bebilderte.

Für manche Medien gehört solche Angstmache bis heute zum Markenkern. Zum Beispiel für den *Focus*, der für Titel wie »Die dunkle Seite des Islam« (November 2014) berüchtigt ist. Nach dem Anschlag auf *Charlie Hebdo* im Januar 2015 prangte auf dem Titel eine Kalaschnikow, um zu beweisen, dass der Terror mit dem Islam zusammenhinge – als ob Maschinengewehre etwas spezifisch Muslimisches wären. Ernsthafte Konkurrenz in Sachen Demagogie macht *Focus* das Magazin *Cicero*, das im Jahr 2014 zweimal mit Islam-Titeln zu punkten versuchte: Eines stellte die Frage »Ist der Islam böse?«, ein anderes zeigte das stilisierte Konterfei eines finsteren Salafisten, aus dessen Bart bewaffnete Krieger entspringen. Es gibt ein ganz einfaches Mittel, um zu prüfen, ob es sich bei solchen Titeln schon um Hetze handelt: Man muss nur »Islam« durch »Judentum« ersetzen, dann erkennt man, dass *Cicero* damit mühelos *Stürmer*-Niveau erreicht.

Es sind aber nicht zwingend ideologische Gründe, die *Spiegel*, *Focus* oder *Cicero* dazu verleiten, auf antimuslimische Ressentiments zu setzen. »Es verkauft sich nun mal besser, wenn Moslems zu finsteren Islamisten werden«, bemerkte schon Oliver Gehrs.[10] Und das wissen auch andere Redaktionen, weshalb kaum ein Monat vergeht, in dem nicht irgendein Magazin oder eine Talkshow den Islam unter Generalverdacht stellt. Das Vordringen der IS-Milizen im Irak, die Aufmärsche von Pegida oder das Attentat in Paris – irgendein Anlass findet sich immer, mit suggestiven Fragen das Misstrauen gegen Muslime zu schüren. »Vor welchem Islam müssen wir Angst haben?« (*Hart aber fair*, September 2014), »Deutschland und der Islam – wie passt das zusammen?« (*Hart aber fair*, November 2014), »Gehört der Islam zu Deutschland?« (*Anne Will*, Januar 2015) »Gefährden Radikale unsere Gesellschaft?« (*Sandra Maischberger*, Januar 2015), ist nur eine kleine Auswahl.

Zumindest die letzte Frage versuchte wenigstens im Ansatz, nicht nur die Ängste und Sorgen der Pegida-Demonstranten aufzugreifen, sondern auch ihre Motive zu hinterfragen. Denn angesichts der Parolen, die in Dresden laut wurden, hätte man ja zumindest einmal fragen können: »Wie viel Ressentiment verträgt Deutschland?«

Auffällig ist, dass die größte Terrorserie in der Geschichte der Bundesrepublik, die Mordserie der NSU-Attentäter, keine vergleichbare Talkshow-Erregung nach sich gezogen hat und auch das Massaker des Rechtsterroristen Anders Breivik nicht. Terror wird von vielen Journalisten offensichtlich erst dann als bedrohlich empfunden, wenn er von bärtigen Männern muslimischer Herkunft ausgeht und sie selbst treffen könnte. Terror von Angehörigen der Mehrheitsgesellschaft gegen Minderheiten dagegen nicht.

Einen maßgeblichen Einfluss auf die Debatten in Deutschland hat der Axel Springer Verlag. Die ideologischen Leitlinien des Unternehmens wurden 1967 erstmals in fünf Grundsätzen festgelegt, der aktuelle Vorstandsvorsitzende Mathias Döpfner hat sie im Jahr 2010 in einer Art programmatischen Leitschrift neu formuliert. Der Feind des »freien Westens« sei nicht mehr, wie früher, der Kommunismus, sondern der islamische Fundamentalismus, erklärt Döpfner in seiner Streitschrift *Die Freiheitsfalle*, die einen stramm neokonservativen Geist atmet.[11] Auch wenn Döpfner vorgibt, zwischen Islam und Islamismus zu trennen, ebnet er die Unterschiede ziemlich weit ein, und sein holzschnittartiges Weltbild ist binär: hier der individualistische, antiautoritäre, säkulare und offene Westen, dort der kollektivistische, autoritäre, religiöse und vormoderne Orient, frauenfeindlich, antijüdisch und homophob. Dem Westen wirft er Bequemlichkeit und Selbstvergessenheit vor: Er habe leider vergessen, was es heißt, für eine Sache zu sterben.

Im Streit um die dänischen Mohammed-Karikaturen 2006 ging jedoch ein Riss durch den Verlag. Die *Bild* verhielt sich bemerkenswert staatstragend: Sie verzichtete darauf, die Karikaturen abzudrucken, ließ Publizisten und muslimische Verbandsvertreter zu Wort kommen, die zur Mäßigung aufriefen, und organisierte sogar gemeinsame Erklärungen der Chefredakteure von *Bild* und *Hürriyet*, Kai Diekmann und Ertuğrul Özkök, sowie der Außenminister Frank-Walter Steinmeier und Abdullah Gül, die Respekt vor den Religionen anmahnten. »Das waren bewusste Signale von uns«, bestätigte Kai Diekmann später. »Es wäre zu diesem Zeitpunkt reine Provokation gewesen«, die Karikaturen nachzudrucken, befand der *Bild*-Chefredakteur: »Nicht alles, was erlaubt ist, muss man auch tun.«[12] Die *Welt* dagegen profilierte sich, indem sie die Karikatur von Kurt Westergaard mit dem Bombenturban auf ihrer Titelseite abdruckte und die Stimmung anheizte.[13] Auch *Spiegel Online* spielte damals eine eskalierende Rolle. Trotzdem blieb es in Deutschland ruhig: Zu der größten Kundgebung gegen die Cartoons kamen in Berlin höchstens 5 000 Leute.

Die kulturkämpferische Linie des Springer-Verlags bricht immer mal wieder durch: So hatten Döpfner und Diekmann maßgeblich Anteil daran, dass Kurt Westergaard im Jahr 2010 in Potsdam den Medienpreis »M 100« erhielt, den beide zusammen mit anderen Chefredakteuren in einer Jury seit 2005 vergeben. Die Laudatio hielten Bundeskanzlerin Angela Merkel und Joachim Gauck, der damals noch nicht Bundespräsident war. Im Mai 2012 zeichnete der Springer-Verlag die islamfeindliche Publizistin Ayaan Hirsi Ali mit einem Ehrenpreis aus. Hirsi Ali beklagte in ihrer Dankesrede eine »informelle Zensur« jeder echten Kritik am Islam durch »Anwälte des Schweigens«, denen sie eine Mitschuld am Massaker von Utøya gab. Denn weil Anders Breivik keinen Ort fand, um seine Meinung zu äußern, habe er keine andere Wahl gesehen, als zur Tat zu schreiten, übernahm sie dessen Argumentation. Der skandalöse Gehalt dieser Rede blieb weitgehend unbemerkt.[14]

Ohne die Schützenhilfe der *Bild*, die im Spätsommer 2010 über Tage hinweg Auszüge aus seinem Buch veröffentlichte, wäre auch die Wirkung von Thilo Sarrazin kaum so durchschlagend gewesen. Fast die gesammelte bundespolitische Prominenz war zuvor auf Distanz zum damaligen Bundesbank-Vorstand gegangen: Merkel hatte sein Buch als »nicht hilfreich« bezeichnet, Sigmar Gabriel mit Parteiausschluss gedroht. Aber nachdem die *Bild* (und *Der Spiegel*, der auch einen Vorabdruck brachte) Sarrazins Thesen salonfähig gemacht hatten, mussten sie nachgeben.

Leitmedien wie *Bild*, *Spiegel* und die *FAZ* haben über Jahre hinweg den rechtspopulistischen Diskurs befeuert. Sie spielten damit jene Rolle, die anderswo in Europa rechten Partien zukam. Doch mit dem

Ergebnis ihrer Panikmache wollten sie oft nichts zu tun haben. Als sich die antimuslimischen Wutbürger auf der Straße oder bei den Lesungen von Thilo Sarrazin sammelten, gingen die meisten Medien erschrocken auf Distanz. Selbst die *Bild* gab sich wieder ganz staatstragend: Anfang Januar 2015 ließ sie achtzig Prominente auf ihrer Titelseite »Nein« zu Pegida sagen. Und als Pegida-Frontfrau Kathrin Oertel bei Günther Jauch behauptete, es wäre in Deutschland tabu, über Asyl und Einwanderung zu sprechen, wurde sie von der *Bild* »entlarvt«: Das Blatt habe diese »brisanten Themen« schon lange vor Pegida angeschnitten, betonte das Springer-Flaggschiff und verwies unter anderem auf seine Pro-Sarrazin-Schlagzeile »Das wird man ja wohl noch sagen dürfen« von 2010.

Wie stark die *Bild* die deutsche Debatte prägt, lässt sich auch an den Talkshows ablesen. Im Oktober 2010 fragte *Bild* einmal: »Wie viel Islam verträgt Deutschland?« und machte dazu einen Faktencheck. Diese Frage beschäftigte den öffentlich-rechtlichen Rundfunk seit Pegida in einer Art Dauerschleife. Im Dezember 2014 fragte *Anne Will*: »Wie viel Fremdheit verträgt Deutschland?«, »Wie viel Islam verträgt Deutschland?«, fragte im Dezember 2014 auch der *Deutschlandfunk*, und im Januar 2015 *Titel, Thesen, Temperamente*. Und zur gleichen Frage ließ im April 2015 auch *ZDFinfo* seinen »Info-Stammtisch« diskutieren. Unter den »Experten«, die sich in einer Eckkneipe in Berlin solch ausgewogenen Fragen wie »Ist der Islam eine Terror-Religion?« und »Bedrohen uns Koran und Scharia?« stellten, war auch Thilo Sarrazin eingeladen.

Mainstream-Muslime kommen in solchen Talkshows selten vor, stattdessen werden die Extreme vorgeführt: auf der einen Seite Hardliner wie Necla Kelek, Hamed Abdel-Samad und Alice Schwarzer, die den Islam mit plakativen Thesen in Bausch und Bogen verdammen, auf der anderen Seite skurrile Randfiguren wie der salafistische Prediger Hassan Dabbagh aus Leipzig oder Nora Illi, eine vollverschleierte Konvertitin aus der Schweiz, die 2013 bei Anne Will und Sandra Maischberger auf dem Sofa saß. Das mag für einen gewissen Überraschungseffekt sorgen, der Erkenntnisgewinn liegt meist bei null. Dafür haben sich die TV-Talkshows als Steigbügelhalter für Rechtspopulisten erwiesen. Die AfD-Gründer Bernd Lucke, Alexander Gauland und Frauke Petry waren von Anfang an gern gesehene Talkshow-

Gäste, die dort ihre Thesen vertreten und ihre Partei profilieren konnten. Lange vorbei sind die Zeiten, als man sich beim öffentlich-rechtlichen Rundfunk noch den Kopf zerbrach, ob man Rechtspopulisten wie Franz Schönhuber und Jörg Haider ein Forum bieten sollte. Jetzt heißt es: Hauptsache, die Quote stimmt.

Die Medien haben der AfD den Weg bereitet. Einige ihrer Gründerväter waren allerdings schon Teil des Medien-Establishments, bevor sie ihre Partei aus der Taufe hoben. Alexander Gauland war von 1991 bis 2005 Herausgeber der *Märkischen Allgemeinen Zeitung* in Potsdam und bis 2012 regelmäßiger Kolumnist beim gutbürgerlichen Berliner *Tagesspiegel*, Konrad Adam war von 1979 bis 2007 Feuilletonredakteur bei der *FAZ* und später bei der *Welt*. Sie sind Fleisch vom Fleische der medialen Elite dieses Landes. Das macht es manchen Medien schwer, sich heute von ihnen abzugrenzen – wobei man bei manchen wie der *FAZ* nicht den Eindruck hat, sie würden dies überhaupt beabsichtigen.

Anderswo herrscht zwischen Rechtspopulisten und bestimmten Medien längst ein symbiotisches Verhältnis. Als die *Welt* die Mohammed-Karikaturen druckte, war der Schweizer Scharfmacher Roger Köppel ihr Chefredakteur gewesen. Nach zwei Jahren kehrte Köppel 2006 wieder zur Schweizer *Weltwoche* zurück, die er zugleich als Verleger übernahm. Köppel gilt in seiner Heimat als Sprachrohr des Schweizer Rechtspopulisten und Milliardärs Christoph Blocher und ist das Paradebeispiel für einen Kampagnenjournalisten. Typische *Weltwoche*-Titel lauten »Die Roma kommen: Raubzüge in der Schweiz«, »Schwarze in der Schweiz: Die dunkle Seite der Zuwanderung aus Afrika« oder schlicht: »Muss der Islam verboten werden?«[15] Zu den Kolumnisten des Blattes zählt auch Henryk M. Broder. Das Referendum zum Minarettverbot pries Köppel als »leuchtendes Beispiel« für Demokratie an. Im Februar 2015 gab er bekannt, dass er im Herbst für die rechtspopulistische SVP für den Nationalrat kandidieren wird. Das ist nur konsequent, denn die Grenze zwischen Journalismus und Parteipropaganda ist bei ihm schon lange aufgehoben.

Wie sehr die *Weltwoche* die Islamdebatte in der Schweiz geprägt hat, zeigt ein Blick auf die Konkurrenz. Köppels prominentester Gegenspieler ist Frank A. Meyer, »Chefpublizist« des Ringier-Verlags, dem größten Medienkonzern in der Schweiz, er gilt als »Hirn des Unternehmens«. Jahrelang schrieb Meyer gegen Blocher und die *Weltwoche* an, die er einmal ein »rechtsradikales Sektenblatt« nannte. Doch wenn es um Muslime geht, klingt er kaum anders: Der Islam sei eine »totalitäre Religion«, schreibt Meyer in seinen Kolumnen, die in *Cicero* und im *Blick* erscheinen, dem Schweizer Pendant zur *Bild*. Ganz ähnlich machte Köppel vor dem Minarettreferendum Stimmung: Der Islam sei eine »politreligiöse Eroberungsideologie«, Muslime hätten eine »unerfüllte Sehnsucht nach politischer Machtergreifung«.[16] »Die Tonlage hat sich in den letzten Jahren verschärft«, schrieb die *NZZ* schon 2004 über Meyers Islamkolumnen.[17] Schon damals schrieb er Sätze wie: »Der Islam ist der Schoss, aus dem das Ungeheuer Islamismus kroch.« Heute findet er, »die freie Gesellschaft des jüdisch-christlichen Kulturkreises« stehe für »die moderne Zivilisation«, der Islam dagegen sei eine »reaktionäre Zeitmaschine« – das hätten ihm Necla Kelek und Hamed Abdel-Samad bestätigt.

Neben der Schweiz bietet Österreich ein günstiges mediales Umfeld für den Rechtspopulismus. Österreichs *Kronen Zeitung* ist, als volksnahes Boulevardblatt, nicht nur die größte Tageszeitung des Landes, sondern, gemessen an ihrer Reichweite von 40 Prozent, eine der größten Zeitungen der Welt.[18] Konkurrenz auf ihrem Gebiet macht ihr nur die Zeitung *Österreich*, und die Gratiszeitung *Heute*. Mit ihrer Vormachtstellung geben diese Boulevardmedien den politischen Debatten in Österreich die Themen vor. In den Boulevardblättern sei die Berichterstattung über Muslime besonders negativ, ergab eine Studie im Auftrag des Österreichischen Integrationsfonds 2012: obwohl es unter der halben Million Muslime nur etwa einige hundert Radikale gebe, nehme das Thema Islamismus breiten Raum ein, kritisieren die Forscher. Drei Jahre später hat sich dieser Befund nicht verändert.[19] Die meisten Leser der »*Krone*« wählten bei der Europawahl 2014 die FPÖ, gefolgt von SPÖ und ÖVP, ergab eine andere Studie. Österreichs Presserat rügte 2014 die *Kronen Zeitung*: In einem Artikel zum muslimischen Opferfest hatte die das Foto eines zehnjährigen Jungen abgebildet, der für eine traditionelle Tanzaufführung einen arabischen Dolch in der Hand hielt. Die Überschrift dazu lautete: »Früh übt sich der Dschihadist von morgen.«[20]

Für das anspruchsvollere Ressentiment besorgt man sich in Österreich jedoch Unterstützung aus Deutschland. Der Wiener SPÖ-Stadtrat Omar Al-Rawi kritisierte 2008 im Magazin *Falter*, ständig würden sogenannte Experten aus Deutschland »eingeflogen«, die Stimmung gegen Muslime machten, und nannte namentlich unter anderem Necla Kelek und Henryk M. Broder. »Hetzer wie FPÖ-Chef Heinz-Christian Strache picken sich aus den Büchern dieser Leute ihre Argumente heraus. So importieren wir von den Deutschen nun die ganzen Probleme, die hier nicht existieren«, klagte der irakischstämmige SPÖ-Politiker.[21] Tatsächlich warb die FPÖ 2010 in großformatigen Zeitungsanzeigen mit Zitaten von Alice Schwarzer und Henryk M. Broder für sich, und FPÖ-Chef Heinz-Christian Strache lobt auf seiner Facebook-Seite regelmäßig die Kolumnen von Broder.

Die Symbiose von Rechtspopulismus und Medienmacht ist eine Gefahr, die häufig aus dem Blick gerät. Nach den Anschlägen auf *Charlie Hebdo* appellierte Springer-Chef Döpfner in der Talkshow von Günther Jauch an Journalisten und Verleger, die Meinungsfreiheit müsse »unangetastet bleiben«. Kaum jemandem fiel dabei auf, wie kurios es ist, dass sich ausgerechnet ein Verlag wie Axel Springer als Anwalt der Meinungsfreiheit geriert, der seinen Mitarbeitern schon per Statut klare Schranken der Meinungsäußerung auferlegt. Es zeigt, wie sehr die ständige Beschwörung einer angeblichen islamischen Bedrohung von anderen Gefahren für die Pressefreiheit ablenkt: von kommerziellen Interessen und Quotendruck, die zu einer Boulevardisierung der Medien geführt haben, von der ökonomischen Konzentration von Medienmacht in der Hand weniger Konzerne sowie von der politischen Einflussnahme durch Lobbyisten und Politik, die hinter den Kulissen ihren Einfluss geltend machen. All diese Gefahren scheinen zu verblassen, wenn Medien ihren Blick starr auf Islam und Islamismus lenken.

Doch auch Rechtspopulisten und andere Demagogen sind eine Gefahr, denn sie missbrauchen den Begriff der Meinungsfreiheit für ihre Hetze. Etablierte Medien müssen sich entscheiden, ob sie einen Kulturkampf gegen alle Muslime führen oder wirklich nur den Terrorismus bekämpfen wollen. Beides zusammen geht nicht, es widerspricht sich sogar. Ein Top-Sicherheitsberater der britischen Regierung, Charles Farr, warnte im Juli 2015 öffentlich davor, den muslimischen Gemeinden in Großbritannien heimliche Sympathien für den Terror und einen Hang zum Extremismus zu unterstellen und den Einfluss der Radikalen zu überschätzen – genau das hatte der britische Premier David Cameron kurz zuvor gemacht. »Wir müssen mit unseren Zahlen und Metaphern vorsichtig sein«, warnte Farr.[22]

Tatsächlich neigen manche Demagogen zu haltlosen Übertreibungen und dazu, die Rhetorik des Kalten Krieges auf die Islamdebatte zu übertragen. Sie benutzen eine militärische Sprache, in der viel von Angriff, Verteidigung und Kampf die Rede ist, und warnen vor Kniefall, Kapitulation und Appeasement, wenn sie nicht gleich den Ausnahmezustand oder eine Invasion an die Wand malen. Verbreitet sind aber auch Metaphern, die den Islam zur Krankheit oder gar zum Krebsgeschwür erklären. Muslime werden pathologisiert, und wenn sie sich darüber beklagen, wird ihnen der Vorwurf gemacht, eine irrationale Opferhaltung zu pflegen. Zur Aufklärung gehört aber nicht nur die Religions-, sondern auch die Selbstkritik. Deshalb sollte man genau hinhören, in welcher Sprache über Muslime gesprochen wird. Es sollte zu denken geben, wenn Alice Schwarzer fast genauso klingt wie Marine Le Pen, Henryk M. Broder ein ähnliches Vokabular benutzt wie Geert Wilders und sich Pegida auf Heinz Buschkowsky als Stichwortgeber beruft. Es gehört zur publizistischen Verantwortung der Medien, sich nicht mit dem Mob gemein zu machen. Die Islamfeinde stellen fundamentale Werte unserer freiheitlichen Gesellschaft in Frage, sie sind Freiheitsfeinde. Denn die Freiheit einer demokratischen Gesellschaft misst sich daran, wie sie mit ihren Minderheiten umgeht.

20 Im Dauerfeuer

Wie Muslime gemacht werden – und was es mit ihnen macht

Als die Milizen, die sich »Islamischer Staat« nennen, im Sommer 2014 weite Teile Syriens und des Iraks eroberten und brutal gegen Andersgläubige wie Schiiten, Jesiden und Christen vorgingen, riefen die großen muslimischen Verbände in Deutschland zu einem Aktionstag auf, an dem sich im September 2014 bundesweit mehr als 2000 Moscheegemeinden beteiligten. Auch Bundespolitiker wie Innenminister Thomas de Maizière und die Integrationsbeauftragte Aydan Özoğuz ließen sich dort blicken, und Bekir Alboğa, der Generalsekretär des Ditib-Verbands, sagte: »Wir, die Muslime Deutschlands, stellen uns klar und deutlich – und das nicht nur in Deutschland, sondern unabhängig von Zeit und Raum – überall und gegen jede Art von Hass, Ungerechtigkeit, Terror und Angriffe auf Menschen.« Es klang fast verzweifelt. Doch nur wenig später schon kritisierte der ehemalige EKD-Ratsvorsitzende Wolfgang Huber erneut, er sei »der Auffassung, dass sich nicht alle Muslime in Deutschland klar und deutlich genug distanzieren«.[1]

Nach jedem Anschlag, den radikale Islamisten verüben, werden Muslime aufs Neue dazu aufgefordert, sich von Terror und Gewalt zu distanzieren. Doch egal, was sie machen, es ist nie genug. Vertreter der großen muslimischen Verbände verurteilen regelmäßig in Presseerklärungen und Interviews unmissverständlich die Verbrechen, die von Extremisten begangen werden, die sich auf den Islam beziehen. Doch irgendwer findet sich immer, dem das nicht reicht.

Dabei zeigen wissenschaftliche Studien, dass die große Mehrheit der Muslime in Deutschland »weit von Extremismus und Terrorismus entfernt« ist, wie die Forscher der Bertelsmann-Studie »Religionsmonitor« betonen.[2] Deutsche Muslime seien im Durchschnitt zwar

»deutlich religiöser« als andere Deutsche, aber fühlten sich mit Staat und Gesellschaft hierzulande eng verbunden – unabhängig davon, wie religiös sie sind. Neun von zehn Muslimen haben regelmäßigen Kontakt zu Nicht-Muslimen, 60 Prozent sogar überwiegend nichtmuslimische Freunde. Das widerspricht dem Vorurteil, sie würden sich in »Parallelgesellschaften« abschotten. Selbst unter den hochreligiösen sunnitischen Muslimen in Deutschland halten 90 Prozent die Demokratie für eine »gute Regierungsform«. Auch sind die Muslime in Deutschland offenbar liberaler als die Mehrheit in ihren Herkunftsländern, was sich etwa an ihrer Haltung zur Homosexualität ablesen lässt: 60 Prozent aller befragten Muslime in Deutschland bejahen die Homo-Ehe. Sie reflektieren ihren Glauben und führen ihn nicht einfach so weiter, wie er in ihren Herkunftsländern gelebt wird beziehungsweise wurde.[3] Das widerspricht der verbreiteten Vorstellung vom Islam als einer einheitlichen, statischen und unveränderlichen Kultur. Doch die kleine Minderheit radikaler Islamisten, die weniger als 1 Prozent ausmacht, schafft es immer wieder, das Bild der vier Millionen Muslime in Deutschland zu trüben – was weniger an den Muslimen liegt, sondern an den Medien, die ein grob verzerrtes Bild des Islam in Deutschland zeichnen.

An fehlenden Daten liegt es jedenfalls nicht. Seit die Bundesregierung 2006 ihre erste Islamkonferenz einberief, ist wohl keine andere Gruppe so ausgiebig wissenschaftlich erforscht und durchleuchtet worden wie die der deutschen Muslime. Mehr als einhundert Publikationen und Studien zu Muslimen in Deutschland sind seit 2006 erschienen, hat die Sozialwissenschaftlerin Naika Foroutan bereits 2012 nachgezählt.[4] Seitdem sind noch mehrere Studien dazugekommen, die Vermessung der Muslime hört nicht auf. Der Muslim, das unbekannte Wesen? Das war einmal. »Es gibt Studien zur Religiosität von Menschen mit muslimischem Hintergrund, ihrem Konsumverhalten, ihren sozialen Kontakten, ihrem Eheverhalten, Kriminalitätsraten, Einstellungsmessungen, politischen Bindung, Sprachkenntnissen, Integrationsdaten, zu ihrer Bildungsaspiration, ihrem Medienkonsum und vielem mehr«, so Foroutan. Doch, so stellte sie fest: All dieses Wissen habe erschreckend wenig an den Vorurteilen geändert, welche die Mehrheit über Muslime habe. Das Bauchgefühl überwiege.

Manche stellen deshalb den Sinn der vielen Studien in Frage. »Wir müssen Muslime offensichtlich immer wieder fragen, wie sie zu Gewalt gegen Frauen, zu Homosexuellen und Juden oder zu Demokratie und Menschenrechten stehen«, kritisiert die Islamwissenschaftlerin Riem Spielhaus. »Damit wird ständig ein Bezug zwischen Muslimen und etwa Antisemitismus und Homophobie hergestellt. Und die Relevanz dieser Frage wird durch jede neue Studie bestätigt – auch wenn die Ergebnisse, wie hier, gar nicht so stark vom gesellschaftlichen Durchschnitt abweichen.«[5] Dafür hat die Dauerbeschäftigung mit der angeblichen Problemgruppe der Muslime einen anderen Effekt: »Dieses ständige Befragtwerden führt erst dazu, dass sich viele als Muslime verstehen«, glaubt Spielhaus. Es fördere die Herausbildung einer spezifisch muslimischen Identität.

Tatsächlich spricht man in Deutschland noch gar nicht so lange von »den Muslimen«. Erst mit den Anschlägen vom 11. September 2001 setzte das ein – wobei die tatsächliche Religiosität der Gemeinten nicht ausschlaggebend ist. Denn unter dem Oberbegriff »Muslim« werden heute unterschiedslos religiöse wie säkulare, gläubige wie atheistische Einwanderer aus muslimischen Ländern zusammengefasst. Aus der Integrationsdebatte ist seitdem hauptsächlich eine Islamdebatte geworden. Und diese Debatte befördert Vorurteile, weil sie ständig um die erwähnten Klischees kreist, auch wenn die empirisch längst widerlegt sind, und neue Stereotype schafft. So verfestigt sich der Eindruck, Muslime würden ihre Kinder massenhaft vom Schwimmunterricht abmelden, auch wenn das gar nicht stimmt.[6] Oder es setzt sich der Eindruck durch, deutsche Gerichte würden bei Morden im Namen eines überkommenen Ehrbegriffs zu viel Milde walten lassen – auch wenn das Gegenteil der Fall ist.[7]

Das spiegelt sich in der Einstellung der Bevölkerung wider. Denn einerseits sieht die Mehrheit der Deutschen heute gesellschaftliche Vielfalt und Einwanderung positiv – vor allem dann, wenn sie ökonomischen Nutzen verspricht. So erklärten 2012 in einer Studie 80 Prozent aller Befragten, dass man allen Religionen gegenüber offen sein sollte, und hielten den Wert religiöser Toleranz hoch. Doch wenn es konkret um Muslime geht, trübt sich das Bild. Denn in derselben Umfrage erklärten 53 Prozent, sie empfänden den Islam als Bedrohung.[8] Zwei Jahre später war diese Zahl sogar auf 57 Prozent gestiegen.

Dabei ist paradoxerweise das Bedrohungsgefühl dort besonders ausgeprägt, wo kaum Muslime leben: also nicht in den Großstädten im Westen der Republik, sondern auf dem Land und im Osten Deutschlands. In Sachsen etwa hielten 78 Prozent der Befragten den Islam für »eher« oder »sehr« bedrohlich, in Nordrhein-Westfalen dagegen nur 46 Prozent. 40 Prozent aller Deutschen gaben an, sich durch »die vielen Muslime« wie Fremde im eigenen Land zu fühlen. Und fast jeder Vierte vertrat die Auffassung, die weitere Einwanderung von Muslimen sollte untersagt werden (22 Prozent im Westen und 29 Prozent im Osten).[9]

Während klassisch rechtsextreme und rassistische Ansichten zurückgegangen sind, hat die Ablehnung von Muslimen stark zugenommen.[10] Das kann sich auf vielerlei Weise äußern. So sprachen sich in einer Umfrage des Berliner Forschungsteams um die Sozialwissenschaftlerin Naika Foroutan 42 Prozent dafür aus, den Bau von Moscheen einzuschränken, und 49 Prozent waren gegen Lehrerinnen mit Kopftuch. 38 Prozent waren überdies der Meinung, wer ein Kopftuch trage, könne keine Deutsche sein, und 60 Prozent wollten am liebsten die Beschneidung von Jungen aus religiösen Gründen verbieten lassen. Zugleich sprachen sich aber 69 Prozent für islamischen Religionsunterricht an öffentlichen Schulen aus (woraus möglicherweise auch der Wunsch nach staatlicher Kontrolle spricht).[11]

Im europaweiten Vergleich sind Vorbehalte gegen Muslime in Deutschland besonders weit verbreitet. Nur in Italien, Polen und Ungarn sei die Ablehnung von Muslimen ähnlich hoch, ergab eine Studie aus dem Jahr 2011.[12] Und eine andere viel beachtete Vergleichsstudie zum Thema religiöse Vielfalt der Uni Münster ergab 2010, dass die Deutschen den Islam deutlich kritischer sehen als ihre Nachbarn in Europa.[13] Selbst in Dänemark, Frankreich und den Niederlanden, wo starke rechtspopulistische Parteien seit Jahren Stimmung gegen Muslime machen, hatten mehr als die Hälfte aller Befragten eine positive Meinung von Muslimen, in Deutschland dagegen nur eine Minderheit von 34 Prozent (im Westen) und 26 Prozent (im Osten). Deutlich weniger Deutsche konnten den Islam mit positiven Werten wie Friedfertigkeit und Solidarität in Verbindung bringen als Niederländer, Dänen oder Franzosen. Dafür sprachen sich mehr Deutsche gegen neue Moscheen und Minarette aus als in den Nachbarländern.

Vorbehalte gegen Muslime sind in allen Schichten und politischen Lagern verbreitet, auch unter Bildungsbürgern und Akademikern, und damit absolut salonfähig. »Normalerweise gilt: je höher die Bildung, umso weniger Abwertung. Das stimmt in Bezug auf Obdachlose, Homosexuelle, Juden, Fremdenfeindlichkeit, Sexismus und Rassismus. Nur beim Islam ist das anders. Dort schützt Bildung weniger vor der generalisierten Abwertung der Kultur des Islam«, stellte der Bielefelder Konfliktforscher Wilhelm Heitmeyer schon 2006 fest.[14] Heitmeyer prägte dafür später den Begriff der »verrohten Bürgerlichkeit«, den Thilo Sarrazin mit Leben füllte und der sich auch im linken politischen Milieu antreffen lässt.

Über zehn Jahre hinweg hat Heitmeyer in einem beispiellosen Langzeitprojekt von 2002 bis 2011 erforscht, wie sich Vorbehalte gegen einzelne Gruppen entwickelt haben.[15] Wie sehr die Einstellungen gegenüber Muslimen über die Jahre hinweg schwanken, zeigt, wie sehr sie von konkreten Ereignissen abhängen. Lag die Ablehnung von Muslimen 2003, als sie das erste Mal gesondert gemessen wurde, bei 17 bis 18 Prozent, erreichte sie 2006, im Jahr des Karikaturenstreits und nach den Debatten um Ehrenmorde und die Rütli-Schule in Berlin-Neukölln einen Höchstwert von 30,3 Prozent. Auch 2010, im Jahr der Sarrazin-Debatte, erreichte sie mit 29 Prozent einen Spitzenwert, danach gingen die Vorbehalte aber wieder zurück.

Entscheidend für die Einstellung zum Islam sind das Alter und die Häufigkeit, mit der man Kontakt zu Muslimen hat. Nur ein Drittel aller Bundesbürger hat persönlichen Kontakt zu Muslimen, in Ostdeutschland nur jeder Zehnte. Insbesondere Jugendliche zwischen 16 und 25 Jahren treffen häufiger Muslime, in der Schule, an der Uni oder am Ausbildungsplatz, und sie beziehen ihr Wissen über den Islam deutlich weniger aus den Medien als Ältere. Zugleich sind sie aufgeschlossener und zeigen eine höhere Bereitschaft, ihnen die gleichen Rechte einzuräumen: 70 Prozent lehnen Einschränkungen beim Moscheebau oder Kopftuchverbote für Lehrerinnen ab, eine Mehrheit ist gegen ein Beschneidungsverbot.[16] Die meisten Forscher sind sich deshalb einig, dass regelmäßige Kontakte und persönlicher Austausch das beste Mittel sind, um Vorurteile abzubauen.

Deutsche Muslime bekommen die Vorurteile, die gegen sie im Umlauf sind, auf vielfältige Weise zu spüren. Die Kolumnistin Hatice

Akyün klagte 2008, die allgegenwärtigen Kronzeuginnen der »Islamkritik« würden Vorurteile verstärken: »Frauen wie Necla Kelek und Seyran Ateş haben mir mein deutsch-türkisches Leben erschwert. Einfach, weil sie es geschafft haben, ihre Sicht zur vorherrschenden zu machen. Diese Frauen sind der Grund dafür, dass ich mich jeden Tag rechtfertigen muss. Es hat sich ja eine Sicht durchgesetzt, dass es in jeder Familie Zwangsheiraten, Ehrenmorde und einen schlagenden Vater gibt«, sagte die Bestsellerautorin (*Einmal Hans mit scharfer Soße*) in einem Interview.[17] Und der Schriftsteller Navid Kermani ätzte 2006 auf dem Höhepunkt der Krise um die Mohammed-Karikaturen: »Viel beleidigender als die dänischen Karikaturen sind manche Bücher auf den deutschen Bestsellerlisten, Titelbilder des *Spiegel* oder Kommentare der Springer-Presse.«[18]

Als Thilo Sarrazin im Spätsommer 2010 mit seinem Buch *Deutschland schafft sich ab* Furore machte, wandten sich fünfzehn prominente Muslime in einem offenen Brief an den Bundespräsidenten, darunter die Schriftsteller Hilal Sezgin und Feridun Zaimoğlu, der Regisseur Fatih Akin, die Intendantin Şermin Langhoff und die Religionspädagogin Lamya Kaddor. »Für Musliminnen und Muslime ist derzeit nicht einmal der Gang zum Zeitungshändler leicht, weil sie nie wissen, welche Schlagzeile, welches stereotype Bild sie dort erwartet«, hieß es in ihrem Schreiben an Christian Wulff.[19] Dass Wulff in seiner Rede zum Tag der Deutschen Einheit erklärte, auch der Islam gehöre inzwischen zu Deutschland, sollte ihm allerdings nicht allzu gut bekommen.

Muslimische Verbände und Migrantenvertreter erhielten in jenen Jahren eine Flut an antimuslimischen Drohmails und Hassbriefen. Die Historikerin Yasemin Shooman hat für ihre Dissertation die Zuschriften untersucht, die zwischen 2009 und 2010 bei zwei muslimischen Verbänden (Zentralrat der Muslime ZMD und Millî Görüş IGMG) und der Türkischen Gemeinde in Deutschland eingingen. »Das Selbstbild der von einer Minderheit bedrohten Mehrheit ist ein ständig wiederkehrendes Motiv in den Zuschriften«, fiel ihr dabei auf. Die andere zentrale Botschaft lautete, »Muslime seien keine echten Deutschen und sollten sich deshalb unterordnen«.[20] Häufig sei auch eine entmenschlichende Rhetorik (»Krebsgeschwür«, »Tiere«) und die Forderung nach Vertreibung anzutreffen. Außerdem stellte sie fest, dass die meisten Absender unter ihre E-Mail oder ihren Brief ihren vollen Namen, zum Teil sogar ihre Privatanschrift oder Dienstadresse setzten, ihr Unrechtsbewusstsein also nicht sehr ausgeprägt war. Anonym gingen lediglich jene Schreiben ein, die besonders drastische Beleidigungen und Drohungen enthielten oder auf eine eindeutig rechtsextreme Haltung hinwiesen. Die große Mehrheit der Absender distanzierte sich jedoch ausdrücklich von herkömmlichem Rassismus und Rechtsextremismus, bezeichnete sich als SPD-Wähler, »links« oder als Ausländerfreunde.

Auch, wer sich in jener Zeit auf die Seite der Muslime stellte, musste mit sehr unangenehmen Reaktionen rechnen. Weil der Migrationsforscher Klaus Bade es gewagt hatte, Necla Kelek und Thilo Sarrazin, den beiden Säulenheiligen aller Islamfeinde, öffentlich in der *FAZ* zu widersprechen, geriet er ins Visier von Hetzblogs wie »Politically Incorrect« und wurde wochenlang mit Hassbriefen und Wutmails überzogen. Zwischenzeitlich konnte er öffentliche Auftritte nur mit Saal- und Personenschutz absolvieren.[20] Andere Wissenschaftler wie der Jurist Mathias Rohe, die Sozialwissenschaftlerin Naika Foroutan oder der Vorurteilsforscher Wolfgang Benz machten ähnliche Erfahrungen.

Der Mord an der Deutsch-Ägypterin Marwa El-Sherbini war für viele Muslime ein Wendepunkt. Ihr Tod habe sie aufgerüttelt und motiviert, offener über Diskriminierungen und Anfeindungen zu sprechen, sagt die Bloggerin Kübra Gümüşay. Sie ist überzeugt, dass kopftuchtragende Frauen sich seitdem »viel selbstbewusster gegen Diskriminierung wehren und ihre Stimme erheben«. Die schwangere Pharmazeutin El-Sherbini war in einem Dresdener Gerichtssaal von einem russlanddeutschen Islamhasser brutal ermordet worden. Er hatte sie zuvor auf einem Spielplatz wegen ihres Kopftuchs unter anderem als »Terroristin« beleidigt, sie hatte Anzeige erstattet. Als es am 1. Juli 2009 zum Prozess kam, zog der Angeklagte ein Messer und stach wild auf sie ein, ihr Mann wurde in dem Tumult von einem Polizisten angeschossen. Erstmals, so schien es, war die verbale Gewalt gegen Muslime in tödliche Gewalt umgeschlagen. Stephan Kramer vom Zentralrat der Juden nannte den Mord »das Ergebnis der beinahe ungehinderten Hasspropaganda gegen Muslime von den extremistischen Rändern der Gesellschaft bis hinein in deren Mitte«. Die meisten deutschen Medien dagegen brauchten einige Zeit, bevor sie von der Tat Notiz nahmen.

Das Massaker des norwegischen Rechtsterroristen Anders Breivik im Sommer 2011 und das Auffliegen der Mordserie des »Nationalsozialistischen Untergrunds« im November 2011 haben jedoch die Wahrnehmung verändert. Dass zwei gesuchte Neonazis zwischen 2000 bis 2006 in verschiedenen deutschen Städten neun Kleingewerbetreibende überwiegend türkischer Herkunft sowie eine Polizistin kaltblütig ermorden konnten, ohne dass ihnen die Behörden auf die Spur kamen, gab einer breiten Öffentlichkeit zu denken. Seitdem hat das Gespür dafür zugenommen, welchen Anfeindungen manche Migranten ausgesetzt sind. »Gefährlich sind all jene, die Vorurteile schüren, die ein Klima der Verachtung erzeugen«, sagte Merkel bei der Trauerfeier für die NSU-Opfer in Berlin im Februar 2012 und fügte hinzu: »Aus Worten können Taten werden.«

Doch der Hass ist nicht aus der Welt. Er äußert sich nun etwas heimlicher, aber dafür oft handfest. Zählte die Bundesregierung in der Dekade zwischen 2001 und 2011 insgesamt 219 Übergriffe auf Moscheen, im Durchschnitt also rund 22 pro Jahr, so ist diese Zahl seitdem kontinuierlich gestiegen. Allein im Jahr 2014 wurden in Deutschland 45 Übergriffe auf Moscheen registriert, das Spektrum reichte von Hakenkreuzschmierereien über Brandsätze bis Bombendrohungen. Seit dem Vormarsch der IS-Milizen im Irak und in Syrien, der steigenden Zahl von Flüchtlingen aus der Region und dem Attentat von Paris im Januar 2015 hat sich die Stimmung wieder verschlechtert. Nicht nur die Anschläge auf Flüchtlingsheime, sondern auch auf Moscheen haben seitdem sprunghaft zugenommen, Angriffe auf Frauen mit Kopftuch häufen sich ebenso.

»Es ist heute für eine junge Frau ein Problem, sich einfach mit Kopftuch auf der Straße zu zeigen. Sie muss damit rechnen, angepöbelt zu werden«, beklagte Aiman Mazyek, der Vorsitzende des Zentralrats der Muslime, im Juli 2015. »Inzwischen sind Diskriminierungen so selbstverständlich, dass sie kaum noch wahrgenommen werden«, meint auch Hatice Durmaz vom Rat muslimischer Studierender und Akademiker (RAMSA). Sie kritisiert, eine »undifferenzierte mediale Berichterstattung« senke die »Hemmschwelle, muslimisch aussehende Menschen verbal und physisch zu attackieren«.

Das liegt im europäischen Trend: In Großbritannien kam es nach dem Mord an dem britischen Soldaten Lee Rigby, der am 22. Mai 2013 nahe seiner Kaserne in London auf offener Straße von zwei islamistisch motivierten Attentätern angefahren und ermordet wurde, zu einem deutlichen Anstieg antimuslimischer Übergriffe. Besonders betroffen waren Frauen, die durch Kopftuch oder Kleidung als Muslime erkennbar waren.[21] In Schweden brannten in der Woche nach Weihnachten 2014 drei Moscheen, und der staatliche Rat zur Verbrechensvorbeugung registrierte über das ganze Jahr gesehen 330 Hassverbrechen gegen Muslime – so viel wie noch nie.[22] Und auch in Frankreich gab es nach dem Anschlag auf *Charlie Hebdo* so viele antimuslimische Übergriffe wie nie zuvor, so dass sich die französische Regierung gezwungen sah, Tausende Soldaten vor jüdischen Einrichtungen und muslimischen Gebetshäusern patrouillieren zu lassen. Ein offenbar psychisch gestörter Mann stach mitten auf offener Straße auf einen Marokkaner ein und tötete ihn, seine Frau und sein Kind konnten noch fliehen.

In Ländern wie Großbritannien, Schweden, Dänemark und den Niederlanden wird antimuslimische Hasskriminalität inzwischen gesondert erfasst – ein Zeichen, dass man sie ernst nimmt. In Deutschland geschieht das bislang noch nicht, auch wenn muslimische Verbände und andere das schon lange fordern. Dafür reagiert die Gesellschaft sensibler. Immer häufiger eilen Politiker zum Tatort, wenn Anschläge auf Moscheen verübt wurden, und auch die Zivilgesellschaft zeigt Gesicht. Nachdem im Juni 2015 neben einer Moschee in München-Pasing ein Feuer gelegt wurde, bildeten Gemeindemitglieder und Nachbarn eine Menschenkette. Und im baden-württembergischen Welzheim half eine evangelische Gemeinde im Juli 2015, eine Moschee neu zu streichen, die kurz zuvor mit Hakenkreuzen und Neonazi-Chiffren beschmiert worden war.

Viele Muslime erheben inzwischen auch entschiedener ihre Stimme. Der Rat muslimischer Studierender und Akademiker hat den 1. Juli zum »Tag gegen antimuslimischen Rassismus« erklärt – es ist der Todestag von Marwa El-Sherbini. Und in Österreich bietet das Netzwerk Muslimische Zivilgesellschaft, das sich 2014 als Reaktion auf das »Islamgesetz« gegründet hat, einen Selbstverteidigungskurs für Frauen an. Manche entscheiden sich aber auch für die Emigration. Seit 2007 verlassen mehr Menschen Deutschland in Richtung Türkei, als von dort hierherkommen. Darunter sind nicht nur Rentner, die ihren Lebensabend in der alten Heimat verbringen wollen, sondern jährlich bis zu 4000 junge Leute, die in Deutschland aufgewachsen sind. Noch mehr tragen sich mit der Absicht auszuwandern und geben »fehlendes Heimatgefühl« oder Diskriminierungen als Grund an.[23] In Dänemark ist dieser Trend noch ausgeprägter: Dort gaben drei Viertel aller dänischen Türken in einer im Januar 2015 veröffentlichten Umfrage des Magazins *Opinionen* an, sich »in hohem Grade« oder »in gewissem Grade« mit dem Gedanken der Abwanderung in die Türkei zu befassen. Die Hälfte gab als Grund die grob geführte Debatte über Islam und Integration in Dänemark an.[24]

Bei einer kleinen Minderheit von Jugendlichen, die oft auch sozial am Rande stehen, ist ein Rückzug in eine religiöse Identität oder gar eine Radikalisierung zu beobachten. Rund 7500 Anhänger zählt die Bewegung der strenggläubigen Salafisten laut Verfassungsschutz, der diese Gruppe intensiv beobachtet.[25] Unter den rund vier Millionen Muslimen machen sie zwar nur eine verschwindend kleine Minderheit aus – aber es ist eine Jugendbewegung, die stark im Wachstum begriffen ist, die Zahl ihrer Anhänger hat sich seit 2010 fast verdoppelt. Durch öffentlichkeitswirksame Aktionen wie Koranverteilungen in deutschen Innenstädten oder Auftritte mit Warnwesten als »Scharia-Polizei« haben salafistische Gruppen in den vergangenen Jahren viel Aufmerksamkeit auf sich ziehen können – eine überproportionale Aufmerksamkeit, wenn man ihre Größe betrachtet. Es sollte die westliche Öffentlichkeit nachdenklich machen, dass die jahrelange Dämonisierung und Verdammung des Islam ausgerechnet dieser fundamentalistischen Strömung genützt hat.

Indem sie die Salafisten zum radikalen Gegenentwurf westlicher Gesellschaften stilisieren, laufen Politik und Medien Gefahr, sie für manche Jugendliche überhaupt erst attraktiv zu machen, die genau danach suchen. Denn bei vielen Jugendlichen, die sich in den letzten Jahren der Bewegung angeschlossen haben, ist es eine Form des Protests, sich schon rein äußerlich durch Gewänder und Bart oder – als Frau – mit Ganzkörperschleier von der Umwelt abzuheben. Unter den Salafisten finden sich auffällig viele Konvertiten, die gar nicht als Muslime aufgewachsen sind. Die meisten Salafisten sind friedfertig, doch bei einem Teil von ihnen besteht das Risiko, dass sie in die Gewalt abdriften. Rund 700 junge Islamisten sollen aus Deutschland in den Bürgerkrieg nach Syrien ausgereist sein, auch aus anderen europäischen Ländern wie Großbritannien und Frankreich zieht es Jugendliche dorthin. Etwa 180 sind wieder nach Deutschland zurückgekehrt – einige desillusioniert und verstört, andere womöglich gefährlich.

Die meisten Muslime in Deutschland identifizieren sich mit diesem Land, und sie haben genauso viel Angst vor islamistischen Gewalttätern wie der Rest der Gesellschaft – wenn nicht sogar noch mehr. Denn sie wissen, dass ein einziges islamistisches Attentat genügt, um alle Muslime in Deutschland in ein schlechtes Licht zu rücken und unter Distanzierungsdruck zu setzen.

Manche versuchen, das raue Meinungsklima mit Humor zu nehmen. Journalisten und Politiker, die in der Öffentlichkeit stehen, sind im besonderen Maße Anfeindungen ausgesetzt. Eine kreative Form, damit umzugehen, haben einige Journalisten gefunden, deren Name auf eine Herkunft aus einem muslimischen Land schließen lässt – und die allein deswegen besonders viel und besonders blumige Hasspost erhalten. Sie lesen öffentlich aus diesen Briefen vor und nennen ihre Performance »Hate Poetry«. Seit der Premiere im Januar 2012 hat sich daraus eine Roadshow entwickelt, die bis heute schon in vielen Städten Station gemacht hat. Zum harten Kern der Gruppe gehören Mely Kiyak (ehemals *Frankfurter Rundschau*), Deniz Yücel (Ex-*taz*-Autor, jetzt *Welt*-Korrespondent in Istanbul), Yassin Musharbash und Özlem Topçu (beide *Die Zeit*), die Idee hatte ihre Kollegin Ebru Taşdemir. Manchmal wechseln sie sich mit Gästen wie Hasnain Kazim (*Spiegel Online*) oder Özlem Gezer (*Der Spiegel*) ab. Nicht alle von ihnen sind Muslime und eigentlich, geben sie zu, sind die Beschimpfungen gar nicht so lustig. Aber es hat eine reinigende Wirkung, »den Scheiß zurück in die Umlaufbahn zu schicken«, wie Yassin Musharbash es einmal ausdrückte.

Ausblick
Was Europa zusammenhält

Die Debatte um den Islam in Europa ist im Kern eine Debatte um nationale und europäische Identität. Europas Gesellschaften verändern sich, soziale Grenzen werden neu gezogen. Staatschefs wie Angela Merkel, Nicolas Sarkozy und David Cameron haben in den vergangenen Jahren erklärt, der Multikulturalismus sei gescheitert. Aber was ist die Alternative? Klar ist, dass bestimmte Errungenschaften westlicher Gesellschaften nicht verhandelbar sind: die Gleichberechtigung von Mann und Frau, das Recht auf sexuelle Selbstbestimmung, die Meinungs- und Gewissensfreiheit, der Verzicht auf Gewalt als Mittel der Auseinandersetzung. Und es ist richtig, dass eine immer vielfältiger werdende Gesellschaft verbindliche Spielregeln braucht, an die sich alle halten.[1] Die Frage ist nur, ob man diese Regeln so definiert, dass potentiell jeder teilhaben kann. Oder ob man sie so auslegt, dass sie eine große Gruppe von vornherein ausschließen.

Wie man es nicht macht, hat Nicolas Sarkozy in seiner Amtszeit als französischer Präsident vorgemacht. Schon in seinem Wahlkampf 2007 hatte er versprochen, wieder »französische Werte« stärken zu wollen, und auf Themen wie Patriotismus, Immigration und innere Sicherheit gesetzt. Ende 2009 verordnete er seinem Land dann eine Debatte um nationale Identität und was es heißt, ein Franzose zu sein – angeblich, um den gesellschaftlichen Zusammenhalt zu fördern. Sein Minister Éric Besson, dem er ein Ressort für »Immigration und nationale Identität« anvertraut hatte, ließ dazu ab November 2009 im ganzen Land Hunderte von Diskussionsrunden abhalten und eine Webseite einrichten. Die musste aber bald geschlossen werden, weil sie vor rassistischen Kommentaren überquoll, und die Gesprächsrunden gerieten vielerorts zu einem

Forum für ähnlich rüde Entgleisungen. Diese Debatte hat Frankreich gespalten.[2]

Ähnliches hatte Dänemarks damaliger Kulturminister Brian Mikkelsen im Sinn, als er im Jahr 2004 einen »Kulturkanon« in Angriff nahm, den er vorab in einer Rede zum Teil eines »langen und zähen Kulturkampfes« gegen muslimische Einwanderer mit »mittelalterlichen Normen« erklärte. Er ließ Experten in neun Kategorien, von Architektur über Popmusik bis zu »Kunst für Kinder«, über Hundert Beispiele für »typisch Dänisches« zusammentragen. Zwei Jahre später brachte sein Ministerium das Ergebnis als Buch heraus, es reichte von Andersen-Märchen und Lego-Steinen bis zum Opernhaus in Sydney, das ein dänischer Architekt entworfen hat, und alle großen Zeitungen berichteten darüber in Sonderbeilagen. Einigen, die sich in diesem Kanon wiederfanden, war dieser Kulturchauvinismus ziemlich peinlich. Der Regisseur Lars von Trier, dessen Film »Idioten« ausgewählt wurde, protestierte auf seine Weise, indem er vor laufender Kamera die dänische Nationalfahne zerschnitt und zu den Klängen der »Internationalen« die roten Teile wieder zusammennähte.

Vergleichbar war die deutsche »Leitkultur«-Debatte, die um das Jahr 2000 herum von der Union angestoßen wurde und die ihr Bundestagspräsident Norbert Lammert gerne noch eine Weile weitergeführt hätte. Ein von ihm herausgebrachtes Buch, in dem sich 42 prominente Politiker, Intellektuelle und Künstler über den Begriff ihre Gedanken machten, brachte aber keine abschließende Klärung, was darunter zu verstehen ist.[3] Lammert selbst dachte dabei an »gemeinsame kulturelle Wurzeln, gemeinsame Geschichte, gemeinsame religiöse Traditionen« und »ein gemeinsames Fundament an Werten und Überzeugungen« in Europa, wie er in einer Rede einmal sagte. Die CSU spricht heute noch von einer Leitkultur, wahlweise einer christlich-abendländischen oder einer deutschen, und die AfD hat den Begriff im Juli 2015 in ihr Parteiprogramm übernommen.

Das zeigt, wie stark der Wunsch nach gesellschaftlicher Homogenität in den Gesellschaften Europas verankert ist. Und es zeigt, wie groß die Verunsicherung in weiten Kreisen auch des Bürgertums ist. Angesichts der Umbrüche in der Welt – der wirtschaftlichen Globalisierung, der weltweiten Migrationsbewegungen und des demografischen Wandels – sehnen sich viele nach klaren, überschaubaren und stabilen Verhältnissen und hegen eine heimliche Sehnsucht nach einer Vergangenheit, die allerdings nie so konfliktfrei und friedlich war, wie sie im nostalgischen Rückblick gerne verklärt wird.

Kopftücher und Moscheen werden dabei von vielen als sichtbarste Zeichen einer Veränderung angesehen, die sie als bedrohlich empfinden. Deshalb konnten Gesetze, die sich gezielt gegen diese Symbole einer religiösen Minderheit richteten, im großen Konsens eingeführt werden, ohne dass sich allzu großer Protest oder Widerstand dagegen regte – so wie die Kopftuchgesetze in Deutschland (die das Bundesverfassungsgericht 2015 wieder gekippt hat) oder die Burkaverbote in Frankreich und Belgien, die jede andere Vermummung als Ausnahme erlauben. Oder 2015 das Islamgesetz in Österreich, das muslimischen Gemeinden strenge Auflagen macht, die es keinen anderen religiösen Gemeinschaften abverlangt. Deshalb erregt der Bau von Moscheen oft so große Widerstände, und die Umwidmung von Kirchen in Moscheen ist für viele Christen tabu.[4] Viele europäische Regierungen haben außerdem den Nachzug von Familienangehörigen aus Nicht-Industrieländern erschwert und sogar das Asylrecht eingeschränkt mit dem Argument, erst einmal die Integration der Einwanderer, die schon da sind, fördern zu wollen.

Dabei läuft es mit der Integration in Deutschland viel besser, als es viele Schwarzseher gerne behaupten. In Deutschland gab es jedenfalls bisher keine Ausschreitungen, wie sie im Oktober 2005 die Banlieues von Paris und andere französische Vorstädte erschütterten, im August 2011 mehrere englische Städte und im Mai 2013 auch die schwedische Hauptstadt Stockholm – jeweils als Reaktion auf als übermäßig empfundene Polizeigewalt. Das mag am deutschen Sozialstaat, am wirtschaftlichen Wohlstand und an der sozialen Durchmischung vieler Städte liegen, die manche Härten abfedern. Solche Trabantenstädte und Hochhaussilos wie in Frankreich, wo zur sozialen auch noch die räumliche Ausgrenzung spürbar ist, gibt es in Deutschland kaum. Der soziale Friede ist ein Zeichen, dass es um den sozialen Zusammenhalt in Deutschland nicht so schlecht bestellt sein kann.

Deutschland hat mit seiner Integrationspolitik auch manches richtig gemacht. Denn neben den genannten Einschränkungen gibt es seit 2005 die Integrationskurse, die es Einwanderern erleichtern, die

Sprache zu lernen und sich in Deutschland zurechtzufinden. Und seit die Bundesregierung 2006 ihren ersten Integrationsgipfel und ihre erste Islamkonferenz einberief, wurde in mehreren Bundesländern islamischer Religionsunterricht eingeführt, in Zusammenarbeit mit der Türkei die Ausbildung von Imamen verbessert, und an vier Universitäten wurden Lehrstühle für islamische Theologie eingerichtet. Zuletzt haben mehrere Bundesländer Staatsverträge mit ihren islamischen Verbänden geschlossen, in denen Aspekte wie muslimische Bestattungen oder Feiertage geregelt werden.[5] Einige dieser progressiven Elemente haben Politiker in Frankreich und Österreich bereits übernommen.

Angela Merkel bemüht sich zudem um symbolische Gesten der Anerkennung: In ihrer Neujahrsansprache riet sie ausdrücklich davon ab, sich den Demonstrationen von Pegida anzuschließen, denn in deren Herzen seien zu oft »Vorurteile, Kälte und Hass«, und wenig später bekräftigte sie die Aussage des ehemaligen Bundespräsidenten Christian Wulff, der Islam gehöre zu Deutschland – ein banaler Satz, der aber beispielsweise Österreichs sozialdemokratischem Bundeskanzler Werner Faymann nicht über die Lippen kommen mag und dem Merkels Unionspartner CSU wie auch die AfD vehement widersprechen.

Es wird oft bemerkt, dass es in Deutschland bisher keine rechtspopulistische Partei gibt, die annähernd so erfolgreich und einflussreich ist, wie es die Rechtspopulisten anderswo in Europa sind, dass Deutschland in Europa damit eine große Ausnahme bildet. Das stimmt, und Deutschland besitzt deshalb, zusammen mit Schweden, derzeit noch die vergleichsweise liberalsten Einwanderungs- und Asylregeln. Man kann sich aber fragen, ob die CSU nicht schon lange eine rechtspopulistische Partei ist. Immerhin bedient sie in schöner Regelmäßigkeit den sprichwörtlichen Stammtisch, verteidigt das Kreuz in bayerischen Klassenzimmern, wettert gegen Einwanderung aus »fremden Kulturkreisen« und verspricht, wie es ihr Parteichef Horst Seehofer 2011 gemacht hat, eine Einwanderung in die Sozialsysteme »bis zur letzten Patrone« zu verhindern, wie er es wenig geschmackvoll formulierte.

Auch in der CDU ist man von Populismus nicht frei. Zwar widerstand ihr Innenminister Thomas de Maizière bisher seiner forschen

Parteifreundin Julia Klöckner aus Rheinland-Pfalz, die ein »Burkaverbot« fordert. Dass, so befand de Maizière, sei unnötig und der Aufwand »unverhältnismäßig«, wenn Polizisten ihre Zeit damit verbringen müssten, Knöllchen für Ganzkörperschleier auszustellen. Der ehrgeizige CDU-Politiker Jens Spahn wiederum empfiehlt Österreichs »Islamgesetz« als Vorbild, er möchte die Finanzierung muslimischer Gemeinden aus dem Ausland verbieten und ihnen ähnliche Auflagen machen wie im Alpenland – zum Beispiel, dass die Imame auf Deutsch predigen sollen.

Selbst SPD-Chef Sigmar Gabriel hängt solchen Vorstellungen nach. »Die Anforderungen an den modernen Islam sind sehr konkret. Gleichheit von Frauen und Männern, gleiche Rechte für Schwule und Lesben, Überwindung des offenen und versteckten Judenhasses«, schrieb er Muslimen im Januar 2015 ins Stammbuch.[6] Das Problem an solchen Forderungen ist, dass man sich damit auf eine abschüssige Fahrbahn begibt, weil sie Defizite zu anderen Religionsgemeinschaften unterstellen und schnell in einen Überbietungswettbewerb münden. »Legt den Turbo ein!«, wandte sich CDU-Nachwuchstalent Jens Spahn im Juni 2015 in der *Zeit* an die Muslime in Deutschland: Sie sollten sich schleunigst zur Homo-Ehe bekennen.[7] Dabei tut sich die katholische Kirche, der Spahn angehört, damit ebenso schwer wie seine CDU – und Spahn selbst stimmte 2012 im Bundestag aus Parteiräson gegen die Einführung der Homo-Ehe!

Wer ernsthaft verhindern will, dass sich hierzulande eine rechtspopulistische Partei etabliert, der darf sich nicht deren Forderungen zu eigen machen. Wer Rechtspopulisten nach dem Mund redet, adelt ihre Argumente, erweckt den Eindruck, dass ihre Anliegen berechtigt sind, und bereitet ihnen den Boden. Denn wer Rechtspopulisten bescheinigt, dass sie auf reale Probleme hinweisen und richtige Lösungen anbieten, der kann schwer verhindern, dass sich die Wähler am Ende für das Original entscheiden. Wer das verhindern will, muss den Rechtspopulisten argumentativ und inhaltlich Paroli bieten.

Die Rechtspopulisten von heute machen sich für die Rechte von Frauen und Homosexuellen nur stark, wenn es gegen Muslime geht. Sie führen Wörter wie Freiheit, Demokratie, Meinungsfreiheit und Selbstbestimmung im Munde, meinen damit aber immer nur die eigene Gruppe. Und sie kopieren die Mobilisierungsstrategien der Linken: Sie gerieren sich als Bürgerbewegung und organisieren im Internet eine Gegenöffentlichkeit zu den etablierten Medien. Sie setzen auf starke Emotionalisierung und Betroffenheit, sie stilisieren sich selbst zu Opfern und denunzieren andere als Anti-Demokraten und Faschisten. Weil sie sich als Stimme einer ohnmächtigen Bevölkerung gegen »die da oben« verstehen, fordern sie vehement Volksabstimmungen und Referenden, ob gegen den EU-Beitritt der Türkei oder Moscheebauten vor Ort. Aber eine Demokratie, die Minderheitenrechte aushebelt, läuft auf eine Diktatur der Mehrheit hinaus.

Was eine pluralistische Gesellschaft braucht, sind einheitliche Maßstäbe im Umgang mit den verschiedenen gesellschaftlichen Gruppen. Das heißt, dass man Muslimen nicht verbieten darf, was man anderen erlaubt – und umgekehrt, dass sich die Mehrheit nicht erlauben sollte, was sie Minderheiten verbietet. Wer Lehrerinnen das Nonnenhabit gestattet oder Kruzifixe an der Schulwand zulässt, kann schlecht etwas gegen Kopftücher sagen. Und wer von Muslimen Respekt verlangt, sollte ihnen diesen selbst entgegenbringen.

Das gilt auch für das heikle Feld der Meinungsäußerungen. Es ist nicht nachzuvollziehen, warum islamistische Hassprediger ohne viel Federlesens ausgewiesen werden können, wie es Rechtspopulisten fordern und europäische Innenpolitiker immer wieder tun – aber Demagogen wie Thilo Sarrazin oder Geert Wilders ungehindert und ungestraft ihre Hasspropaganda verbreiten dürfen. Der französische Rechtsextremist Jean-Marie Le Pen musste einmal eine Geldstrafe von 10 000 Euro zahlen, weil er gesagt hatte, bald werde es in Frankreich 25 Millionen Muslime geben, »an denen die Franzosen dann mit gesenktem Haupt vorbeigehen« müssten. Auch anderswo in Europa werden Holocaust-Leugner und Rechtsextreme hart bestraft. Doch mit den neuen Rechtspopulisten, die nicht dem Klischee des klassischen Rechtsextremisten entsprechen, tut sich die Justiz überall in Europa schwer. Geert Wilders wurde trotz seiner üblen Tiraden bisher vom Vorwurf der Volksverhetzung freigesprochen, die Bücher von Oriana Fallaci sind überall frei erhältlich, die Klagen gegen Thilo Sarrazin wurden von der Staatsanwaltschaft Berlin abgewiesen – die Liste ließe sich leicht verlängern[8] Und warum gilt die Verbrennung von Koranen als strafbares Hassverbrechen, während die Mohammed-Karikaturen in der *Jyllands-Posten* unter Kunstfreiheit fallen? Warum sind antisemitische Karikaturen ein Skandal, aber die antimuslimischen Cartoons von *Charlie Hebdo* verteidigenswert? Wenn beide erkennbar dem Ziel dienen, die Gefühle einer religiösen Minderheit zu beleidigen – welche Beleidigung ist dann statthaft und welche nicht?

Auf diese Fragen hat die europäische Justiz noch keine überzeugenden Antworten gefunden, sie müssen ausgehandelt werden. Meinungsfreiheit sollte kein Freibrief sein, um Muslime zu beleidigen. Und Rassismus nur zu ahnden, wenn er erkennbar von Rechtsextremen oder Spinnern am Rande der Gesellschaft kommt, ist heuchlerisch.

Der niederländische Politologe Cas Mudde schlug nach dem Attentat auf *Charlie Hebdo* als Ausweg aus diesem Dilemma vor, man sollte jede Meinungsäußerung erlauben. »Wenn ›wir‹ von ›ihnen‹ erwarten, dass sie die Meinungsfreiheit respektieren, dann müsste diese entweder absolut gelten, oder alle Bevölkerungsgruppen müssten gleich geschützt werden, was aber nicht möglich ist«, schrieb er in einem viel beachteten Essay – und plädierte dafür, die volle Meinungsfreiheit müsse für Islamhasser und Antisemiten gleichermaßen gelten.[9] Auf Deutschland übertragen würde das aber bedeuten, dass Filme wie »Jud Süß« oder Bücher wie *Mein Kampf* frei und unkommentiert erhältlich wären (wie sie das in manchen Ländern auch sind) und dass die Leugnung des Holocaust straffrei wäre. Wie sich unschwer erkennen lässt, ginge solch ein weit gefasstes Verständnis von Meinungsfreiheit auf Kosten von Minderheiten, die sich nicht wehren können.

Die Alternative dazu wäre, antimuslimische Propaganda genauso hart zu bestrafen wie antisemitische Beleidigungen. Um es mit den Worten der »Law and Order«-Fürsprecher zu sagen: Schluss mit der falschen Toleranz und der Kuscheljustiz! Kein Rabatt für Islamhasser!

Denn Rechtspopulisten und andere Demagogen missbrauchen den Begriff der Meinungsfreiheit für ihre Hetze. Deshalb will die Jugendorganisation der Schweizerischen Volkspartei das Antirassismus-Gesetz in ihrem Land am liebsten abschaffen und die UN-Antirassismus-Konvention aufkündigen. SVP-Politiker sind schon mehrmals wegen Rassismus verurteilt worden.[10] Die FPÖ in Österreich wiederum wirft kritischen Journalisten gerne Manipulation vor und klagt gegen sie. Und beide Parteien wollen in ihren Ländern den gebührenfinanzierten Rundfunk abschaffen. Was das mit Meinungsfreiheit zu tun hat, bleibt ihr Geheimnis.

Einheitliche Maßstäbe braucht eine Gesellschaft überhaupt im Umgang mit den unterschiedlichen Religionsgemeinschaften. Die Alternativen sind klar: Entweder wird die Trennung von Staat und Religion in Europa weiter vorangetrieben. Dann gehören die Privilegien der christlichen Kirchen abgeschafft – in Deutschland reichen sie vom Recht, bekenntnisorientierten Religionsunterricht an öffentlichen Schulen anzubieten, über die Kirchensteuern, die der Staat einzieht, bis zu den Sitzen im Rundfunkrat, die für sie reserviert sind. Eine konsequente Trennung von Staat und Religion, das klingt wie die sauberste Lösung. Allerdings wird sie auch in Frankreich, dem Mutterland des Laizismus, nicht konsequent umgesetzt – während Muslimen ständig neue Auflagen gemacht werden, weiß die katholische Mehrheit ihre Interessen immer selbstbewusster zu behaupten. Weil die Kirchen hierzulande ihre Privilegien zu verteidigen wissen, wird eine stärkere Trennung von Staat und Religion in Deutschland in naher Zukunft kaum durchzusetzen sein – zumal es kaum jemanden gibt, der sie vehement fordert. Dass die Kirchen ein Interesse daran haben, ihre Vormachtstellung zu behaupten, ist verständlich. Weniger verständlich ist, dass ihnen säkular gestimmte Geister zur Seite springen, indem sie ihren antireligiösen Eifer ausschließlich gegen Muslime richten. Aus Gründen der Gleichberechtigung kann Muslimen die rechtliche Gleichstellung auf lange Sicht nicht verwehrt werden. Wen also Kirchenglocken nicht stören, wer seinen Frieden mit den Kirchen und ihren vielen Sonderrechten gemacht hat und das »Wort zum Sonntag« im Fernsehen erträgt, der wird auf lange Sicht auch mit Minaretten, Lehrerinnen mir Kopftüchern, Islamunterricht an Schulen und Freitags-Predigten im öffentlich-rechtlichen Rundfunk leben müssen. Paradoxerweise sind gerade konservative und fundamentalistische Christen, die sich über die Ungleichbehandlung und Diskriminierung von Christen in muslimischen Ländern empören, selbst an vorderster Front dabei, wenn es darum geht, Muslimen in Europa gleiche Rechte zu verwehren.

Vor allem aber muss die Gesellschaft mehr tun, um allen gleiche Chancen zu bieten. Scheitern in der Schule, Arbeitslosigkeit, Perspektivlosigkeit und fehlende Aufstiegsmöglichkeiten haben nichts mit der Religion von Einwanderern zu tun, sondern manchmal auch mit Diskriminierung. Um wirklich zu der »Aufsteigerrepublik« zu werden, zu der CDU-Politiker Armin Laschet Deutschland erklärt hat, muss unsere Gesellschaft die Hürden beseitigen, die einer gleichberechtigten Teilhabe aller im Wege stehen. Das gilt auch für die Medien, in denen es kaum Journalisten mit Migrationshintergrund gibt, geschweige denn muslimischer Herkunft. In den Medien wird immer noch ganz überwiegend über die Köpfe der Betroffenen hinweg über Einwanderer und Muslime gesprochen, nicht mit ihnen. Das muss sich ändern.

Ebenso sollten sich die Medien davor hüten, Muslime unter Generalverdacht zu stellen. Genauso wenig, wie man alle Amerikaner verantwortlich machen kann für die Kriege ihrer Regierung, alle Juden in Europa für Israels Politik gegenüber den Palästinensern und alle Christen für den Ku-Klux-Klan mit seinen brennenden Kreuzen, genauso wenig kann man alle Muslime zur Rechenschaft ziehen für die Gewalt terroristischer Gruppen, die sich auf den Islam beziehen. Man sollte nicht nur die Anschläge sehen, die islamistische Gruppen in Madrid oder London gegen westliche Bürger begehen, sondern auch jene, die sich in der Türkei, im Nahen Osten oder Nordafrika gegen andere Muslime richten. Denn die meisten Opfer islamistischen Terrors sind selbst Muslime: so wie beim Anschlag auf eine Moschee in Kuwait Ende Juni 2015, dem 27 schiitische Gläubige zum Opfer fielen. Oder bei der Anschlagserie Anfang Juli 2015 im Nordosten Nigerias, bei der 150 Menschen ums Leben kamen, darunter die Besucher einer Moschee. Oder bei den Selbstmordanschlägen von IS-Anhängern im Irak und in der Türkei Mitte Juli 2015.

Doch seit dem 11. September 2001 hat die Tendenz zugenommen, dass jede Gruppe nur noch ihr eigenes Leid und die Opfer der eigenen Gruppe wahrnimmt – und das Leid ausblendet, das Angehörige der eigenen Gruppe anderen zufügen. Darum ist es bezeichnend, dass die Anschläge von Boko Haram in Nigeria, bei denen im Januar 2015 immerhin ein ganzes Dorf ausgelöscht wurde, und sogar das Attentat auf den jüdischen Supermarkt in Paris, das kurz nach dem Anschlag auf *Charlie Hebdo* stattfand, nicht die gleiche Anteilnahme hervorgerufen haben wie der Anschlag auf das Satiremagazin. »Unser Leid zählt mehr als eures« ist die Haltung, die daraus spricht. Dass die ermordeten Juden für viele Franzosen offenbar nicht im gleichen Maße zu »uns« zählten wie die ermordeten Zeichner, zeigt, wie ein tiefsitzender Antisemitismus auch in Frankreich unbewusst fortwirkt. Und wie kann man von Muslimen Mitgefühl für die Opfer bei *Charlie Hebdo* verlangen, wenn man selbst dieses Mitgefühl den muslimischen Opfern von Terror und Gewalt verwehrt?

Doch gruppenübergreifende Solidarität ist rar geworden. Säkulare Einwanderer aus muslimischen Ländern halten Distanz zu ihren religiösen Nachbarn und umgekehrt, nicht-muslimische Einwanderer halten Distanz zu Muslimen, Juden und Homosexuelle misstrauen ihnen ebenfalls. Sich als Minderheit auf die Seite der Rechtspopulisten zu schlagen ist aber extrem kurzsichtig. Denn ein radikaler Laizismus wie in Frankreich richtet sich auch gegen religiöse Juden. Das Verbot des Schächtens in den Niederlanden, für das Geert Wilders gestimmt hat, trifft praktizierende Juden wie Muslime. Und an der Beschneidungsdebatte in Deutschland hat man gesehen, wie schnell sich der Vorbehalt gegen Muslime plötzlich auch gegen Juden richten kann.

Wenn ein enthemmtes und radikalisiertes Bürgertum erst einmal gegen eine Minderheit mobilmachen kann, dann kann es das auch gegen andere Gruppen tun. So folgten die Demonstrationen gegen die Einführung der Homo-Ehe in Frankreich 2013 oder ein Jahr später in Deutschland gegen den Bildungsplan der grün-roten Landesregierung in Baden-Württemberg, der die Vielfalt sexueller Orientierungen berücksichtigen sollte, dem gleichen Muster wie die Aufläufe von Pegida: besorgte Bürger, die ihr Ressentiment gegen eine Minderheit auf die Straße tragen. Säkularisten sollten es sich gut überlegen, ob sie mit christlichen Hardlinern gemeinsam Front gegen den Islam machen wollen, denn die haben andere Ziele. Und auch für christliche und konservative Einwanderer hält die Allianz mit Rechtspopulisten eine Enttäuschung bereit. Denn echten Einsatz für ihre Belange können sie nicht erwarten. Im Oktober 2014 verließ der serbischstämmige Wiener Bezirksrat Luka Markovic die FPÖ und wechselte zu den Sozialdemokraten, nachdem er sich von Parteichef Heinz-Christian Strache im Stich gelassen fühlte. »Strache sind die Serben egal«, klagte er.

Einwanderungsgesellschaften schöpfen ihre Kraft daraus, dass sie sich selbst erneuern. In Europa scheinen aber viele den Glauben an die Kraft und Attraktivität des eigenen Gesellschaftsmodells verloren zu haben. Die Angst vor dem Islam ist ein Ausdruck dieser Selbstzweifel. Warum konnten ganze vier Minarette in der Schweiz bereits als Bedrohung empfunden werden – in einem Land mit über acht Millionen Einwohnern? Waren ein Dutzend Lehrerinnen, die bis dahin mit Kopftuch unterrichten wollten, ein guter Grund, in mehreren deutschen Bundesländern Gesetze zu erlassen, die das untersagen? Sind die paar Frauen, die in Frankreich und Belgien einen Ganzkörperschleier tragen, so eine Gefahr, dass man die Polizei auf sie hetzen muss? Und geht wegen Halal-Fleisch in Schulkantinen gleich das Abendland unter? Diese Überreaktionen wirken hysterisch.

Dabei bleibt Europa auf Einwanderung angewiesen, wenn es seinen Wohlstand halten und eine Zukunft haben will. Und Einwanderer gehören heute oft zu den größten Patrioten – wer das nicht glaubt, sollte sich die Rede anhören, die der Schriftsteller Navid Kermani zum 65. Geburtstag des Grundgesetzes im Bundestag gehalten hat. Wenn Muslime sich entscheiden, in Europa Moscheen zu bauen, dann zeugt das davon, dass sie sich hier zu Hause fühlen. Und zeigt eine Frau, die mit Kopftuch Beamtin werden will, damit nicht gerade, dass sie sich mit diesem Staat und seiner Gesellschaftsordnung identifiziert? Ein wenig mehr Selbstbewusstsein und Selbstvertrauen würde den liberalen Gesellschaften Europas gut zu Gesicht stehen. Europäische Werte wie Rechtsstaat und Demokratie, Meinungsfreiheit und Minderheitenschutz sind eine großartige Sache. Darum ist es dringend geboten, den Rechtspopulisten solche Begriffe aus der Hand zu nehmen, die sie oft genug ins Gegenteil verkehren.

Die gegenwärtige Politik der Abschottung nach innen und außen und die Abwehr selbst von Flüchtlingen in größter Not sind panisch und schäbig. Sie wirken, als wollte der Kontinent Selbstmord begehen aus Angst vor dem Tod. Dabei lenken die hitzigen Identitätsdebatten um den Islam in Europa nur von den eigentlichen Problemen ab. Statt über die Wirtschaft, die Arbeitslosigkeit oder ein gerechteres Schulsystem streitet man in Frankreich allen Ernstes lieber über die Frage, ob es in Schulkantinen Halal-Fleisch geben darf und ob nach Geschlechtern getrennte Badezeiten in öffentlichen Schwimmbädern verboten werden sollen. Und in Dänemark brach im Dezember 2012 eine landesweite Debatte aus, als eine von muslimischen Bewohnern dominierte Hausgemeinschaft in einem kleinen Ort nördlich von Kopenhagen entschied, erstmals keinen Weihnachtsbaum aufzustellen. Geht's noch? Viel wichtiger als die Frage, wer unter welchem Baum welches Fest feiert, ist doch diejenige, welche Werte den Kontinent zusammenhalten – und wie sich Gemeinschaft über religiöse und kulturelle Grenzen hinweg herstellen lässt.

Weil die Verhältnisse so unübersichtlich geworden sind und sich scheinbar so schwer beeinflussen lassen, ist symbolische Politik so wichtig geworden. Damit lassen sich auch Zeichen des gesellschaftlichen Zusammenhalts setzen. Dass Mitglieder der Bundesregierung im Sommer 2015 zur Feier des Fastenmonats Ramadan muslimische Gemeinden besuchten und Bundeskanzlerin Angela Merkel sogar erstmals zum Fastenbrechen in die Borsig-Villa in Berlin einlud, waren ein deutliches Signal gegen Pegida und Co. Und dass der *Bayerische Rundfunk* zum Ende des Ramadan die Predigt des Imam Benjamin Idriz aus der Moschee in Penzberg übertrug, war auch eine Premiere, von der eine vergleichbare Botschaft ausging.[11] Der Staat und die öffentlichen Institutionen können solche Begegnungen vorleben, die über religiöse und soziale Grenzen hinweg Gemeinschaft stiften. Und natürlich müssen Religion und Kultur dabei nicht im Vordergrund stehen.

Wichtiger aber sind die Gesten der Solidarität, die aus der Bürgergesellschaft kommen. Da ist es ermutigend, dass in Deutschland bundesweit im Winter 2014/2015 viel mehr Menschen an den Gegendemonstrationen teilgenommen haben, als für Pegida auf die Straße gegangen sind, und die Anteilnahme zugenommen hat, wenn Moscheen oder Flüchtlingsheime angegriffen werden. Ermutigend war aber auch die Initiative junger Muslime in Schweden, die im Februar 2015 nach dem Anschlag auf eine Synagoge in Kopenhagen eine symbolische Menschenkette um die größte Synagoge von Oslo bildeten – mehr als tausend Menschen beteiligten sich an diesem »Ring des Friedens«. Einen Monat später wiederholten Muslime und Juden in Dänemark die gleiche Aktion am Ort des Anschlags in Kopenhagen. Und eine muslimische Gemeinde in der südbelgischen Stadt Arlon sammelte im Mai 2015 Geld für die Renovierung einer der ältesten Synagogen der Stadt. Gerade Minderheiten haben guten Grund zusammenzustehen.

Die westlichen Gesellschaften der Zukunft werden vielfältiger sein, als sie es bisher waren, und damit komplexer. Aber Menschenrechte und Demokratie, Rechtsstaatlichkeit und die europäische Union bilden einen guten Rahmen, in dem sich diese Vielfalt entfalten kann. Vorausgesetzt, die Mehrheit lässt sich nicht von den Abendland-Ideologen beirren, die einen »Kampf der Kulturen« gegen den Islam herbeireden wollen. Sonst laufen westliche Gesellschaften Gefahr, ihre elementarsten Grundwerte über Bord zu werfen. Das Europa der Zukunft wird säkular, christlich, jüdisch, muslimisch, atheistisch, buddhistisch, humanistisch und vieles mehr sein – oder es wird nicht sein.

Literatur

Abdel-Samad, Hamed: *Mein Abschied vom Himmel. Aus dem Leben eines Muslims in Deutschland*, Fackelträger Verlag, Köln 2009

Abdel-Samad, Hamed: *Der islamische Faschismus. Eine Analyse*, Droemer Verlag, München 2014

Abu Zeid, Nasr Hamid: *Ein Leben mit dem Islam. Erzählt von Navid Kermani*, Herder Verlag, Freiburg 1999

Amirpur, Katajun: *Den Islam neu denken. Der Dschihad für Demokratie, Freiheit und Frauenrechte*, C. H. Beck, München 2013

Anderson, Benedict: *Die Erfindung der Nation*, Campus Verlag, Frankfurt / New York 2005

Attia, Iman: *Die »westliche Kultur« und ihr Anderes*, Transcript Verlag, Bielefeld 2009

Bade, Klaus J.: *Kritik und Gewalt. Sarrazin-Debatte,* »Islamkritik« und Terror in der Einwanderungsgesellschaft, Wochenschau Verlag, Schwalbach 2013

Bahners, Patrick: *Die Panikmacher. Die deutsche Angst vor dem Islam,* Eine Streitschrift. C. H. Beck, München 2011

Bat Ye'or: *Der Niedergang des orientalischen Christentums unter dem Islam. Vom Dschihad zum Schutzvertrag,* 7. – 20. Jahrhundert, Resch, Gräfeling 2002

Ba Ye'or: *Eurabia: The Euro-Arab Axis. Fairleigh Dickinson Press,* New Jersey 2005

Bat Ye'or: *Europa und das kommende Kailfat. Der Islam und die Radikalisierung der Demokratie*, Duncker & Humblot, Berlin 2013

Beinhauer-Köhler, Bärbel; Leggewie, Claus: *Moscheen in Deutschland. Religiöse Heimat und gesellschaftliche Herausforderung*, C. H. Beck, München 2009

Benz, Wolfgang: *Ansturm auf das Abendland? Zur Wahrnehmung des Islam in westlichen Gesellschaften*, Picus, Wien 2013
Benz, Wolfgang: *Die Feinde aus dem Morgenland. Wie die Angst vor den Muslimen unsere Demokratie gefährdet*, C. H. Beck, München 2012
Birnstein, Uwe: *Der Reformator. Wie Johannes Calvin Zucht und Freiheit lehrte*, Wichern Verlag, Berlin 2009
Bobzin, Hartmut: *Mohammed*, C. H. Beck Verlag, München 2000
Bobzin, Hartmut: *Der Koran. Eine Einführung*, C. H. Beck Verlag, München 1999
Broder, Henryk M.: *Hurra*, wir kapitulieren. Von der Lust am Einknicken, Wjs verlag, Berlin 2006
Broder, Henryk M.: *Kritik der reinen Toleranz*, WJS Verlag, Berlin 2008
Bühl, Achim: *Islamfeindlichkeit in Deutschland. Ursprünge. Akteure. Stereotype*, VSA Verlag, Hamburg 2010
Buschkowsky, Heinz: *Neukölln ist überall*, Ullstein Verlag, Berlin 2012
Buschkowsky, Heinz: *Die andere Gesellschaft*, Ullstein Verlag, Berlin 2014
Cardini, Franco: *Europa und der Islam. Geschichte eines Missverständnisses*, C. H. Beck, München 2000
Ceylan, Rauf: *Die Prediger des Islam*, Herder Verlag, Freiburg 2010
Conze, Vanessa: *Das Europa der Deutschen. Ideen von Europa in Deutschland zwischen Reichstradition und Westorientierung (1920–1970)*, Oldenbourg Verlag, München 2006
Döpfner, Mathias: *Die Freiheitsfalle. Ein Bericht*, Propyläen, Berlin 2011
Emre, Gültekin: *300 Jahre Türken an der Spree*, Ararat Verlag, Berlin 1983
Faber, Richard: *Abendland. Ein politischer Kampfbegriff*, Gerstenberg Verlag, Hildesheim 1979
Fallaci, Oriana: *Die Wut und der Stolz*, List Verlag, Berlin 2002
Fallaci, Oriana: *Die Kraft der Vernunft*, Ullstein Verlag, Berlin 2004
Felken, Detlef: *Oswald Spengler. Konservativer Denker zwischen Kaiserreich und Diktatur*, C. H. Beck, München 1988
Geiges, Lars; Marg, Stine; Walter, Franz: *Pegida. Die schmutzige Seite der Zivilgesellschaft*, Transcript Verlag, Bielefeld 2015
Haarmann, Ulrich, Halm, Heinz (Hrsg.): *Geschichte der arabischen Welt*, C. H. Beck, München 2004

Hafez, Farid: *Islamophober Populismus. Moschee- und Minarettbauverbote österreichischer Parlamentsparteien*, VS Verlag, Wiesbaden 2010
Häusler, Alexander (Hrsg.): *Rechtspopulismus als »Bürgerbewegung«. Kampagnen gegen Islam und Moscheebau und kommunale Gegenstrategien*, VS Verlag, Wiesbaden 2008
Hein, Volker M.: *Der Skandal der Vielfalt. Geschichte und Konzepte des Multikulturalismus*, Campus Verlag, Frankfurt am Main 2013
Hippler, Jochen; Lueg, Andrea: *Feindbild Islam*, Konkret Literatur Verlag, Hamburg 1993
Hirsi Ali, Ayaan: *Mein Leben, meine Freiheit. Die Autobiografie*, Piper Verlag, München 2006
Hirsi Ali, Ayaan: *Reformiert euch! Warum der Islam sich ändern muss*, Albrecht Knaus Verlag, München 2015
Höfert, Almut: *Den Feind beschreiben – »Türkengefahr« und europäisches Wissen über das Osmanische Reich 1450–1600*, Campus Verlag, Frankfurt / New York 2003
Hobsbawm, Eric: *The Invention of Tradition*, Cambridge University Press, Cambridge 1992
Hottinger, Arnold: *Die Mauren. Arabische Kultur in Spanien*, Wilhelm Fink Verlag, München 2005
Hübsch, Khola Maryam: *Unter dem Schleier die Freiheit. Was der Islam zu einem wirklich emanzipierten Frauenbild beitragen kann*, Patmos Verlag, Ostfildern 2014
Huntington, Samuel: *Der Kampf der Kulturen. Die Neugestaltung der Weltpolitik im 21. Jahrhundert*, Europa Verlag, München / Wien 1996
Kaufmann, Thomas: *Martin Luther*, C. H. Beck, München 2006
Kaufmann, Thomas: *»Türckenbüchlein«. Zur christlichen Wahrnehmung »türkischer Religion« in Spätmittelalter und Reformation*, Vandenhoek & Ruprecht, Göttingen 2008
Kaufmann, Thomas: *Geschichte der Reformation*, Verlag der Weltreligionen im Insel Verlag, Frankfurt am Main 2009
Kelek, Necla: *Die fremde Braut. Ein Bericht aus dem Inneren des türkischen Lebens in Deutschland*, Kiepenheuer & Witsch, Köln 2005
Kelek, Necla: *Chaos der Kulturen. Die Debatte um Islam und Integration*, Kiepenheuer & Witsch, Köln 2012
Krämer, Gudrun: *Geschichte des Islam*, C. H. Beck, München 2005

Kuhn, Inva: *Antimuslimischer Rassismus. Auf Kreuzzug für das Abendland*, Papyrossa Verlag, Köln 2015

Laschet, Armin: *Die Aufsteigerrepublik. Zuwanderung als Chance*, Kiepenheuer & Witsch, Köln 2009

Lewis, Bernard: *Die Juden in der islamischen Welt*, C. H. Beck, München 2004

Ludin, Fereshta; Abed, Sandra: *Enthüllung der Fereshta Ludin. Die mit dem Kopftuch*, Levante Verlag, Berlin 2015

Maalouf, Amin: *Der Heilige Krieg der Barbaren. Die Kreuzzüge aus Sicht der Araber*, Diederichs, München 1996.

Mahmoody, Betty: *Nicht ohne meine Tochter*, Bastei Lübbe Verlag, Bergisch Gladbach 1987

Mahmoody, Mahtob: *Endlich frei. Ich bin die Tochter aus Nicht ohne meine Tochter*, Bastei Lübbe, 2015 Köln

Matschke, Klaus-Peter: *Das Kreuz und der Halbmond. Die Geschichte der Türkenkriege*, Artemis & Winkler, Düsseldorf und Zürich 2004

Miksch, Jürgen (Hrsg.).: *Evangelisch aus fundamentalem Grund. Wie sich die EKD gegen den Islam profiliert*, Verlag Otto Lembeck, Frankfurt am Main 2007

Möhring, Hannes: *Saladin. Der Sultan und seine Zeit*, 1138–1193. C. H. Beck, München 2005

Peter, Frank; Ortega, Rafael (Hrsg.): *Islamic Movements of Europe. Public Religion and Islamophobia in the Modern World*, Tauris, London 2014

Rahmena, Ali (Hrsg.): *Pioneers of Islamic Revival*, Zed Books, London and New Jersey 1994

Ramadan, Tariq: *Radikale Reform. Die Botschaft des Islam für die moderne Welt*, Diederichs Verlag, München 2009

Riley-Smith: *Wozu heilige Kriege? Anlässe und Motive der Kreuzzüge*, Wagenbach, Berlin 2005

Ruf, Werner: *Der Islam – Der Schrecken des Abendlands. Wie sich der Westen sein Feindbild konstruiert*, Papyrossa Verlag, Köln 2014

Said, Edward: *Orientalism. Western Conceptions of the Orient*, Penguin Books, London 1995

Sarrazin, Thilo: *Deutschland schafft sich ab. Wie wir unser Land aufs Spiel setzen*, DVA Verlag, München 2010

Saunders, Doug: *Mythos Überfremdung. Eine Abrechnung*, Karl Blessing Verlag, München 2012

Schildt, Axel: *Zwischen Abendland und Amerika: Studien zur westdeutschen Ideenlandschaft der 50er Jahre*, Oldenbourg Wissenschaftsverlag, München1999

Schilling, Heinz: *Martin Luther. Rebell in einer Zeit des Umbruchs*, C. H. Beck, München 2012

Schneiders, Thorsten Gerald (Hrsg.): *Islamfeindlichkeit. Wenn die Grenzen der Kritik verschwimmen*, VS Verlag Wiesbaden 2009

Schwarzer, Alice (Hrsg.): *Die große Verschleierung. Für Integration, gegen Islamismus*, Kiepenheuer & Witsch, Köln 2010

Sen, Amartya: *Die Identitätsfalle. Warum es keinen Krieg der Kulturen gibt*, C. H. Beck, München 2007

Sezgin, Hilal; Abu Zaid, Nasr: *Mohammed und die Zeichen Gottes. Der Koran und die Zukunft des Islam*, Herder Verlag, Freiburg 2008

Shooman, Yasemin: *»… weil ihre Kultur so ist.« Narrative des antimuslimischen Rassismus*, Transcript Verlag, Bielefeld 2014

Sinram, Jana: *Pressefreiheit oder Fremdenfeindlichkeit? Der Streit um die Mohammed-Karikaturen und die dänische Einwanderungspolitik*, Campus Verlag, Frankfurt am Main 2015

Sokolowsky, Kay: *Feindbild Moslem*, Rotbuch Verlag, Hamburg 2009

Sommerfeld, Franz (Hrsg.): *Der Moscheestreit. Eine exemplarische Debatte über Einwanderung und Integration*, Kiepenheuer & Witsch, Köln 2008

Stark, Rodney: *Gottes Krieger*, Haffmans & Tolkemitt, Berlin 2013

Strube, Sonja (Hrsg.): *Rechtsextremismus als Herausforderung für die Theologie*, Herder Verlag, Freiburg 2015

Wäckerlig, Oliver: *Das Fanal von Wangen. Der Schweizer Minarettdiskurs – Ursachen und Folgen*, Akademiker Verlag, Saarbrücken 2014

Watt, Montgomery: *Der Einfluss des Islam auf das europäische Mittelalter*, Wagenbach Berlin, Berlin 2001

Weidner, Stefan: *Anti-Pegida. Eine Streitschrift*, Create Space Independent Publishing Köln 2015

Anmerkungen

Einleitung

1 Zitiert nach: Felken, Detlef: *Oswald Spengler. Konservativer Denker zwischen Kaiserreich und Diktatur,* München 1988. Hinter dessen »Attitüde des unverstandenen Genius« habe »ein schmerzlich empfundenes Bewusstsein der eigenen menschliche Leere« gestanden, schreibt sein Biograf.

2 Houellebecq, Michel: *Unterwerfung*, Köln 2015.

3 Sarrazin, Thilo: *Deutschland schafft sich ab. Wie wir unser Land aufs Spiel setzen*, München 2010, S. 396.

4 Broder, Henryk M: »Euro-Islam 2067. Wehe, wer den Muezzin stört«, *Spiegel Online*, 4.1.2007.

5 Sarrazin, a.a.O., S. 308. Der markante Satz stand auch in den Vorabdrucken, die 2010 im *Spiegel* und in der *Bild*-Zeitung erschienen.

6 Laqueur, Walter: *Die letzten Tage von Europa. Ein Kontinent verändert sein Gesicht*, Berlin 2006. Lewis, Bernard: »Europa wird islamisch«, in: *Die Welt*, 19.4.2006.

7 Hackett, Conrad: »5 Facts about the Muslim Population in Europe«, Pew Research Center, 15.1.2015, siehe: http://www.pewresearch.org/fact-tank/2015/01/15/5-facts-about-the-muslim-population-in-europe/.

8 «The Future of The Global Muslim Population: Projections for 2010–2030«, Pew Research Center, Januar 2011, siehe: http://www.pewforum.org/2011/01/27/the-future-of-the-global-muslim-population/.

9 «The Future of World Religions: Population Growth Projections, 2010–2050. Pew Forum, 2.4.2015, siehe: http://www.pewforum.org/2015/04/02/religious-projections-2010-2050/.

10 In Schweden 2000, in Norwegen erst 2012.

1 Der Albtraum der Republik?

1 Politiker von SPD und Union kritisierten die Verschiebung als »Selbstzensur« und sahen schon »die Demokratie in Gefahr« (Bernd Naumann, CDU), würde man »dauernd irgendwelchen Radikalen nachgeben« (Johannes Kahrs, SPD). »Die Wahrheit hat Anspruch darauf, ohne Wenn und Aber gezeigt zu werden« (Edmund Stoiber, CSU). *Spiegel Online* kritisierte dagegen, der Film erwecke den falschen Eindruck, die Debatte um die Integration von Einwandererkindern und um Jugendgewalt sei von Tabus und falscher Rücksichtnahme geprägt.

2 Der Film spielt zwar in Kreuzberg, aber die Klischees lassen sich auf Neukölln übertragen.
3 Manchem Rezensenten wurde es mulmig: »Da läuft einem schon ein Schauer über den Rücken: Die Zivilcourage steht in diesem gefährlich gut gemachten Fernsehfilm für die Pflicht des Bürgers, die Schwächen des Rechtsstaates auf eigene Faust auszugleichen.« Buß, Christian: »Opa greift zur Wumme«, *Spiegel Online*, 27.1.2010.
4 Kroth, Isabella: *Halbmondwahrheiten. Türkische Männer in Deutschland. Innenansichten einer geschlossenen Gesellschaft*. München, 2010
5 Die meisten Muslime leben nicht in strukturschwachen Gebieten, sondern dort, wo es Arbeit gibt. Sie leben in Nordrhein-Westfalen (33,1 Prozent), Baden-Württemberg (16,6 Prozent), Bayern (13,2 Prozent) und Hessen (10,3 Prozent), gefolgt von Berlin (6,9 Prozent) und Niedersachsen (6,2 Prozent). Quelle: BAMF, »Muslimisches Leben in Deutschland«, 2008.

2 Die Erfindung des Abendlandes

1 Der Ausdruck findet sich erstmals beim Straßburger Theologen und Reformator Kaspar Hedio. In seiner Chronica schreibt er 1529, der Kaiser Honoriuss sei »in Occident / das ist / in die Abendlender« gekommen. Der Plural war bis ins 18. Jahrhundert hinein gebräuchlicher. Siehe: Müller, Gerhard (Hrsg.): *Theologische Realenzyklopädie*, Teil 1, Band 1–17. Berlin, New York, 1993.
2 Anderson, Benedict: *Die Erfindung der Nation*, Frankfurt / New York 2005.
3 Zitiert nach: Faber, Richard: *Abendland. Ein politischer Kampfbegriff*, S. 34.
4 Zitiert nach: »Die missionäre Monarchie«, in: *Der Spiegel*, 33/1955, S. 12–14.
5 *Der Spiegel*, a.a.O.
6 »Niedersachsens neue Sozialministerin gegen Kruzifixe«, veröffentlicht auf *Focus Online*, 24.4.2010.
7 Bollmann, Ralph: »Unchristliches Abendland«, in: *taz*, 28.4.2010.
8 Bruckstein Çoruh, A.S.: »Die jüdisch-christliche Tradition ist eine Erfindung«, in: *Der Tagesspiegel*, 12.10.2010. Siehe auch: Soboczynski, Adam: »Die Rede von der christlich-jüdischen Tradition ist ein Skandal«, in: *Die Zeit*, 14.10.2010.
9 Homolka, Walter: »Christliches Europa – Lästiges Erbe oder lebendige Kraft?«, in: *Zeitzeichen. Evangelische Kommentare zu Religion und Gesellschaft*, 14. Jg., Juni 2013, S. 26 ff.
10 Zitiert nach: Lachmann, Günther: »Die AfD will zurück zu Bismarcks Außenpolitik«, in: *Die Welt*, 10.9.2013.
11 »Die FPÖ als Retterin des Abendlandes: Bricht dafür mit sehr alten Parteitraditionen«, in: *profil*, 23.5.2009.
12 »SVP-Kandidatin Boger: ›Ich habe Verständnis für Pegida‹«, in: *Aargauer Zeitung*, 29.1.2015.

3 Die Wurzeln der Islamfeindlichkeit (1)

1 Bobzin, Hartmut: *Der Koran. Eine Einführung*, München 1999, S. 11
2 Eine Zusammenfassung der gängigen Zerrbilder findet sich im Kapitel »Abendländische Mohammedbilder« bei Bobzin, Hartmut: *Mohammed*, München 2000, S. 9 ff.
3 Naumann, Thomas: »Feindbild Islam. Historische und theologische Gründe einer

europäischen Angst«, in: Schneiders, Thorsten Gerald (Hrsg.): *Islamfeindlichkeit. Wenn die Grenzen der Kritik verschwimmen*, Wiesbaden 2009.

4 Die Aussagen fielen auf einem Neujahrstreffen der FPÖ in Graz und wurden, als sie bekannt wurden, von anderen Parteien und den Kirchen stark kritisiert. Vom Grazer Straflandesgericht wurde Winter deshalb im Januar 2009 wegen »Verhetzung und Herabwürdigung religiöser Lehren« zu einer Geldstrafe von 24 000 Euro und einer bedingten Freiheitsstrafe von drei Monaten verurteilt. In ihrer Partei hat ihr das nicht geschadet: Seit Oktober 2008 sitzt sie für die FPÖ im Nationalrat.

5 Lexutt, Athina: »Luther und der Islam. Beten und Büßen statt Reden und Kämpfen«, in: *Spiegel der Forschung*, Nr. 2/2011, Justus-Liebig-Universität Gießen, S. 64.

6 Siehe: »Reformation und Islam. Ein Impulspapier der Konferenz für Islamfragen der Evangelischen Kirche in Deutschland«, oder auch: Meer, Marcus: »Martin Luther zum Islam«, Beitrag zum Studierendenwettbewerb 2013 des BMI, 2013.

7 Siehe etwa: Ihle, Mark P.: »Luthers Türkenschriften«, in: *Blaue Narzisse*, 20.10.2014. Der Autor des rechten Magazins schreibt, Luther habe »keine Toleranz für Eindringlinge« gepredigt, und findet, diese Haltung sei angesichts der »Landnahme« durch muslimische Einwanderer heute wieder angemessen.

8 Naumann, Thomas: a.a.O., S. 21

9 Zitiert nach Lewis, Bernard: *Die Juden in der islamischen Welt*, München 2004, S. 125.

10 Vom Trauma spricht etwa der libanesische Schriftsteller Amin Maalouf in: *Der Heilige Krieg der Barbaren. Die Kreuzzüge aus Sicht der Araber*, München 2003.

11 Möhring, Hannes: *Saladin. Der Sultan und seine Zeit 1138–1193*, München 2005.

12 Stark, Rodney: *Gottes Krieger. Die Kreuzzüge in neuem Licht*, Berlin 2013.

13 Siehe die hymnische Besprechung des Buchs durch Matthias Matussek: »Die Kreuzzüge – Ursache des Nahostkonflikts?«, auf achgut.com, 3.6.2013.

14 Schwarz, Klaus: »Die Türken als Hoffnung der deutschen Protestanten zur Zeit des Interims«, in: Sievernich, Gereon und Budde, Hendrik (Hrsg.): *Europa und der Orient 800–1900. Lesebuch*, Berliner Festspiele, Berlin 1989, S. 52.

15 Zitiert nach: Bobzin, Hartmut: »Gedanken Martin Luthers zum Islam«, in: Medick, Hans und Schmidt, Peer: *Luther zwischen den Kulturen*, Göttingen 2004, S. 263.

16 Siehe: Watt, Montgomery: *Der Einfluss des Islam auf das europäische Mittelalter*, Berlin 2001.

4 Die Wurzeln der Islamfeindlichkeit (2)

1 Özkan, Duygu: »Wie bastelt man ein Feindbild?«, in: *Die Presse*, 1.4.2011. Ausführlicher: Özkan, Duygu: *Türkenbelagerung*, Wien 2011.

2 Brickner, Irene: »›Mustafa‹-Comic: Verfahren gegen Strache eingestellt«, in: *Der Standard*, 19.1.2011.

3 Zitiert nach Emre, Gültekin: *300 Jahre Türken an der Spree*, Berlin 1983.

4 Lemaire, Gérard-George: *Orientalismus. Das Bild des Morgenlandes in der Malerei*, Potsdam 2010.

5 Der Zentralrat der Ex-Muslime in Österreich, der sich 2010 gegründet und 2011 aufgelöst hat, warb etwa mit dem Voltaire-Zitat für sich.

6 Stein, Hannes: »Die großen Aufklärer waren oft Judenhasser«, in: *Die Welt*, 20.7.2012.

7 Zit. nach: Werth, German: *Der Krimkrieg. Geburtsstunde der Weltmacht Russland.* Frankfurt a.M. 1989, S. 31

5 Der »Kampf der Kulturen« beginnt

1 Hippler, Jochen / Lueg, Andrea: *Feindbild Islam*, Hamburg 1993.
2 Fachausdruck für ein religiöses Rechtsgutachten, das von einer geistlichen Autorität ausgestellt wird. Seit der Rushdie-Affäre wird das Wort fälschlicherweise mit Todesdrohung gleichgesetzt.
3 Interview mit Nagib Mahfus: »Es gibt keinen Kampf der Kulturen«, in: *Der Spiegel*, 25.2.1991.
4 Rotter, Gernot: *Allahs Plagiator. Die publizistischen Raubzüge des »Nahost-Experten« Gerhard Konzelmann*, Heidelberg 1992.
5 Zwei Konzelmann-Bücher wurden nach juristischen Auseinandersetzungen vom Markt genommen, in seriöse Talkshows wurde er fortan nicht mehr eingeladen. Sein letztes Buch, *Insh'Allah: Der Kampf um Glaube und Öl*, erschien 2003. Als Konzelmann 2008 starb, würdigte ihn SWR-Intendant Peter Boudgoust mit den Worten, dieser habe das Bild der arabischen Welt beim deutschen Fernsehpublikum nachhaltig geprägt.
6 Für die ausführliche Kritik: Klemm, Verena / Hörner, Karin / Halm, Heinz: *Das Schwert des Experten. Peter Scholl-Latours verzerrtes Araber- und Islambild*, Heidelberg 1993. In den Nachrufen, die nach seinem Tod im August 2014 erschienen, fiel das Urteil in vielen Medien wesentlich milder aus. Zur Versöhnung trug bei, dass Scholl-Latour bei all seinem westlichen Hochmut doch ein Realist war, der früh vor dem Irakkrieg wie vor einer Konfrontation mit Russland gewarnt hatte. Die Feldzüge der USA sah er als eine weit größere Gefahr für die Weltordnung als den islamistischen Terror.
7 Peter Scholl-Latour: »Seine zehn klügsten Sätze«, in: *Bild-Zeitung*, 18.8.2014.
8 Mahmoody, Betty: *Nicht ohne meine Tochter*, Bergisch Gladbach 1988.
9 Arki, Mostafa: *Das Andere anders sein lassen. Kritische Anmerkungen zu Betty Mahmoodys Buch*, Hildesheim 1990; Bassiri, Nasrin: *Nicht ohne die Schleier des Vorurteils. Kritische Anmerkungen einer iranischen Frauenrechtlerin zu Betty Mahmoodys Buch*, Stuttgart 1991; Seddighi, Sonia: *Betty Mahmoody. Eine Amerikanerin in Teheran*, Berlin 1995; Shahbakhsi, Irandokht / Boolour, Anna: *Doch ohne meine Tochter. Warum lesen so viele Frauen Betty Mahmoodys Buch »Nicht ohne meine Tochter«?*, Saarbrücken 1991.
10 Garbe, Christine: »Weibliche Größenphantasien in Rezeptionsprozessen. Ein Erklärungsversuch zum Erfolg des Bestsellers »Nicht ohne meine Tochter« (von Betty Mahmoody) beim weiblichen Lesepublikum«, in: Johannes Cremerius (Hrsg.): *Freiburger literaturpsychologische Gespräche: Jahrbuch für Literatur und Psychoanalyse*, Bd. 18. »Größenphantasien«, Würzburg 1999, S. 63–81.
11 Mahmoody, Mahtob: *Endlich frei. Ich bin die Tochter aus »Nicht ohne meine Tochter«*, Köln 2015.
12 Garbe, a.a.O., S. 74.
13 Eine Auswahl: Al-Mer, Meral: *Nicht ohne meine Mutter*, Köln 2013; Schneidt, Katja: *Gefangen in Deutschland. Wie mich mein türkischer Freund in eine islamische Parallelwelt entführte*, Köln 2011; Shah, Hannah: *Die Tochter des Imam. Er nahm mir die Kindheit, nun kämpfe ich für meine Freiheit*, München 2014; Shariff, Samia:

Der Schleier der Angst, Köln 2010; Wenzel, Kerstin: *Abaya. Meine Kinder bekommst du nicht*, München 2015; Y., Inci: *Erstickt an euren Lügen. Eine Türkin in Deutschland erzählt*, München 2007.
14 Huntington, Samuel: *Der Kampf der Kulturen. Die Neugestaltung der Weltpolitik im 21. Jahrhundert*, München/Wien 1996, S. 252.
15 Zum Beispiel: Sen, Amartya: *Die Identitätsfalle. Warum es keinen Krieg der Kulturen gibt*, München 2007.
16 Schönhuber, Franz: *Die Türken. Geschichte und Gegenwart*, München 1989.

6 Vom Ressentiment zur Ideologie

1 Bat Ye'or: *The Dhimmi: Jews and Christians under Islam*, New Jersey 1985; Dies.: *Islam and Dhimmitude. Where Civilizations Collide*, New Jersey 2002.
2 Cohen, Mark R.: *Unter Kreuz und Halbmond: Die Juden im Mittelalter*, München 2005; Lewis, Bernard: *Die Juden in der islamischen Welt*, München 2004; Tamcke, Martin: *Christen in der islamischen Welt*, München 2008.
3 Bat Ye'or: »Eurabia. The Road to Munich«, in: *National Review*, 9.10.2002. Dies.: *Eurabia. The Euro-Arab-Axis*, Madison (NJ) 2005, Dies.: *Europa und das kommende Kalifat*, Berlin 2013.
4 Schwartz, Adi: »The Protocols of the Elders of Brussels«, in: *Haaretz*, 20.6.2006.
5 Flaig, Egon: »Der Islam will die Welteroberung«, in: *Frankfurter Allgemeine Zeitung*, 16.9.2006. Kritik kam u.a. vom Bonner Orientalisten Stefan Wild, der den Artikel in einem Leserbrief eine »Brandschrift« nannte.
6 Houellebecq: *Unterwerfung*, Köln 2015, S. 137.
7 De Winter, Leon: »Die Regeln von Hama«, in: *Die Welt*, 11.10.2003.
8 De Winter, Leon: »Onzin over achterstelling Marokkaanse jongeren«, in: *Elsevier*, 25.5.2007.
9 Carr, Matt: »You are now entering Eurabia«, in: Institute of Race Relations (Hrsg.): *Race & Class*, Vol 48(1), London 2006, S. 1–22.

7 Vom Wort zur Tat

1 Geyer, Steven / Schindler, Jörg: »Im Netz der Islamfeinde«, in: *Frankfurter Rundschau*, 14.9.2011.
2 Die Namen spielen auf antirassistische Initiativen wie SOS Rassismus und SOS Mitmensch (in Österreich) an, um deren Absichten ins Gegenteil umzukehren.
3 Über das österreichische Netzwerk aus rechten Hetzern und FPÖ siehe: Zwander, Wolfgang: »Islam im Visier«, in: *Die Zeit*, 10.3.2011.
4 Press, Eyal: »Neocon Man«, in: *The Nation*, 10.5.2004.
5 Center for American Progress: *Fear, Inc.: The Roots of the Islamophobia Network in America*, 26.8.2011, S. 31.
6 Bayoumi, Moustafa: »Fear and Loathing of Islam«, in: *The Nation*, 14.6.2012.
7 Center for American Progress: *Fear, Inc. 2.0: The Islamophobia Network's Effort to Manufacture Hate in America*, Februar 2015.
8 Pipes, Daniel: »Lasst Flüchtlinge in ihren eigenen Kulturzonen bleiben«, in: *The Washington Times*, 24.9.2013.
9 Taylor, Jerome: »Unmasked. The far-right blogger idolized by Breivik«, in: *The Independent*, 6.8.2011.

8 Die Retter des Abendlandes 2.0

1 Die Strategie zahlt sich aus. Bei den vergangenen Präsidentschaftswahlen im April 2012 stimmten 13,5 Prozent aller jüdischen Wähler für Marine Le Pen. Unter den homosexuellen und bisexuellen Wählern in Paris soll es sogar mehr als jeder Vierte (26 Prozent) gewesen sein, der ihr seine Stimme gab, unter den heterosexuellen Wählern waren es dagegen nur 16 Prozent. Siehe: Halliburton, Rachel: »How Marine Le Pen is winning France's gay vote«, in: *The Spectator*, 24.1.2015.

2 Alle Zitate siehe »Wer ist Marine Le Pen?«, *Emma online*, 24.4.2015, siehe www.emma.de/artikel/wer-ist-marine-le-pen-317041.

3 Lochocki, Timo: »Rechtspopulismus in Westeuropa. Erklärungen für den Erfolg rechtspopulistischer Parteien in Westeuropa im Auftrag des Mediendienstes Integration«, Mai 2014. Siehe: www.mediendienst-integration.de/fileadmin/Dateien/Rechtspopulismus_Informationspapier_Lochocki_MDI.pdf.

4 Zick, Andreas / Klein, Anna: *Fragile Mitte, feindselige Zustände. Rechtsextreme Einstellungen in Deutschland*, hrsg. für die Friedrich-Ebert-Stiftung von Ralf Melzer, Bonn 2014.

9 Der Siegeszug der Rechtspopulisten

1 Betz, Hans-Georg / Meret, Susi: »Revisiting Lepanto. The Mobilisation against Islam in contemporary Western Europe«, in: Malik, Maleiha: *Anti-Muslim Prejudice: Past and Present*, Routledge 2010, S. 105–120.

2 »La Laicité: une valeur au coeur du projet républicain«, siehe: www.frontnational.com. Siehe: www.frontnational.com/le-projet-de-marine-le-pen/refondation-republicaine/laicite/

3 Freysinger, Oskar: »Des Dschihads Leuchttürme«, in: *SVP-Klartext*, 11.5.2007, S. 11.

4 Hinter dem Referendum steht das »Egerkinger Komitee«, das auch schon die Kampagnen für das Minarettbauverbot und gegen »Masseneinwanderung« lanciert hat.

5 Hafez, Farid: *Islamophober Populismus. Moschee- und Minarettbauverbote österreichischer Parlamentsparteien*, Wien 2010.

6 Gamillscheg, Hannes: »Kopenhagen sperrt Muslime aus«, in: *Frankfurter Rundschau*, 9.11.2010.

7 Der Rechtsruck in der niederländischen Politik begann schon mit dem Rechtspopulisten Pim Fortuyn, der den Islam als »rückwärtsgewandte Kultur« bezeichnete und die Grenzen für Muslime schließen wollte. Im Jahr 2002 gelang ihm bei den lokalen Wahlen in Rotterdam ein Erdrutschsieg, vor den Parlamentswahlen im Mai 2002 wurde er jedoch von einem radikalen Tierschützer ermordet. Nach seinem Tod rangen verschiedene Parteien um sein politisches Erbe, vor allem die rechtsliberale »Volkspartei für Freiheit und Demokratie« (VVD) tat sich dabei hervor. Nun hat es Geert Wilders angetreten.

8 In Italien gibt es seit 1975 ein Vermummungsverbot, das auch für Ganzkörperschleier gilt. In Spanien hat der Oberste Gerichtshof 2013 die »Burka-Verbote«, die mehrere katalanische Städte erlassen hatten, für verfassungswidrig erklärt. Der Europäische Gerichtshof dagegen erklärte das französische Verbot 2014 für rechtens.

9 »Die Türkei und die EU«, Tran. Centrum für angewandte Politikforschung München, siehe: www.cap-lmu.de/themen/tuerkei/eu/eu.php.

10 Der Ehegattennachzug wurde in Deutschland unter dem Vorwand verschärft, damit angeblich Zwangsehen verhindern zu wollen. Damit werden allerdings alle binationalen Paare in Sippenhaft genommen, und die meisten Experten halten es für kein Mittel, um Zwangsehen zu verhindern.
11 Grabow, Karsten / Lange, Nico: »Spiel über Bande: Wie populistische EU-Gegner nationale Politik beeinflussen«, in: *Analysen und Argumente*, Sankt Augustin, 27.4.2015.
12 »Die Rechtsnationalen tangieren die EU zurzeit nicht ernsthaft«, in: *Der Tagesanzeiger*, 24.6.2014.
13 Kleinjung, Tilmann: »Der unheimliche Aufstieg der Lega Nord. Mit Stammtischparolen auf Stimmenfang«, *NDR Info:* Das Forum vom 18.3.2015, Manuskript unter: www.ndr.de/info/sendungen/dasforum/forum4510.pdf.

10 Die Kronzeugen

1 Der Nachzug von Familienangehörigen und Ehepartnern macht einen großen Teil der legalen Einwanderung nach Europa aus, zwischen 40 und 60 Prozent. Viele europäische Länder haben ihn stark eingeschränkt. In Dänemark wird der Ehegattennachzug seit 2003 nur noch erlaubt, wenn beide Partner über 24 Jahre alt sind, in den Niederlanden, Belgien und Österreich wurde das Mindestalter auf 21 Jahre erhöht. Nach dem Vorbild der Niederlande haben Deutschland, Frankreich, Österreich und Großbritannien außerdem Sprachtests eingeführt, die Ehegatten bestehen müssen, bevor sie zu ihrem Partner nach Europa einreisen können. Außerdem verlangen mehrere europäische Länder einen Einkommensnachweis – am höchsten liegt die Hürde seit 2010 in Norwegen, dort sind 32 000 Euro Jahresgehalt die Vorbedingung. Siehe: Block, Laura: Familie unerwünscht: wird das Recht auf Ehe ein Luxusgut?, in: *Terra cognita*, Schweizer Zeitschrift zu Integration und Migration (24), 2014, S. 70–74
2 Kelek, Necla: »Das Versagen der Islamkonferenz gegenüber Kindern«, in: *Die Welt*, 12.5.2013.
3 »Da tun sich Abgründe auf«, in: *the European*, 12.3.2015. http://www.theeuropean.de/241-necla-kelek/2611-im-gespraech-mit-necla-kelek
4 Kelek, Necla: *Chaos der Kulturen. Die Debatte um Islam und Integration*, Köln 2012, S. 122 ff.
5 »Minarette sind eine Machtdemonstration«, Interview mit Necla Kelek, in: *Reformierte Presse*, 2.4.2009.
6 »Gegen ›falsche‹ Toleranz«, Interview mit Necla Kelek, in: *St. Gallener Tagblatt*, 7.11.2009.
7 Kelek, Necla: »Ein Befreiungsschlag«, in: *FAZ*, 30.8.2010
8 Kelek, Necla: »Akt der Unterwerfung«, in: *Der Spiegel*, 17.12.2012.
9 Abdel-Samad, Hamed: *Der Islamische Faschismus. Eine Analyse*, München 2014.
10 Ein Mitschnitt der Veranstaltung findet sich unter: http://www.pi-news.net/2014/04/video-hamed-abdel-samad-in-muenchen-ueber-den-islamischen-faschismus/
11 Keller, Claudia: »Ein Hoch auf Atatürk!«, in: *Der Tagesspiegel*, 12.4.2010.
12 Grote, Klaus D.: »Polarisierender Auftritt«, in: *Oranienburger Generalanzeiger*, 18.6.2015.

13 Angaben der Verlage auf Nachfrage, Stand 30.6.2015.
14 Kelek, Necla: *Die verlorenen Söhne. Plädoyer für die Befreiung des türkisch-muslimischen Mannes*, Köln 2009.
15 Zum Schweizer Minarettstreit siehe: Wäckerlig, Oliver: Das Fanal von Wangen. Der Schweizer Minarettdiskurs – Ursachen und Folgen. Akademiker Verlag, Saarbrücken 2014.
16 Matussek, Mathias: »Das Model Gottes«, in: *Der Spiegel*, 51 / 17.12.2011.

11 Ist der Koran ein Buch der Gewalt?

1 Thiel, Andreas: »Der Schatten des Ostens«, in: *Die Weltwoche*, 20.5.2014.
2 Raddatz, Hans-Peter: »Islam bedeutet Frieden? Unfug!«, in: *Die Weltwoche*, 15.4.2004.
3 Kelek, Necla: *Die verlorenen Söhne*, a.a.O.
4 Ahmed, Sadaqat: »Der Koran, ein Buch der Gewalt?«, in: *Die Weltwoche*, 20.5.2015.
5 Der Journalist und Medienunternehmer Roger Schawinski ist in der Schweiz eine Institution. Er leitete von 2003 bis 2006 als Geschäftsführer den deutschen Privatsender Sat1 und unterhält seit seiner Rückkehr in die Schweiz beim quasi-öffentlich-rechtlichen *Schweizer Radio und Fernsehen (SRF)*, dem deutschsprachigen Programm, eine wöchentliche Talksendung.
6 »SRG-Ombudsmann rügt Schawinski und Thiel«, siehe: http://www.20min.ch/entertainment/tv/story/26155426, 27.1.2015. »Die Sendung ist vollkommen missraten«, http://www.tagesanzeiger.ch/kultur/fernsehen/Die-Sendung-ist-vollkommen-missraten/story/28523270, 27.1.2015.
7 »Unsere Freiheit zählt mehr als eure«, Interview mit der Religionswissenschaftlerin Karen Armstrong, qantara.de, 11.2.2015, siehe: www.de.qantara.de/inhalt/interview-mit-der-religionswissenschaftlerin-karen-armstrong-unsere-freiheit-zaehlt-mehr-als.
8 Rhonheimer, Martin: »Töten im Namen Allahs«, in: *Neue Zürcher Zeitung*, 6.9.2014.
9 »Die Inhalte des IS sind im Mainstream-Islam angelegt«, Interview mit Ahmad Mansour, in: *Die Zeit*, 5.9.2014.
10 www.openlettertobaghdadi.co, auf Deutsch unter www.madrasah.de.
11 »Concerns about Islamic Extremism on the Rise in Middle East«, erschienen auf pewglobal.org, 1.7.2014.
12 Amirpur, Katajun: »Islam gleich Gewalt. Der fatale Gleichklang von Kriegern und Kritikern«, in: *Blätter für deutsche und internationale Politik*, Januar 2015.
13 Der serbischstämmige US-Islamwissenschaftler Michael Sells prägte für ihre Ideologie den Begriff »Christoslavism«, siehe: Sells, Michael: *The Bridge betrayed. Religion and Genocide in Bosnia*, University of California, Berkeley 1998.
14 Keller, Claudia: »Bischöfe streiten über Waffenlieferungen«, in: *Der Tagesspiegel*, 28.8.2014.
15 Lewis, Bernard: *Die Juden in der islamischen Welt*, München 2004, S. 16.
16 »Welcher Islam gehört zu Deutschland?«, Gespräch mit dem Islamwissenschaftler Michael Kiefer, *Deutschlandradio Kultur*, Sendung Tacheles, 14.2.2015.

12 Wer ist der Martin Luther des Islam?

1 »Meine Seele hat Narben«, Interview mit Joachim Gauck, in: *Die Zeit*, 31.5.2012.

2 Hassan, Mehdi: »Why Islam doesn't need a reformation«, in: *The Guardian*, 17.5.2015

3 Die Organisation der Muslimbrüder wurde 1928 gegründet, um die britische Vorherrschaft in Ägypten und deren Verwestlichungsprogramm zu bekämpfen. Nach der Unabhängigkeit Ägyptens entwickelte sie sich zu einer politischen Partei, deren Vorbild auf andere Länder ausstrahlte.

4 Al-Sisis Putsch wurde vom Königshaus in Saudi-Arabien unterstützt. Es betrachtet die Bewegung der Muslimbrüder als lästige Konkurrenz, weil diese auf die demokratische Abstimmung an der Wahlurne setzen – ein Frevel und eine Herausforderung für das Königshaus, das seine Legitimität darauf gründet, als »Wächter über die heiligen Stätten des Islam« in Mekka und Medina der einzig wahre Verteidiger des Glaubens zu sein. Aber solche Widersprüche blendet Hirsi Ali aus.

5 Hirsi Ali, Ayaan: *Reformiert euch! Warum der Islam sich ändern muss*, München 2015, S. 139.

6 Eine gute Einführung in die Reformdebatte bietet Amirpur, Katajun: *Den Islam neu denken. Der Dschihad für Demokratie, Freiheit und Frauenrechte*, München 2013.

7 Bencheikh, Ghaleb / Ibrahim, Anwar / Marquardt, Felix / Ramadan, Tariq: »Muslimische Demokraten der Welt, vereint euch!«, Manifest, in: *Die Welt*, 9.2.2015.

8 Ramadan, Tariq: *Radikale Reform. Die Botschaft des Korans für die moderne Welt*, München 2009

9 Gutschker, Thomas: »Für Mohammed war Krieg der Normalzustand«, Bülent Uçar im Gespräch, in: *Frankfurter Allgemeine Sonntagszeitung*, 18.1.2015.

10 Khorchide, Mouhanad: »Wird der Islam missbraucht?«, in: *Christ & Welt*, Ausgabe 27/2014.

11 Ourghi, Abdel-Hakim: »Der Islam braucht eine kritikfähige Renaissance«, in: *Süddeutsche Zeitung*, 20.1.2015.

12 »Die ziehen meine Religion in den Dreck«, Streitgespräch mit Lamya Kaddor und einem Salafisten, in: *Die Zeit*, 15.6.2012.

13 Schweineköpfe auf der Baustelle

1 Talbot, Margaret: »The Agitator. Fallaci, Oriana directs her fury towards Islam«, in: *The New Yorker*, 65 2006.

2 Der Fotograf Nicoló Degiorgis hat diese Orte in einer Fotoserie dokumentiert, in: Degiorgis, Nicoló: *Hidden Islam: Islamic Makeshift Places of Worship in Northeast Italy, 2009–2013*, Rohrhof 2015.

3 Der halbstaatlichen »Türkisch-Islamischen Union der Anstalt für Religion« (Türkisch: Diyanet Işleri Türk Islam Birliği, darum das Kürzel Ditib) gehören landesweit rund 900 Moscheegemeinden an, nach eigenen Angaben hat sie 120 000 Mitglieder. Zum Vergleich: Dem ebenfalls türkisch dominierten Islamrat gehören rund 450 Moscheegemeinden an, dem Zentralrat der Muslime mit seinem medial sehr präsenten Vorsitzenden Aiman Mazyek nach eigenen Angaben 300 Vereine.

4 In der Sendung von Maybrit Illner »Der Feind im eigenen Land. Wer sind die Terror-Islamisten?« am 6.3.2015 im ZDF siehe auch: Bax, Daniel: »Nicht verfassungskonform«, in: *taz*, 8.3.2015.

5 Kelek, Necla: »Das Minarett ist ein Herrschaftssymbol«, in: *Frankfurter Allgemeine Zeitung*, 6.6.2007.

6 Der Ausdruck »Takkiya« (arabisch für »Furcht, Verstellung«) geht auf schiitische Gruppen zurück, die es als erlaubt ansehen, bei Gefahr für Leib und Leben den eigenen Glauben zu verleugnen. Unter sunnitischen Muslimen, welche die absolute Mehrheit der Muslime ausmachen, gibt es keine vergleichbare Vorstellung. Nichtsdestotrotz verbreiten Hardcore-Islamgegner das Vorurteil, es gebe im Islam ein Gebot oder gar eine Pflicht, sich gegenüber Nicht-Muslimen zu verstellen.

7 »Ich habe ein ungutes Gefühl«, Joachim Kardinal Meisner zum Kölner Moscheenstreit, *Deutschlandfunk*, 20.6.2007.

8 Leggewie, Claus / Beinhauer-Köhler, Bärbel: *Moscheen in Deutschland. Religiöse Heimat und gesellschaftliche Herausforderung*, C. H. Beck, München 2009, S.164.

9 Kastner, Bernd: »Modell einer Moschee«, in: *Süddeutsche Zeitung*, 25.1.2015.

10 Meiler, Oliver: »Schweinsköpfe am Minarett«, in: *Berliner Zeitung*, 13.3.2007.

14 Wofür steht Charlie?

1 In Sachen Meinungsfreiheit handelte auch sie nach zweierlei Maß: In der Vergangenheit hatte sie Karikaturen abgelehnt, weil Christen sie als blasphemisch hätten empfinden können. Und als Iran als Reaktion auf den Streit um die Mohammed-Karikaturen einen Wettbewerb mit Holocaust-Karikaturen veranstaltete, druckte die *Jyllands-Posten* diese nicht ab. Sein Kulturredakteur Fleming Rose, der das Ende 2006 angekündigt hatte, wurde daraufhin auf unbestimmte Zeit in Urlaub geschickt und entschuldigte sich später für seinen »Fehler«. Fast keine Zeitung hat die antisemitischen Karikaturen aus Iran abgedruckt.

2 Der Karikaturenstreit begann in dem Jahr, in dem die dänische Regierung die Regeln für den Ehegattennachzug erneut verschärft und einen Einbürgerungstest beschlossen hatte, siehe: Sinram, Jana: *Pressefreiheit oder Fremdenfeindlichkeit? Der Streit um die Mohammed-Karikaturen und die dänische Einwanderungspolitik*, Frankfurt / New York 2015.

15 Wer wird hier unterdrückt?

1 In einer großen Studie im Auftrag der Deutschen Islamkonferenz gaben 23 Prozent der befragten muslimischen Frauen an, immer ein Kopftuch zu tragen, und rund 8 Prozent gaben an, es manchmal oder meistens anzulegen. Bei der zweiten Generation, die in Deutschland geboren wurde, tragen nur 17,8 Prozent ein Kopftuch. Die Zahl der Kopftuchträgerinnen nimmt also nicht zu, sondern ab. Haug, Sonja / Müssig, Stephanie / Stichs, Anja: »Muslimisches Leben in Deutschland«, hrsg. vom Bundesamt für Migration und Flüchtlinge, Nürnberg 2009.

2 Fereshta Ludin: *Enthüllung der Fereshta Ludin. Die mit dem Kopftuch*, Berlin 2015.

3 A.a.O., S. 235.

4 Jessen, Frank / von Wilamowitz-Moellendorf, Ulrich: »Das Kopftuch – Entschleierung eines Symbols«, in: Konrad-Adenauer-Stiftung (Hrsg.): *Zukunftsforum Politik*. Broschürenreihe. Sankt Augustin / Berlin, September 2006.

5 Eine nicht genauer definierte Regierung »von Gottes Gnaden« bevorzugte nur jeder Zehnte. Dieses Bekenntnis zur deutschen Werteordnung der großen Mehrheit

verleitete die Forscher zu der Feststellung, es gebe »keinen Anlass, ihnen fundamentalistische Einstellungen zu unterstellen«.

6 Gestring, Norbert / Janßen, Andrea / Polat, Ayca: *Prozesse der Integration und Ausgrenzung: Türkische Migranten der zweiten Generation*, Wiesbaden 2006.

7 Ein Zahnarzt aus Berlin wurde 2012 zur Zahlung einer Entschädigung verurteilt, weil er einer Bewerberin trotz Eignung keinen Ausbildungsplatz geben wollte, als sie sich weigerte, dafür das Kopftuch abzulegen.

8 Ein evangelisches Krankenhaus in Nordrhein-Westfalen hatte einer Mitarbeiterin gekündigt, nachdem sie mit Kopftuch zur Arbeit gekommen war. Das Bundesarbeitsgericht gab ihm im September 2014 recht.

9 Unter jungen Menschen zwischen 16 und 25 Jahren sprechen sich 71 Prozent gegen das Kopftuchverbot bei Lehrerinnen aus; unter den Schülern sind es sogar mehr als drei Viertel. Das ist das Ergebnis der Studie »Deutschland postmigrantisch II«, die im März 2015 vorgestellt wurde. Bei älteren Erwachsenen denken nur 48 Prozent der Befragten so. In einer anderen Studie im Auftrag des baden-württembergischen Integrationsministeriums, die fast zeitgleich erschien, erklärten 62 Prozent der Befragten, es sei ihnen »egal«, ob muslimische Frauen in Deutschland Kopftücher tragen, 31 Prozent fanden das »nicht gut«. Die Meinungsforscher von TNS-Infratest sprachen von einer »passiv-toleranten Haltung«.

10 Hübsch, Khola Maryam: *Unter dem Schleier die Freiheit. Was der Islam zu einem wirklich emanzipierten Frauenbild beitragen kann*, Ostfildern 2014.

11 Videokommentar unter: http://www.theguardian.com/commentisfree/video/2015/jun/24/hijab-not-oppression-feminist-statement-video

16 Religionskritik oder Rassismus?

1 Siehe: https://www.youtube.com/watch?v=s7lSd1C6_FM

2 Der Vorwurf des Rassismus wurde Alice Schwarzer bereits in den 1990er Jahren gemacht und bezog sich schon damals auf die Islam-Berichterstattung in der *Emma*. Die Heinrich-Böll-Stiftung gab daraufhin 1995 eine Dokumentation über »*Rassismus und Sexismus in der Emma*« heraus, siehe: Jetz, Klaus / Hapke, Bodo: »*Rassismus und Sexismus in der Emma?*« Heinrich-Böll-Stiftung 1995.

3 Es gebe unter Muslimen einen »Rassismus gegen Christen und die europäische Kultur«, wetterte Heinz-Christian Strache einmal. Er selbst sei »nie ein Nazi gewesen und werde auch keiner sein«, distanzierte sich der Ex-Burschenschaftler zugleich vom Vorwurf des Rechtsextremismus.

4 Die Basler Zeitung und der Tagesanzeiger zogen in Zweifel, dass sich Gstrein zu Recht als »NZZ-Nahostkorrespondent« und »Professor der Universität Wien« bezeichnen ließ. Gstrein soll nur freier Mitarbeiter der NZZ und nie Professor in Wien gewesen sein.

5 Dieses Treffen, das 1941 in Berlin stattgefunden hat, ist ein zentrales Motiv israelischer Propaganda geworden, weil es eine angebliche Geistesverwandtschaft zwischen den Palästinensern von heute und dem NS-Regime von einst beweisen soll.

6 Kastner, Bernd: »Extremisten benutzen Weiße Rose«, in: *Süddeutsche Zeitung*, 10.6.2013.

7 Diese Aussage hatte für Marine Le Pen ein juristisches Nachspiel. Nachdem das EU-Parlament ihre Immunität aufgehoben hatte, eröffnete die Staatsanwaltschaft

Lyon im Juli 2013 ein Verfahren gegen sie »wegen Aufstachelung zum Hass, Diskriminierung und Gewalt gegen eine Gruppe von Personen aufgrund ihrer Religionszugehörigkeit«. Zugleich kündigte der französische Innenminister Claude Guéant im September 2011 an, in Paris das Beten auf der Straße zu verbieten und ein landesweites Verbot zu prüfen.

8 Day, Michael: »Anti-immigration party member becomes Italy's first black mayor«, in: *The Independent*, 10.6.2009. Das hinderte führende Politiker der Lega Nord wie Mario Borghezio und Roberto Calderoli aber nicht daran, die linke Politikerin Cécile Kyenge rassistisch zu beschimpfen (»Orang-Utan«), als diese 2013 zur ersten schwarzen Ministerin des Landes berufen wurde.

9 Roopram, Shashi / van Steenbergen, Esther: »Challenging the post 9/11 ›we / they‹ configuration in Dutch society: Hindustanis and the populist anti-Muslim vote in Netherlands«, in: *South Asian Cultural Studies Journal*, Lancashire (UK) Special Edition 2014.

10 »L'ancien grand mufti de Marseille appelle à voter FN«, in: *Liberté*, 5.3.2012.

11 »Islamkritiker« entgegnen auf den Rassismusvorwurf gerne, Muslime seien keine Rasse, weshalb es nicht rassistisch sein könne, ihre Religion zu kritisieren oder zu bekämpfen. Das Argument geht davon aus, dass es so etwas wie menschliche Rassen überhaupt gibt.

12 Glotzmann, Thorsten und Hütten, Felix: »Jung, klug, muslimisch, extrem rechts«, in: *Focus*, 9.2.2015.

13 Zum Beispiel wurde die Behauptung, aufgrund von Verwandtenehen spielten »bei Migranten aus dem Nahen Osten genetische Belastungen (...) eine erhebliche Rolle« (S. 370) gestrichen.

14 Bühl, Achim: *Islamfeindlichkeit in Deutschland*, Hamburg 2010. Das Kapitel »Die Sarrazin-Debatte« (S. 135–155) bietet eine fundierte Analyse der wichtigsten Kritikpunkte.

15 »Es war ein langer und lauter Furz«, Henryk M. Broder interviewt Thilo Sarrazin, in: *taz*, 7.12.2010.

16 Gegen Sarrazin wurden mehrere Strafanzeigen wegen Volksverhetzung gestellt, aber von der Berliner Justiz nicht angenommen, was der UN-Ausschuss gegen Rassismus 2013 bemängelte. Zwei Parteiausschlussverfahren der SPD scheiterten, obwohl schon 2010 ein Gutachten des Politologen Gideon Botsch zu dem Schluss kam, dessen Thesen seien »rassistisch, elitär und herabwürdigend«. Der verstorbene *FAZ*-Vordenker Frank Schirrmacher und andere Journalisten aber bescheinigten Sarrazin, »kein Rassist« zu sein, wenn sie ihm nicht sogar beipflichteten.

17 »Geert Wilders zu sein wünsche ich keinem«, ntv, 5.5.2014.

18 Initiiert von antisemitischen Professoren, Lehrern, Publizisten und Predigern, wurden dafür im gesamten Reichsgebiet Unterschriften gesammelt, von Schlesien bis zum Rheinland.

19 Böckel, Otto: *Die Juden – die Könige unserer Zeit. Eine neue Ansprache an das deutsche Volk*, Berlin 1901, S.1.

20 »Hier in unserem Vaterlande Österreich liegen die Verhältnisse so, dass sich die Juden einen Einfluss erobert haben, der mit über ihre Zahl und Bedeutung hinausgeht. (Zwischenruf: Sehr wahr!) In Wien muss der arme Handwerker am Samstagnachmittag betteln gehen, um die Arbeit seiner Hände zu verwerten, bet-

teln muss er beim jüdischen Möbelhändler. (Sehr richtig!) Der Einfluss auf die Massen ist bei uns in den Händen der Juden, der größte Teil der Presse ist in ihren Händen, der weitaus größte Teil des Kapitals und speziell des Großkapitals ist in Judenhänden und die Juden üben hier einen Terrorismus aus, wie er ärger nicht gedacht werden kann. Es handelt sich darum, in Österreich vor allem um die Befreiung des christlichen Volkes aus der Vorherrschaft des Judentums. (Lebhaftes Bravo! Redner mit erhobener Stimme:) Wir wollen auf dem Boden unserer Väter freie Männer sein und das christliche Volk soll dort herrschen, wo seine Väter geblutet haben. (Tosender Beifall.)« Aus einer Rede des Bürgermeisters Karl Lueger am 20.7.1899 in Wien, in: Manker, Paulus: *Weiningers Nacht*, Wien 1989.

21 Reichen, Phillipp: »Ein Genozidleugner fürs Walliser Bildungsdepartment«, in: *Der Tagesanzeiger*, 19.12.2013.

17 Was wollen die Islamgegner? (1)

1 Zitiert nach Schlegel, Matthias: »Was nach der Religion kommt«, in: *Der Tagesspiegel*, 29.4.2013; Pollack, Detlef / Müller, Olaf: »Bertelsmann Religionsmonitor 2013. Verstehen was verbindet«.

2 Zit. nach: »Unsere Lebensregeln gelten für alle«, in: *Deutschlandfunk*, 29.3.2015

3 Broder, Henryk M. / Mohr, Reinhard: »Gehören wir Ungläubigen auch dazu? Offener Brief an Christian Wulff«, in: *Der Tagesspiegel*, 6.10.2010, siehe: http://www.tagesspiegel.de/meinung/andere-meinung/offener-brief-an-christian-wulff-gehoeren-wir-unglaeubigen-auch-dazu/1950404.html.

4 Interview mit Martin Mosebach in: *Die Welt*, 22.4.2012, siehe: http://www.welt.de/kultur/article106207333/Der-Unglaube-im-Osten-ist-ein-Erbe-Preussens.html.

5 Rommelspacher, Birgit: »Ungebrochene Selbstidealisierung«, in: *taz*, 18.1.2010, siehe: https://www.taz.de/1/archiv/digitaz/artikel/?ressort=sw&dig=2010/01/18/a0006.

6 Der jüdische Offizier Alfred Dreyfus war 1894 in Paris zu Unrecht wegen Spionage verurteilt worden. Der Streit um seine Rehabilitation wuchs sich zu einem Konflikt zwischen der jungen Republik und der Armee aus, in der damals Monarchisten, alter Adel und Klerus den Ton angaben.

7 Der strikte französische Laizismus kennt aber bis heute Ausnahmeregeln, die zum Beispiel das Elsaß und das ehemalige Lothringen betreffen, weil diese Regionen 1905 noch nicht zu Frankreich gehörten, sowie die Anstalts- und Militärseelsorge, die vom französischen Staat finanziert wird.

8 Husmann, Wenke: »Frankreich fürchtet die Gretchenfrage«, siehe: *Zeit Online*, 14.1.2015. http://www.zeit.de/kultur/2015-01/frankreich-laizitaet-laizismus-integrationspolitik.

9 Blume, Georg: »Der Mann, der Frankreich spaltet«, in: *Die Zeit*, 6.2.2105.

10 »Der Tod ist nicht auszuhalten«, Interview mit Michel Houellebecq, in: *Die Zeit*, 23.1.2015, siehe: http://www.zeit.de/2015/04/michel-houellebecq-unterwerfung-charlie-hebdo-frankreich-radikalisierung.

11 Sarkozy, Nikolas: *Der Staat und die Religionen*. Lutherisches Verlagshaus, Hannover 2008

18 Was wollen die Islamgegner? (2)

1 Zur gleichen Zeit tobte zwischen der Lega Nord und dem Vatikan ein heftiger Streit um die Flüchtlingspolitik. Während die katholische Kirche um Mitgefühl warb, warnte die Lega Nord vor »roten Priestern« und verlangte schärfere Regeln.

2 Kucera, Andrea: Der sich mit dem Kruzifix anlegte. In: *NZZ*, 16.12.2014

3 Das Wiener Schulgesetz sieht vor, Kreuze in Schulen anzubringen, wenn die Mehrheit der Schüler christlichen Glaubens ist.

4 Zum reaktionären Gehalt der »Regensburger Rede«: Fleischmann, Christoph: *Die Vernunft des Papstes*. In: *Blätter für deutsche und internationale Politik* Nr. 11, 2006, S. 1393–1397

5 Nur fünf Jahre später, unter Benedikts Nachfolger Franziskus, sollte Magdi Cristiano Allam wieder aus der katholischen Kirche austreten, weil diese dem Islam gegenüber seiner Meinung nach viel »zu weich« auftrete, wie er in einem weiteren offenen Brief kritisierte. Heute sitzt Allam für eine kleine, christdemokratische Splitterpartei im EU-Parlament.

6 Zum Konflikt zwischen Papst Benedikt und seinem Nachfolger, siehe: Vallely, Paul: *Pope Francis: Untying the knots*. Bloomsbury, London, 2013

7 Eine Kritik jüdischer, muslimischer und christlicher Professoren: Micksch, Jürgen: *Evangelisch aus fundamentalem Grund*. Verlag Otto Lembeck, Frankfurt am Main 2007

8 Sind sie konservativ geworden? Interview mit Wolfgang Huber. In: *Cicero*, 16. Mai 2008

9 Wensierski, Peter: Aufschwung Jesu, in: *Der Spiegel*, 28.4.2008

10 Baars, Christian; Lambrecht, Oda: *Mission Gottesreich. Fundamentalistische Christen in Deutschland*, Berlin 2009

11 http://www.pro-medienmagazin.de/gesellschaft/detailansicht/aktuell/latzel-predigt-evangelische-allianz-positioniert-sich-91027/

12 Wensnierski, Peter: *Fromme Radikale*. In: *Der Spiegel*, 21. 2. 2015

13 Stange, Jennifer: *Evangelikale in Sachsen*. Heinrich Böll Stiftung Sachsen, 2014

19 Die Steigbügelhalter des Rechtspopulismus

1 Politiker von SPD, Grünen und Linken forderten eine Entschuldigung. Der Presserat sprach eine Rüge aus und befand, der Kommentar überschreite die Grenze der Meinungsfreiheit.

2 »Wenn das Fremde unsere freiheitlich-demokratische Grundordnung bedroht, dann wird Fremdenfeindlichkeit zur gesellschaftlichen Pflicht«, in: *Junge Freiheit*, 10.4.2015.

3 Der Medienblogger Stefan Niggemeier hat darauf hingewiesen. http://www.stefan-niggemeier.de/blog/18477/islamhassender-bams-vize-erschreibt-sich-herrlichen-shitstorm-und-eine-art-abmahnung/. Das Hetzblog »Politically Incorrect« feierte Fest dafür schon seit Jahren.

4 Schirrmacher, Frank: »Vorbereitungsgesellschaft«, in: *FAZ*, 13.2.2006.

5 Schirrmacher, Frank: »Seehofers Stimmungspolitik«, in: *FAZ*, 11.10.2010.

6 Die NPD sprach von einer »sympathischen Sarrazinade«, *Spiegel Online* von einem »Twitter-Fauxpas«.

7 Medien wie Fernsehen (44 Prozent) und Zeitungen / Zeitschriften (39 Prozent) sind neben persönlichen Kontakten (43 Prozent) für viele Menschen die wichtigsten Informationsquellen, aus denen sie ihr Wissen über Muslime beziehen. Das gilt insbesondere für Ältere und Menschen im Osten Deutschlands. Quelle: Foroutan, Naika / Canan, Coskun / Arnold, Sina / Schwarze, Benjamin / Beigang, Steffen / Kalkum, Dorina: *Deutschland postmigrantisch I. Gesellschaft, Religion, Identität*. Berliner Institut für empirische Integrations- und Migrationsforschung (Hrsg.), Berlin 2014.

8 Zitiert nach: Güvercin, Eren: »Der virtuelle Islam«, in: *taz*, 14./15.3. 2015.

9 Gehrs, Oliver: *Der Spiegel-Komplex. Wie Stefan Aust das Blatt für sich wendete*, München 2005.

10 A.a.O., S. 12.

11 Döpfner, Mathias: *Die Freiheitsfalle*, Berlin 2011. Eine Kurzfassung: »Der Westen und das höhnische Lachen der Islamisten«, in: *Die Welt*, 23.11.2011.

12 Interview mit Kai Diekmann in Ata, Mehmet: *Der Mohammed-Karikaturenstreit in den deutschen und türkischen Medien*, Wiesbaden 2011, S. 191.

13 Der Deutsche Journalistenverband kritisierte den Nachdruck der Karikaturen: Nach dem Pressekodex seien »Veröffentlichungen in Wort und Bild, die das sittliche und religiöse Empfinden einer Personengruppe nach Form und Inhalt wesentlich verletzen können, mit der Verantwortung der Presse nicht zu vereinbaren«. Eine Strafanzeige gegen *Jyllands-Posten* wurde in Dänemark aber fallen gelassen. In der Frage des Nachdrucks zeigte sich ein kultureller Graben: Zeitungen in den Niederlanden, Italien und Frankreich druckten die Mohammed-Karikaturen nach, in USA und Großbritannien dagegen nicht, auch Fernsehsender wie *CNN* zeigten sie zum Teil nur verpixelt.

14 Buchen, Stefan: »Wie Ayaan Hirsi Ali Breiviks Massenmord erklärt«, siehe: http://www.cicero.de/salon/wie-ayaan-hirsi-ali-breiviks-massenmord-erklaert/49381. Auf die Kritik antwortete der Springer-Verlag, der Autor habe die Rede falsch verstanden, und Hirsi Ali warf Stefan Buchen vor, er sei ein »Anwalt des Schweigens«, der sie zensieren wolle.

15 Akyol, Cigdem: »Der Biedermann und Brandstifter«, in: *taz*, 27.11.2010.

16 Ein Verfahren gegen Köppel wegen dieser Zeilen stellte die Zürcher Staatsanwaltschaft 2011 ein.

17 Ninck, Mathias: »Kolumnen für das Abendland«, in: *Neue Zürcher Zeitung*, 7.11.2004.

18 Rest, Franz und Renger, Rüdiger: »Die Neue Kronen Zeitung. Massenmediales Flaggschiff aller österreichischen Populismen«, in: Faber, Richard / Unger, Frank (Hrsg.): *Populismus in Geschichte und Gegenwart*, Würzburg 2008.

19 Hajek, Peter / Siegl, Alexandra / Schwaiger, Walter: *Der Islam in den Medien. Berichterstattung über den Islam, seine Vertreter und Muslime in ausgewählten Printmedien*, Wien, 2012. Siehe auch: http://medienservicestelle.at/migration_bewegt/2015/01/15/negative-berichterstattung-ueber-islam-begriffswelt-wichtig/.

20 Die *Krone* hielt 2014 mit 16 Verstößen gegen den Ehrenkodex der österreichischen Presse den Rekord an Rügen, gefolgt von *Österreich* (11) und *Heute* (5). Alle drei Boulevardmedien unterwerfen sich nicht der Schiedsgerichtsbarkeit des Presserats.

21 Klenk, Florian: »Die deutschen Zurufe brauchen wir nicht«, in: *Falter*, 10.6.2008.

22 «Top security chief warns against portraying Muslims as ‹intrinsically extremist›«, in: *The Telegraph*, 22.6.2015.

20 Im Dauerfeuer

1 In der ARD-Sendung *hart, aber fair* im November 2014. Vor der Sendung ergab eine Umfrage von Infratest dimap, dass viele Deutsche den Beteuerungen der muslimischen Verbände in Deutschland keinen Glauben schenken, die Gräueltaten der Terrormilizen »Islamischer Staat« in Syrien und dem Irak hätten nichts mit dem Islam zu tun. 60 Prozent empfanden diese Aussage als »eher nicht überzeugend«. Besonders kritisch wurde sie von Rentnern (70 Prozent), im Osten Deutschlands (71 Prozent) und unter Arbeitslosen (73 Prozent) gesehen, Quelle: Presse WDR.

2 Halm, Dirk / Sauer, Martina / Hafez, Kai / Schmidt, Sabrina / Traunmüller, Richard: Bertelsmann Religionsmonitor. Sonderauswertung Islam 2015.

3 Die Mehrheit der rund vier Millionen Menschen, die hierzulande als Muslime gelten, stammt aus der Türkei, fast zwei Drittel haben ihre familiären Wurzeln dort (2,5 Millionen). Die übrigen Muslime stammen vom Balkan, dem Nahen Osten, aus Nordafrika oder Asien, insbesondere aus Iran. Die Gruppe der Muslime ist damit auch religiös recht heterogen. 74 Prozent sind Sunniten, 13 Prozent Aleviten, Schiiten machen sieben Prozent aus. Fast jeder Dritte ist in Deutschland geboren, ungefähr jeder Zweite besitzt die deutsche Staatsangehörigkeit, Quelle: Deutsche Islamkonferenz.

4 Foroutan, Naika: *Muslimbilder in Deutschland. Wahrnehmung und Ausgrenzung in der Integrationsdebatte,* Friedrich-Ebert-Stiftung Berlin (Hrsg.): *WISO Diskurs*, Berlin November 2012.

5 »Wissenschaftler sollten gewarnt sein.« Interview mit Riem Spielhaus, in: *taz*, 9.3.2012.

6 Nur 2 Prozent aller muslimischen Mädchen nehmen aus religiösen Gründen nicht am gemischten Sportunterricht teil. Siehe: Deutsche Islamkonferenz, Studie »Muslimisches Leben in Deutschland«, 2008.

7 Die Juristin Julia Kasselt hat für ihre 2014 erschienene Dissertation »Ehre im Spiegel der Justiz« untersucht, wie Gerichte mit dem Motiv einer vermeintlich verletzten Ehre umgegangen sind. Ihr Ergebnis: Kulturell motivierte Fälle werden meist strenger bestraft als andere.

8 Buddhismus, Hinduismus, Judentum oder Christentum wurden als weit weniger bedrohlich empfunden. Aber 19 Prozent der Deutschen meinten auch, dass das Judentum bedrohlich sei. Als Bereicherung empfand es nur jeder Zweite, Quelle: Bertelsmann Stiftung (Hrsg.): Religionsmonitor 2013; Religionsmonitor 2015.

9 Vergleichbare Studien kommen zu ähnlichen Ergebnissen. In einer Umfrage der Friedrich-Ebert-Stiftung aus dem Jahr 2014 waren über 18 Prozent »eher« oder »voll und ganz« dafür, Muslimen die Zuwanderung nach Deutschland zu untersagen, in einer Umfrage der Universität Leipzig aus dem gleichen Jahr sogar 37 Prozent, Quellen: Zick, Andreas / Klein, Anna: *Fragile Mitte – Feindselige Zustände. Rechtsextreme Einstellungen in Deutschland,* Bonn 2014. Und: Decker, Oliver / Kiess, Johannes / Brähler, Elmar: *Die stabilisierte Mitte. Rechtsextreme Einstellungen in Deutschland*, Die »Mitte«-Studien der Universität Leipzig, 2014.

10 Zum Vergleich: Mehr abgelehnt als Muslime werden in der »Mitte«-Studie der

Universität Leipzig 2014 nur Sinti und Roma sowie Asylbewerber. In der Studie der Friedrich-Ebert-Stiftung von 2014 liegt die »Islamfeindlichkeit« ungefähr gleichauf mit »Fremdenfeindlichkeit« und der Abwertung von Obdachlosen. Am meisten Ablehnung erfahren Langzeitarbeitslose, Sinti und Roma sowie Asylsuchende.

11 Foroutan, Naika / Canan, Coskun / Arnold, Sina / Schwarze, Benjamin / Beigang, Steffen / Kalkum, Dorina: *Deutschland postmigrantisch I. Gesellschaft, Religion, Identität*, Berliner Institut für empirische Integrations- und Migrationsforschung (Hrsg.), Berlin 2014.

12 Zick, Andreas / Küpper, Beate / Hövermann, Andreas: *Die Abwertung der anderen. Eine europäische Zustandsbeschreibung zu Intoleranz, Vorurteilen und Diskriminierung*, Friedrich-Ebert-Stiftung Berlin, 2011

13 Pollack, Detlef / Müller, Olaf / Rosta, Gergely / Friedrichs, Niels / Yendell, Alexander: *Grenzen der Toleranz. Wahrnehmung und Akzeptanz religiöser Vielfalt in Europa*, Wiesbaden 2014.

14 »Religion ist die letzte Ressource«, Interview mir Wilhelm Heitmeyer, in: die *taz*, 15.12.2006

15 Die Ergebnisse sind unter dem Titel *Deutsche Zustände* als Reihe von 2002 bis 2011 im Suhrkamp Verlag erschienen.

16 Foroutan, Naika / Canan, Coskun / Arnold, Sina / Schwarze, Benjamin / Beigang, Steffen / Kalkum, Dorina: *Deutschland postmigrantisch II. Einstellungen von Jugendlichen und jungen Erwachsenen zu Gesellschaft, Religion, Identität*, Berliner Institut für empirische Migrationsforschung, Berlin 2015.

17 »Frauen wie Seyran Ateş haben mir mein Leben erschwert«, in: *taz*, 4.9.2008.

18 Kermani, Navid: »Hassbilder und Massenhysterie«, in: *Süddeutsche Zeitung*, 8.2.2006.

19 »Sie sind unser Präsident«, in: *taz*, 13.9.2010 http://www.taz.de/1/archiv/digitaz/artikel/?ressort=sw&dig=2010%2F09%2F13%2Fa0083&cHash=bf8c68c271.

20 Shooman, Yasemin: *»... weil ihre Kultur so ist«. Narrative des antimuslimischen Rassismus*, Bielefeld 2014.

21 Bade, Klaus: *Kritik und Gewalt. Sarrazin-Debatte, »Islamkritik« und Terror in der Einwanderungsgesellschaft*, Schwalbach am Taunus 2013.

22 Das Projekt »Tell Mama« (»Measuring Anti-Muslim Attacks«) führt seit 2012 über antimuslimische Anfeindungen Buch, von Beleidigungen im Internet bis zu tätlichen Angriffen.

23 Bock-Häggmark, Karin: »Wie Schweden der Islamophobie begegnet«, in: *Der Tagesspiegel*, 11.1.2015.

24 Alscher, Stefan / Kreienbrink, Axel: *Abwanderung von Türkeistämmigen. Wer verlässt Deutschland und warum?*, Bundesamt für Migration und Flüchtlinge (Hrsg.), Beiträge zu Migration und Integration Band 6, Nürnberg 2014.

25 Anwar, André: »Muslime wollen raus aus Dänemark«, in: *Die Presse*, 21.1. 2015.

26 Stand Juni 2015, Quelle: Bundesministerium des Inneren: Verfassungsschutzbericht 2014.

Ausblick

1 So sahen es jedenfalls die Pioniere, die den Begriff in Deutschland eingeführt haben. Siehe: Leggewie, Claus: *Multi Kulti. Spielregeln für die Vielvölkerrepublik*, Hamburg 1990.

2 Einer, der die Debatte begrüßte, war der Philosoph Alain Finkielkraut, der in seinem Buch *L'identité malheureuse* (*Die unglückliche Identität*) 2013 selbst das Vokabular des Front National übernehmen sollte.

3 Lammert, Norbert (Hrsg.): *Verfassung, Patriotismus, Leitkultur. Was unsere Gesellschaft zusammenhält*, Hamburg 2006.

4 In Hamburg sorgte 2013 der Verkauf der seit zehn Jahren nicht mehr genutzten evangelischen Kapernaum-Kirche in Hamburg-Horn an eine muslimische Gemeinde für Wirbel. Der Ex-Präsident des Deutschen Evangelischen Kirchbautages und ehemalige Hauptpastor des Hamburger Michel, Helge Adolphsen, bezeichnete ihn als »Dammbruch«, der katholische Hamburger Weihbischof Hans-Jochen Jaschke sprach von einem »Missgeschick«. Die CDU wollte den Verkauf stoppen. Im Juli 2015 wurde auf dem Kirchturm an Stelle des Kreuzes ein Allah-Schriftzug angebracht.

5 Hamburg und Bremen. Niedersachsen und Berlin haben 2015 erklärt, bald folgen zu wollen.

6 Gabriel, Sigmar: »Mut zur Einwanderergesellschaft«, in: *Der Tagesspiegel*, 17.1.2015

7 »Legt den Turbo ein«, Gastbeitrag von Jens Spahn, in: *Die Zeit*, 27.6.2015.

8 Der Antirassismus-Ausschuss der UN rügte Deutschland im April 2013 dafür, dass es hier zu keinem Verfahren gegen den Ex-Bundesbank-Vorstand gekommen war.

9 Mudde, Cas: «No, we are NOT all Charlie (and that's a problem)«, in: opendemocracy.net, 7.1.2015, siehe: www.opendemocracy.net/can-europe-make-it/cas-mudde/no-we-are-not-all-charlie-and-that's-problem.

10 Der SVP-Politiker Mario Schmitt wurde im November 2014 für seinen Tweet »Wann wird diese Religion endlich ausgerottet?« zu einer Geldstrafe verurteilt, zwei SVP-Kader 2015 für eine Anzeige mit dem Titel »Kosovaren schlitzen Schweizer auf«.

11 Ein Ramadan-Logo mit Mondsichel, das der *Bayerische Rundfunk* einblendete, um auf seinen Themenschwerpunkt zum muslimischen Fastenmonat im Juli 2015 hinzuweisen, nahm er nach Zuschauerprotesten und Kritik aus der CSU aber aus dem Programm.

Danksagung

Ich danke allen, die mir für dieses Buch als Gesprächspartner bereit standen: Armin Langer, Rebecca de Vries und Hannah Tzuberi von der Neuköllner Initiative Salaam Schalom, Kazım Erdoğan vom »Aufbruch Neukölln«, Muna Naddaf von den Neuköllner Stadtteilmüttern, Ender Çetin von der Şehitlik-Moschee in Berlin-Neukölln, Moussa Bassal vom »Bassal Shop« in der Sonnenallee und Said Arif von der Ahmadiyya-Gemeinde in Berlin-Pankow. Für ihre fachliche Beratung und ihre klugen Anstöße danke ich Naika Foroutan vom Berliner Institut für Migrationsforschung (BIM), Aladin El-Maafalani von der Fachhochschule Münster und Ferda Ataman, Rana Göroğlu und Fabio Ghelli vom »Mediendienst Integration«. Außerdem danke ich Eberhard Seidel von »Schule ohne Rassismus« für seine sachkundigen Anmerkungen und seine Hilfe, Steffen Geier für sein aufmerksames Lektorat und Edelgard Mank für die Korrekturen. Ohne die Erfahrungen, die ich als Journalist bei der taz gesammelt habe, wäre dieses Buch nicht möglich gewesen, darum gilt mein Dank auch den Lesern und Genossen, die diese unabhängige Zeitung finanzieren, und meinen Kolleginnen und Kollegen bei der taz und bei den »Neuen Deutschen Medienmachern«, denen ich viele Anregungen verdanke. Und nicht zuletzt danke ich meiner Familie, Zonya, Milan und Lorin, dass sie mich bei meiner Arbeit unterstützt und so viel Geduld mit mir gehabt haben.

Daniel Bax